西北少数民族地区政府行为文明与公民权保障研究

王肃元 等著

人民出版社

目　录

导　论

一、本书研究的意义

（一）政治意义

国家权力与公民权利的分配与调整是政治学、行政学、宪法学、社会学、民族学等诸多学科共同关注的课题。西北少数民族地区政府行为文明与公民权保障，除了一般政治、社会意义上的国家权力与公民权利关系外，还有独特的民族关系和国际地缘政治意义。我国西北边疆地区深处欧亚大陆腹地，是地缘政治学所谓的"欧亚大陆心脏地带"的重要组成部分，是我国与中亚、南亚、西亚及欧洲联系的枢纽地区和交通要冲，同时也是联系欧亚各国内陆客流、物流与信息流的国际走廊。我国西北地区，接邻哈萨克斯坦、吉尔吉斯斯坦、塔吉克斯坦、巴基斯坦、印度、阿富汗、蒙古、俄罗斯，形成了西北独特的地缘政治。这些地缘政治的存在对中国西部安全和社会政治稳定具有巨大影响。

就民族关系来看，在西北少数民族地区，有十多个少数民族跨国而居，如回族、维吾尔族、哈萨克族、柯尔克孜族、塔吉克族、乌孜别克族、俄罗斯族都是跨国民族。这些民族与中亚地缘政治文化和地缘政治关系极为密切。甘、青藏族地区也因与西藏的关系，具有地缘政治文化的性质。西北少数民族地区的地缘政治文化对政府行为和公民权利保障的影响是巨大的。

2008 年拉萨"3·14"严重打砸抢暴力犯罪事件，2009 年新疆"7·5"严重打砸抢烧暴力犯罪事件的发生都说明我国西北民族地区还存在一定的不稳定性，因此加强对西北民族地区政府行为文明的研究，探索建立西北少数民族地区公民权的保障机制具有非常重要的政治意义和现实价值。

（二）理论意义

主要体现在以下两方面：

1. 实现了研究的基础性和系统性价值——本书就国内研究现状来看，尚未形成较为系统的研究成果，专著类研究成果还属空白。就学科研究领域来看，其在我国政治学、民族学、法学领域中都处于一个非常薄弱的环节。因此，我们在研究过程中，注重多学科知识和多种研究方法的使用，避免了单纯从公共权力配置运行的角度或单纯从保障公民权利的角度规范政府行为的研究倾向，全面分析了西北少数民族地区政府行为文明与公民权利保障的互动关系，研究成果可以填补这一领域的空白。同时，对政治学、民族学、法学和行政学的学科建设有重要的支撑价值。

2. 在理论上将党的科学发展观理论、构建社会主义和谐社会理论与西北民族地区政府行为文明和公民权保障的具体原则加以结合和深化；在构建政府行为文明指标的基础上，始终以政府行为文明与公民权保障的互动关系为核心，比较全面地分析了西北少数民族地区政府行为文明与公民权保障相互影响、相互促进的历史与现状，力图构建公民权保障与政府行为文明呈正相关关系的理论框架，探索政府行为文明指标体系的建立和运用。

（三）实践意义

任何理论的产生和创新都是为了更好地指导实践，都是为了更有力地促进社会的全面和可持续发展，本书的研究自然不例外。本书的实践意义，主要体现在以下三个方面：一是客观地反映西北少数民族地区政府行为文明与公民权保障的历史、现状，实证研究了西北少数民族地区政府行为文明的发展水平和在保障公民权方面取得的成就。二是总结西北少数民族地区政府在公民权保障方面的经验和教训，客观分析存在的问题，提出建设性的意见。三是在具体制度的完善上，构建了西北少数民族地区政府行为文明的分析框架并提出了评价指标体系。特别是将政府绩效评价引入公民权保障的研究中，具有很强的可操作性。同时在对西北少数民族地区公民权保障的差序格局进行分析的基础上，提出了西北少数民族地区公民权保障的重点和发展趋势，并在体制政策、财政结构、文化转型三个方面提出了政策建议。

二、研究的主要内容

本书包括导论及正文十二章：

导论。论述了四个主要问题：第一个问题是本书研究的意义，指出西北少数民族地区政府行为文明与公民权保障研究是涉及政治学、法学、民族学、社会学等多学科研究视角和研究成果的综合性课题。第二个问题是介绍本书的主要研究内容。第三个问题是本书研究的基本思路。本书所要论证的问题归结为一个核心命题是：政府行为文明的程度与公民权保障的程度呈正相关的关系，政府行为越文明，公民权保障的水平就越高；同时，公民权利意识的增强和维权水平的提高又成为提高政府行为文明程度的重要推动力。本书的各章节之间的逻辑联系都是为这一中心命题服务的。第四个问题是本书的研究方法。

各章研究的具体内容是：

第一章，主要概念和基本理论问题。本章是本书研究的基础理论部分，主要包括四个小节：（1）政府与政府行为概念的界定。明确本书的研究对象，分析西北少数民族地区政府的基本情况和特点。（2）政府行为文明及其判断标准。政府行为文明是政府在行使职权、履行职责的各种活动中表现出的进步状态。我们认为可以从政府权力观、政府民主建设、政府权力运行机制、依法行政、廉政建设、政府公共服务、政府绩效七个方面对政府行为文明的程度进行分析和判断。（3）公民权与公民权保障。我们以历史的逻辑展现了公民权理论的缘起和我国公民权保障的发展和现实，并探讨了西北少数民族地区公民权保障的重点。（4）政府行为文明与公民权保障的互动关系。即明确西北少数民族地区政府行为文明与公民权保障二者之间的内在联系，为本书研究奠定基本的逻辑结构。

第二章，西北少数民族地区政府保障公民权的成就。主要包括三个小节：（1）西北少数民族地区政府对公民政治权利的保障。重点分析了民族区域自治权利、平等的参政权利。（2）西北少数民族地区政府对公民社会经济权利的保障。主要包括对西北少数民族生存权、发展权以及农牧民社会经济权利的保障。（3）西北少数民族地区政府对公民文化权利的保障。主要包括依法保障西北少数民族使用和发展本民族语言文字的权利；保障少数民族宗教信仰权利和非物质文化遗产的权利。

第三章，西北少数民族地区公民权保障的差距。在西北少数民族地区，公民权利实现的差序格局不仅表现在东西部之间、省（区）际之间，而且还表现在省或自治区内部、城乡之间、少数民族聚居区与杂居区之间等方面。本章主要包括三个小节：（1）地区差距分析。主要从西北少数民族地区同全国及发达省市实现现代化水平的差距，西北少数民族地区公民受教育权、医疗保障权实现的地区差异三方面加以分析。（2）城乡差距分析。主要探讨了西北少数民族地区公民权利城乡差距的国家背景，以及西北少数民族地区城乡居民可支配收入差距与政治权利差距。（3）民族差距分析。本书在西北少数民族地区整个范围分析了民族自治州的主要经济指标，从而勾画出民族经济发展的基本面貌，在此基础上对西北少数民族地区公民权保障的民族差距进行了分析。

第四章，西北少数民族地区政府保障公民权的制约因素。主要包括三个小节：（1）脆弱的生态经济制约政府保障公民权能力的提升。我国西北少数民族地区主要存在四种生态经济类型，即草原生态经济类型、农耕生态经济类型、森林生态经济类型和河湖生态经济类型。

这些生态经济普遍存在基础脆弱、民族差异性强、利益分布不平衡等特点,导致西北少数民族地区地方政府出现自身保障能力低下、社会保障能力有限以及社会治理能力弱化等现象。(2)复杂的民族关系增加政府保障公民权的难度。西北地区的少数民族人口众多,其中藏族、回族、维吾尔族、哈萨克族、柯尔克孜族、塔吉克族、乌孜别克族、东乡族、裕固族、保安族都是地域性特点突出的民族。总体来说,西北地区民族关系逐步趋向和谐,但是影响民族关系的一些消极因素依然对政府行为文明产生负面作用。(3)多元传统文化影响政府保障公民权水平的提高。西北少数民族地区,相比全国人文社会环境,传统文化影响更为深刻,各族人民对传统社会文化的认同度很高,在当代社会转型中,传统文化的延迁性很强。因此,我们有必要进一步分析西北少数民族的政治文化、宗教文化、多元习俗文化对政府保障公民权利的影响。

第五章,政府权力观与西北少数民族地区公民权保障。本章包括两个小节:(1)政府权力观概说。我们基于"政府的权力观越是符合现代民主、法治的基本精神,政府行为的文明程度就越高,公民权保障的水平就越高"的理论判断,从政府权力来源观、政府权力目的观、政府权力行使观、政府权力制约观四个方面,结合实证研究论述了政府权力观对西北少数民族地区公民权保障的影响。(2)公民权保障是促进政府树立正确权力观的根本动力。我们在分析现阶段我国政府权力观错位的同时,对政府权力观与西北少数民族公民权保障的关系进行了深入分析,认为实现马克思政府权力观的终极动力在于公民权保障。因为,无论是民主的健全、法治的完备以及党的建设都是公民社会发育形成推动的结果,相信这一点就是坚持了历史唯物主义。对此西北少数民族地区政府行为文明的提高必须以坚持和完善马克思主义政府权力观的思想建设和制度建设为重点,不断提高西北地区各级政府保障公民权的意识和水平。

第六章,西北少数民族地区政府民主建设与公民权保障。本章包括三个小节:(1)考察民主政府建设的理论视角。民主的概念,从在不同政治立场和分析视角上看,有着不同的见解。我们在探讨西北少数民族地区政府民主建设，是从政治体制、政治发展、政府管理和政府行为过程四个视角来认识的。（2）西北少数民族地区民主政府建设的基本情况。本书从政府决策民主化、政府政务公开、政府民主监督三个方面对西北少数民族地区政府民主建设及其公民权保障的情况进行了实证分析。（3）存在的问题与对策。西北少数民族地区政府民主建设过程中仍然存在一些突出的问题，这些问题的解决对于建立民主政府，提高政府行为的文明程度至关重要。对此我们提出了针对性的对策与建议。

第七章，西北少数民族地区政府权力运行机制与公民权保障。本章包括三个小节：（1）政府权力运行机制的内涵及类型分析。本节在政府权力运行机制的内涵界定和政府权力运行机制类型划分的基础上，认为我国应该进一步完善法治主导型的政府权力运行机制，同时要加强其服务功能和对公民权的保障功能。（2）西北少数民族地区政府权力运行机制的历史变迁。本节以历史发展的脉络展现了西北少数民族政府权力运行机制的三个历史阶段，即新中国成立前西北少数民族政府权力运行机制的多样化格局、新中国成立后西北少数民族地区人民政府的成立及发展、十一届三中全会后西北少数民族地区政府在改革中不断前进。尤其是中华人民共和国成立后，西北少数民族地区公民权利的保障实现了跨越式发展，西北少数民族地区的各族群众第一次彻底翻身当家做了主人。（3）西北少数民族地区政府权力运行机制的改革与完善。本节从西北少数民族地区政府权力运行机制的现状及其存在的问题入手，有针对性地提出一些对策和建议，以期进一步改革和完善西北少数民族地区各级政府权力运行机制，进而促使政府切实承担起保障公民权利的历史使命。

第八章，西北少数民族地区政府依法行政与公民权保障。本章包括三个小节：（1）依法行政的涵义和价值。政府依法行政不仅是行政管理的基本准则，也是建立社会主义法治国家的重要内容之一，政府依法行政的目的是为了保障公民的权利，政府行政权力的依法行使是公民权利保障的基本要求。本节明确了我国依法行政的基本涵义，依法行政所应必备的前提条件，重点探讨了西北少数民族地区政府依法行政的现实价值。（2）西北少数民族地区依法行政的成绩。西北少数民族地区各级政府按照"合法行政、合理行政、程序正当、高效便民、诚实守信、权责统一"六项基本要求，不断增强依法行政意识，围绕增强行政决策的科学性、民主性；强化规范性文件备案审查工作；规范和监督行政执法行为；深化行政管理体制改革；加强和改进行政复议工作；在推进政府法制建设等方面做了大量工作，取得了较大成绩。（3）存在的问题及建议。针对西北少数民族地区依法行政中存在的问题，我们认为各级政府必须真正树立公民权利本位的意识和公民权利神圣的观念，要正确处理政府及其行政执法部门与公民的关系，提高公民在行政程序中的弱势地位。进一步完善土地征用、房屋拆迁管理方面的立法，加强和完善环境行政执法工作。严格推行和实施行政执法责任制和对违法行政行为的责任追究制，不断完善和加强行政执法监督机制。

第九章，西北少数民族地区政府廉政建设与公民权保障。本章包括三个小节：（1）建设廉洁政府是中国共产党政府建设的一贯原则。这一节在对马克思主义经典作家的廉政建设思想进行梳理的同时，论述了党的四代中央领导集体关于政府廉政建设的一贯原则和思想理论发展。（2）西北少数民族地区政府廉政建设的主要措施。本书从廉政教育、制度建设、政务监督、廉政自律、惩治腐败和专项治理六个方面入手，对西北少数民族地区政府廉政建设进行了比较全面的介绍和总结。（3）西北少数民族地区政府廉政建设的主要作用与艰巨任务。西北少数民族地区政府廉政建设取得了巨大的成就，它促进了民族地区的政治稳定，改善了西北少数民族地区的投资环境，维护了西北少数民族地区的公民权利，有利于民族地区的社会公平和政府效能的提高。但我们也应该看到，西北少数民族地区的廉政建设是一项长期的艰巨任务。也存在诸如廉政建设总体水平还不够高，存在运动倡廉的情况，权力部门化、部门利益化、利益合法化依然存在，政令还不够畅通，廉政建设中的制度障碍依然存在等问题。

第十章，西北少数民族地区政府公共服务与公民权保障。本章包括三个小节：（1）政府公共服务与公民权保障的关系。在现代国家，政府公共服务的范围正在扩大,它已涉及社会生活的方方面面,影响和制约着社会全体成员利益的实现程度和社会全面发展的进程。我们认为政府公共服务产生的内在动因和最终的目的是为了公民权的保障;政府公共服务的理念与政府对公民权保障的理念是一致的;政府公共服务和公民权保障具有相辅相成、相互制约的关系。(2)西北少数民族地区政府公共服务的发展。历史上西北少数民族地区公共服务整体水平较低,随着我国改革开放和市场经济的逐步建立,西北少数民族地区政府公共服务水平较以前有了很大的发展。特别是在基础设施建设、生态环境建设、教育文化、医疗卫生和社会保障方面都取得了举世瞩目的成就。(3)西北少数民族地区政府公共服务存在的问题及完善建议。针对西北少数民族地区政府公共服务存在总量不足、质量不高和公共服务供给主体单一等情况,我们认为必须充分利用西北少数民族地区的比较优势,加快少数民族地区经济发展,利用政府、市场、社会多元力量供给公共产品,明确中央与地方在公共服务中的权、责、利关系,同时要进一步加大对农村公共服务的供给力度和完善政府公共服务的民主化、科学化、法制化。

第十一章,西北少数民族地区政府绩效与公民权保障。本章包括四个小节:(1)政府绩效及其评估体系。主要研究政府绩效的内涵及其评估体系,由于西北少数民族地区具有与东中部地区不同的特点,在政府绩效评估过程中就必须对一些评估指标格外重视,增加其权重值。我们认为,民族关系应成为西北少数民族地区政府绩效评估的特殊指标,生态环境应成为西北少数民族地区政府绩效评估的强化指标,对公民宗教权利的保障和对宗教活动的管理应成为西北少数民族地区政府绩效评估的重要指标,少数民族人才培养应成为西北少数民族地区政府绩效评估的指标。(2)政府绩效与公民权保障的关系。政府绩效是评判政府治理水平和运作效率的重要依据,是政府的工作成就或管理活动所产生的积极效果,提高政府绩效的最终目的是让人生活得更加幸福,而公民权利的保障水平是其生活幸福程度的直接体现。因而,政府绩效与公民权保障存在内在的互动关系。(3)公民权保障视野下的西北少数地区政府绩效分析。本节从公民权保障的视

角，对西北少数民族地区政府绩效评估指标中与公民经济权利相关的
指标、与公民教育文化权利相关的指标、与公民生命健康权相关的指
标、与公民社会保障权利相关的指标进行了比较和差异分析。在肯定
西北少数民族地区政府绩效水平不断提高的前提下，指出同全国和东
部比，西北少数民族地区仍存在较大差距。（4）以科学的绩效评估
提升西北少数民族地区政府保障公民权的水平。西北少数民族地区在
政府绩效评估中要进一步贯彻落实科学发展观，对此首先就要树立正
确的政绩观；其次政府绩效评估的指标体系中应增加保障公民权的内
容，促进评估主体的多元化；最后要做到促进政府绩效评估与转变政
府职能两方面的有机结合。

第十二章，提高西北少数民族地区政府公民权保障水平的对策建
议。本章包括五个小节：（1）西北少数民族地区公民权保障的发展
趋势。我们认为，西北少数民族地区公民权保障呈现出现新的发展趋
势：平等权上升为主要的权利需求；公民的权利保障意识和政治权利
要求普遍增强；公民的权利需求呈现多层次性等。但就我国整个社会
发展来看其依然无法摆脱公民权保障的"差序格局"，而这一问题恰
恰是西北少数民族地区公民权保障所要解决的根本问题。（2）改善
公民权保障的社会经济条件。西北少数民族地区的公民权利保障，最
根本的制约因素是社会经济条件的落后性，而这种受制约的状况又通
过具体的社会问题展现出来。因此，要提高政府行为文明，进一步提
高西北少数民族地区的公民权利保障水平，首先就要改善公民权利保
障的社会经济条件。对此我们建议政府要正确处理好以下社会问题：
生态问题与公民权利保障；贫困问题与公民权利保障；就业问题与公
民权利保障；城市化问题与公民权利保障；人口问题与公民权利保
障；差距问题与公民权利保障；教育问题与公民权利保障；安全问题
与公民权利保障；公平问题与公民权利保障。（3）健全公民权保障
的制度体系。具体建议是：强化社会保障功能；强化对弱势群体保
障；进一步完善农村医疗体系和创新农村保障体系，充分运用民族区
域自治制度赋予的各项权利。（4）提高西北少数民族地区基层政府
公共服务能力。目前的建设重点是：一是建立公共财政，提高政府对

公共物品的供给能力。二是化解乡镇债务，保障对贫困乡镇的公共物品输入。三是转变政府职能，强化县乡基层政府公共服务职能。（5）促进西北少数民族地区传统文化转型。政府应下大力气促进西北少数民族地区的文化转型，发展有利于公民权保障的法治文化，为公民权的保障创造良好的法治文化条件。一是加快西北少数民族地区的生态文化转型。二是西北少数民族地区传统文化的转型，要使民主的、法治的文化占主导地位。三是进一步提高西北少数民族地区的政治参与意识，在社会政治生活中体现公平与效率的统一，合理与合法的统一，民族与国家的统一，公权与私权的统一。四是大力发展西北少数民族地区的世俗教育。

三、研究思路

本书所要论证的问题归结为一个核心命题是：政府行为文明的程度与公民权保障的程度呈正相关的关系，政府行为越文明，公民权保障的水平就越高。同时，公民权利意识的增强和维权水平的提高又成为提高政府行为文明程度的重要推动力。

我们的整个研究，实际也是对这一理论预设的验证过程。因此本书的各章节之间的逻辑联系都是为这一中心命题服务的。本书的研究，正文共分为十二章，其中第一章是主要概念和基本理论问题，该章首先对政府行为、政府行为文明以及公民权的概念、特征进行了界定，明确了政府行为文明的七个考量标准，即政府权力观、政府民主建设、政府权力运行机制、依法行政、廉政建设、政府公共服务、政府绩效。而这七个考量标准也是本书逻辑安排的主要构成部分。其次该章论述了政府行为文明与公民权保障的互动关系，这一理论构建是理解本书的中心线索。第二、三、四章内容分别论述了西北少数民族地区政府保障公民权的成就、差距和制约因素，这些内容构成了本书研究的基础资料和背景。第五、六、七、八、九、十、十一章为具体制度构建研究，是对政府行为文明指标体系的进一步细化，更重要的是对政府行为文明的每一个构成要素与公民权保障的水平以及双方的互动关系进行了深入细致的阐述，从而进一步强化和验证了本书基本的理论预设——政府行为文明和公民权保障的程度呈现一种正相关的关系。第十二章为本书的总结部分，提出了西北少数民族地区政府行为文明与公民权保障的对策与建议，这是本书研究的最终归宿。

在对政府行为文明与公民权保障这一全新的跨学科的课题进行理论建构探索的同时，我们始终没有忘记本书的实证性质和区域特点、民族特征。因此，在对西部少数民族地区政府行为文明和公民权保障现状较为充分调研的基础上，概括了西北少数民族地区政府保障公民权利尤其是保障少数民族公民权利的巨大成就，客观分析了西北少数民族地区政府在保障公民权方面存在的不同层面的差序格局，系统研究了西北少数民族地区政府保障公民权的制约因素，对宏观把握西北少数民族地区政府行为文明与公民权保障总体状况有积极的作用。更重要的是，对政府行为文明构成要素（指标体系）的分析及其与公民权保障的关系都立足于对实证资料的充分运用，而本书的理论架构恰恰是在对实证资料的分析、凝练中形成的，从这个意义上说，实现理论构建与实证分析的融会贯通是本书追求的一个重要目标，非如此，不能在本书的研究中体现其应有的理论与实践价值。

四、研究方法

（一）历史文献研究法
主要通过对大量历史文献的分析、归纳和总结，以纵向跨度展示不同时期西北少数民族地区公民权保障的事实以及政府行为的不同价值取向，回答为什么我国只有坚持中国共产党的领导，走中国特色社会主义道路才能实现对公民权的真正保障。

（二）比较的研究方法
主要包括中西方关于政府行为文明与公民权保障的不同理论与实践的对比研究，以及不同时期我国政府在公民权保障上的结构性差异。

（三）理论联系实际的研究方法

主要通过田野调查、实证研究等不同角度，以政府行为文明与公民权保障的互动关系为考察点，分析和研究西北少数民族地区政府行为与公民权保障的现状和规律。

（四）跨学科综合研究方法

由于本书跨学科、交叉研究特点突出，故需要包括政治学、历史学、民族学、法学、社会学等多学科的研究视角形成整体的研究体系，使其内容丰满、包容。

第一章　主要概念和基本理论问题

第一节　政府与政府行为概念的界定

一、政府与西北少数民族地区政府的涵义

在学术界，对政府一般有广义和狭义的解释。广义上的政府（government）是指凌驾于整个社会之上掌握社会公共权力的国家机器的总称，它包括立法机关、行政机关和司法机关。狭义上的政府（administration）指依法行使国家行政权，管理社会公共事务的政治组织，即中央和地方各级行政机关。在本书的研究中，我们采用的是狭义上的政府概念。

按照我国的行政体制，政府又可分为中央人民政府和各级地方人民政府。国务院即中央人民政府，是最高国家行政机关。根据我国《宪法》第三十条规定："中华人民共和国的行政区域划分如下：（一）全国分为省、自治区、直辖市；（二）省、自治区分为自治州、县、自治县、市；（三）县、自治县分为乡、民族乡、镇。直辖市和较大的市分为区、县。自治州分为县、自治县、市。"因此地方人民政府又可分为四个等级，即省、自治区、直辖市政府，市、自治州政府，县、自治县、县级市、区政府和乡、民族乡、镇政府。

由于我国实行民族区域自治制度，因此地方政府又可分为非民族自治地方政府和民族自治地方政府。在我国，民族自治地方有着明确的规定，即仅指自治区、自治州和自治县（旗）。民族自治地方政府与非民族自治地方政府相比，具有明显的二重性特征。[①] 一方面，民族自治地方政府与非民族自治地方政府一样，都是国家的一级地方政权机关，是人民民主专政的具体表现形式，它们都实行民主集中制原则，对本级人民代表大会和上一级国家行政机关负责并报告工作，都服从国务院。民族自治地方各级政府的产生、任期和基本职能与非民族自治地方政府相同，都履行宪法第三章第五节规定的各项权力和职责。另一方面，民族自治地方政府也有其特殊性。即民族自治地方政府是民族自治地方的自治机关，其除了行使同级非民族自治地方政府的职权外，还享有宪法第三章第六节和《民族区域自治法》规定的各项自治权，其与非民族自治地方政府相比又有一定的差异：

（一）干部队伍和活动方式的民族性

干部是自治机关的主体，民族自治地方政府干部的民族化程度，是衡量自治地方各民族当家做主程度的重要标准。《民族区域自治法》第十七条规定："自治区主席、自治州州长、自治县县长由实行区域自治的民族的公民担任。自治区、自治州、自治县的人民政府的其他组成人员，应当合理配备实行区域自治的民族和其他少数民族的人员。"另外，自治机关在执行公务时，可以从实际出发，使用当地通用的一种或几种少数民族语言文字。这样，就形成了自治机关干部和活动方式等方面显著的民族性。[②]

（二）享有特殊的自治权，民族自治地方政府除了享有一般地方政府享有的职权外，还享有宪法和民族区域自治法赋予的自治权

关于民族自治地方自治权的具体内容，民族区域自治法第三章做

---

① 参见康耀坤、马洪雨、梁亚民：《中国民族自治地方立法研究》，民族出版社2007年版，第27页。

② 参见段尔煜、刘宝明：《中国民族自治地方行政管理学》，中央民族大学出版社1994年版，第64页。

了专门规定，共包括 26 条内容，可以说几乎涉及了民族自治地方政治、经济、文化和社会生活的各个方面。对此可将其分为三大类、23小项。一是政治法规类自治权，具体包括：立法自治权、语言文字自治权、人事管理自治权、公安部队自治权、人口管理自治权、计划生育自治权；二是经济类自治权，具体包括：经济建设管理自治权、生产经济发展自治权、草场森林管理自治权、自然资源管理自治权、基本建设项目自治权、企业商业管理自治权、对外经济贸易自治权、地方财政管理自治权、税收项目减免自治权、金融建设管理自治权、环境改善保护自治权；三是科教文卫体自治权，具体包括：民族教育自治权、民族文化自治权、民族科技自治权、民族医药卫生自治权、民族体育自治权、科教交流自治权。① 在上述 23 项自治权中，立法自治权属于民族自治地方的人民代表大会行使，其余 22 项属于自治地方政府行政管理权的实施范围。可以说依法行使自治权是民族自治地方政府区别非民族自治地方政府的显著特点。

（三）依法调整民族自治地方内的民族关系

与非民族自治地方政府相比，民族自治地方政府还担任着一个重要的政府职责，即处理好民族自治地方内的民族关系。虽然民族自治地方政府的权限范围比较广泛，涉及民族自治地方的政治、经济、文化和社会生活各个方面，但是如果我们从民族区域自治制度产生的原因、功能和目的来看，上述调整范围都可以归结为对民族关系的调整。民族关系的表现形式本身就是多方面的，因此其调整领域也不可能是单一的。非民族自治地方政府职能不可能不涉及民族问题和民族关系，但相对自治地方而言，一是缺乏敏感性；二是不是其调整的核心；三是没有自治地方所特有的民族基础，比如民族人口因素、宗教因素、历史文化因素等；四是其不享有民族自治地方的各种自治权。"当今世界有两个热点和难点，有人比喻说，有两座火山一触即发，这就是民族问题和宗教问题。当今世界，民族和宗教这两个问题非常

---

① 参见吴宗金：《中国民族区域自治法学》，法律出版社 2004 年版，第 73 页。

突出、非常复杂、非常尖锐，也非常敏感。世界上发生的大部分大事件、大冲突，甚至有些战争，基本上都和民族、宗教有密切联系。据有关部门统计，第二次世界大战以后，世界上发生的较大的事件一共有332起，其中248起与民族问题有关，占世界发生的大事件的83%还要多。这就充分说明：民族、宗教问题对世界局势有重大影响。"① 民族自治地方政府对民族关系的调整，重点就是要保障和发展平等、团结、互助的社会主义民族关系，保障本地方内各民族公民都享有宪法规定的公民权利，照顾和尊重少数民族特有的风俗习惯和宗教信仰。

当然，民族自治地方政府的一般行政管理职权与自治权二者本身也不是冲突的，而是有机结合的，是一身而二任。也就是说，民族区域自治地方的自治机关行使的自治权，同该自治机关作为地方国家机关行使的职权，在实践上是"一而二，二而一"的关系，如同水乳交融，是密不可分的。②

西北少数民族地区政府，属于我国各级地方人民政府的范畴，在行政区划上主要包括新疆维吾尔自治区、宁夏回族自治区、甘肃省和青海省。其中宁夏回族自治区和新疆维吾尔自治区属于民族自治地方，甘肃省、青海省虽然不是民族自治地方，但却属于西北多民族省份，其中甘肃辖有2个自治州、7个自治县，青海辖有6个自治州、7个自治县。新疆、宁夏、甘肃、青海作为独立的行政区域，均有自己独特的政治、经济、文化和民族特点，但是本书在研究过程中，既要考虑其个性，更要关注其共性问题，因为这四省区在地理位置上联系紧密，彼此之间在历史上也有相对更多的政治、经济和文化影响，因此能够作为一个整体加以研究。

对西北少数民族地区政府行为文明与公民权保障的考察，从政府

① 李德洙：《切实加强对新时期民族问题和民族工作的研究》，《中央民族大学学报》2005年第1期。
② 参见康耀坤、马洪雨、梁亚民：《中国民族自治地方立法研究》，民族出版社2007年版，第27页。

行为的层级上来看，我们的重点是自治区、省和自治州、自治县（旗）和乡、镇政府的行为，公民权保障，不仅包括少数民族，也包括汉族，但是在民族地区，我们尤其应注重加强对少数民族公民权的保障研究，因此以自治区、省和自治州、自治县（旗）、乡镇政府的行为为重点研究对象，不仅能够实现研究的宏观与微观相结合，同时可以做到有的放矢，加强研究的针对性和实践性，为政府进一步提高少数民族公民权保障提供政策建议和智力支持。同时本研究对政府行为的考察，还要充分考虑中央人民政府的作用，这不仅是整体研究的需要，也是我国政府组织形式的客观反映，西北少数民族地区政府行为文明建设的水平和文明程度受中央政府行为的影响极大。一方面，是由于我国实行中央统一的领导体制，中央政府对整个社会资源起调控作用；另一方面，中央政府对西北少数民族地区的政治、经济、文化发展和社会变革始终起着推动作用。从现实看，中央政府行为对西北少数民族地区的地方政府行为还起着规范、指导、推动的作用。因此只有充分发挥中央和西北民族地方各级政府的积极性和各自优势，才能真正实现对少数民族公民权的全面保障。

二、政府行为

"政府行为"一词在各种文献中运用较频繁，但具体内涵为何，在当前学术界尚未达到一个统一、权威的界定。众多论者似乎并未将其作为一个严格的学理性概念，只是用它来泛称"政府的行为"，意在强调该行为的主体是"政府"。在本书的论述中，由于采用狭义上的政府概念，因此，实施主体的特殊性决定了政府行为主要指行政行为，但是政府行为不等于就是行政行为，它们之间既有一定的联系又有明显区别。政府行为的范围大大超出行政行为的界限。也就是说，政府行为除了指行政行为以外，还包括行政主体在行政管理以外的其他活动。具体讲，政府行为就是指中央和地方各级行政部门及其所属机关（包括一些依法享有公共管理职能的组织）在组织、管理国家和社会事务，管理经济和文化事业的过程中，以其公法人名义实施的各种活动的总称。

具体而言，政府行为可以做以下分类：按政府行为的动态过程可以划分为政府的决策行为、政府组织行为、政府执行行为、政府监督行为和政府反馈行为。按政府层级分为中央政府行为和地方政府行为，地方政府行为中有省、自治区、直辖市政府行为、市（自治州）政府行为、县（区）、自治县、县级市政府行为、乡（民族乡）、镇政府行为。根据政府职能进行分类，政府行为可以分为经济调节行为、市场监管行为、社会管理行为和公共服务行为。①

在实际的政府行为中，由于其调整的社会关系的多样性，政府行为也表现出内容的多样性甚至是复合性的。政府不可能只限于这种行为或那种行为，政府在同一个时期要完成不同的政府目标，政府分解为多个政府职能部门，通过职能部门履行政府职责，不同的政府职能部门体现不同的政府行为要求，完成不同的政府目标，产生不同的行为结果。因此，本书在考察政府行为时将按照不同的行为特点分别论述，即在具体到什么行为时，就说明是什么行为。

尽管政府行为非常复杂，但还是有其主线的，即任何政府行为我们都可以从决策、执行和绩效评价三部分来进行研究。首先，科学决策是政府行为的起始，它体现了政府民主决策的程度，也体现了公民政治参与权、诉求表达权实现的水平。其次，政策执行是政府行为的主体，是政府实现其职能的根本手段。政策执行的过程，同时也是政府与行政相对人建立法律关系的过程。最后，所有的行为绩效都可以归结到政府对公民权利保障的充分性上，这也是体现和衡量政府行为文明程度的标志，如果一个政策无效或支付了很高成本而绩效不佳，说明政府行为没有得到公民认可或认可度不高，那么也就无文明可言。因此，本书在考察西北少数民族地区政府行为文明与公民权的保障关系时，从逻辑层次上看，将以政府行为决策、执行和绩效评价作为研究重点。

---

① 参见2008年国务院第一次全体会议通过的《国务院工作规则》规定的政府职能包括经济调节、市场监管、社会管理和公共服务四项职能。

第二节　政府行为文明及其判断标准

一、政府行为文明的涵义

研究政府行为文明首先需要对文明以及政治文明的概念有一个清晰的了解。

关于文明的涵义，学术界可谓见仁见智，莫衷一是。在马克思主义经典著作中，文明一词也曾在多处使用，并被赋予多种涵义。一般而言，对于文明，主要应从三个方面予以理解和把握。第一个层面是人类社会发展的历史阶段，这种意义上的文明是与野蛮、未开化、原始、兽性相对的，往往与文化、教育、艺术等的发达相联系，这种文明有先进与落后之分，优劣之别。第二个层面是人类改造自然和改造社会的积极成果。这种文明表示着人类社会物质、精神等的不断发展和进步状态。第三个层面是指一个民族、一个国家、一个地域或具有共同精神信仰的群体的文化遗产、精神财富和物质财富的总和。从上述三个层面文明的涵义来看，对于政治文明，更多地应从第二个层面的涵义上去理解。政治文明作为整个社会文明的有机组成部分，是人类自进入文明社会以来，改造社会、实现自身完善和提高过程中创造和积累的所有积极的政治成果和与社会生产力发展需要相适应的政治进步状态。[1] 政治文明作为人类政治生活的进步状态，是一个由政治意识文明、政治制度文明和政治行为文明构成的完整体系。其中政治意识文明是政治文明的精神状态，政治制度文明是政治文明的规范要求，政治行为文明是政治文明的外在表现。[2]

政治文明的最终成果通过政治行为文明体现出来，在所有的政治主体中，政府是最重要的主体，政府行为的文明程度决定和影响着整个社会政治文明的发展程度。对于政府行为文明，学界也没有统一的

---

[1]　参见郑慧：《政治文明：涵义、特征与战略目标》，《政治学研究》2002 年第 3 期。

[2]　参见虞崇胜：《政治文明概念辨析》，《理论前沿》2002 年第 4 期。

看法，我们认为，政府行为文明是政府在行使职权、履行职责的各种活动中表现出来的进步状态。

西北少数民族地区地方政府行为文明是我国整个政府行为文明的一个有机组成部分，除了具有我国政府行为文明的共性外，还具有自身的发展特点：（1）梯度发展性明显。西北少数民族地区政府行为文明进程无论在全国背景还是区域视野，都呈现出梯度发展的特点。从全国来看，政府行为文明有明显的东部带动性，这在政府经济行为和政府服务行为中表现突出。从区域内部看，地方四级政府行为文明进程呈"倒梯级"发展，是上级政府推动下级政府，这与中国政府权力运行机制是一致。另外，表现在城市与乡村政府行为中，是城市优于乡村，这在政务公开、政府民主化等方面表现突出。（2）经济制约性强。西北少数民族地区受经济水平的制约，政府行为能力有限，在经济上的超前透支非常严重，尤其县、乡两级政府负债运行带有普遍性。加之我国财政体制安排中基层政府财权与事权极不对称，财权小、事权大。基层政府向社会提供的公共物品和服务项目少之又少。（3）区域差异性大。西北少数民族地区地理、经济、文化的区域性差异非常大，城市与乡村、经济发达区与经济落后区极不对称，行政成本、行政效率差距也非常大；发达地区政府行为的文明程度和开放程度高于落后地区，这一点在青海、新疆较为突出。

二、政府行为文明的判断标准

政府行为文明是衡量政府质量的标准，是政府发展过程的最终结果与最终目标。然而，政府行为文明又必须要有一定的衡量和判断标准，这一标准在不同的社会制度之下会出现截然不同的内涵。我们在判断政府行为文明的时候，必然也会与我们身处的社会制度环境相适应，因而，并不存在唯一的和固定不变的判断和衡量政府行为文明程度的标准。但是，在现代民主社会，却存在一个大致相同的政府行为文明的判断标准，比如，民主、法治、服务、廉洁、高效、创新等等。我国不断推进的政治体制改革、政府职能的转变，也为政府行为文明的发展指明了方向。因而，以现代民主国家衡量政府行为文明的一般标准为基础，结合我国政治文明建设的理论和实践，是我们尝试为政府行为文明提出判断标准的基本思路。同时，结合西北少数民族地区政府行为文明和公民权保障的现实，有选择有侧重地研究政府行为文明的构成要素和评价指标体系，也是我们始终关注的调查和研究的方向。

在政府职能转变和体制改革的过程中，理论界和实务界提出了诸如民主政府、法治政府、透明政府、程序政府、效率政府、诚信政府、廉洁政府、服务政府、创新政府、效能政府、责任政府等政府改革的目标，本书在整合上述提法的基础上，从政府权力观、政府民主建设、政府权力运行机制、依法行政、廉政建设、政府公共服务、政府绩效等七个方面对政府行为文明的程度进行分析。

（一）政府权力观

政府是拥有广泛权力的机关，人们对政府权力总的看法和根本观点决定着政府行为文明的总方向，政府权力观是判断政府行为文明的前提和重要标准。不同政府所持有和奉行的权力观不同，政府行为的出发点和根本归宿就大相径庭。现代民主国家普遍的理念认为，政府的权力是人民赋予的，政府权力的行使应该以谋求公共利益和保障公民权利为目的，政府的权力应该严格依法行使，政府的活动应该有广泛的民众参与基础，政府的权力应该接受民众的监督。相反，在等级特权社会，政府认为自己的权力来源于君主或者神灵，政府的目的就是为了维护君主统治，政府权力的运行不需要民众的参与，更不需要接受民众的监督和制约。当然，政府奉行和宣传的权力观在现实的政府行为中并不一定精确地表现出来，在现实的政府行为尤其是政府工作人员的现实表现中会出现权力观的错位，这种错位会对政府行为文明构成十分消极的影响，造成政府行为与政府宗旨的背离，削减政府的权威，降低民众对政府的信任度，带坏社会风气，造成公民尤其是公务人员人格的扭曲，说一套做一套，长此以往，则会损害政权根基。因而，现代政府需要努力追求的目标就是使现实的政府行为表现出的权力观与政府宗旨保持一致。

（二）政府民主建设

政府民主建设是判断政府行为文明程度的重要标准。从历史发展的纵向看，"民主建设"通常指政治体制演化的过程，主要谈论的是制度竞争机制的产生，以及如何将竞争的参与范围逐步扩大到曾经被排挤在政治生活之外的群体。从这个角度来讲，民主建设其实包含了两个独立又有一定关联的过程：从一个非民主的政治体制向相对民主的政治体制的过渡过程，和政府自身建设或重建的过程。不管是民主政治体制下还是非民主政治体制下的政府，都可以采取某种程度的民主方式进行管理。管理方式的民主化反过来促进政治体制的民主化，所以政府建设应该是整个民主建设过程中必不可少的一环。但无论如何，民主建设不等于不要秩序，否定政府权威。实践告诉我们，"一旦政府的效力受到怀疑，一场管理危机便在所难免；而如果不能得到及时解决，这种管理危机可能最终演变为民主危机"。① 本书所说政府民主建设，基本上是指政府采取各种方式吸收公民参与政策制定和对政府行为进行监督的过程，因而也可以说是政府自身重建的过程，即从精英化管理走向精英化管理与大众化管理相结合的政治状态的过程。这一过程将会促进公民权利保障的水平，尤其对于公民政治权利的保障具有积极的作用。

（三）权力运行机制

政府权力运行机制是否科学、是否符合民主的精神、是否有利于公民权利的保障，是衡量政府行为文明的重要标准。政府权力运行机制的历史演变体现出政府行为文明的不断进步，文明的政府行为也必须通过合理的权力运行机制才能够做出。不同的国家和地区存在的差异，决定了不同的政府会采用不同的权力运行机制，权力运行机制既体现出不同权力观的影响，也体现出政府运用权力的能力，是衡量政府行为文明的重要指标。

（四）依法行政

依法行政的水平是衡量政府行为文明的重要标准。依法行政的内

① 王绍光：《有效的政府与民主》，《战略与管理》2002 年第 6 期。

涵包括三方面的内容：一是行政机关权力必须依法获得；二是行政机关权力必须依法行使；三是行政机关权力必须依法得到制约和监督，行政机关对做出的行为必须承担法律责任。依法行政是依法治国的关键，而法治水平是衡量一个国家文明程度高低的重要尺度。依法行政体现了法律的平等。虽然政府拥有行政权，但它和人民一样，必须在宪法与法律规定的范围内活动，不允许享有超越宪法和法律的特权。同时，通过依法行政可推动公民参政。国家通过建立健全与公民政治权利相配套的公开制度、监督制度、国家赔偿制度和责任制度，完善行政程序规则，使人民与行政权力的运行结合起来，保证行政权力的行使与人民意志和利益一致，从而推动公民主动地依法参政。

（五）廉政建设

政府的廉洁程度是衡量政府行为文明的基本标准之一。人自私的本性决定了政府从诞生的第一天就有可能为了牟取私利滥用权力，以治理腐败为目的的廉政建设是和政府共始终的。政府的廉洁程度直接影响政府的正当性和合法性，政府存在的目的应当是为了增进公民权利和公共利益，否则政府的存在就失去了其正当性，人们也没有服从只顾统治阶层自身利益的政府的义务，反抗腐败的政府符合天意，顺应民心。政府的廉洁程度也直接影响政府的能力，在腐败盛行的情况下，政府的财政税收大量流失，资源汲取能力大打折扣；政府权威削弱降低了政府的动员能力；社会公正丧失、法律执行随意，政府监管能力低下；政治利益集团遵循自己游戏的潜规则，廉洁官员被淘汰出局，政府自我更新能力下降。政府的廉洁程度同样直接影响经济的发展，腐败分子的非法所得往往被挥霍或者转移国外，造成国内资本外流；对政府官员的贿赂增加了企业的生产成本，减少了企业利润，恶化了投资环境，降低了资源配置效率；腐败猖獗会形成经济上的利益集团，形成对公共资源的支配和行业的垄断，破坏收入分配的正常机制，加剧经济改革的难度。同时，腐败还会败坏良好的社会风气，降低国民对国家和政府的认同感，削弱政府的国际竞争能力。对于普通的公民来讲，政府的廉洁程度是他们判断政府好坏的最重要的标准，腐败的政府不仅会极大地损害公民对政府信任，更重要的是会极大地损害公民的权利。政府的廉洁程度进而成为衡量政府行为文明的最显性的标准。

（六）公共服务

公共服务的质量和水平是判断政府行为文明的重要标准。政府为公民和社会提供公共服务是政府的基本职责。政府公共服务的内容，从经济层面上说，政府是为了纠正市场失灵，主要为社会提供市场不能够有效提供的公共产品和公共服务，制定公平的规则，加强监管，确保市场竞争的有效性，确保市场在资源配置中的基础性作用；从政治层面上说，政府的权力是人民赋予的，政府要确保为社会各阶层提供一个安全、平等和民主的制度环境，全心全意为人民服务，实现有效的治理而不是统治；从社会层面上说，政府要从社会长远发展出发，提供稳定的就业，义务教育和社会保障，调节贫富差距，打击违法犯罪等，确保社会健康发展。同时，在政府职能重心由政治统治向社会管理位移的时代，特别是在因财政危机、官僚主义和权力腐败引发的公众对政府的信任度下降的严峻现实中，强化政府的公共服务责任是政府赢得民意的重要基础。当然，政府公共服务的最终结果是社会成员享受到便捷、高效、高质量的公共服务和公共产品，充分实现宪法和法律规定的各项公民权利。

（七）政府绩效

政府绩效是衡量政府行为文明的一个较为综合的指标。政府绩效的核心内容是绩效评估，而绩效评估的灵魂是评估的价值取向。随着政府的文明程度不断提高，政府绩效评估的价值取向越来越鲜明地表现为公民导向，公民的满意度成为衡量政府绩效高低的最终尺度，强调公民导向，这一点正是政府组织目标的公共性所规定的。因为社会和公众的意愿与要求是政府管理的出发点和归宿，只有公众对政府提供的公共产品和公共服务满意时，政府管理才产生真正的绩效。因而，绩效评估的价值取向强化了政府的公共性和民主性，政府在制定政策前必须充分考虑民意，广泛地建立接受利益表达的制度性渠道，并在进行利益综合的时候更加倚重民间意志。政府绩效评估的指标越来越体现出以人为本的理念，指标的设计更加科学、全面，这样的评估指标体系有利于政府综合能力的提高，有利于国家和社会全面、协调、可持续发展。政府绩效评估主体越来越表现出多元化的发展趋势，这对于政府行为的透明化，评价的公正性都起到了促进作用，有利于政府服务水平的提高，有利于政府克服短期行为、唯上是从的行为，有利于政府更广泛地代表各阶层的利益，维护社会的安定，有效地利用政府的再次分配手段来防止贫富差距的拉大。政府绩效评估的责任或者后果越来越明确，这对于政府工作人员责任意识的提高、政府效能的提高都会产生积极的作用。

第三节　公民权与公民权保障

一、公民权理论的演变

在前资本主义社会，人们以不同的种族、血缘、身份、信仰、语言文字等为纽带和认同基础而联系整合在一起。近代以来随着资产阶级革命的爆发，世界各地先后建立了一种崭新的，各民族统一于主权国家之下的，以国家为标识和认同的民族国家（或者说公民国家）。在这些民族国家中，国家认同的基础已由文化转向政治法律，即公民身份和公民权。不同血缘、身份、信仰、性别、语言、价值观的人们拥有了一个共同的标识——公民身份。是共同的、平等的公民身份这一政治纽带把人们整合凝聚在一起。而在公民身份中，最核心的内容当属公民权。"公民权是现代民主的公民国家的一项基本制度。……它提供了一种将种族上的亲族认同与和国家相联系的政治认同相分离的方法，一种把政治认同从亲族关系转向政治地域关系的途径。"① 由此在现代民族国家中人们拥有了两种不同的认同基础：一种是占主导地位的宪政国家认同，另一种是民族文化认同。在这些不同的认同基础下，社会也形成了和而不同、多元一体的格局。

公民身份及公民权是现代国家中最为主要的纽带和认同基础。对

---

① 格罗斯：《公民与国家：民族、部族和族属身份》，新华出版社 2003 年版，第 32—37 页。

公民权的保障在多民族国家中是非常重要的。而要有力保障公民权，有必要对一国公民权的历史演进进行深刻的回顾、反思和认识。同时由于现代政府拥有高度专业化、分工协作的官僚体系，它的触角已深入社会生活的各个方面。在国家的整个权力体系中，它拥有行政立法权、行政司法权、行政执行权，所以政府本身就是对公民权利最大的、潜在的侵害者，政府行为的文明程度当然也对公民权的保障起着决定性作用。因此，研究一国政府行为的历史演变，从中揭示出不同政府行为对公民权保障的影响，总结历史经验，不仅对研究一国公民权的生成有很大帮助，而且以史为鉴，对一国新时期公民权的发展完善更有意义。

公民权思想的起源最早可以追溯到古希腊、古罗马时代。在那个时代就已经出现了一些公民权思想的萌芽。如早期斯多葛学派思想中就存在人人具有普遍平等权利的观点，由此罗马社会还建立了"自由民"制度。但在奴隶社会奴隶作为"会说话的工具"，他们仅仅是奴隶主的财产，可以任由其主人处置，所以这时的公民权仅仅是一种思想家的学说，还未上升为制度形态。在封建社会等级制度森严，那时只有臣民而没有公民概念。所以那时也没有近代意义上的公民权理论。近代意义上的公民权理论是在资产阶级革命和资产阶级国家建立之时才出现的。在早期的资产阶级革命中，一些思想家就提出了对后来公民权发展较有影响的学说。如自然法学派代表人物，国际法学家格老秀斯倡导的近代资产阶级自由主义思想。尤为重要的是后来洛克、卢梭的天赋人权思想和人民主权思想对世界公民权的发展起了有力的作用。洛克认为在"自然状态"中自然法赋予了人们保护自己生命健康、自由和财产不受侵犯的权利，因为"同种和同等的人们既毫无差别地生来就享有自然的一切同样的有利条件，能运用相同的身心能力，就应该人人平等，不存在从属或受制关系。"① 卢梭在《社会契约论》中也明确提出了"人是生而自由的"思想。②

但上述思想家的学说仅仅是一种公民权起源的理论形态，他们还

① ［英］洛克：《政府论》（下篇），商务印书馆1986年版，第5页。
② ［法］卢梭：《社会契约论》，商务印书馆1982年版，第8页。

没有上升为一国普遍的制度设计，尤其是宪政制度，还未取得真正由国家法律（尤其是宪法）表现出来的公民权形态。而真正对世界公民权发展起革命性促进作用的当属早期资产阶级革命中一些新生的资产阶级国家，它们废除了封建社会中的人身等级制度，宣布法律面前人人平等，并在法律上对人给予平等保护。它们在宪法和法律中把公民的平等权、自由权、人格尊严权等上升为法律上的权利，使其取得具有明确法律效力的公民权形态。尤为重要的是公民在公法领域的权利，如政治参与权得到了法律的承认，这是一个划时代的进步，也成了以后公民权的核心内容。

广义上的公民权指一国通过宪法及其法律对具有公民资格的人所规定的权利的总称。狭义上的公民权一般指公民通过选举权、被选举权等参与国家和地方政治事务管理的政治权利。从上述界定我们可以看出公民权是一个与人权、道德习惯权利不同的权利形态。人权是基于人的自然属性和社会属性所享有的权利，"人权概念就是这样一种概念，存在某些无论被承认与否，都在一切时间和场合属于全体人类的权利，人们仅凭其作为人就享有的这些权利，而不论其在国籍、宗教、性别、社会身份、职位、财富、财产或其他任何种族、文化或社会特性方面的差异。"① 而公民权是人们凭其公民身份而享有的法律权利，它主要依赖主权国家法律而存在，是对部分人权的法定化，是人权在法律上的表现形式，其范围显然小于人权。在某种程度上讲公民权是一个地域闭合的概念，其保护主体为一国疆域内的公民。正如马克思所说由于国家与社会的分化，才导致了公民权与人权的二重化。国家虽然不是权利的唯一和终极来源，在一国人权、道德习惯权利或权利要求虽然可以作为公民权的来源，不同的人们都可以基于自然正义向国家提出权利要求，但这样的权利要求还不是公民权，其要得到认同和实施必须通过立法保障来进行，这些权利要求只有经过国家立法确认、批准和颁布才能成为公民权。因此人权或道德习惯权利仅仅是公

---

① ［英］米尔恩：《人的权利与人的多样性——人权哲学》，大百科全书出版社1995年版，第2页。

民权的基础和源泉，一国立法的目的就是将应有意义上的人权通过立法的形式变为法律意义上的公民权，如果这些权利要求没有通过国家立法的形式进入公民权的领域，它们就不为具有法律效力的公民权。

公民权是个变量，在不同的社会，不同的历史发展变化阶段会有不同数量的权利群，也会有不同的公民权利形态，社会的政治、经济、文化、意识形态等变化都会对公民权的发展起重要的影响。现代意义上的公民权在我国起步较晚，1908年清政府颁布了中国历史上第一部宪法性文件——《钦定宪法大纲》（以下简称《大纲》）。《大纲》沿用了"臣民"的概念，将"臣民权利义务"作为附件列于其后。它赋予了臣民9项权利，如规定臣民在法律规定的范围内有言论、著作、出版、集会、结社的自由，臣民财产及其住所有无故不受侵扰的权利，臣民非按法律规定不得加以逮捕、监禁和处罚的权利等，这些可以看成是我国最早关于公民权的规定。其后，中华民国时期由于中国社会依然处于半殖民地半封建社会性质，公民权及其保障在帝国主义、官僚资本主义、封建主义的压迫下也仅仅是一纸承诺。1949年中华人民共和国的成立，使中国社会的性质发生了根本性的变化，中国历史上第一次真正实现了人人平等、人民当家做主。社会主义制度本身也对公民权提供了更加真实、充分、彻底的保障。1949年政治协商会议通过了起临时宪法作用的《中国人民政治协商会议共同纲领》（以下简称《共同纲领》）。《共同纲领》对公民权利进行了一系列的规定，如第四条规定："人民依法有选举权和被选举权。"第五条规定："人民有思想、言论、出版、集会、结社、通讯、人身、居住、迁徙、宗教信仰及示威游行的自由权。"这些权利规定为以后公民权的发展做了准备。1954年我国第一部社会主义宪法诞生了，在这部宪法中一改以前国民、人民称谓开始使用公民。其中有关公民基本权利的条款共计15条，而且宪法还规定了实现权利的途径和条件。

二、我国公民权保障的主要成就

所谓公民权保障就是确保公民权利实现的各种制度和措施。纵观世界各国对公民权的保障，不外乎有两种形式：一种是权利宣言，另一种是对公民权利的实现提供保障机制。通过权利宣言的形式对公民权提供保障主要是国家通过立法的形式进行的。在这其中最重要的是宪法，宪法保障制度的设立为公民基本权利的实现提供了统一的基础。因为宪法是一国根本大法，它对公民基本权利和自由做了较为全面的规定，而且作为根本大法，它总是规设其他法律对公民权的保障，任何法律、法规和规范性文件都是依据宪法对公民基本权利和自由的规定而做具体规定的。

公民权的保障不仅要在一国宪法、法律条文上得以体现，而且尤为重要的是一国要对其实现提供各种保障机制，诸如物质保障、政治保障（如政党制度、民主制度）、司法保障（如宪法诉讼、违宪审查），以促使权利主体有能力来真实享有这些权利。因为权利为一方对另一方之要求，或要求对方不得为某种有损自己的行为，或者要求对方必须为某种与自己有利的行为……为了实现权利主体对对方的要求，也都不能不含有"力量"（power）的意味。所以权利的存在和行使赖于权利主体之实际能力和实际地位。如果需求主体本身缺乏力量，就不可能设立一个为满足自己需求所必需的义务人，也不能让这个义务人真实的履行义务，那么需求主体也就不能成为权利主体……即便在某些国家立法已经用法律用语将社会成员的基本需求表述为权利，倘若社会成员缺乏"实力"（actual power and capacity）那么此种"法力"亦颇难发挥。[①] 所以在公民权上单纯靠政府对其提供立法保护，并不能消除由于经济落后，资源短缺而造成的权利实际享有的不平等。所以一国为了更好的使其公民享有真实而有平等的公民权，不仅要在立法对其平等保护，而且更要对其提供实现条件。

我国自 1978 年实行改革开放以来，国家政治、经济、文化生活发生了巨大变化。在经济领域，从计划经济体制开始，先后经过"计划为主，市场为辅"、"有计划的商品经济"、"社会主义商品经济"，最终走向了建立社会主义市场经济的道路。在政治法律领域党

---

① 参见夏勇：《中国民权哲学》，三联书店 2004 年版，第 231—232 页。

和政府不断完善社会主义民主政治，健全社会主义法治，最终走向了依法治国，建设社会主义法治国家的道路。这些变化和发展对公民权的保障起了巨大的促进作用，主要表现在以下几方面：

（一）不断健全完善公民权立法工作

1982年宪法恢复了1954年宪法对公民权的规定，同时扩大了公民权利范围，使公民的基本权利增加到24条。同时1982年宪法还将公民权利与义务由第三章提升为第二章，突出了公民权利的重要性。之后分别于1988年、1993年、1999年和2004年对其进行了四次修改。在这几次修改中对公民权保障起重要作用的主要有：1999年修宪将"依法治国、建设社会主义法治国家"载入宪法。2004年修宪将"国家保护和尊重人权"，"公民的合法的私有财产不受侵犯。国家依照法律规定保护公民的私有财产权和继承权。国家为了公共利益的需要，可以依照法律规定对公民的私有财产实行征收或者征用并给予补偿"，"国家建立健全同经济发展水平相适应的社会保障制度"。目前我国已建立了以宪法为核心，以基本法律为主体，以行政法规、部门规章、地方性法规、自治条例和单行条例等为补充的种类齐全、部门完善、内容丰富的公民权利保障体系。

在政治保护方面，国家加大了政治体制改革，大力发展社会主义民主政治、逐步走上了建设社会主义法治国家的道路。为规范政府行为国家相继制定了一系列法律，如1990年的《行政诉讼法》，1995年的《国家赔偿法》，1996年的《行政处罚法》，1999年的《行政复议法》和2003年的《行政许可法》，国务院为保护公民权也进行了一些努力，如2003年由"孙志刚案"引起的国务院取消《城市流浪乞讨人员收容遣送办法》，出台《城市生活无着落的流浪乞讨人员救助管理办法》。可以说这些法规为规范政府行为，保障公民权利起了巨大的作用。

在司法方面也完善了公民权保障的各种制度。如《刑事诉讼法》采取疑罪从无、无罪推定的原则，加强了对犯罪嫌疑人、被告人权利保护的规定。同时各种诉讼程序的完善，司法独立原则的确立，法官素质的逐步提高，法律援助的实施，这些机制的建立对公民权的保障也起了很好的促进作用。

（二）少数民族的权利得到更进一步的保护

1982 年宪法进一步扩大了民族区域自治的权限范围，在此基础上 1984 年颁布了《中华人民共和国民族区域自治法》，该法对少数民族自治地方的政治、经济、文化等方面的自治权利做了系统的规定。截至目前，我国共建立了 155 个民族自治地方，其中包括 5 个自治区、30 个自治州、120 个自治县（旗）。根据 2000 年第五次全国人口普查，在 55 个少数民族中，有 44 个建立了自治地方，实行区域自治的少数民族人口占少数民族总人口的 71%，民族自治地方的面积占全国国土总面积的 64% 左右。① 各少数民族通过民族区域自治的形式，充分行使管理国家和本民族内部事务的权利。各民族自治地方的政治、经济和文化水平都有了全面的迅速发展，民族自治地方的各族人民与全国人民一道，分享着国家现代化建设带来的发展成果。同时党和政府还创造条件，努力实现各民族的共同繁荣发展，1994 年国家开始实施《八七扶贫攻坚计划》，在确定的 592 个国家重点扶贫贫困县中民族自治地方有 257 个，占总数的 43.4%。1992 年，国家设立"少数民族发展基金"，主要用于解决民族自治地方发展和少数民族生产生活中的特殊困难。国家从 2000 年起组织实施"兴边富民"行动，对 22 个 10 万以下的人口较少民族采取特殊帮扶措施。为了加快西部地区和民族自治地方的发展，我国于 2000 年开始实施西部大开发战略，全国 5 个自治区、27 个自治州以及 120 个自治县（旗）中的 83 个自治县（旗）被纳入西部大开发的范围，还有 3 个自治州参照享受国家西部大开发优惠政策。②

（三）特殊群体公民的权利得到进一步保障

为保障妇女、儿童、老人、残疾人等特殊群体公民的权利，我国先后制定了《妇女权益保障法》、《老年人权益保障法》、《华侨、归

---

① 参见《中国的民族区域自治》白皮书，2005 年 2 月 28 日国务院新闻办公室发表。

② 参见《中国的民族区域自治》白皮书，2005 年 2 月 28 日国务院新闻办公室发表。

侨、侨眷权益保护法》、《义务教育法》、《未成年人保护法》、《残疾人保障法》。为保护农民工的合法利益，2003年1月5日国务院办公厅颁布了1号文件，要求各地取消对企业使用农民工的行政审批，取消专为农民工设置的登记项目，切实解决了农民工在城市生产生活问题，并集中整治了拖欠农民工工资的问题。

（四）不断提高了公民权保障的物质基础，逐步完善了公民权保障的政治、司法环境

公民权保障不仅要靠宪法、法律的规定，更为重要的是要为其实现提供保障机制，公民权利的最终获得和保护程度必然受当时经济、社会、政治、文化等的影响。正如马克思所说："无论是政治的立法或市民的立法，都只是表明和记载经济关系的要求而已"。[1]"权利决不能超出社会的经济结构以及由经济结构制约的社会的文化发展"。[2]改革开放以来，我国政府为促进公民权的保障，就对一些公民提供了许多物质和经济帮助。如从20世纪80年代中期开始，我国政府在全国范围内实施了有计划、有组织、大规模的扶贫开发，中央财政每年安排专项扶贫资金由1980年的10亿元，增加到2005年的130亿元，累计达到1155.8亿元，全国农村未解决温饱的贫困人口也从1978年的2.5亿减少到2004年年底的2610万，贫困发生率由30.7%下降到2.8%左右，贫困地区通路、通电、通广播的比例也达到77.6%、95.1%、87.8%。为了保护贫困地区学生受教育的权利，2004年国家对中西部地区农村义务教育阶段的贫困家庭学生免除了书本费、学杂费，寄宿学生的生活费也得到了一定的补助。[3]

（五）加入国际人权公约，扩大公民权的保护范围

随着第二次世界大战的结束，人权保障出现了国际保护的趋势，《联合国宣言》也把"增进并激励对于全体人类之人权及基本自由之尊

---

① 《马克思恩格斯全集》第4卷，人民出版社1958年版，第121—122页。
② 《马克思恩格斯文集》第3卷，人民出版社2009年版，第435页。
③ 参见《以人为本，扶贫开发——国务院扶贫办主任刘坚访谈录》，《人权》2005年第4期。

重"作为其宗旨。国际社会相继通过了一系列保护人权的国际公约，在这其中较为著名的是被西方学者称做"世界人权宪章"的 1945 年 12 月 10 日通过的《世界人权宣言》，1966 年 12 月 9 日通过的《经济、社会文化权利国际公约》和《公民政治权利国际公约》。我国政府在这一阶段也十分重视国际人权的保护，相继批准加入了一系列公约。"据不完全统计，自 1980 年 7 月 17 日起，我国已先后签署、批准或加入了 14 项由联合国主持缔结的国际人权公约；9 项国际劳工组织通过的公约；3 项国际人道主义公约和其他 13 项与人权有关的国际公约或协定。加上我国政府此前承认的国民党政府代表我国批准或签署的若干公约，目前至少已有 11 项联合国主持订立的国际人权公约；19 项国际劳工组织主持订立的公约；7 项国际人道主义公约和 9 项与人权有关的其他国际公约或协定对我国生效。"① 2004 年宪法修正案又将"国家尊重和保护人权"作为"公民的基本权利和义务"一章的原则，使我国公民权朝着更加完善、更加包容的方向发展。

三、西北少数民族地区公民权保障的重点

正如前文所述，经过多年的发展完善，我国现阶段公民权保障呈现出了一种体系日趋丰富完善、实现途径日益制度化、行使条件越来越好、救济渠道日益多样的可喜特点。但我们也要看到，不同地区社会经济、文化结构上的差异，必然会导致公民权保障上的差异。现实中我国公民权保障也呈现出了一种"差序格局"的状态。② 而"决

---

① 徐显明：《国际人权法》，法律出版社 2004 年版，第 437—442 页。

② 通过对相关史料的考察，我们发现世界各国的权利实现的不平等性惊人地一致。这种不平等体现于权利实现中的个体差异、地区差异和群体差异。我们把它称为权利实现的"差序格局"。所谓权利实现的"差序格局"，是指权利实现中的一种状态，包含两层意思：第一，现实中的权利主体是逐步扩大的，即一部分人先享有法定权利，然后推而广之及于其他人；第二，现实中不同种类（政治、经济、文化、社会等）权利的法律化及其实现是循序渐进而非一蹴而就的。传统的身份社会是一种"义务"的差序格局，现代社会则是一种"权利"的差序格局。郝铁川：《权利实现的差序格局》，《中国社会科学》2002 年第 5 期。

定权利实现差序格局的根本原因是社会经济发展的不平衡所带来的人们拥有财富多寡的不同，是重视差距的市场经济与重视平等的现代法治观相冲突的表现。"①

因此，就我国西北少数民族地区公民权保障现状来看，客观上也存在地域差异和群体差异，就地域差异而言，包括西北4省区之间以及与我国其他地区之间的差异，而其中最为典型的当属与东部地区的区际差异。而群体差异则包括西北少数民族地区城市居民和农民、各民族之间、男和女之间的差异，而其中最为典型的当属城乡居民之间的差异。因此如何来缩小这些差异甚至使权利保障更加充分就是我们要研究的重点，这也是提高西北少数民族地区政府行为文明水平所要解决问题的一个重要方面。

就西北少数民族地区公民权保障的内容来看，我们采用广义上的公民权概念，即指一国通过宪法及其法律对具有公民资格的人所规定权利的总称。公民权从内容上来看是一个庞大的权利群，其内容相当广泛，出于本书研究的需要，我们不可能对每一项公民权加以穷尽分析，而只能通过分类的方式予以说明。我们认为西北少数民族地区公民权保障应该以政治权利、社会经济权利、文化权利为保障重点。因为这三个方面反映了西北少数民族地区公民权保障存在的客观差距，而这些差距又是和西北少数民族地区的政治、经济、文化发展水平相联系的。至于公民权中的人身权利、司法权力等内容我们在本书中也会涉及，但是这些内容由于和我国公民权保障的共性较多，所以不做重点论述。

（一）政治权利

《民族区域自治法》中关于少数民族政治权利的条文占有相当的分量：该法在序言部分，第一章、第二章、第四章、第五章都专门规定自治机关享有的政治权利，同时在第三章第十九至二十四条，在第六章第五十四条也是关于保障少数民族实现其政治权利的条文。我们认为就少数民族政治权利而言，其不仅有我国宪法所规定的公民所享

---

① 郝铁川：《权利实现的差序格局》，《中国社会科学》2002年第5期。

有的一切平等政治权利，而且从其民族特殊性出发，我国宪法和民族区域自治法还对其政治权利进行了特殊保护和规定，即实行民族区域自治制度和和保障少数民族平等的参政权。民族区域自治制度是民族区域自治权的制度化载体，而民族区域自治权是民族区域自治制度的权利化表征，二者是同一个事物的两个方面。少数民族平等的参政权，包括少数民族参与国家事务管理和地方事务管理的权利和少数民族自主地管理本民族本地区内部事务的权利。对此本书将对西北少数民族民族区域自治权和平等的参政权进行重点论述。

（二）社会经济权利

根据联合国制定的《世界人权宣言》、《经济、社会和文化权利国际公约》、《公民权利和政治权利国际公约》、《发展权利宣言》的规定来看，社会经济权利作为一项总括性的权利其包括的权利内容是有所不同的，总体来看其包括公民的生存权、发展权、平等权、工作权、休息权、财产权、继承权、社会保障权、获得物质帮助的权利、受教育权等具体权利。当然上述权利的分类也不是完全科学规范的，其存在内涵和外延不周延的情况。就本书的研究范围西北少数民族地区而言，我们认为对上述这些权利不可能一一加以描述，对此我们借鉴了国务院新闻办公室 2003 年、2004 年发布的《中国人权白皮书》的分类方法，在该书中主要使用生存权和发展权这两个概念，同时在说明一些具体问题时也使用了财产权、社会保障权、获得物质帮助权、受教育权等具体权利。

（三）文化权利保障

西北少数民族地区民族的多元性、生态的多样性、社会的差异性造就了丰富的多元民族文化。多元民族文化是西北少数民族地区民族文化多样性的体现，也是少数民族文化权利保障的历史和现实依据。文化有广义、狭义之分。广义的文化，包括人类所创造的全部物质财富和精神财富，一切非自然的人类创造物都属于文化。狭义的文化侧重于语言、文学、艺术及包括一切意识形态在内的精神产品。① 我们

---

① 参见宋蜀华、陈克进：《中国民族概论》，中央民族大学出版社 2001 年版，第 141 页。

的研究将以狭义的文化概念为出发点，西北少数民族文化权利保障的重点是对少数民族使用和发展本民族语言文字的权利、宗教信仰权利和对少数民族非物质文化遗产的保护。语言文字和部分宗教活动虽然也属于非物质文化遗产的范围，但由于非物质文化遗产是一个庞大的体系①，所以我们将其单独加以论述，以体现研究的针对性和系统性。

第四节　政府行为文明与公民权保障的互动关系

政府行为文明与公民权保障的互动关系，我们通过社会调查、政府行为效果的分析，可以做这样的理解，即政府行为文明的程度与公民权保障的程度呈正相关的关系，政府行为越文明，公民权保障的水平就越高。同时，公民权利意识的增强和维权水平的提高又成为提高政府行为文明程度的重要推动力。公民权保障水平越高的地域、时期，政府行为文明的程度越高。

一、保障公民权利是政府合法性的基础

政府因法律的赋予享有行使行政职权的权力，既应严格根据法律规定行使行政权，也要按照法律规定的程序行使行政权。行政权力的作用过程是对公共利益与个体利益，甚至不同个体利益权衡协调的过程。这种权力行使的目的是为了维护公民的合法权益，维护公共秩序。政府的各种活动最终的目的是为了保障公民的权利。

现代民主国家基于对国家权力与人民权利的认识，提出了"主权在民"的理念，主权在民也就成为现代民主国家政府存在合法性

---

①　参见联合国教科文组织《保护非物质文化遗产公约》第二条规定"非物质文化遗产"包括以下方面：（1）口头传说和表述，包括作为非物质文化遗产媒介的语言；（2）表演艺术；（3）社会风俗、礼仪、节庆；（4）有关自然界和宇宙的知识和实践；（5）传统的手工艺技能。

的基础。早期资本主义国家普遍树立了主权在民的原则，政府存在的唯一合理性就是保障人的权利，让人生活得更加幸福。当代资本主义民主国家的公共行政只是将主权在民的原则更富于操作性，保障人权的终极目的作为政府并不能发生改变，否则就有违民主的基本原则。我国是社会主义国家，党和政府的根本宗旨是"全心全意为人民服务"，《宪法》也明确规定："中华人民共和国的一切权力属于人民"。因而，政府一切行为合法性的基础就只能是为人民谋福利。而人民的福利是一个抽象的概念，人民的幸福表现为具体的每一个公民的幸福生活，幸福生活意味着公民权利的充分、及时、全面的享有。

我国《宪法》以18个条文规定公民享有以下几个方面的基本权利和自由：一、平等权。公民在法律面前一律平等，即以法律为尺度去衡量任何公民在享有权利和承担义务上都一律平等。二、公民的政治权利和自由。包括选举权和被选举权、监督权、批评权、建议权、申诉权、控告权和取得国家赔偿的权利，以及言论、出版、集会、结社、游行、示威六项自由。三、公民的人身自由和宗教信仰自由。包括人身自由不受侵犯；人格尊严不受侵犯；住宅不受侵犯；通信自由和通信秘密受法律保护；以及宗教信仰自由。四、公民的社会经济文化权利。包括劳动权、休息权、退休人员生活保障权、物质保障权、受教育权，进行科研文艺创作和其他文化活动的自由。五、特定人的权利保护。包括国家保护妇女的权利和利益；婚姻、家庭、老人、儿童受国家的保护；保护华侨正当权益。2004年3月14日第十届全国人大第二次会议通过了14条宪法修正案，其中，有些重要的条款涉及公民权保障。《宪法》第十条规定："国家为了公共利益的需要，可以依照法律规定对土地实行征收或者征用并给予补偿"。第十三条规定："公民的合法的私有财产不受侵犯。""国家依照法律规定保护公民的私有财产权和继承权。"上述规定有利于正确处理私有财产保护和公共利益需要的关系，有利于社会的发展和繁荣。《宪法》第十四条规定："国家建立健全同经济发展水平相适应的社会保障制度。"建立健全同经济发展水平相适应的社会保障制度，是深化经济体制改革、完善社会主义市场经济体制的重要内容，是发展社会主义市场经济的客观要求，是社会稳定和国家长治久安的重要保证，同时，也是公民享有社会权利的基础。《宪法》第三十三条规定："国家尊重和保障人权。"这成为中国人权发展的重要里程碑，为人权制度的创新奠定了宪法基础，也为公民权的不断扩展提供了宪法保证。

宪法中规定的公民基本权利成为我国公民享有权利的基础，同时各级政府也必须切实以保障公民权利为基本价值追求，只有这样才能够得到人民的认同，才能够表现出存在的合法性与合理性。

二、保障公民权利是政府行为文明的价值性体现

从我国政府发展的指向看，我国政府发展的目标是建立法治政府、民主政府、服务政府、廉洁政府、效能政府、责任政府，主线是政府与公民关系的定位，从原有的政府权力本位转变为公民权利本位。其价值核心是"执政为民"，建立服务型政府，做到"权为民所用，情为民所系，利为民所谋"。就是政府在行政中始终把保障公民权利作为价值目标。政府服务的基本点就是政府为公民提供公共物品，如通过医疗卫生保障体系的建立保障公民的健康权、通过最低生活保障和各种灾害救助保障公民的物质帮助权。从法治政府的角度讲，法治的核心涵义是防止国家权力对公民权利的侵害。如《物权法》的制定和出台，其理念就是"确立国家、集体和私人财产权的平等保护观念，保障市场经济主体平等参与竞争；增强私有财产的保护意识，维系公益与私益的恰当平衡，构建完善的控权和权利救济机制"。[1] 法治政府就是有限政府，政府权力是有限的，政府公共权力和公民私人权利之间、政府权力和社会权利之间都有依法律规定的界限。因为政府与公民是委托—代理关系，政府与社会是契约关系，社会（公民）把权力授予给政府，政府再在规定的范围内管理社会公共事务。在权力授予过程中，公民转让了处理公共事务的权力，保留了涉及生命、财产的权利。有限政府的理念在于防止政府专权，因为

---

[1] 张浪：《物权法与法治政府行为理念的塑造》，《理论导刊》2007年第9期。

绝对的权力会使公民的合法权利受到侵害，同时也在于公民有效的行使对政府的监督权。从责任政府的角度讲，政府作为代理人要向行为委托人——公民负责，如果政府在应对公共问题和处理公共事务时，受主观或客观因素的制约，损害了公民的合法权益，政府就要承担相应的责任。如我国颁布《国家赔偿法》、《行政许可法》、《行政处罚法》的要义，就在于当政府权力造成对公民权利的损害时，公民能得到救助或赔偿。

三、政府行为文明影响公民权的保障水平

如果我们以判断政府行为文明的七项标准来衡量政府的行为，可以很容易地发现，每一项判断的标准都关涉公民权利的保障，与公民权保障呈正相关的关系。

第一，政府权力观对公民权保障的影响表现在政府对其权力来源的认识直接影响公民权保障在政府各种行为中的地位，政府对其权力目的的认识会导致政府行为的价值取向是否倾向于对公民权利的保障，政府对其权力运行方式的看法会直接影响公民的政治参与权利的实现，政府对其权力监督问题的认识会影响公民对公共事务的监督和知情权利以及政府损害公民权利后的救济。政府权力观越是符合民主、法治、科学、人性的要求，政府行为文明的程度就越高，公民权保障的预期目标就越高。

第二，政府民主建设对公民权利保障的影响是显而易见的。首先，政府决策的民主化能够保证公民政治权利的实现，保证政府决策把反映和实现公民权益作为政府决策的根本价值取向和宗旨。政府决策民主化要求在政府决策过程中，深入群众，广泛听取人民群众的意见和要求，深入了解人民群众就国家机关所要解决的重大问题的愿望和意向，而不是决策者拍脑瓜式的自以为是和"为民做主"。这既保证了政府决策的民主性又保证了决策的科学性。我国宪法规定，人民享有管理国家事务、管理经济和文化事业、管理社会公共事务的民主权利。人民群众对政府决策的广泛参与是社会主义民主的基本要求，因此，应当建立健全保障群众参与政府决策的一系列措施，拓宽参与

渠道和方式。其次，政府管理的民主化能够保证公民其他权利的顺利实现。政府有保障公民权利的职责和义务，同时，政府管理的民主化水平直接影响政府行为的导向、政府官员对公民权的重视程度、政府的工作效率、政府公务人员的服务态度等等，这些因素又对公民权利能否顺利实现产生重要的影响。最后，政府监督机制的民主化程度能够有效纠正政府对公民权的侵害。政府权力随时都存在滥用的可能，因此对政府的监督对于保障公民权显得尤为重要，政府权力的监督表现为事先的权力约束和事后的补救。只有建立健全的政府监督纠错机制，才能够在公民的权利受到政府侵犯时能够得到公正的权利救济，修补损伤的正义，挽回不利的影响，重新树立政府在公众心目中的权威和形象。

第三，政府权力运行机制越是科学、民主，政府行为的规范化程度就越高，政府权力的法治化水平就越高，权力受到的制约就越有力，权力运行的成本就越低，公民权利保障的水平就越高，公民就可以享受到方便、快捷、廉价、公正的公共服务。

第四，政府依法行政的水平直接影响公民权利的实现。依法治国的关键是依法行政，行政机关作为直接管理社会的机关拥有广泛的行政权力，如果行政机关能够严格依法行政则可以比较有效地保障公民权利的实现，或者为公民权利的实现创造有利条件。同时，严格依法行政还可以防止政府滥用职权而对公民权利造成侵害。当然，依法行政所依据的法律必须符合良法的标准，而衡量良法的重要尺度便是法律对公民权利保障的程度。公民权利的保障质量是政府依法行政程度的标志。行政执法的本质内容既然是对公民权利的保障，考察政府依法行政的完善程度就不能离开公民权利保障的质量，依法行政随着公民权利保障的深入而不断完善。可以说，依法行政的程度高则公民权利的保障质量就较高，依法行政的进步也要通过公民权利的保障表现出来。公民权利保障是衡量依法行政效率、正义、公正等价值的基本尺度。效率、公正、正义等以公民权利保障为目的，并以公民权利的保障体现出来。依法行政所追求的效率、公正必须有利于公民权利的保障，否则就不可能达到依法行政的目标。

　　第五，政府廉洁程度与公民权保障水平密切相关。廉洁政府能为为公民权利的实现创造稳定的政治环境。政府廉政程度高，政府与公民的利益关系处理得就好，社会关系就比较融洽；政府廉政程度低，政府公职人员就会利用手中的权力为部门和个人谋取不正当利益，而其他公民的利益就会受到损害，政府的社会动员、管理能力就因得不到公民的支持而弱化。同时，廉洁政府为公民权利的平等实现提供公平的机会、提高对公民权利的保障能力。政府的廉洁程度越高，政府可以调动的公共资源的数量和质量就越高；相反，腐败的程度越深，公共资源的流失就越是巨大，政府可以用于公共服务的资源就越少。另外，政府的廉洁程度越高，政府工作的效能就越高；相反，腐败的程度越深，政府活动的潜规则和暗箱操作就越多，就会造成大多数人与政府及其官员联系成本的增加，政府工作的效能降低。因此，政府的廉洁程度高，其公共服务的能力就高，进而对公民权利保障的能力就高。

　　第六，政府公共服务的水平直接影响公民权利的实现，政府提供的公共服务越是丰富、优质和便捷，公民权利实现的程度就越高。同时，政府的公共服务如果有失公正，则会在保证一部分公民实现自己权利的同时，损害另一部分公民的权利。

　　第七，政府绩效的高低会影响公民权利的实现。因为，现代政府绩效管理追求的价值是公民导向，政府绩效的提高减少了行政成本，增加了社会财富，提高了工作效能，公民因此而受益。政府绩效对国民幸福程度的关注越来越多，绩效评估的指标中涉及公民权利的指标增加，公民权利保障的水平就会提高。公民对政府绩效评估的积极参与能够促进改善公共服务的质量，优化政府的职能，使公民权利的实现更有保障。

四、保障公民权会促进政府行为文明程度的提高

　　首先，公民权利意识提高推动政府行为朝着更加文明的方向发展。公民权利保障水平提升的直接结果就是公民权利意识增强，公民权利意识始终是推动政府改革、职能转变的原动力。公民权利意识通过各种形式表现出来，影响国家的立法，使得法律的制定更加注重对

公民权利的保护，增加了政府保障公民权利的职责和义务，政府的权力受到更多的限制，对公民权利侵害的可能性降低。公民权利意识的提高集中表现在执法领域就是参与意识和维权意识的增强，从而推进了政府民主化的进程，政府行为越来越趋向于民主化、透明化、人性化。公民权利意识的提高在司法领域的表现就是运用法律的手段维护自己的合法权利，从而强化政府行为的纠错机制，防止政府专横和权力的滥用。所有这一切都有利于建立有限政府、民主政府、法治政府、责任政府和效能政府。

其次，公民权利保障水平的提高有利于政府与公民的互动，实现政府的善治。公民权利保障的水平提升，公民的满意度就上升，对政府的信任程度就提高，政府权威增强，政府行为的成本降低。如此一来，政府与公民的就容易建立起良性的互动关系，增加公民的共识和政治认同感，使公民能够有效地参与公共决策过程，并且对公共管理过程实施有效的监督，公共管理人员和管理机构对公民的要求能够做出及时的和负责的反应，做出的行为更加有效。[①]

最后，公民权利保障水平的提高能够使更多的人有精力和兴趣关心公共生活，推动政府行为文明的进程。公民的政治权利得到有效保障才可能有合法的途径参加政府的民主管理，对政府进行有效的监督；公民的其他权利得到较好的实现才能够有精力和兴趣参加政府推行的各种民主化的革新，关注公共利益和公共政治生活，很难想象为了生活艰辛奔波的人会有兴趣和时间关心政府的民主管理。

本章小结

西北少数民族地区政府行为文明的发展不可能脱离整个国家的政府行为文明的发展，它的基本内涵和判断标准也不能背离政府行为文明的一般要求和判断标准。西北少数民族地区政府行为文明只是我国

---

① 参见俞可平：《治理与善治》，社会科学文献出版社 2000 年版，第 9—10 页。

政府行为文明的局部表现之一，有其共性也有其个性，它的演进和发展不可能离开我国政府行为文明演进和发展的大背景。这一背景既是我们分析西北少数民族地区政府行为文明的基础，又是我们发掘西北少数民族地区政府行为文明特殊性的基本参照系。

　　政府行为文明与公民权保障的互动关系，表明二者在现实社会始终处于一种动态的发展过程。西北少数民族地区公民权的保障既有一般意义上的公民权保障，又有其基于民族特点所存在的特殊价值，其在政治权利、社会经济权利与文化权利方面都表现出我国民族区域自治制度的本质要求。从我国公民权保障的历史来看，只有在新中国成立以后，广大人民群众才第一次真正实现了当家做主的权利，社会主义制度为我国公民权保障的不断发展提供了坚实的制度保障。

第二章　西北少数民族地区政府保障公民权的成就

　　我国《宪法》第三十三条规定："凡具有中华人民共和国国籍的人都是中华人民共和国公民。中华人民共和国公民在法律面前人人平等。"因此在我国每一个公民都享有平等的权利，履行法律规定的义务。作为本书研究的地域范围西北少数民族地区，是我国少数民族比较集中，民族特色比较鲜明的地区，因此从公民权保障的角度来看，对少数民族公民权的保障的研究更具有代表性和针对性，所以本章内容将重点探讨西北少数民族公民权的保障问题。

　　我国实行各民族平等政策，自新中国成立以来，各级政府一直致力于保障少数民族合法权利的实现。在国内不断加强依法保障少数民族权利的同时，我国还加入了有关少数民族权利保障的国际公约，如《消除一切形式种族歧视国际公约》、《禁止并惩治种族隔离罪行国际公约》和《防止及惩治灭绝种族罪公约》等。实际上，我国民族政策、法律法规中关于少数民族人权的保护内容已远远超出了上述国际条约中的有关规定。

第一节　西北少数民族地区政府
对公民政治权利的保障

一、平等的参政权利

参政权，是各民族最根本的政治权利，即参加国家大事和地方事务、本民族事务管理的权利。少数民族公民以平等地位和汉族公民一起参与国家事务的管理，是中国少数民族平等权利的主要标志。在我国，人民行使国家最高权力的机关是全国人民代表大会和地方各级人民代表大会，每个民族都有自己的代表进入国家最高权力机关。中国少数民族享有的人权具有两重性：一是享有同其他多数民族同等的权利，不受差别对待；二是少数民族因其特殊的属性（语言、文化、宗教）而需要给予特殊保护。①

（一）各民族都有平等参与国家事务管理的权利

西北少数民族参与行使国家最高权力机关的权利受到特殊的保障。全国人民代表大会是国家的最高权力机关，代表全国人民的意志，制定《宪法》和法律，决定国家政治生活的重大问题。西北少数民族在全国人民代表大会中都有自己的代表，不仅享有同其他多数民族同等的权利而且给予了特殊的保护政策：即少数民族在全国人民代表大会的名额上享受了特殊待遇，保证了他们在国家最高权力机关的名额。《宪法》第五十九条和第六十五条规定：全国人民代表大会和全国人民代表大会常务委员会组成人员中各少数民族都应有适当名额。《中华人民共和国全国人民代表大会和地方各级人民代表大会选举法》第十七条规定：全国少数民族应选全国人民代表大会代表，由全国人民代表大会常务委员会参照各少数民族的人口数和分布等情况，分配给各省、自治区、直辖市的人民代表大会选出。人口特少的民族，至少应有代表一人。这些规定，保证了每

① 参见杨侯第：《中国少数民族人权述要》，北京大学出版社 1997 年版，第50 页。

个少数民族都有代表参加全国人民代表大会，行使管理国家事务的权力。而且我国历届人民代表大会中西北少数民族代表名额都超过了其在全国人口中所占的比例，比如人口在10万人以下的保安族、俄罗斯族、裕固族、乌孜别克族、塔塔尔族都选出了自己的全国人大代表。

（二）各民族都有平等参与地方事务管理的权利

西北地方各级人民代表大会是地方国家权力机关。《中华人民共和国全国人民代表大会和地方各级人民代表大会选举法》第十一条规定：自治区、聚居的少数民族多的省，经全国人民代表大会常务委员会决定，代表名额可以另加百分之五。聚居的少数民族多或者人口居住分散的县、自治县、乡、民族乡，经省、自治区、直辖市的人民代表大会常务委员会决定，代表名额可以另加百分之五。第十八条规定：有少数民族聚居的地方，每一聚居的少数民族都应有代表参加当地的人民代表大会。聚居境内同一少数民族的总人口数占境内总人口数百分之三十以上的，每一代表所代表的人口数应相当于当地人民代表大会每一代表所代表的人口数。聚居境内同一少数民族的总人口数不足境内总人口数百分之十五的，每一代表所代表的人口数可以适当少于当地人民代表大会每一代表所代表的人口数，但不得少于二分之一；实行区域自治的民族人口特少的自治县，经省、自治区的人民代表大会常务委员会决定，可以少于二分之一。人口特少的其他聚居民族，至少应有代表一人。这些规定从法律上保障了西北各少数民族管理国家和地方事务的权利。

西北少数民族除通过各级人民代表大会行使参政权外，还依照法律程序选举进入各类政府机构和团体，担任各种职务，全面参加国家和地方事务的管理。新中国成立以来，有13位少数民族人士担任国家副主席、全国人大常务委员会副委员长、国务院副总理、国务委员、全国政协副主席等国家高级领导职务。①

---

① 参见王戈柳：《民族区域自治制度的发展》，民族出版社2001年版，第69页。

二、民族区域自治权利保障

（一）民族区域自治制度是我国的一项基本政治制度

中国的民族区域自治制度是中国共产党在探索符合中国国情实际的革命和建设道路过程中确立的一种解决中国民族问题的制度形式，它体现了马克思列宁主义民族理论的基本原理，突出了中国作为一个统一的多民族国家的历史基础和现实国情，维护了平等、团结、互助的社会主义民族关系，保障了少数民族和民族区域自治地方各民族人民共同发展、共同富裕、共同繁荣的基本要求，具有很强的中国特色，是解决中国民族问题的正确道路。

民族区域自治权利是民族自治地方的自治机关，在国家宪法和民族区域自治法规定的权限范围内，根据当地民族政治、经济和文化的特点，自主管理本地方、本民族内部事务的一种特定权力。自治权是民族区域自治的核心，是由民族区域自治制度所决定的。国家保障民族自治地方的自治机关享有广泛的自治权，这是民族区域自治法的一个基本原则。

首先，行使自治权是少数民族当家做主，管理本民族内部事务的重要标志，是自治机关享有管理本地方事务的自主权的基本内容。实行民族区域自治，就是要在维护国家统一和中央集中领导的前提下，保证各少数民族在实行区域自治的地方，享有当家做主的权利。没有广泛现实的自治权，就无所谓民族区域自治。从新中国成立以后的历史看，在民族工作上出现失误或偏离方向，一是表现为在"左"的思想或单纯发展经济思想的影响下，无视民族特点和民族问题的存在，或采取民族虚无主义，或搞"一刀切"；二是对少数民族的自治权利不够重视和尊重，把自治机关的自治权与一般地方国家机关的职权等同看待，而侵犯了自治机关的自治权利。所以，要坚持和完善民族区域自治制度，就必须保障民族自治地方自治机关享有广泛现实的自治权利。

其次，民族地方自治机关的自治权是改变民族自治地方落后面貌，实现各民族共同繁荣的重要保证。由于历史发展和自然地理条件限制的种种原因，我国各民族、各地区间的发展很不平衡，大多数少数民族地区还处于贫穷落后的状态。个别地区和一些少数民族至今仍未解决温饱问题，与内地特别是沿海发达地区的发展差距，有越拉越大的趋势。为了尽快改变少数民族地方贫穷落后的面貌，使民族自治地方加速发展，促进各民族繁荣昌盛，宪法和民族区域自治法都赋予民族自治地方的自治机关享有自治权利。自治机关可以根据各民族的愿望和本地方的实际情况，贯彻执行国家的法律、政策，在不违背宪法和法律的前提下，有权采取特殊政策和灵活措施，加速发展民族自治地方的经济和文化建设事业。

最后，自治机关的自治权是衡量民族区域自治程度的标尺。民族区域自治，是通过在少数民族聚居的地方建立民族自治地方，设立自治机关，行使自治权来实现的。自治权权能的多少、范围的大小、运用的好坏，反映着民族自治地方实现自治的程度。自治权的权能多、范围大、运用状况好，表明自治程度高；反之，则表明自治程度较低。所以，只有自治机关充分享有自治权，才能坚持和不断发展、完善我国的民族区域自治制度。[①]

(二) 西北少数民族享有充分的自治权

西北少数民族自治地方的自治机关，除了可以行使和它同级的一般国家机关的职权之外，还可以行使自治权。其主要内容如下：

1. 自主地管理本民族内部事务的权利

西北少数民族除参加全国人民代表大会，依法选举中央人民政府外，更重要的是依据我国《宪法》和《民族区域自治法》所确立的民族区域自治制度充分实现当家做主的政治权利，依法选举自治地方的人大和各级政府，依法自主地管理本民族内部事务。《民族区域自治法》第十六条规定：民族自治地方的人民代表大会常务委员会中应当有实行区域自治的民族的公民担任主任或者副主任。第十七条规定：自治区主席、自治州州长、自治县县长由实行区域自治的民族的公民担任。自治区、自治州、自治县的人民政府的其他组成人员，应

---

① 参见康耀坤、马洪雨、梁亚民：《中国民族自治地方立法研究》，民族出版社2007年版，第144页。

当合理配备实行区域自治的民族和其他少数民族的人员。民族自治地方的人民政府实行自治区主席、自治州州长、自治县县长负责制。自治区主席、自治州州长、自治县县长，分别主持本级人民政府工作。第十八条规定：民族自治地方的自治机关所属工作部门的干部中，应当合理配备实行区域自治的民族和其他少数民族的人员。这就在人员上给予了法律的保障，现在，西北少数民族地区人大和各级政府领导组成人员都实现了民族化。以新疆为例，目前83%左右的县市长由少数民族干部担任，厅局级领导干部中少数民族占43%左右，自治区级领导干部中少数民族干部占55%左右。①

2. 立法权

民族自治地方的自治机关有权依照当地民族的政治、经济和文化的特点，制定自治条例和单行条例。自治条例是民族自治地方的人民代表大会根据宪法、立法法和民族区域自治法，依照当地民族的政治、经济和文化的特点制定的报法定机关批准的，调整本地方内的民族关系的综合性自治法规。单行条例是指为解决某一特定事项而制定的自治法规。同时民族自治地方的自治机关根据宪法和其他法律的授权还享有变通补充规定的立法权。截至2003年年底，民族自治地方共制定自治条例133个、单行条例384个，民族自治地方对婚姻法、继承法、选举法、土地法、草原法等法律的变通和补充规定有68件。②

3. 变通执行或者停止执行权

上级国家机关的决议、决定、命令和指示，如有不适合民族自治地方实际情况的，自治机关可以报经该上级国家机关批准，变通执行或者停止执行；该上级国家机关应当在收到报告之日起六十日内给予答复。

---

① 参见韩光武、张炳勇：《民族区域自治制度在新疆的成功实践》，《新疆社科论坛》2005年第4期。

② 参见《中国的民族区域自治》白皮书，2005年2月28日国务院新闻办公室发表。

4. 使用本民族语言文字的权利

民族自治地方的自治机关在执行职务的时候，依照本民族自治地方自治条例的规定，使用当地一种或者几种语言文字；同时使用几种通用的语言文字执行职务的，可以以实行区域自治的民族的语言文字为主。民族自治地方的自治机关保障本地方各民族都有使用和发展自己语言文字的自由。

5. 人事管理权

大力培养少数民族干部和各种专业人才，是民族自治地方行使自治权的关键。少数民族干部熟悉本民族的历史和现状，通晓本民族语言文字，懂得本民族的生活方式和风俗习惯，同本民族群众有着密切联系，易于了解本民族的特殊性和要求，他们对发展自治地方有迫切的愿望和要求，受到群众特别是本民族群众的信任、爱戴和拥护。自治地方的各项事业的建设，是离不开他们的。民族自治地方的人事管理权，主要有以下几个方面的内容：一是自治机关有权根据社会主义建设的需要，采取各种措施从当地民族中大量培养各级干部、各种科学技术、经营管理等专业人才和技术工人，充分发挥他们的作用，并且注意在少数民族妇女中培养各级干部和各种专业技术人才。二是民族自治地方的自治机关录用工作人员的时候，对实行区域自治的民族和其他少数民族的人员应当给予适当的照顾。三是民族自治地方的自治机关可以采取特殊措施，优待、鼓励各种专业人员参加自治地方各项建设工作。四是民族自治地方的企业、事业单位依照国家规定招收人员时，优先招收少数民族人员，并且可以从农村和牧区少数民族人口中招收。

6. 经济管理权

经济的发展对少数民族生存权、发展权起到决定性作用。民族自治地方经济管理权的主要内容有：

（1）民族自治地方的自治机关在国家计划的指导下，根据本地方的特点和需要，制定经济建设的方针、政策和计划，自主地安排和管理地方性的经济建设事业。

（2）民族自治地方的自治机关在坚持社会主义原则的前提下，

根据法律规定和本地方经济发展的特点，合理调整生产关系和经济结构，努力发展社会主义市场经济。

（3）民族自治地方的自治机关在国家计划的指导下，根据本地方的财力、物力和其他具体条件，自主地安排地方基本建设项目。

（4）民族自治地方的自治机关自主地管理隶属于本地方的企业、事业。

（5）民族自治地方依照国家规定，可以开展对外经济贸易活动，经国务院批准，可以开辟对外贸易口岸。与外国接壤的民族自治地方经国务院批准，开展边境贸易。民族自治地方在对外经济贸易活动中，享受国家的优惠政策。

（6）民族自治地方根据本地方经济和社会发展的需要，可以依照法律规定设立地方商业银行和城乡信用合作组织。

7. 财政税收管理权

自治机关的财政税收管理自治权，是在国家统一领导下，在财政税收权限划分上给民族自治地方的一种权力。由于历史的原因，我国民族自治地方的经济和文化发展缓慢，民族自治地方的财政税收是建立在较大范围的经济不发达的基础上的，国家在划分财政税收职权方面，考虑到自治地方的种种特点，给予的特殊的管理财政税收的自主权。

（1）民族自治地方的自治机关有管理地方财政的自治权。凡是依照国家财政体制属于民族自治地方的财政收入，都应当由民族自治地方的自治机关自主地安排使用。

（2）民族自治地方在全国统一的财政体制下，通过国家实行规范的财政转移支付制度，享受上级财政的照顾。民族自治地方的财政预算支出，按照国家规定，设机动资金，预备费在预算中所占比例高于一般地区。民族自治地方的自治机关在执行财政预算过程中，自行安排使用收入的超收和支出的节余资金。

（3）民族自治地方的自治机关对本地方的各项开支标准、定员、定额，根据国家规定的原则，结合本地方的实际情况，可以制定补充规定和具体办法。

（4）民族自治地方的自治机关在执行国家税法的时候，除应由国家统一审批的减免税收项目以外，对属于地方财政收入的某些需要从税收上加以照顾和鼓励的，可以实行减税或者免税。

8. 科教文卫管理权

《民族区域自治法》对自治机关的科教文卫管理自治权规定的比较详细具体，归纳起来主要是：

（1）科学技术方面：民族自治地方的自治机关自主地决定本地方的科学技术发展规划，普及科学技术知识。

（2）教育方面：一是民族自治地方的自治机关根据国家的教育方针，依照法律规定，决定本地方的教育规划，各级各类学校的设置、学制、办学形式、教学内容、教学用语和招生办法。二是民族自治地方的自治机关自主地发展民族教育，采取多种形式发展普通高级中等教育和中等职业技术教育，根据条件和需要发展高等教育，培养各少数民族专业人才。三是民族自治地方的自治机关为少数民族牧区和经济困难、居住分散的少数民族山区，设立以寄宿为主和助学金为主的公办民族小学和民族中学，保障就读学生完成义务教育阶段的学业。办学经费和助学金由当地财政解决，当地财政困难的，上级财政应当给予补助。四是招收少数民族学生为主的学校（班级）和其他教育机构，有条件的应当采用少数民族文字的课本，并用少数民族语言讲课；根据情况从小学低年级或者高年级起开设汉语文课程，推广全国通用的普通话和规范汉字。各级人民政府要在财政方面扶持少数民族文字的教材和出版物的编译和出版工作。

（3）文化体育方面：一是民族自治地方的自治机关自主地发展具有民族形式和民族特点的文学、艺术、新闻、出版、广播、电影、电视等民族文化事业。二是民族自治地方的自治机关组织、支持有关单位和部门收集、整理、翻译和出版民族历史文化书籍，保护民族的名胜古迹、珍贵文物和其他重要历史文化遗产，继承和发展优秀的民族传统文化。三是民族自治地方的自治机关自主地发展体育事业，开展民族传统体育活动，增强各族人民的体质。

（4）卫生事业方面：民族自治地方的自治机关，自主地决定本地方的医疗卫生事业的发展规划，发展现代医药和民族传统医药。

（5）对外交流方面：民族自治地方的自治机关积极开展和其他地方的教育、科学技术、文化艺术、卫生、体育等方面的交流和协作。自治区、自治州的自治机关依照国家规定，可以和国外进行教育、科学技术、文化艺术、卫生、体育等方面的交流。

9. 组织公安部队权

《民族区域自治法》第二十四条规定，民族自治地方的自治机关依照国家的军事制度和当地的实际需要，经国务院批准，可以组织本地方维护社会治安的公安部队。

10. 自然资源管理、保护和开发权

（1）民族自治地方的自治机关依照法律规定，管理和保护本地方的自然资源。民族自治地方的自治机关根据法律规定和国家的统一规划，对可以由本地方开发的自然资源，优先合理开发利用。

（2）民族自治地方的自治机关根据法律规定，确定本地方内草场和森林的所有权和使用权。民族自治地方的自治机关保护、建设草原和森林，组织和鼓励植树种草。禁止任何组织或者个人利用任何手段破坏草原和森林。严禁在草原和森林毁草毁林开垦耕地。

（三）各级政府充分保障西北少数民族自治地方的自治权

由于历史的原因，我国西北少数民族地区的经济和社会发展的基础差、底子薄，在人力、物力、财力和科学技术水平上与发达地区相比都比较落后。因此，要落实西北少数民族的自治权，还需要国家各级政府的大力扶持。新中国成立以来，我国各级政府始终把大力扶持、帮助西北少数民族地区经济、教育、科学技术、文化、卫生、体育等事业作为一项重要内容。特别是1999年国家开始实施西部大开发战略，这一伟大举措对促进西北少数民族地区发展和共同富裕具有重要意义。国务院颁布了《关于实施西部大开发若干政策措施》、《关于进一步做好退耕还林还草试点工作的若干意见》、《关于进一步完善退耕还林政策措施的若干意见》。中央办公厅、国务院办公厅印发了《西部地区人才开发十年规划》。国务院办公厅转发了国务院西部开发办《关于西部大开发若干政策措施实施意见》。国家发改委、国务院西部开发办印发了《"十五"西部开发总体规划》。这些政策性规定都把西北少数民族地区的经济社会发展提到国家经济生活发展的重要位置，并在法律、行政法规和政府规范性文件中对西北民族自治地方自主发展经济文化等各项事业做了明确规定。

2001 年修改的《中华人民共和国民族区域自治法》将第六章"上级国家机关的领导和帮助"改为"上级国家机关的职责"，进一步强化了民族自治地方的上级国家机关对民族自治地方应承担的法律义务。其第五十五条规定，上级国家机关应当帮助、指导民族自治地方经济发展战略的研究、制定和实施，从财政、金融、物资、技术和人才等方面，帮助各民族自治地方加速发展经济、教育、科学技术、文化、卫生、体育等事业。2005 年 5 月 19 日《国务院实施〈中华人民共和国民族区域自治法〉若干规定》（以下简称《若干规定》）的颁布，是对民族区域自治法的细化和贯彻执行，《若干规定》力求用行政法规的形式明确各级人民政府在贯彻实施自治法中的职责，特别是规范上级人民政府贯彻自治法应尽的法律义务，加大上级人民政府帮助和支持民族自治地方发展的力度，切实解决民族自治地方经济和社会发展的一些实际问题，加快民族自治地方经济和社会发展，巩固平等、团结、互助、和谐的社会主义民族关系。

检查民族政策和有关法律的遵守和执行也是上级国家机关的一项职责。《中华人民共和国民族区域自治法》第七十二条规定，上级国家机关应当对各民族的干部和群众加强民族政策的教育，经常检查民族政策和有关法律的遵守和执行。上级国家机关不仅要经常检查自治地方的民族政策和有关法律的贯彻执行情况，还要经常检查本机关和所属各工作部门贯彻执行民族政策和有关法律的情况。

第二节　西北少数民族地区政府对公民社会经济权利的保障

一、生存权的保障

（一）新中国的成立为西北各民族享有生存权提供了根本保证

"对于一个国家和民族来说，人权首要是人民的生存权。没有生存权，其他一切人权均无从谈起。"① 所谓生存权，从传统意义上说，就是人的生命存在的权利。西方认为，生存权就是"生命权"，即指保护个人的生命不受非法剥夺和非法侵害，在政治上享有"生命安全"的权利。我们认为，"生存权"不仅包括人和生命安全不受非法剥夺和非法侵害的权利，而且应该包括每一个人为维持生命存在所必需的生活条件获得基本保障的权利。②

旧中国的少数民族社会生活条件同西方农奴制下劳苦群众一样，没有任何生存保障。新中国成立时，3600 万少数民族中，有 2900 万处在封建地主经济统治下，有 500 万在封建领主和农奴制度下，有100 万在奴隶制度下，还有 80 万生活在原始社会末期条件下。只有少数领主、头人、农奴主享有生存权，而不占有生产资料的广大奴隶、农奴、劳苦群众，受到残酷的剥削与压迫，没有任何生存权。1949 年各族人民在中国共产党的领导下从帝国主义、封建主义和官僚资本主义统治下解放出来，获得了全民族的自由与独立。中华人民共和国建立时制定的《共同纲领》，从法律上、制度上废除了民族歧视、民族压迫制度，少数民族的状况得到了根本改变。20 世纪 50 年代，我国政府组织了大规模的民族识别调查，经过科学地辨认，认定公布了 55 个少数民族。多数少数民族在历史上第一次成为中国民族大家庭中平等的一员。新中国建立了各民族平等、团结、互助的社会主义民族关系，实行了民族区域自治，少数民族平等地享有各项民主权利、平等地参与了国家事务的管理；在聚居地区实现了自己管理自治地方事务的自治权利。③ 新中国的成立是中国历史上翻天覆地的重大变革，也为各少数民族享有生存权提供了根本的制度保障。

---

① 《中国的人权状况》白皮书，中华人民共和国国务院新闻办公室 1991 年 11月 1 日发布。

② 参见杨侯第：《中国少数民族人权述要》，北京大学出版社 1997 年版，第40 页。

③ 参见王戈柳：《民族区域自治制度的发展》，民族出版社 2001 年版，第102 页。

（二）保障公民生存权的艰苦努力

新中国成立 60 多年来，中央和地方各级政府始终关注西北地区公民生存权的保障，通过一系列措施满足西北各民族公民的生存需要。

1. 国家对西北少数民族地区实行持续的经济援助和特殊的扶持政策

新中国成立以后，国家向西北少数民族地区派出大批医疗队、贸易队、访问团，帮助缺医少药、生活贫困的少数民族解决生产生活问题，还设立专款和定额补助，使少数民族农牧民不断摆脱贫困。从 1983 年开始，中央财政每年拨出 2 亿元专款设立"三西"（即甘肃省的河西、定西和宁夏回族自治区的西海固）地区农业建设资金，对"三西"地区进行农业综合开发。这主要是针对这些地区干旱缺水、生态严重破坏、农民生活特别困难的实际情况而采取的特殊措施。"三西"地区是少数民族尤其是回族比较集中的地区之一，这一开发建设初步解决了近百万贫困户的温饱，使这里的各族人民生产生活条件得到了很大的改善。1994 年国家开始实施《八七扶贫攻坚计划》，在确定的 592 个国家重点扶贫贫困县中民族自治地方有 257 个，占总数的 43.4%。1992 年，国家设立"少数民族发展基金"，主要用于解决民族自治地方发展和少数民族生产生活中的特殊困难。国家从 2000 年起组织实施"兴边富民"行动，对 22 个 10 万以下的人口较少民族采取特殊帮扶措施。"八七"扶贫攻坚计划的实施，使贫困地区农奴民收入明显提高，未解决温饱的人口逐年下降。少数民族总人口数从 1953 年的 3500 万增至 1990 年的 9120 万，其增长速度大大高于汉民族。中国各民族人民的温饱问题得到基本解决，标志着中国各民族生存权利得到初步保障。

2. 西北少数民族地区各级政府依据地方实际将住宅安全纳入了社会发展和建设规划中，逐步实施地震安全农居示范工程

西北少数民族地区是全国地震活动最强烈的地区之一，地震活动分布广、频度高、强度大、震源浅、震害重。以地震灾害较少的甘肃省为例，2/3 以上的面积、5 个地级市和 85% 的县城位于地震烈度 7

度以上的高烈度区，41 个县区市属 8 度地区，是全国地震高烈度省份。14 个市州均发生过 6 级以上地震或遭受过邻区地震的波及破坏。新疆、青海的地震地质灾害要比甘肃更为严重。大中城市和重大基础设施的抗震设防较好，但在广大农村和小城镇，公用建筑和农民自建住房建设抗震设防工作十分薄弱。尤其是少数民族群众聚居的青海南部、新疆南部和西部、甘肃临夏、甘南地区，受高原气候影响，建筑质量差、损害严重的情况突出。加之农村地区经济发展水平较低，农民防灾减灾意识淡薄，大多数房屋未经正规设计和施工，抗震能力普遍低下，地震安全问题突出。为此，自 2004 年以来，西北少数民族地区，逐步实施地震安全农居示范工程，选择有代表性的农村地区，组织开展地震安全农居示范工程，进行地震安全农居示范区、示范村、示范户建设，提高地震重点危险区部分农村民房和公用设施的防震抗震能力。

自 2004 年开始，国家在甘肃省实施了"以工代赈易地扶贫搬迁试点工程"，甘肃省在项目资金安排上向甘南牧区牧民定居建设倾斜，重点扶持了甘南藏族自治州玛曲、碌曲、夏河、合作、卓尼、迭部等 6 个牧业县市的自然保护区、湿地、江河源头等重点生态保护区域的游牧民定居建设。甘南藏族自治州狠抓牧民"安居工程"建设成效显著，2007 年 9 月 3 日通过的《甘南州破坏性地震应急预案》将安居工程列为重点问题予以解决，2007 年通过国家项目扶持而实现定居的藏族群众，在甘南藏族自治州已经达到了 3506 户 19984 人，使他们基本结束了长期的草原游牧生活。2006 年，肃北蒙古族自治县大力实施"牧民安居工程"，全县已有 921 户游牧户在县城定居，目前牧民在县城的定居率已达到 80% 以上。牧民安居工程是通电、通电话、通广播、通暖气的"小康住宅"。

新疆维吾尔自治区地震灾害频繁，地震多发区的不少农牧民居住条件简陋，住房抗震标准低。2004 年发生在巴楚和昭苏的两次地震就因房屋倒塌导致近 300 人死亡，经济损失数十亿元。新疆城乡共有 201 万户居民住房不符合抗震要求，全部完成这些住房的建设和改造约需资金 300 亿元。新疆维吾尔自治区政府自 2004 年起全面实施城乡抗震安居工程，计划5年内投资10亿元补助资金，每年改造2.86万贫困户的住房，对全区地震多发、易发地区的民房进行改造，以提高抗震设防标准。2004年，全区城乡新建和改建抗震住房18.5万户，竣工入住15万户，约有60万人搬进新居。截至2007年，新疆城乡抗震安居工程已累计投入建设资金321亿元，其中城乡居民自筹286.27亿元，国家、自治区投入19.1亿元，银行贷款8.58亿元，地县筹集4.95亿元，社会帮扶2.1亿元，全区已累计建成抗震安居房152.2万户（农村122万户、城市30.2万户），共有691万群众入住。

青海省实施农牧民安居工程，解决农牧区困难群众中无房户、危房户住房困难问题。如贵南县共有农牧民5.36万人，其中有特困群众3600人，占农牧民总人口的6.7%。由于大部分地区地处高寒，气候恶劣，资源贫乏，经济社会发展相对落后，广大农牧民的生产和生活水平普遍较低。2006年，在遭遇一系列自然灾害的侵袭之后，许多乡镇的水利、交通、草原基础设施及群众的住房受损严重，2007年，政府安居工程完成任务，解决了809户特困群众的住房问题。海南藏族自治州从2008年起，利用5年时间，采取政府投入、个人自筹、联点单位和村社帮扶的形式，总计投入资金7042.5万元，全面完成农牧区4633户困难群众住房新建和改扩建，着力解决海南藏族自治州农牧区困难群众中无房户、危房户住房困难问题。[1]

3. 西北少数民族地区饮水安全工程全面展开，极大地保障了农牧区群众的饮水安全

2006年8月底，国务院常务会议审议通过《全国农村饮水安全工程"十一五"规划》，饮水安全工程是国家资助的、各级地方政府组织实施的解决农村生活用水的重大建设项目。高氟水、高砷水、苦咸水集中的西北少数民族地区饮水安全保障水平因此而提高。近年来，西北少数民族地区各级政府都加大了对农村牧区饮水问题的解

---

① 资料来源：课题组2006年、2008年甘肃、青海、新疆、宁夏调研，由省、自治区政府办提供。

决。把保障人民群众的饮水安全作为水环境保护的头等大事，采取措施保护饮用水源。按照国家水环境功能区划规范划定饮用水源保护区，按照地表水环境质量标准进行饮用水源水质控制。控制保护区内土地利用、植被破坏等开发活动，加强了对农村饮用水源地污染防治监管。

新疆特殊的自然和地理环境，使许多农牧民还在饮用不卫生的涝坝水、氟砷超标的浅层地下水。新疆维吾尔自治区水利厅《新疆"十一五"农村饮水安全工程规划》数据显示，在"饮水不安全"的574.45万人中，饮用水质不达标的人口398.98万人，占69.45%；饮用水量不达标的有37.11万人，占6%；用水方便程度不达标的有100.8万人，占17.55%；水源保证率不达标的有37.56万人，占6.54%。为改变这种状况，新疆维吾尔自治区2007年投入2.88亿元用于新疆农牧区引水改水工程建设，已经解决了900多万农牧民的饮水困难。截至2007年年底，中央政府累计对新疆农牧区人畜饮水工程建设的投资已超过20亿元，根据水利部门的统计，新疆目前还有500万农牧民饮水不安全。2008年，国家发展改革委总投资2.67亿元人民币，计划解决新疆60万农牧民饮水安全问题。

宁夏回族自治区从2001年重视解决人畜饮水困难问题。2001年至2004年，宁夏共完成投资3.622亿元，其中国债资金2.476亿元，地方配套及群众筹资1.146亿元，共兴建饮水工程315处，水窖、土圆井8.74万眼，解决了167个乡1527个村71.55万人、129.53万只羊、37.5万头大牲畜的饮水困难，使13.8万人口告别了饮用高氟、高砷水的历史，全面完成了宁夏一期农村饮水解困项目和氟、砷病改水项目的建设任务。提高了群众的健康水平，人民群众称人饮解困工程为"德政工程"、"民心工程"。

青海素有"中华水塔"之称，但由于自然地理和气候条件独特，全省水资源分布极不均匀，省内水资源由东南向西北逐渐减少。全省重要经济产业带的湟水流域，水资源总量只占全省的3.3%。地处高位浅山的东部干旱山区，人畜饮水主要靠天然降水及高氟、砷泉水，群众饮水质量差、生活水平低、患病率极高。水成为制约干旱山区经济社会全面发展的首要问题。据统计，全省饮水困难的人口涉及 39 个县、430 个乡、4120 个村。为切实解决人畜饮水困难问题，青海省政府出台了《关于青海省基本建设投资人畜饮水项目建设管理实施细则》。截至 2004 年，青海省共建成各类人畜饮水工程 566 项，新增日供水能力 12.1 万吨，从而有效地解决了全省 116.60 万人、569 万头（只）牲畜的饮水困难问题。①

4. 特别重视对农牧民生存权利的保障

西北少数民族地区农牧民的生存状况长期以来受到我国各级政府的高度关注，近年来随着市场经济的发展和农民工群体的大量出现，西北民族地区各级政府积极采取各项惠农措施，努力改善和提高农牧民的生活水平。

（1）减轻农民负担。农牧民负担问题，长期受资源分配结构、分税制、乡村政务支出等的影响，是影响农牧区社会政治稳定的难点问题。国家取消农村税费，是对农民最大的减负。农业税费取消后，国家对贫困地区实行补贴政策，对基层政权实行保工资、保运转的政策，大量发放农业补贴，教育补贴、乡村建设补贴。减轻农民负担的政策环境和社会条件极大改善，但受趋利行为的影响，乡村管理者增加农牧民负担的情况时有发生。减轻农民负担、保障农牧民的物质受益权利，在西北少数民族地区仍然具有紧迫性。

对此西北少数民族地区各级政府认真落实各项惠农政策，加强农民负担监督管理，切实减轻农民负担：一是规范涉及农民负担的行政事业性收费的管理，加强对涉及农民负担文件出台、项目公示的审核。二是加强对农业生产性费用和乡、村收费的监管。对农民反应强烈的农业灌溉水费电费、农业生产资料价格等实行重点监管。三是强化对村民"一事一议"筹资筹劳的监管。坚决纠正违背农民意愿、超范围超标准向农民筹资筹劳和强行以资代劳等问题，防止将"一事一议"筹资筹劳变成加重农民负担的新口子。同时，加强对筹集

---

① 资料来源：课题组 2005 年、2006 年新疆、宁夏、青海、甘肃调研，由省、自治区卫生、水利部门提供。

的资金、劳务和专项补助资金的管理，提高使用效率。四是开展对农民专业合作经济组织乱收费乱摊派等问题的监管，保护农民专业合作经济组织及其成员的合法权益。重点查处涉及农民负担的恶性案件、严重群体性事件和造成重大影响的其他案（事）件以及各种巧立名目加重农民负担的行为。2004 年宁夏减轻农民负担 3405 万元。2004年，新疆喀什地区在涉及农民负担的各类种子、农村中小学"双免"、电费、水费、农业税等 5 个方面，共减轻农民负担 1.03 亿元，农民人均减轻负担 42.73 元。

（2）保障农民工的合法权益。针对企业拖欠农民工工资比较突出的情况，西北少数民族地方政府近年都加大了民工工资清欠力度。青海省推进的"劳动合同三年行动计划"取得明显成效，劳动用工备案制度已经覆盖全省所有国有企业，并向各类非公企业和用人单位延伸。从 2005 年起，连续三年清欠农民工工资比例达到 98%以上，切实维护了广大劳动者的权益。青海劳动保障监察执法重点检查了用人单位拖欠克扣农民工工资、不与劳动者签订劳动合同以及不参加社会保险和收取劳动者各类风险抵押金等劳动用工中存在的突出问题。全省累计查出拖欠农民工工资 3.2 亿元，已清偿 3.1 亿元，清欠率达到 96.9%。其中，2007 年当年清欠 3118 万元，清欠率达到 99.3%。

甘肃省政府成立了清理建设领域拖欠工程款和农民工工资工作领导小组，各地也成立相应机构，各级建设行政主管部门会同劳动保障部门，先后 5 次在全省范围内开展专项检查，共检查各类用人单位4.5 万户，涉及农民工 57 万人，补签劳动合同 18 万份，清欠农民工资 2.28 亿元。各级劳动保障部门设立举报电话 121 部，接待群众来电来访 10.8 万人次，立案查处 2734 件，为 5.4 万名农民清欠工资3500 多万元。截至 2004 年年底，全省共偿付农民工工资 3.73 亿元。新疆成立了清欠农民工工资办公室，2004 年 11 月底，新疆已清偿历年农民工被欠工资 10.06 亿元，清偿率达 85%。2007 年宁夏拖欠农民工工资清欠率达到 95%以上。

除了加大农民工工资清欠力度，近年来西北少数民族各级政府认真落实出台的保障农民工利益的政策，也取得了较好的效果。一是实行最低工资制度。如 2007 年《宁夏自治区人民政府关于提高全区最低工资标准的通知》（宁政发［2007］136 号）规定：最低工资标准，一类区由 450 元提高为 560 元；二类区由 420 元提高为 530 元；三类区由 380 元提高为 490 元。二是农民工子女入学问题基本得到解决。新疆、宁夏从 2006 年起，取消了对农民工子女的政策限制，使农民工子女享受到与当地群众同样的公共教育服务。三是农民工就业中户籍限制和身份限制基本取消，覆盖城乡的劳动就业流动机制建立起来。

（3）落实补偿政策。如从 2000 年实施退牧还林工程项目以来，甘肃甘南藏族自治州舟曲县共退耕还林 7.5 万亩，荒山造林 4.9 万亩，封山育林 0.5 万亩，涉及全县 19 个乡镇 269 个村，不仅改善了县境内生态环境，而且发挥了良好的经济效益。6 年来共有 20333 户农民 89354 人，享受到了国家退耕还林补助款 4935 万元、医疗卫生补助款 421 万元，退耕户均收入 2634.5 元，人均收入 599.4 元。2004 年，宁夏回族自治区兑现农民征地补偿费 2.52 亿元。2003 年以来，新疆维吾尔自治区多部门联合在全区范围内逐步健全和完善征地程序，建立征地补偿安置争议协调裁决机制，查处拖欠、截留和挪用征地补偿安置费问题。截至 2004 年年底，共清理拖欠农民征地补偿费 8149.8 万元。①

（4）监管民生价格。农民的弱势地位，如果说在计划经济体制下和农业税费取消前是由国家宏观政策和社会分工造成的话，那么，税费取消以后，则更多地表现为市场机制和资源配置中的弱势地位，农民无论从生产者还是消费者角度都是弱势群体。作为消费者，涉农物资的紧缺性决定了农资价格不在农民，而在于市场经营者。作为生产者，农民却承担着最大的市场风险。另外，农民在接受政府提供的公共服务中，还要承担政府附加在服务中的各种负担，政府往往通过减少服务和增加费用的形式让农民承担服务支出。虽然政府的这种行

为发生在少数地方的县乡政府身上，但由于跟农民的利益直接挂钩，影响是非常消极的。因此，控制民生价格，一方面反映了政府对农民市场弱势地位的扶助，体现社会公正；另一方面政府通过降低服务价格、健全服务体系，使农民享受到更多的公共服务。在西北少数民族地区，农民的市场弱势地位更加突出，需要政府更多的扶助，也由于西北少数民族地区农牧民在公共服务享受方面的历史欠账较多，所以，政府应该提供更多的公共服务，缩小农牧民在享受公共服务方面的社会差距。

二、发展权的保障

1986 年 12 月，联合国大会通过的《发展权利宣言》第一条确认：发展权利是一项不可剥夺的人权，由于这种权利，每个人和所有各国人民均有权参与、促进并享受经济、社会、文化和政治发展，在这种发展中，所有人权和基本自由都能获得充分实现。发展权，对于一个国家政府来说，需要创造稳定的政治、社会环境和有利于全面发展的内部条件，需要制定符合国情的经济、社会发展政策；需要每个人和民族积极参与发展进程、决策和管理，并公开分享应有的利益。西北少数民族发展权的保障除了坚持实行民族区域自治制度外，还离不开国家的帮助和扶持，以及西北少数民族地区生态竞争力的改善和提高。

（一）帮助西北少数民族地区发展经济建设

加速发展少数民族和西北少数民族地区的经济建设，实现各民族共同繁荣，是党和国家的根本立场。早在新中国成立初期，周恩来总理就强调指出："我们社会主义的民族政策，就是要使所有的民族得到发展，得到繁荣。"[①] 我国宪法也明确规定，国家尽一切努力，促进全国各民族的共同繁荣。要实现各民族的共同繁荣，必须全面发展各民族的政治、经济、文化事业，而发展经济是基础。经济搞不好，

---

① 周恩来：《关于我国民族政策的几个问题》，参见《周恩来选集》下卷，人民出版社 1984 年版，第 263 页。

文化、教育等其他事业就无从谈起，因此，从某种意义上讲，促进少数民族经济的发展是解决少数民族发展的根本问题。

新中国的成立彻底废除了民族压迫制度，少数民族在政治上享有了民族平等权利，实现了中国历史上前所未有的国家大统一。社会主义能为"从民族压迫下解放出来的各民族的复兴和繁荣造成有利的环境"①。但是，各少数民族和民族地区由于长期历史发展所形成的经济社会发展的不平衡性和落后状况，依然十分明显地存在着"经济相当落后，生产力水平还是刀耕火种和原始的游耕游牧，一些地区手工业还没有从农业中分化出来。基本上没有现代工业和本民族的产业队伍。1949 年，全国少数民族地区工农业总产值为 36.6 亿元，只占全国总产值的 7.8%，这就是民族地区的经济发展的历史起点"②。不改变这种落后的经济状况，根本不可能实现各民族的共同繁荣发展。正因如此，党中央在 1954 年 10 月及时地提出了过渡时期党在民族问题方面的任务："巩固祖国的统一和各民族的团结，共同来建设伟大祖国的大家庭；在统一的祖国大家庭内，保障各民族在一切权利方面的平等，实行民族区域自治，在祖国的共同事业的发展中，与祖国的建设密切配合起来，逐步地发展各民族的政治、经济、文化（其中包含稳步的和必要的社会改革在内），消灭历史上遗留下来的各民族间事实上的不平等，使落后的民族得以跻身于先进民族的行列，过渡到社会主义社会。"③

党和国家对加速发展西北少数民族地区的经济建设，一贯坚持国家大力帮助和少数民族自力更生相结合的方针。西北少数民族和民族地区经济落后的状况，如果没有国家和先进地区从人力、物力、财力和技术力量方面的大力帮助，而单靠西北少数民族自己的力量是难以

① 斯大林：《民族问题和列宁主义》，参见《斯大林全集》第 11 卷，人民出版社 1955 年版，第 296 页。

② 司马义·艾买提：《中国民族工作的辉煌成就》，《人民日报》1994 年 9 月 2 日。

③ 《当代中国》丛书编辑委员会：《当代中国的民族工作》（下册），当代中国出版社 1993 年版，第 505 页。

改变的。但国家和先进地区的帮助，必须建立在西北少数民族自力更生的基础之上。只有充分调动西北少数民族人民的积极性，发扬艰苦奋斗、自力更生的精神，用自己的双手和智慧来改变贫穷落后的面貌，不断增强本民族地区的活力和自我发展能力，国家的帮助和先进地区的支援才能发挥更大的效益。实践证明，只有将两者结合起来，才能加速发展西北少数民族地区的经济建设。新中国成立 60 多年来，党和国家在不同历史时期，依据国家的总任务，从西北少数民族地区的实际出发，制定出一系列相应的方针和特殊的政策、措施。

第一，国家在制定国民经济和社会发展计划时，有计划地在西北少数民族地区安排重点工程，调整那里的单一经济结构，发展多种产业，以提高综合经济实力。同时，要求西北各省、自治区和有关部门，把有关民族地区的经济建设列入自己的计划之内，并强调在制定计划时，既要照顾到西北少数民族的要求、愿望，又要充分估计到各民族当前发展阶段的特点和不同情况，不要脱离现实条件而提出难以实现的计划。从 20 世纪五六十年代起，国家就在西北少数民族地区陆续安排了一批批重点建设项目，诸如宁夏青铜峡水电站、甘肃刘家峡水电站、新疆石油勘探、青海柴达木盆地开发等等。修建了贯通甘肃和新疆的兰新铁路，连接西南和西北的宝成铁路，兰州至拉萨的青藏铁路。60 年代初期，国家从北京、西安、上海和东北等向西北少数民族地区迁去了以机械制造为主的一批重点骨干企业，使西北地区的工业建设向前迈进了一大步。近年来，国家实行了产业倾斜和区域倾斜相结合的政策，在西北少数民族地区建设了一批大中型工业项目，如青海格尔木工业基地、青海龙羊峡水电站、乌鲁木齐石化总厂等。所有这些措施，都有力地促进了西北少数民族地区经济的发展。

第二，制定和实施优惠政策。国家为帮助民族地区经济建设，设立了"民族地区补助费"、"民族地区机动金"、"少数民族地区财政预备费"、"边境建设事业补助费"、"边境和少数民族地区教育补助费"、"支援不发达地区发展基金"等多项专用资金。1980—1988 年，中央财政对内蒙古、新疆、广西、宁夏、西藏 5 个自治区以及云南、贵州、青海 3 个少数民族比较集中的省实行财政递增 10% 的定额补助制度。1994 年，国家实施以分税制为主的财政管理体制改革，原有对西北少数民族地区的补助和专项拨款政策全都保留下来。国家在1995 年开始实行的过渡期转移支付办法中，对内蒙古、新疆、广西、宁夏、西藏 5 个自治区和云南、贵州、青海 3 个少数民族比较集中的省以及其他省的少数民族自治州，专门增设了针对少数民族地区的政策性转移支付内容，实行政策性倾斜。国家还规定民族地区享受一些税收优惠政策，如《民族区域自治法》规定民族自治地方的自治机关在执行国家税法的时候，除应由国家统一审批的减免税收项目以外，对属于地方财政收入的某些需要从税收上加以照顾和鼓励的，可以实行减税或者免税。

第三，组织经济发达省、市同西北少数民族地区开展对口支援和经济技术协作。1979 年以来，国家一直组织内地发达省、市对口支援西北少数民族地区。按照扬长避短、互利互惠、互相支援、共同发展的原则，对口开展物资、技术支援和经济联合。具体是：江苏支援广西、新疆，山东支援青海，天津支援甘肃，上海支援云南、宁夏。如新疆从 1983 年至 1988 年，与全国 28 个省、市、自治区和国务院13 个部委建立了协作关系，共签订各种协作项目 4500 多个，引进资金三亿多元，与名牌厂家协作或加入企业集团，开发新产品等达2100 多件，协出协进的物资 50 余种，加速了新疆的经济发展。随着横向经济联合的发展，区域间的技术协作也得到了加强。在少数民族比较集中的西南和西北地区，形成了省区市经济协作区，并各自成立了松散的协作组织，定期召开经济协调会议，以联合促开放，以开放促开发，推动了西北少数民族地区经济的发展。对口支援十多年来，全国共签订对口支援项目 1.2 万余项，投入资金 20 多亿元，新增产值十多亿元，培训各类专业人员 1.5 万多人次，取得了积极的社会、经济效益，对于促进民族地区和发达地区经济的共同发展，起了重要的推动作用。①

---

① 参见宋蜀华、陈克进：《中国民族概论》，中央民族大学出版社 2001 年版，第 287 页。

第四，西部大开发是西北少数民族充分实现发展权的新阶段。2000 年国家启动和实施了西部大开发战略，这是保障全国经济持续增长、加快调整东西部之间地区发展差距，增强民族团结、维护社会稳定、巩固边防和国家安全、实现各民族共同富裕的有效途径。甘肃、青海、宁夏、新疆都被纳入了西部大开发的范围，到 2005 年，西部地区陆续新开工 60 个重大建设工程，投资总规模约 8500 亿元人民币，对加速少数民族经济社会发展发挥了重要作用，是我国解决西部民族问题的重大战略部署。① 国家进一步加快基础设施建设，是西部大开发的基础；切实加强生态环境保护和建设，是西部大开发的根本；积极调整产业结构，是西部大开发的关键；大力发展科技和教育，是西部大开发的必要条件。为了加快西部的发展，国家强调经济建设向西部倾斜，使之与全国发展相适应，提出坚持区域经济协调发展，逐步缩小地区发展差距，要实施一系列政策措施，主要有：优先在西部安排资源开发和基础设施项目，国家实行投资倾斜，引导资源加工型和劳动密集型产业向西部转移；理顺资源性产品价格，增强西部自我发展能力，加大西部矿产资源勘探力度；实行规范的中央财政转移支付制度，逐步增加对西部的财政支持；加快西部改革开放步伐，引导外资更多地投向西部；加大对贫困地区的支持力度，扶持民族地区经济，继续组织中央各部门、社会各界和东部沿海地区以多种形式支援民族地区等等。西部大开发战略的实施，受到全国乃至全世界的关注，广大少数民族也要有效地抓住加快发展的历史机遇，把充分享有的发展权利推向一个新的阶段。②

（二）转变经济增长方式，重视西北少数民族地区生态建设和环境保护

党的十六大以来，西北少数民族地区各级政府以科学发展观为统

---

① 参见《中国的民族区域自治》白皮书，2005 年 2 月 28 日国务院新闻办公室发表。

② 参见王戈柳：《民族区域自治制度的发展》，民族出版社 2001 年版，第 102 页。

领，把建设资源节约型和环境友好型社会作为政府决策的基本思路。坚持环境保护与全面建设小康社会相结合，与经济社会发展相协调，与人民群众日益增长的环境需求相适应。在经济增长方式上，主动实现"三个转变"，即从重经济增长轻环境保护转变为保护环境与经济增长并重，从环境保护滞后于经济发展转变为环境保护和经济发展同步，从主要用行政办法保护环境转变为综合运用法律、经济、技术和必要的行政办法解决环境问题，自觉遵循经济规律和自然规律，提高环境保护水平。

1. 开展城市环境综合整治

西北少数民族地区各级政府"十五"期间对城市环境综合整治进一步加强。经过治理，宁夏回族自治区主要城市饮用水水质达标率达到100%，90%以上城市噪声污染控制在国家标准以内，主要城市烟尘控制区覆盖率达到100%、汽车尾气达标率达72.2%，银川市在全国113个重点城市综合整治定量考核中的名次连续多年保持在西北地区前列，城市空气综合污染指数比"九五"末下降了21%。银川市、石嘴山市环境空气质量二级以上天数达到293天和274天。全区环保基础设施建设取得实质性进展，"十五"时期投入运行的污水处理厂13座、垃圾处理厂11座，日处理污水能力59.5万吨、日处理垃圾能力3020吨，城市环境质量保障水平不断提高。新疆乌鲁木齐市从1998年开始实施"蓝天工程"，通过发展热电联产、集中供热、实施分散小锅炉并网改造、推广清洁能源使用等措施，对大气污染进行综合整治，有效遏制了大气污染加重的趋势。石河子市获得了"中国人居环境奖"，是对西北少数民族地区环境建设的极大鼓励。①

2. 加大工业污染防治力度

西北少数民族地区政府按照谁污染，谁付费的原则，征收排污费，运用经济杠杆促进排污单位治理污染、改善环境。环保部门加大了现场监督执法，打击闲置污染设施、偷排漏排等环境违法行为。推

---

① 资料来源：课题组2005年、2006年新疆、宁夏调研，由自治区环保部门提供。

进皮革、洗毛、冶炼、化工、建材、食品加工等重点行业的污染治理，综合运用经济、法律、行政等手段，督促企业提高污染治理效率和水平。宁夏回族自治区经过工业污染防治，除二氧化硫外，国家规定的主要污染物排放总量中 5 项基本控制在国家标准以内，化学需氧量、氨氮、烟尘、工业粉尘和工业固体废物分别比"九五"末降低了 53.8%、55.7%、22.4%、32.5% 和 84.3%。黄河水污染综合指数逐年下降，2005 年黄河出境断面及各监测断面主要污染物 COD 比 2000 年降低 62%，连续几年控制在国家地表水三类标准内。全区范围内没有发生重大水污染事故。铁合金、电石、金属镁等高耗能行业污染治理全面启动，废物综合利用和环境保护资源化迈出新的步伐，2005 年全区固体废物综合利用率达到 53%。危险废物、医疗垃圾治理开始启动，放射性废物安全送贮率达到 99%。[①] 2005 年，甘肃省人民政府办公厅文件（甘政办发〔2005〕8 号）发布了《关于加快推行清洁生产的实施意见》，通过推行清洁生产，有效地落实了国家对企业实施节能、节水、资源综合利用以及技术进步等方面税收减免的优惠政策。2004 年实施《甘肃省整治违法排污企业保障群众健康环保专项行动工作方案》，一是清理了近年来群众反复上访的环境案件，对严重危害群众身心健康和正常生活的饮用水源污染、烟尘污染、居民区噪声污染等问题进行了查处。二是清理了 2000 年以来的违反《环境影响评价法》的建设项目。对没有依法执行环境影响评价制度而已经投产的项目，建成后环保设施不正常运行、污染物排放超标的项目，一律停产治理。2007 年，甘肃省人民政府办公厅文件甘政办发〔2007〕9 号公布了《甘肃省矿山环境保护与治理规划》，加强了矿山环境的保护与治理。

　　3. 减轻生态环境人口压力

　　减少人口是减轻生态人口压力，恢复、改善生态环境的重要措施，实施生态保护以来，西北少数民族地区各级政府都把生态移民，

---

　　① 资料来源：课题组 2005 年、2006 年宁夏调研，由自治区环保部门提供。

作为减轻环境人口压力的重要措施加以落实。如新疆的巴音布鲁克草原是全国第二大草原，气候恶劣，灾害频繁，生态脆弱，牧民在恶劣的自然环境中生存，2006 年，自治州启动了巴音布鲁克草原生态移民工程，走生态保护和扶贫开发相结合的路子。当地政府计划在 3 年内把居住在巴音布鲁克草原上的 1400 户牧民集中安置在自然条件较为优越的地区，集中进行扶贫，在短期内改善当地的生态环境，并解决众多蒙古族牧民的贫困问题。为了保证艾比湖湿地天然草场免遭人畜破坏，当地政府还动员居住在艾比湖畔的 150 余户农牧民和 7000多头牲畜全部搬出湿地。如宁夏泾源县有 12.2 万多人，其中 40%的人口都生活在六盘山林区。一直存在上学难、吃水难、看病难、行路难问题。为此，2001 年，宁夏启动生态移民工程，泾源县开始从林区易地移民，主要迁往红寺堡移民开发区、国营渠口农场、国营长山头农场以及盐池县城西滩开发区等地。国家发改委《易地扶贫搬迁"十一五"规划》确定生活在生态环境恶劣地区的农村贫困人口仍将是搬迁的主体之一。到 2007 年，宁夏已累计从六盘山水源涵养林区搬迁居民 4.94 万人。三江源自然保护区计划转移安置生态移民 27679 人，大量的移民社区在青海建成。①

4. 进行农村人文生态建设

农村环境点源污染与面源污染共存、生活污染和工业污染叠加、各种新旧污染与二次污染相互交织，工业及城市污染向农村转移，污水土壤污染、垃圾卫生污染、化肥面源污染、畜禽养殖污染日益凸显等农村环境问题，国家提出了并实施了建设"生态村"的规划，一是在以种养为主攻方向的活动中，用以草换肉的方法发展养殖业。二是发展沼气，以气代柴用于做饭取暖，节省薪柴保护山林，节省秸秆沤肥还田，提高生物能的利用率。三是农田四周建防护林带，实现林网化。以施有机肥为主，增加土壤肥力，降低农业生产成本，生产无污染的"绿色作物"。四是美化、香化、园林化村庄。实现对农村资

---

① 资料来源：课题组 2006 年、2008 年甘肃、青海、新疆、宁夏调研，由省、自治区环境保护部门提供。

源的合理利用和山、水、林、田、路的综合治理。西北少数民族地区都进行了改善人居环境的试点与推广。2006 年 9 月 24 日，宁夏农村小康环保行动在吴忠市利通区金积镇正式启动。宁夏是经国家环保总局批准的第一个全国实施《农村小康环保行动计划》试点地区。甘肃平凉、甘州列为国家小康环保行动试点，2007 年甘肃酒泉市实施农村小康环保行动计划。2004 年，国家环保总局批准新疆为"国家有机食品生产试点区"，示范县伊吾县一年来化肥的使用量比实施以前减少约 530 吨，农药用量减少 2.4 吨。伊吾县池盐"途阔"牌羊肉，市场价比普通羊肉高出 50%，养殖户每只直接增收 48 元，有机哈密瓜种植节约了化肥和农药，种植户每公斤可减少 1 元钱的成本。2007 年 5 月新疆维吾尔自治区批准《新疆农村小康环保行动计划》，新疆农村小康环保行动计划已全面启动。各地加快了农村沼气与乡村清洁工程建设。各地还进行了优美乡镇创建，新疆维吾尔自治区昌吉回族自治州六工镇、新疆维吾尔自治区哈密地区伊吾镇、宁夏回族自治区吴忠市金积镇、银川市丰登镇、吴忠市扁担沟镇、新疆维吾尔自治区阿克苏市喀拉塔勒镇、沙雅县托依堡镇获得全国环境优美乡镇称号；"第一批国家级生态村"中有甘肃省临泽县芦湾村；宁夏回族自治区吴忠市塔湾村；新疆维吾尔自治区呼图壁县五工台村。

5. 退牧还草恢复草原生态

2005 年全国草原补播 200 万公顷，其中甘宁西部荒漠草原区、青藏高原东部江河源草原区和新疆北部退化草原区为主要实施地区，涉及青海、甘肃、宁夏、新疆和新疆生产建设兵团。从新疆、甘肃、宁夏等省区选择有代表性的退牧还草工程项目县进行监测与效益评价看，退牧还草工程项目区植被得到明显恢复，牧草产量提高 46%。据甘南藏族自治州政府的介绍，自 2004 年实施天然草原退牧还草建设项目以来，甘南藏族自治州退牧还草项目区内的草原植被盖度达到了 93.1%，提高了 6.8%；项目区内植被平均高度为 20.3 厘米，提高了 8.3 厘米了，项目区内的产草量比项目区外的产草量提高了 30 个百分点。牧草中优良牧草的比例明显增加，生物多样性和水源涵养能力有所增强。完善草原家庭承包经营制有效调动了农牧民保护建设草原的积极性。种草、草原围栏、禁牧措施得到广大牧民的支持，牧区和半牧区依赖天然草原放牧的生产方式逐步转变。"十五"期间，宁夏回族自治区完成造林面积 1584 万亩，其中人工造林面积 1245 万亩（含退耕还林面积 436 万亩），飞播造林面积 74 万亩，封山育林面积 265 万亩，森林覆盖率由 8.4% 提高到 10.5%。全区实现了草原承包到户和全面封山禁牧，草原围栏面积达到 1500 万亩。林草植被的有效恢复使得典型的荒漠、半荒漠区域生存的动物鹅喉羚在消失多年后又重现宁夏。①

（三）进一步提高西北少数民族农牧地区公共服务建设水平

我国由于受城乡"二元化"体制的长期影响，城市与农村在发展上极为不平衡，城市居民与农牧民在接受政府公共服务方面也存在较大的差距，这一点在西北少数民族地区尤为明显。十六大以来，随着科学发展观的落实，西北少数民族地区各级政府落实以人为本的理念，统筹城乡发展，在中央政府支持下，政府对农牧地区公民发展权利的保障程度提升较快。

1. 以新型农村合作医疗为突破，建立了农牧区医疗卫生服务体系

2005 年全国新型农村合作医疗试点工作会议后，西北少数民族地区各级政府把保障农牧民健康权利作为政府民生工作的重点加以实施。如甘肃省人民政府办公厅下发了《关于做好新型农村合作医疗扩大试点工作的意见》（以下简称《意见》）（甘政办发〔2005〕142号）把推进新型农村合作医疗制度建设作为提高农村公共卫生服务，保障农民健康的重大举措来实施。甘肃省还制定了明确的工作目标，即在 2005 年 18.6% 的县区市开展试点工作的基础上，2006 年扩大到 40% 以上，2007 年扩大到 60% 以上，2008 年扩大到 80% 以上，确保到 2010 年基本覆盖全省农村居民。增加新型农村合作医疗机构人员编制。该《意见》还要求，"赋予农民知情权、参与权和监督权。把

---

① 资料来源：课题组 2006 年、2008 年甘肃、青海、新疆、宁夏调研，由省、自治区环境保护部门提供。

农民利益放在第一位，真正做到便民利民，让农民得到比较优质、高效、价廉的医疗卫生服务。"到目前为止，该目标已基本实现。

临夏回族自治州和甘南藏族自治州是甘肃的两个民族自治州，其公民权利保障的程度是甘肃少数民族农牧民权利水平的一个缩影。新农村合作医疗以来，临夏回族自治州三年累计为5.38万农民报销住院医药费用2532.79万元，农民的实际补偿比例达到39.28%，一定程度上缓解了农民因病致贫、因病返贫的现象，减轻了农民就医的经济负担。随着新农合的全面实行，各级医疗机构服务条件有所改善。全县农业人口为35.7万人，参合人数达31.8万人，参合率达到88.99%。甘南藏族自治州新型农村合作医疗试点工作自2004年起启动以来，取得了明显的成效。到2006年年底，甘南藏族自治州已累计为参合农牧民兑销门诊和住院费用227万元，大大减轻农牧民群众看病就医难的问题，提高了广大农牧民群众参加新农合的积极性。2007年5月，甘南藏族自治州已实现了新型农村合作医疗全覆盖。2007年甘南藏族自治州"参合"农牧民达到47.05万人，平均"参合"率达到87.6%，农牧民看病难、看病贵的问题得到有效缓解。甘南藏族自治州还针对农牧民高龄老人看病负债过重的问题，甘南藏族自治州从健全州农牧村医疗保障体系出发，着力解决农牧村70岁以上高龄老年人因病无力支付医疗费的问题。在甘南藏族自治州第十四届人民代表大会第三次会议上，州长沙拜次力将州实施建立70岁以上农牧村高龄老人参合费补助制度列为2008年政府高度关注民生的迫切问题和尽力办好的十件实事之一，为此政府补贴10万元参合费。

青海农牧区卫生服务面积大、成本高、基础薄弱，该省在地方财力比较困难的情况下，2007年通过组织实施"农牧民健康工程"，统筹安排资金1.06亿元，利用三年时间，按照房屋、人员、设备、技术、服务"五配套"标准，重点建设3247个村卫生室，着力加强农牧区卫生服务体系建设，改善边远农牧区医疗条件，农牧区卫生资源占有量明显提高。青海南部地区111个乡镇卫生院流动卫生服务车全部装备到位，农牧区卫生基础设施条件明显改善。针对青海村医学历水平普遍偏低，晋升职称难，队伍不稳，青海省专门制定出台了《村级卫生专业技术人员卫生专业技术职务任职资格评审暂行办法》，适当放宽村卫生室专业技术人员技术职务晋升条件，使一批技术水平较高、群众信赖的资深村医晋升中级技术职务，稳定了队伍。2007年，青海省还加大了城市卫生对口帮扶农牧区卫生力度，省级医疗卫生机构与15个国定贫困县医院、州县级医疗机构与100所乡镇卫生院建立了对口帮扶关系，"省级医学专家服务团"和"百名城市医生支农医疗队"深入农牧区送医、送药、送健康知识，义诊患者53万余人次。2007年，青海农牧区卫生资源占有量已由2000年的20%提高到36%。农牧民健康水平不断提高，全省农牧民人均期望寿命达68.5岁，较2000年提高4.5岁，婴儿、孕产妇死亡率分别同比下降了36.67%和31.92%。①

新疆在新农村合作医疗实行补助的同时，还对农村残疾人参加新农村合作医疗额外补助，《乌鲁木齐市农村残疾人参加新农村合作医疗补助暂行办法》规定，纳入农村低保户的残疾人，参加新农村合作医疗个人应承担缴费金，除民政部门救助50%外，剩余50%由各区（县）残联补助。未纳入农村低保户参加新农村合作医疗的残疾人，个人承担缴费金的50%由各区县残联给予补助，剩余部分个人承担。

2. 农牧区社会保障体系逐步完善

2007年国务院下发了《关于在全国建立农村最低生活保障制度的通知》后，西北少数民族地区各级政府把农村居民最低生活保障纳入工作规划。甘肃制定了《甘肃省农村居民最低生活保障试行办法》，又下发了《甘肃省人民政府办公厅关于进一步做好农村最低生活保障工作的通知》（甘政办发〔2007〕138号），要求各地健全农村社会保障制度、完善社会救助体系。规定农村最低生活保障标准从2007年7月起，全省由600元调整为685元，维持农村最低生活保障

---

① 资料来源：课题组2008年青海调研，由省卫生厅提供。

对象吃饭、穿衣、用水、用电、燃料等基本生活需求，以及一定的子女受教育的费用，合理确定保障标准。

甘肃省民政厅 2004 年 5 月 9 日下发《关于建立和完善农村特困群众生活救助制度的意见》，决定从 2004 年在全省建立起规范、完善的农村特困群众救助制度，按照"政府救济、社会互助、子女赡养，稳定土地政策"和属地管理的原则，救助农村五保户、贫困人口中的鳏寡孤独者和因残疾或缺乏劳动力而致贫的家庭。更值得一提的是临夏回族自治州实施"救助疾病中贫困母亲"行动。建立了"临夏州救助疾病中贫困母亲"项目资金，采用直接救助与扶助救助参加农村新型合作医疗等形式，2007 年，为八县（市）近 80 多名重特大疾病贫困母亲发放救助金近 4 万多元，对实施农村新型合作医疗的永靖、康乐、和政、临夏县、临夏市 5 县（市）12 个村的 5080 名疾病妇女发放参合扶助金 8 万多元。救助广河县 49 名贫困分娩母亲；为临夏县榆林乡 3 户疾病中的单亲特困母亲各修建 70 平方米以上的安居房；帮助临夏市、临夏县、积石山县、广河县 6 户疾病中的贫困单亲母亲子女完成学业。①

宁夏从 2008 年开始，农村低保月补助水平由 20 元／人—35元／人提高到 30 元／人—45 元／人。同时，自治区给银川市 3 区、石嘴山市 2 区、川区县、山区县补助比例也分别由 2007 年的 20%、30%、40%、50% 提高到 50%、60%、70%、80%。②

第三节　西北少数民族地区政府对公民文化权利的保障

我国是一个历史悠久的文明古国，光辉灿烂的中华文明是由中国各民族，包括历史上已经消失了的古代民族共同创造的。我国各民族保存下来的文化遗产非常丰富，其中不仅有大量的有形文化遗产，也

---

① 资料来源：课题组 2008 年甘肃调研，由临夏回族自治州政府提供。
② 资料来源：课题组 2008 年宁夏调研，由自治区社会保障部门提供。

有丰富的无形文化遗产。这些文化遗产是我们发展先进文化的民族根基和重要的精神资源，是国家和民族生存、发展的内在动力。我国的西北地区是少数民族聚居的地方，也是民族文化荟萃的地方，这使得发展文化事业、保障少数民族公民文化权利成为西北各级政府的一项重要职责。

一、依法保障西北少数民族使用和发展本民族语言文字的权利

语言文字是人们重要的交际工具，是民族文化重要的载体，是民族文化底蕴的重要部分和民族特征，少数民族对自己的语言文字都怀有深厚的感情。所以，在使用多民族语言文字的西北少数民族地区，语言文字的使用不仅是一项文化权利，而且也可以看做是一项政治权利。民族语言文字工作在调节西北民族关系、维护民族团结和社会稳定、促进民族发展进步方面具有重要作用。

西北少数民族地区是一个多民族、多语言、多文种的地区，世居少数民族中，除回族一直使用汉语，满族在近代转用汉语外，其他少数民族都有自己的语言。而且在同一民族内部还存在因地区不同或支系不同而使用不同语言的现象，如裕固族共有 1 万多人，分布在甘肃省河西走廊一带，却使用三种语言：东部裕固语（又称恩格尔语，属蒙古语族）、西部裕固语（又称尧乎尔语，属突厥语族）和汉语。按照语系分类法，西北少数民族语言主要分属汉藏语系、阿尔泰语系和印欧系。习惯上，我们把新中国成立前就有的民族文字称为传统文字，把新中国成立后创制和改进的文字称为新创文字和改进文字。西北地区传统文字如藏文有上千年的历史，蒙古文、维吾尔文、哈萨克文也都有几百年的历史。

在我国，西北少数民族使用和发展本民族语言文字的权利得到了充分保护：

首先，西北各少数民族自治地方通过制定自治条例和单行条例的方式明确、细化了少数民族的语言文字权利。如 1987 年 10 月 1 日实施的《青海省海西蒙古族藏族自治州自治条例》第十五条规

定："自治州的自治机关在执行职务的时候，视不同地区和对象，同时使用或者分别使用蒙古、藏、汉三种语言文字。"2000 年 3 月 31 日甘肃省第九届人民代表大会常务委员会批准的《阿克塞哈萨克族自治县哈萨克语言文字工作条例》第五条规定："自治县国家机关在执行公务时，使用哈萨克、汉两种语言文字，两种语言文字具有同等效力。"

其次，自治机关在执行职务时要尊重和保护少数民族的语言文字权利。我国的少数民族整体呈现大杂居、小聚居的特点，所以西北少数民族自治地方的民族成分是多元的。为了便于行使职权，履行职责，西北少数民族自治地方的自治机关本着民族平等与务实的态度，必须在执行公务时使用"当地通用"的语言文字，而不是仅通用于当地某一两个民族的语言文字。如果当地同时有几种语言文字都通用于自治机关的，自治机关可以以实行区域自治的民族语言文字为主。同时自治机关在执行职务时所选定的语言文字还必须体现在自治机关职务活动的各个方面。它必须涵盖民族自治地方的自治机关行使职权、履行职责的所有工作方式或活动——制作、发出各种文件，召开各种会议，进行调查研究、考察、视察活动，接待人民群众来信来访等。①

最后，各级政府充分保障西北少数民族使用、发展自己语言文字的自由。我国《民族区域自治法》的第十条、第三十六条、第三十七条、第三十八条都规定了少数民族使用、发展自己语言文字的自由。从 1956 年开始，国家帮助 12 个少数民族创制了 16 种拉丁字母的新文字，帮助维吾尔、哈萨克族改革了文字。目前西北少数民族地区的广播、电视、报纸大多使用当地少数民族语言。如新疆各少数民族的语言文字文化得到了自由发展和政府的大力扶持。新疆人民广播电台用维吾尔、汉、哈萨克、蒙古、柯尔克孜等五种语言广播；新疆电视台有维吾尔、汉、哈萨克等三种语言的频道节目；维吾尔、汉、

---

① 参见吴宗金:《中国民族区域自治法学》，法律出版社 2004 年版，第 179 页。

哈萨克、柯尔克孜、蒙古、锡伯等各民族都有本民族文字的报纸和书刊。少数民族可以自由地使用本民族语言文字进行工作、生活以及接受教育。新时期为了适应少数民族现代化的要求，国家又研制了维、哈、汉、柯、英、俄兼容并用的文字处理系统和维、汉、哈、柯办公自动化系统，使计算机在少数民族语言文字信息处理和普及应用方面有了大的发展。西北地区民族文化教育也受到充分的尊重和保护，各种民族小学、民族中学、职业学校和其他教育机构广泛采用少数民族文字课本和汉语文课程，比较完整的少数民族教育体系已经形成。

二、宗教信仰权利的保障

西北少数民族地区是我国多宗教且多全民信教的地区。佛教、道教、伊斯兰教在西北少数民族地区都有悠久的历史。鸦片战争后，基督教也获得了较大的发展。此外，有些地区还存在原始宗教。西北少数民族与上述宗教有着密切的联系。宗教作为一种社会组织和社会活动，必须在宪法、法律范围内活动，国家必须加强宗教法制的建设和完善，西北少数民族地区政府必须依法保障少数民族宗教信仰权利。

（一）各民族公民有信仰宗教和不信仰宗教的自由

我国《宪法》第三十六条规定："中华人民共和国公民有宗教信仰自由。"宗教信仰自由，就是说各民族公民既有信仰宗教的自由，也有不信仰宗教的自由；有信仰这种宗教的自由，也有信仰那种宗教的自由；在同一宗教里面，有信仰这个教派的自由，也有信仰那个教派的自由。其中，既尊重和保护信仰宗教的自由，也尊重和保护不信仰宗教的自由。信仰不信仰是各民族公民个人自由选择的问题，是公民个人的私事，是公民基本权利的内容。依据我国宪法，各民族信仰宗教的公民与不信仰宗教的公民享有同等的权利和义务，任何国家机关、社会团体和个人不得强制公民信仰宗教或者不信仰宗教，不得歧视信仰宗教的公民和不信仰宗教的公民。在强调保障各民族公民信仰宗教自由的同时，也强调保障各民族公民有不信仰宗教的自由，这是同一问题的两个不可缺少的方面。

由于西北少数民族基本全民信仰宗教，宗教深入到民族社会生活的各个方面。因此，对于散杂居少数民族宗教信仰自由要特别注意尊重和保护。在我国社会主义历史条件下，信仰宗教和不信仰宗教的各民族公民在政治上、经济上的根本利益是完全一致的，不能扩大他们之间在信仰上的差异。① 周恩来同志指出："在中国存在有宗教信仰的人和没有宗教信仰的人，就是有神论者和无神论者，这两类人应该彼此相处得很好。我们从来不象有些国家那样在宗教问题上争执得那么厉害，甚至被帝国主义者挑拨引起战争。……我国信仰各种宗教的人，向来就是合作的。不信仰宗教的人应当尊重信仰宗教的人，信仰宗教的人也应当尊重不信仰宗教的人。不信仰宗教的人和信仰宗教的人都可以合作。信仰不同宗教的人也可以合作。这对我们民族大家庭的团结互助合作是有利的。"② 从西北少数民族地区的实际来看，宪法关于宗教信仰自由的规定，是符合我国国情的，也使西北少数民族宗教信仰自由权利的内涵得到更加充分、更加完整的体现。

（二）西北少数民族地区宗教信仰权利的保障

西北少数民族地区各级政府，在国家法律、法规和相关政策的基础和框架内，都依法保护公民宗教信仰和宗教活动。

1. 将宗教活动纳入依法管理的轨道

把少数民族公民宗教信仰和宗教活动纳入依法管理的轨道，是西北少数民族地区各级政府正确贯彻宗教信仰自由政策的需要，也是践行社会主义民主法制的客观要求。目前甘肃、青海、宁夏和新疆都制定实施了宗教事务管理的有关规定。如《新疆宗教事务管理条例》第二条规定："公民有宗教信仰自由。任何机关、团体和个人不得强制公民信仰宗教或不信仰宗教，不得歧视信仰宗教的公民和不信仰宗教的公民。"第三条规定："宗教团体、宗教活动场所的合法权益，教职人员正常的教务活动和信教公民正常的宗教活动受法律保护，任

---

① 参见吴宗金、张晓辉主编：《中国民族法学》，法律出版社 2004 年版，第384 页。

② 周恩来：《关于我国民族政策的几个问题》，参见《周恩来统一战线文选》，人民出版社 1984 年版，第 387 页。

何组织和个人不得侵犯和干预。"少数民族公民在行使宗教信仰自由的同时，也要自觉履行公民应尽的义务，实现权利与义务的统一。要求不受任何约束的"宗教自由"是不可能的，而且在世界上任何国家中也不存在。西藏"3·14"严重暴力犯罪事件和新疆"7·5"打砸抢烧暴力犯罪事件对民族地区的政治经济社会稳定产生了巨大负面影响，对各族人民群众的生命、财产安全造成了重大损失，而这后面都离不开宗教极端势力的操纵。因此西北少数民族各级政府在加强对正常宗教活动保护的同时，也要教育、制止超越法律、法规范围的宗教活动，防止和严厉打击不法分子利用宗教和宗教活动进行破坏民族团结、分裂祖国统一和破坏社会秩序的违法犯罪活动。

2. 创造性保护少数民族宗教教职人员的合法权益，发挥宗教人士参与社会主义建设的积极作用

西北少数民族地区各级政府在保障宗教人士的公民权利方面，还有一些创造性举措。如新疆维吾尔自治区在宗教人士中推广科学技术，给爱国宗教人士发放生活补助。提高了宗教人士参与社会建设的能力，加快其脱贫致富的步伐。青海省、甘肃甘南藏族自治州从 2007 年开始，将贫困僧尼纳入社会低保对象，给予生活补助和医疗救助。为了培养宗教职业人员，西北少数民族地区举办了伊斯兰教经学院、伊斯兰教经文学校、佛学院，培养了大批爱国的宗教职业人员。如新疆维吾尔自治区共有清真寺 23788 座，教职人员 26000 多人；宁夏回族自治区共有清真寺 3500 多座，教职人员 5100 人。宁夏回族自治区在宗教人士中大力宣传法制知识，推动宗教与社会主义相适应，宗教人士主动参与到回族的计划生育工作中，较好的改变了传统伊斯兰教对群众生育观念的影响，使南部山区和吊庄的人口得到较好控制，较大地提高了生育质量。

3. 依法保护少数民族公民正常的宗教活动和宗教场所的合法权益

新中国成立后，西北少数民族地区各级政府在社会主义改造中，逐步废除了宗教的封建特权和压迫剥削制度，使广大信教群众享有了真正的宗教信仰自由权。同时政府对佛教的庙宇、伊斯兰教的清真

寺、其他宗教的寺庙和教堂以及各种文物古籍积极采取保护政策，如甘肃甘南藏族自治州就有全国文物保护单位夏河拉卜楞寺、卓尼禅定寺和碌曲郎木寺等121座藏传佛教寺院，同时对青海的塔尔寺、新疆的克孜尔千佛洞等大批重要寺庙和宗教场所进行了维修。甘肃甘南藏族自治州把宗教活动场所纳入了新农牧村建设范围，认为寺院是农牧村重要组成部分，僧侣是国家公民，要求基层政府要切实帮助寺院解决存在的困难和问题。甘南藏族自治州还加强了寺院管理的制度建设，全州各寺院在州、县宗教部门的指导下，先后逐步完善了寺管会换届办法、学习制度、僧代会制度、治安保卫制度、文物保护制度、请假制度、新僧入寺制度、自养生产管理等十多项制度，推动寺院各项管理工作逐步走向了规范化、制度化。

三、西北少数民族地区非物质文化遗产权利的保障

对少数民族文化的保护，我们不仅仅要注重其物质文化方面，而且尤其要关注其非物质文化的一面。早在2002年由文化部起草的《中华人民共和国民族民间传统文化保护法（草案）》实际上就已经涉及非物质文化遗产的保护。2004年8月我国加入联合国教科文组织《保护非物质文化遗产公约》，出于更好地借鉴公约的基本精神，《中华人民共和国民族民间传统文化保护法（草案）》名称暂改为《中华人民共和国非物质文化遗产保护法》。2011年2月25日第十一届全国人民代表大会常务委员会第十九次会议通过《中华人民共和国非物质文化遗产法》，该法第二条规定，本法所称非物质文化遗产是指各族人民世代相传并视为其文化遗产组成部分的各种传统文化表现形式，以及与传统文化表现形式相关的实物和场所。包括：（1）口头传统，包括作为文化载体的语言；（2）传统表演艺术；（3）民俗活动、礼仪、节庆；（4）有关自然界和宇宙的民间传统知识和实践；（5）传统手工艺技能；（6）与上述表现形式相关的文化空间。

（一）西北少数民族非物质文化遗产面临的现状

随着经济全球化趋势的增强，经济和社会的急剧变迁，我国西北少数民族非物质文化遗产的生存、保护和发展遇到很多新的情况和问

题,民族自治地方形势尤为严峻。主要表现在:①

1. 一些少数民族的非物质文化表现形式后继乏人,面临失传危险

许多少数民族语言文字渐渐消亡;一些传统工艺生产规模缩小,市场萎缩,处境艰难;人们的生活方式和观念发生变化,一些民间艺术不再被人欣赏,有的传统习俗在慢慢消失;青年一代崇尚现代文明,对民族传统和文学艺术逐渐失去兴趣,不愿学习继承;那些身怀绝技的民间艺人门庭冷落,而这些民间艺人大多年岁已高,如不及时传承,则会使这些"绝技"随着他们的去世而失传甚至灭绝。例如蒙古族独特的发声方式郝林朝尔被誉为古老的音乐化石,现在仅有几位高龄老人掌握,年轻人不愿学习;满族的口语处于濒临消失的状态,全国只有几个偏远村落还保留着说满族口语的习惯,且使用频率正在逐渐降低;对于这些濒临消亡的民间文学艺术,如不及时抢救、传承和保护,将会造成不可弥补的损失。

2. 损害非物质文化的知识产权,滥用、歪曲非物质文化的现象时有发生

一些音像出版社到民间收录民歌,制作成光盘,在市场上销售,获得很大的经济效益;一些电台、电视台派人到各地民间拍摄各地的民族歌舞、民间风俗等,制作广播电视节目播放,获取了大量的广告收益;一些人到民间搜集整理民间文学艺术的资料,获取经济效益,并占有研究成果;一些旅游公司利用少数民族民居、歌舞或习俗开展旅游,也获得大量收益。但是在这些行为中,产生这些作品的民族、群体却得不到相应的经济回报,甚至有时连基本的精神权利也得不到尊重和保障。有的艺人出于商业目的,迎合当代人的需求,任意改变民间艺术的内涵,使其产品失去原有的文化性;也有些人在对民族民间传统文化进行改编加工时,歪曲、损害民族民间传统文化的原意,甚至使用某些民族民间传统文化忌讳的部分,对产生该民族民间传统

---

① 资料来源:文化部《非物质文化遗产保护法》立法工作领导小组办公室编:《非物质文化遗产保护法》立法参考资料汇编,第400—405页。

文化表现形式的群体造成感情伤害；在民族民间传统文化的流传地区和所属社会群体，不尊重整理者，尤其是讲述者、表演者、翻译者的精神权利和财产权利的现象也经常发生。由于这些问题没有在法律上得到解决，出现了不少纷争。例如，具有西北歌王之称的王洛宾准备将其记录、整理的新疆维吾尔族、哈萨克族民歌《在那遥远的地方》等歌曲版权转卖，引起了少数民族同胞的强烈不满；一些地方以营利为目的，进行掠夺性的旅游开发，使民族民间传统文化遗产大量流失；一些传统工艺被别人拿去进行产业化开发，获得大量经济效益，甚至被外国人学走，从而冲击原有市场，带来巨大经济损失等等。

3. 保护经费不足，保管设施落后，专业人才外流，保护工作难以展开

民族民间传统文化的记录、整理、保存、传承，都必须配备相应的设施、设备和经过训练的专业人员，这就需要经费作为保障。目前，国家财力有限，投入不足，各地文化事业经费与实际需要之间差距较大。特别是少数民族地区经济欠发达，财政收入少。经费的不足造成保管少数民族民间文学艺术资料的设施落后、设备陈旧；大量民族民间文学艺术实物和资料散落于民间，得不到收集；一些濒临湮灭的文化遗产没有抢救到手；一些记录、整理完成的反映民族民间传统文化的作品不能出版；已经搜集、整理的民族民间传统文化遗产资料有许多已经老化、发霉、粘连、消磁、虫蛀，面临着又要失去的危险；对身怀绝技的民间艺人也无力扶持，使民族民间文化处于自然消亡的状态。另外，从业人员待遇过低，使许多从事民族民间文化搜集、研究和表演的人才流失。长此以往，保护工作难以为继。

4. 文化资源大量流往国外

随着对外开放日益扩大，许多外国人借商贸、旅游、学术交流之机进入我国民族地区，大量采集、收购、记录和使用少数民族民间文学艺术，甚至通过非法渠道买卖少数民族文物，形成了一股变相文化掠夺的浪潮，造成了文化资源的大量流失。在西南、东北等少数民族文学艺术丰富的地区，许多外国人深入村寨，底价收购民族服装、头饰、佩饰，而且有的专门收购年代久远的工艺品，或者收录歌曲、舞

蹈等民间艺术，制作光盘，或出版作为自己的研究成果。

（二）我国政府对西北少数民族非物质文化遗产的保护

1. 加快对少数民族非物质文化遗产保护的立法步伐，建立完备的法律制度

2004 年 8 月我国批准加入了联合国教科文组织第 32 届大会通过的《保护非物质文化遗产公约》，［目前《中华人民共和国非物质文化遗产保护法》也正在起草酝酿过程中，2011 年 2 月 25 日《中华人民共和国非物质文化遗产法》正式颁布。该法是我国保护非物质文化遗产的专门立法，其颁布必将会提升我国非物质文化遗产保护的层次和力度。］2005 年国务院办公厅《关于加强我国非物质文化遗产保护工作的意见》就进一步加强我国非物质文化遗产保护工作提出了 4 点意见，可以说在中央层面非物质文化遗产保护工作已全面展开。同样非物质文化遗产保护也离不开西北地方政府的作用，西北少数民族地区也出台了保护非物质文化遗产的专门性地方法规和政府规范性文件。比如新疆维吾尔自治区政府 2005 年通知印发了《新疆维吾尔自治区非物质文化遗产保护工程管理办法》和《新疆维吾尔自治区级非物质文化遗产代表作申报评定暂行办法》。2008 年 4 月 1 日又正式施行了《新疆维吾尔自治区非物质文化遗产保护条例》。2006 年 7 月 21 日宁夏回族自治区第九届人民代表大会常务委员会通过了《宁夏回族自治区非物质文化遗产保护条例》，2008 年自治区政府印发了《宁夏回族自治区非物质文化遗产项目代表性传承人认定与管理暂行办法》。对此西北少数民族地区各自治州、自治县也应该发挥立法的积极性，加强保护本区域内的非物质文化遗产。

2. 建立非物质文化遗产代表名录体系。通过制定评审标准并经过科学认定，建立国家级和省、市、县级非物质文化遗产代表作名录体系

新疆维吾尔自治区人民政府围绕着建立科学有效的非物质文化遗产保护制度和机制，有 108 项非物质文化遗产项目列入自治区级名录。其中有 14 项列入国家级名录，玛纳斯、江格尔、格萨（斯）尔、新疆维吾尔木卡姆艺术、塔吉克族鹰舞、新疆曲子、维吾尔族达

瓦孜、维吾尔族模制法土陶烧制技艺、维吾尔族花毡、印花布织染技艺、锡伯族西迁节、塔吉克族引水节和播种节及维吾尔族刀郎麦西热甫等最具代表性的非物质文化遗产位列其中。

青海藏族、土族、回族、撒拉族等族的民族非物质文化遗产非常丰富。自2005年起，青海省已先后有两批共57个项目进入全国非物质文化遗产保护名录。如康巴拉伊、汗青格勒等民间文学；玉树民歌，回族宴席曲等传统音乐；南山射箭、土族轮子秋等杂技与竞技；泽库和日寺石刻；藏族黑陶烧制技艺、撒拉族篱笆楼营造技艺等传统手工技艺；青海马背藏戏、藏医药、那达慕等。青海省特别注意对藏族外其他少数民族非物质文化遗产的保护。如2006年青海省人民政府公布的第一批省级非物质文化遗产代表作名录33项，其中海东地区互助县的《拉仁布与吉门索》、民和县的《财宝神》（民间文学类）；互助县丹麻土族花儿会、民和县七里寺花儿会、乐都县的瞿昙寺花儿会（民间音乐类）；互助县的土族盘绣（民间美术类）；互助县的土族婚礼、民和县的土族纳顿节、循化县的撒拉族婚礼都名列其中。

宁夏的非物质文化遗产保护工作从2004年启动，其中"宁夏回族山花儿艺术"、"宁夏回族民间器乐及其民俗"、"宁夏回族传统服饰习俗及其民俗"3项已被国务院列入第一批国家级非物质文化遗产保护名录。

甘肃省对珍贵、濒危并具有一定历史、科学和文化价值的非物质文化遗产，采取确认、建档、研究、保存等方式进行保护。第一批甘肃省非物质文化遗产名录中，涉及少数民族的有：（1）民间文学：天祝土族《格萨尔》、肃南裕固族口头文学与语言、东乡族口头文学与语言、保安族口头文学与语言、东乡族小经文与民间叙事长诗《米拉尕黑》。（2）民间音乐：花儿（莲花山花儿会、松鸣岩花儿会、二郎山花儿会、新城花儿会、张家川花儿会）、佛宫音乐"道得尔"（甘南藏族自治州）、裕固族民歌、天祝藏族华锐民歌、甘南藏族民歌。（3）民间舞蹈：多地舞、尕巴舞、巴郎鼓舞、傩舞（文县傩舞—池歌昼，永靖县傩舞）、锅庄舞。（4）传统戏剧："南木特"藏戏。(5)曲艺:回族宴席曲、阿肯弹唱(阿克塞),藏族民间弹唱、甘南"则肉"演唱。(6)民间美术:藏族唐卡、砖雕。(7)传统手工技艺:保安族腰刀锻制技艺、东乡族擀毡技艺、肃北县蒙古族马头琴制作技艺、肃北雪山蒙古族马上用具制作技艺、舟曲县织锦带、夏河金属饰品制作技艺。(8)传统医药:藏医药。(9)民俗:博峪采花节、夏河县香浪节、肃北雪山蒙古族服饰、裕固族人生礼仪、插箭节。

3. 认真开展少数民族非物质文化遗产普查工作,建立科学有效的非物质文化遗产传承机制

西北少数民族地区各级政府将普查摸底作为非物质文化遗产保护的基础性工作来抓,分地区、分类别制定普查工作方案,组织开展对非物质文化遗产的现状调查,全面了解和掌握各地各民族非物质文化遗产资源的种类、数量、分布状况、生存环境、保护现状及存在问题。建立科学有效的少数民族非物质文化遗产传承机制。例如,2005年12月青海省实施土族语言文化遗产保护项目;青海省民委少数民族语言办公室与互助土族自治县民族宗教事务局民族语言办公室的工作人员深入互助、民和、大通三县土族聚居地区调研,掌握了土族语言文字的推广使用现状,搜集整理了土族语言材料和土文创制20多年来出版印刷的资料,结合当地语言文化活动,收集了语言文化资料,包括文字资料、教学资料、民间故事资料、民间文艺资料等。由国家语言文字工作委员会科研规划领导小组办公室批准立项的土族语言文字的应用与保护项目,现已全部实施完毕。反映土族民间文学的土汉两种文字对照的土族民间文学系列丛书《土族婚丧习俗》、《土族赞歌》、《土族情歌》、《土族民歌》、《土族谚语谜语集》、《土族民间故事》已出版发行,传承了土族传统文化。土族盘绣以其"上盘下拉"制作工艺和"一针两线"的针法成为土族独有的民间工艺。五十镇镇政府多渠道培养刺绣人才,2007年12月初在寺滩、拉日村举办了3期土族刺绣技术培训班,受训土族妇女267人,土族刺绣也开始产业化发展。

甘肃非物质文化遗产保护,把专门性保护和日常性保护结合起

来。如裕固族具有悠久的历史和古老的文化，由于本民族文字失传，因此，民间文学十分发达，特别是其中的民歌，保留了古代丁零、突厥、回鹘等民族民歌的许多特点。当地政府通过发展裕固族文化教育和民族文化传承，使一批裕固族人开始了一种自觉的民族文学的创作活动，其中以诗歌、散文创作较为活跃和集中。他们的文化传播和社会实践活动，极大地促进了裕固族现当代文化的繁荣与发展。

本章小结

科学发展观的本质和核心是以人为本，就是要把满足人的全面需求和促进人的全面发展作为经济社会发展的根本出发点和落脚点，切实保障人民群众的政治、社会经济和文化权益，让发展的成果惠及全体人民。近年来，西北少数民族地区政府尤其是省、自治区政府坚持科学发展观，强调生态建设与经济发展的统一，强调资源的可持续利用和社会的协调发展。强调"以人为本"。从不同层次上提高西北少数民族地区公民权利的保障水平。目前西北少数民族地区政府基本上建立了公民权利保障的法律体系、制度体系和救济体系，公民的政治权利、社会经济权利、文化权利得到了充分的保障。政府行为与公民权保障实现了有效的互动，体现了政府行为文明的评价要求。

第三章 西北少数民族地区 公民权保障的差距

　　尽管从立法的角度上看，中国公民包括西北少数民族地区公民权利的保障经历了一个发展乃至跃进的过程。但是，考察新中国成立以来中国公民权利实现的历史，尤其是 1978 年党的十一届三中全会以来的历史，却可以发现一种规律性的现象：人们的权利实现是参差不齐的，权利主体是逐步扩大的，不同权利种类的实现也是循序渐进的。决定权利实现差序格局的根本原因是社会经济发展不平衡所带来的人们拥有财富多寡的不同，是重视差距的市场经济与重视平等的现代法治相冲突的表现。① 就全国的整体情况来看，在 1949 年以后，

---

　　①　关于中国社会发展的差序格局，赵汀阳先生有一段精彩的描绘："当下中国这个现代社会是一个尤其难以理解的社会，是一种难以置信的组合，它有着从接近远古的社会、传统社会到极端后现代的精神和观念；有着古代的各种权术和现代的各种骗术，有着从自信到自卑、开放和保守、自由和专制、贵族和民主、和平和暴力、迂腐和变态、无耻和面子、麻木和过敏、巫术迷信和信息迷信，还有极度愚昧和极度智慧等等各种心理和精神的几乎所有版本，有着从马车到 internet、从油条到可口可乐，从秘方到伟哥，从气功到洲际导弹的各种时代物质；有着穷到连一只碗都没有的家庭，有着由于村长和会计出外打工当了民工而导致再无一人识字的村庄，有着五星饭店林立的都市和挤满后现代艺术家的酒吧或聚集新新人类的网吧，有着不知道周末应该去非洲打猎还是去加勒比海钓鱼的大佬；甚至，中国人比美国人更关心伊拉克、南

中国公民的权利实现则是经历了"政治权利"（新中国成立初期公民就享有选举权）、"民事权利"（1986 年《民法通则》的实施）、"社会权利"（20 世纪 90 年代社会保障制度逐步建立）三个阶段。[②] 然而，在西北少数民族地区，情况更为复杂。

第一节　地区差距分析

一、西北少数民族地区同全国及发达省市实现现代化水平的差距

中国科学院可持续发展战略课题组通过对中国各地区率先实现现代化的目标依据、能力依据和过程依据的分析，列出了在中国率先实现现代化的地区排序以及各自到达现代化目标的时间表。该现代化目标的设计，严格地以达到当时世界中等发达国家水平作为参照，得出了中国各地区依次实现现代化目标的时间。其中，西北地区同全国及东南沿海一些省市率先实现现代化的时间具有明显的差异，西北少数民族四省区基本上都排在最后，远远落后于全国及东南沿海一些省市（见表 3 - 1）。

表 3 - 1　西北少数民族地区同全国及发达省市实现现代化的时间表

地区	现代化水平的相对比较	标准化处理	与中等发达国家水平的对应比较（％）	以中等发达国家水平为标准的现代化差距（％）	达到中等发达国家水平的时间表（年）
全国	34.15	3.35	40.42	59.58	2050
上海	73.32	4.29	49.18	50.82	2015
北京	68.14	4.22	48.34	51.66	2018

斯拉夫和爱尔兰问题，德里达、哈贝马斯和布尔迪厄在中国比在西方更有名，如此等等。最大限度地胡乱包容着许多时代和各种生活，这种情况产生了荒诞而真实的中国经验。"参见赵汀阳：《现代性与中国》，广东教育出版社 2000 年版，第 3—16 页。

② 参见郝铁川：《权利实现的差序格局》，《中国社会科学》2002 年第 5 期。

续表

地区	现代化水平的相对比较	标准化处理	与中等发达国家水平的对应比较（%）	以中等发达国家水平为标准的现代化差距（%）	达到中等发达国家水平的时间表（年）
广东	63.79	4.16	47.58	52.42	2021
天津	57.83	4.06	46.46	53.54	2026
江苏	49.96	3.91	44.79	55.21	2033
福建	48.15	3.87	44.36	55.64	2034
新疆	25.19	3.23	36.94	63.06	2055
宁夏	19.25	2.96	33.86	66.14	2060
甘肃	16.42	2.80	32.04	67.96	2062
青海	14.28	2.66	30.45	69.55	2065

资料来源：1. 国家统计局：《1999 年中国统计年鉴》，中国统计出版社 2000 年版；2. 世界银行：《1999 年世界发展指标》，中国财政经济出版社 2000 年版。

从表 3-1 可以看出，西北民族省区基本上属于全国倒数十几位实现现代化目标的省区。当然，该课题组给我们开出的当代中国现代化过程的时间表，属于一家之言，特别是它偏重于对经济因素的研究①。但是，法学及政治学界对上述研究成果应该给予高度重视，因为权利保障的程度受制于经济发展的程度，它在总体上不可能超前于经济发展。上述研究成果可以给我们这样两点启示：权利保障的渐进性和权利发展的不平衡性。经济发展的程度通常在两个方面影响公民权利的保障程度：

其一，地区间经济水平的差距必然影响到主要依赖地方财政支撑的地方法治水平，而地方法治水平的高低又是直接影响公民权利实现

①　开列中国率先实现现代化的地区排序以及各自到达现代化目标的时间表的这种做法本身，显然是受到了所谓"现代化范式"的支配，可能会在中国社会秩序的性质上不自觉地引入"西方法律理想图景"。当然，对这一问题的讨论是本书力所不及的。相关的深入而系统的研究请参见邓正来：《中国法学向何处去——建构"中国法律思想图景"时代的论纲》，商务印书馆 2006 年版，第 36—40 页。

程度的变量。"权利，要想真正成为法律赋予的权利，必须是司法上可执行的。权利不是需要政府撒手，而是需要政府积极的保护。政府若想积极提供这种保护，必须依赖充足可供支配的资金，也就是说，贫困、软弱无能的政府无法切实地实施权利。"①

其二，东西部居民之间的收入差距，不仅影响了他们对法律需求方面的量的差异，更影响到了他们寻求权利方面司法救济的能力。法学界虽然没有对我国东部、中部和西部地区的法治水平做过精确的指标测试，但大体上公认经济发达地区的法治水平相对高于经济欠发达地区的水平，因而其权利保障（尤其是社会权利的保障）的程度会相对较高。尽管我们在主观上不愿看到这种局面，我们甚至想尽快改变这种局面。然而，正如马克思所说："权利决不能超出社会的经济结构以及由经济结构制约的社会的文化发展"②，法律制度"只有理解了每一个与之相应的时代的物质生活条件，并且从这些物质条件中被引申出来的时候，才能理解。"③

总之，权利实现中的差序格局，是受经济发展规律制约的，具有历史的必然性，任何国家都是无法超越的。事实上，整个西北地区与东部发达地区在公民权利保障方面的差序格局和梯度进程已经在诸多方面表现出来。以下仅以受教育权和医疗保障权的实现状况为例进行透视。

二、西北少数民族地区公民受教育权实现方面的地区差距

通过统计数据（见表3-2），我们可以看出，西北少数民族四省区公民的受教育权问题不容乐观。

---

① ［美］史蒂芬·霍尔姆斯、凯斯·R.桑斯坦：《权利的成本——为什么自由依赖于税》（译者前言），北京大学出版社2004年版，第126页。
② 《马克思恩格斯选集》第3卷，人民出版社1995年版，第305页。
③ 《马克思恩格斯选集》第2卷，人民出版社1995年版，第38页。

表 3 - 2　按地区分 15 岁及 15 岁以上文盲半文盲人口比率的比较

（单位:%）

年份\地区	2004	2005	2006	2007	2008
全国	10.32	11.04	9.31	8.24	7.77
上海	6.54	5.24	4.92	4.04	3.97
广东	6.92	6.00	5.11	4.11	4.02
甘肃	19.40	20.80	22.30	19.30	17.80
青海	22.10	24.10	19.30	18.40	16.70
宁夏	15.60	18.70	15.40	13.90	10.10
新疆	7.05	8.32	6.66	4.30	4.65

资料来源:本表根据 2004 年、2005 年、2006 年、2007 年、2008 年《中国统计年鉴》提供的数据整理得出。

　　除新疆外，其余甘肃、青海、宁夏省区的 15 岁以上文盲半文盲人口的比重远远高于全国平均水平。以 2008 年为例，15 岁以上文盲半文盲人口的比重最高的甘肃高出全国平均水平 10.3 个百分点，高出上海 13.83 个百分点；青海高出全国平均水平 8.93 个百分点，高出上海 12.73 个百分点；宁夏高出全国 2.33 个百分点，高出上海 6.13 个百分点。这说明，西北少数民族四省区的受教育水平与发达的东部和发展中的中部地区有很大的差距，教育的落后成为西北少数民族地区发展的重要制约因素。

　　西北少数民族地区公民教育权保障的差距在教育经费投入上也有明显反映。通过对统计数据（见表 3 - 3）的比对我们可以看出，西北少数民族四省区的人均教育经费除新疆外都低于全国平均水平，与上海的差距最大。与 2002 年相比，2003 年全国人均教育经费增加了 53.8 元（年增长率 12.61%），上海增加了 108.44 元（年增长率 6.43%），广东增加了 120.24 元（年增长率 18.16%），甘肃增加了 28.7 元（年增长率 8.89%），青海增加了 13.79 元（年增长率 3.83%），宁夏增加了 20.56 元（年增长率 5.12%），新疆增加了 41.67 元（年增长率 7.33%），西北少数民族四省区教育经费的增长率都低于当地人均 GDP 的增长率，而且教育经费的增长率都低于全国平均增长水平。

表 3 - 3　西北少数民族地区人均教育经费投入与全国及发达地区的比较

（单位：元/人）

地区＼年份	2002	2003	2004	2005	2006
全国	426.62	480.42	557.17	643.86	746.71
上海	1685.95	1794.39	1762.46	2155.62	2042.58
广东	662.10	782.34	749.37	770.84	930.18
甘肃	322.56	351.26	349.12	397.63	507.09
青海	359.93	373.72	370.25	414.87	682.46
宁夏	401.44	422.00	454.10	497.04	660.13
新疆	568.17	609.84	600.83	662.46	747.66

资料来源：本表根据历年《中国统计年鉴》提供的选样地区教育经费和总人口数整理计算。

但 2005 年以后，西北少数民族地区人均教育经费投入有了较大增幅。与 2005 年相比，2006 年全国人均教育经费增加了 102.85 元（年增长率 15.97%），甘肃增加了 109.46 元（年增长率 27.53%），青海增加了 267.59 元（年增长率 64.5%），宁夏增加了 163.09 元（年增长率 32.81%），新疆增加了 85.2 元（年增长率 12.86%）。西北少数民族四省区教育经费的增长率都高于当地人均 GDP 的增长率，而且教育经费的增长率都也高于全国平均增长水平。

三、西北少数民族地区公民医疗保障权实现方面的地区差距

保健水平方面，1998 年西部地区每万人医生数 4.4 人，相当于全国平均数的 38%；城镇居民和农村居民人均保健支出为 187.5 元和 53.8 元，分别相当于全国平均水平的 56% 和 42%。20 世纪 90 年代以来，我国东西部地区在城市化水平、医疗卫生及健康水平等方面也出现了明显的差距。居民在医疗保障权实现方面的地区差距与城乡

差距是紧密交织在一起的。据一项调查显示，中国医疗支出的不公平主要是由于地域上的差异造成的。富裕的东部城市居民平均医疗支出达到贫穷的西部农村的 11 倍。①

由中国科学院地理科学与资源研究所的专家计算出的中国 31 个省区市人群健康指数表明，大城市和东南沿海经济发达地区与西部经济欠发达地区居民的健康水平存在较大区域差异。该项研究涉及了 4 大类内容 27 项指标，其中包括人寿状况、身高状况、疾病状况、文化素质等要素，从计算出的各区域居民的健康指数来看，中国人口平均健康指数为 36.08，最高的是北京，为 60.15。按等差差距为 5.0 原则，可将全国 31 个省、自治区、直辖市的健康指数划分为五个等区，其中东部沿海地区基本被划入"一等区"，其健康指数在 40.0 以上，人口平均预期寿命都在 70 岁以上，常见病死亡率较低，人的文化素质较高；而广大西部地区基本处于"三、四、五等区"，健康指数在 25.0—35.0 之间，有些地方甚至还在 25.0 以下，人口平均预期寿命 60—69 岁，呼吸系统疾病和传染病死亡率较高。西北少数民族地区在五等区（见表 3-4）。人口平均预期寿命是衡量医疗保障权

表 3-4　西北少数民族地区人口平均预期寿命　　（单位：岁）

地区	1990 年预期寿命			2000 年预期寿命		
	平均	男	女	平均	男	女
全国	68.55	66.84	70.47	71.40	69.63	73.33
甘肃	67.24	66.35	68.25	67.47	66.77	68.26
青海	60.57	59.29	61.96	66.03	64.55	67.70
宁夏	66.94	65.95	68.05	70.17	68.71	71.84
新疆	62.59	61.95	63.26	67.41	65.98	69.14

资料来源：本表由中国科学院地理科学与资源研究所的专家计算得出。

---

① 参见魏众：《中国居民医疗支出不公平性分析》，《经济研究》2005 年第 12 期。

和健康权水平的一个重要指标，从 1990 年和 2000 年两个指标看，西北少数民族地区的人口平均预期寿命都没有达到全国的平均水平。

关于西北少数民族地区公民医疗保障权实现的情况，2004 年以来，由于国家逐步实行农村新的医疗合作制度和城市基本医疗保障制度，西北少数民族地区公民医疗保障水平有了提高，通过医疗覆盖率体现出来。但是新农合医疗覆盖率反映的是一个方面的情况，另一个方面的问题是，西北少数民族地区公民实际享有的医疗保障的低水平和与全国相比较的差距没有得到缓解。2003 年到 2008 年《中国统计年鉴》显示，全国与西北少数民族地区城镇居民医疗保健消费支出相比较（见表 3 - 5），西北少数民族地区与全国的平均数差距还较大。而且纵向比，甘肃、宁夏 2004 年比 2003 年出现下降，青海和新疆 2006 年比 2005 年出现下降，但总体情况在 2007 年以后出现稳步发展状态，特别是宁夏在 2008 年超过了全国水平。

表 3 - 5　全国与西北少数民族地区城镇居民医疗保健消费支出比较

（单位：元）

地区\年份	全国	甘肃	青海	宁夏	新疆
2003	475.90	434.80	451.30	450.70	357.60
2004	528.15	411.95	451.95	440.77	375.18
2005	600.90	492.20	554.10	535.90	499.16
2006	620.54	562.74	542.93	578.75	472.35
2007	699.09	564.25	610.02	645.98	598.78
2008	786.20	654.82	613.24	816.87	643.48

资料来源：本表根据历年《中国统计年鉴》提供的数据整理得出。

从总体比较来看，东西部地区的发展差距实质上是知识差距、信息差距、教育差距、技术差距与体制差距，因而面对日益扩大的地区发展差距，西北少数民族地区必须确定 21 世纪初期新的追赶战略以及相应的公民权利保障战略。其基本点应是：富民为本，实现城乡统筹，使经济发展与环境资源相适应，与人的全面发展相适应。这是提高西北少数民族地区公民权利保障水平的必由之路。

第二节　城乡差距分析

一、西北少数民族地区公民权利城乡差距的国家背景

从历史的纵向看，中国一直存在着巨大的城乡差距，虽然新中国成立以来社会经济长足发展，但城乡差距并没有缩小，而且形成了城乡二元结构。2004年年初，中国社会科学院经济研究所经过数年跟踪所做出的一份全国性调查报告显示，近年来，中国城乡收入差距在不断拉大，如果把医疗、教育、失业保障等非货币因素考虑进去，差距可能高达六倍，为全球之最。而且越是相对落后的地区，城乡之间的收入差距就越加明显。从国际比较看，中国目前城乡居民收入差距和公共服务水平差距是世界上"壕沟"最大的国家之一，同时既缺乏国家和社会对农民的经济补偿机制，也缺乏8亿农民影响国家决策和利益表达的政治民主参与机制。该报告指出，2001年城镇居民的人均收入几乎是农村居民的3倍。2002年全国的基尼系数相对于1995年上升了大概两个百分点。然而，调查人员认为这还不能真实地反映出城乡之间实际收入的差距。报告指出，城镇居民的可支配收入没有涵盖城市居民所享有的各种实物补贴，比如城镇居民很多享受公费医疗，而农村居民却没有这种待遇。城镇的中小学能够获得国家大量财政补贴，而农村学校得到的补贴非常少，农民还要集资办学。城镇居民享受养老金保障、失业保险、最低生活救济，这些对于农村居民来说却可望而不可即。落后地区的城乡收入差距最为明显。从城乡之间收入差距的相对率来看，西部地区最高，高达58.3%，而东部地区最低，为37%。也就是说，越是相对落后的地区，城乡之间的收入差距就越加明显。由此出现的一种局面就是城乡公民在权利实现方面的差序格局更为显著。

"从总体上看，目前农村居民的消费水平只相当于 20 世纪 90 年代初城市居民的消费水平，整整落后 10 年。"城乡消费差距令人震惊，收入方面，城乡差距为 3.21∶1；教育卫生方面，城镇高中、中专、大专、本科、研究生学历人口比例分别是乡村的 3.4、6.1、13.3、43.8、68.1 倍；农村合作医疗覆盖率只有 10% 左右，而城市合作医疗覆盖率则为 42%；政府公共投入方面，国家财政用于农业的财政支出比重不断下降，由 1978 年的 13.43%，下降到 2003 年的 7.12%，而 2003 年主要针对城市居民的各项财政性补贴，超过了国家对农业基本建设的支出。城乡居民消费上的巨大差距，显示了两者在收入水平、消费能力上的悬殊地位。显然，这无非是权利本身的差距。①

在医疗卫生方面的城乡差距，背后就是健康保障权分配失衡问题。长期以来，健康权利的不平等以及消费者权利保护的"都市化"倾向，医疗资源被人为过度地集中于城市，农民无法分享公共卫生支出上的国民待遇。在农村一些地方，尤其是部分低收入农民看不起病，虽然居民人均消费支出和医疗费支出城市和农村均在增加，但是农村与城市有很大的差距。

在经济劳动权利方面，和城市居民相对宽裕的择业、迁徙、劳动保障权相比，农民无论是在乡村的土地承包经营权，还是在城市的外出打工谋生权益上，都处于明显的弱势地位。按现行区域统筹的养老保险制度，从西部到东部打工的农民如果要参加养老保险，企业每年要为一个农民工缴纳养老保险统筹费 3600 元左右。由于流动性大，农民工实际无法享受，这笔费用就被滞留在当地的社保部门。

在社会组织、政治参与等方面，农民同样是权利的边缘者。作为市民，工人有工会，妇女有妇联，而几亿农民却没有真正属于自己的政治权利组织。社会学理论认为，一个社会集团的力量强弱，

---

①　参见张贵峰：《消费差距背后的权利差距》，《中国经济时报》2005 年 9 月 8 日。

并不在于人数的多少，而取决于其组织程度。显然，和社会所有其他群体相比，时下农民都是组织化程度最低的一群，由此，在社会博弈中，他们总处于失语状态。在政治参与方面，农民地位的边缘化同样不可避免。正如邓正来所指出的，这种消费者权利保护的"都市化"倾向，在很大程度上遗忘了中国的农村和中国的农民，归根结底是遗忘了中国这一由传统的"城乡二元结构"、新兴的"贫富差距结构"以及世界结构构成的真实社会。① 收入是衡量公民权利保障水平的一个重要方面，收入直接体现为公民经济权保障程度的高低，收入高，公民经济权保障程度就高，收入低，公民经济权保障程度就低。同时，收入还是公民其他权利得以保障的基础和条件。西北少数民族地区公民权利保障的城乡差距就是整个国家城乡公民权利差距的直接反映。

二、西北少数民族地区城乡居民可支配收入差距分析

收入是公民物质收益权实现水平的根本体现。从省区际与全国城乡收入水平的比较来看，西北少数民族地区的城乡差距也是巨大的（见表3-6）。2006年，甘肃农牧民人均纯收入占城镇居民可支配收

表3-6　2006年西北少数民族四省区城乡收入与全国的水平比较

指标\地区	人均生产总值（元）/%		农牧民人均纯收入（元）/%		城镇居民可支配收入（元）/%	
全国	15930	100%	3587	100%	11759	100%
甘肃	8749	54.9	2134	69.5	8920	75.9
新疆	14871	93.4	2737	76.3	9120	77.6
青海	11753	73.8	2358	65.7	9000	76.5
宁夏	11784	74.0	2760	76.9	9177	78.0

资料来源：本表根据2006年《中国统计年鉴》提供的数据整理得出。

① 参见邓正来：《中国法学向何处去——建构"中国法律思想图景"时代的论纲》，商务印书馆2006年版，第121页。

入 23.9%；新疆农牧民人均纯收入占城镇居民可支配收入 30%；青海农牧民人均纯收入占城镇居民可支配收入 26.2%；宁夏农牧民人均纯收入占城镇居民可支配收入 30%。表 3－6 显示，人均生产总值中甘肃、新疆、青海、宁夏分别达到全国水平的 54.9%、93.4%、73.8%、74%；农牧民人均纯收入甘肃、新疆、青海、宁夏分别达到全国水平的 69.5%、76.3%、65.7%、76.9%，城镇居民可支配收入甘肃、新疆、青海、宁夏分别达到全国水平的 75.9%、77.6%、76.5%、76.5%、78%。西北少数民族地区的农牧民人均纯收入与全国的差距大于城镇居民可支配收入与全国的差距。

表 3－7　2006 年西北少数民族自治州农牧民人均纯收入、
城镇居民可支配收入占在岗职工年平均收入比

地区	经济指标	农牧民人均纯收入（元）		城镇居民可支配收入（元）		在岗职工年平均收入（元）
		绝对值	%	绝对值	%	绝对值
甘肃	甘南藏族自治州	1604	10.70	5938	39.63	14984
	临夏回族自治州	1479	9.40	5385	34.24	15729
新疆	昌吉回族自治州	5571	32.24	8401	48.62	17278
	伊犁哈萨克族自治州	3870	25.75	7662	50.97	15032
	博尔塔拉蒙古自治州	4508	33.25	—	—	13559
	巴音郭楞蒙古自治州	4657	27.20	9377	54.77	17122
	克孜勒苏柯尔克孜自治州	1486	8.14	5700	31.22	18260
青海	玉树藏族自治州	1923	8.18	9778	41.60	23507
	海南藏族自治州	2640	12.77	7797	37.73	20667
	黄南藏族自治州	2003	9.39	8662	40.61	21329
	海北藏族自治州	2269	12.34	9016	49.04	18384
	海西蒙、藏族自治州	2587	7.95	9691	29.77	32557
	果洛藏族自治州	2039	8.26	9338	37.81	24695

资料来源：本表根据当地 2006 年《统计年鉴》提供的数据整理得出。

表 3－7 显示的是 2006 年西北少数民族自治州农牧民人均纯收入、城

镇居民可支配收入占在岗职工年平均收入的比，从表中看出，西北少数民族地区 13 个自治州，农牧民、城镇居民、在岗职工之间有着巨大的收入差距，13 个州的农牧民人均纯收入绝对的低于在岗职工年平均收入，最高的昌吉回族自治州、博尔塔拉蒙古自治州农牧民人均纯收入只接近于在岗职工年平均收入的 34%；6 个州农牧民人均纯收入低于在岗职工年平均收入的 10%；3 个州的农牧民人均纯收入与在岗职工年平均收入的比在 10.7%—25.75% 之间；13 个州的城镇居民可支配收入也是绝对的低于在岗职工年平均收入，除新疆博尔塔拉蒙古族自治州没有提供数据外，城镇居民可支配收入接近或刚超过在岗职工年平均收入的有 4 个州，8 个州的城镇居民可支配收入低于在岗职工年平均收入的 42%。如果说，在岗职工代表的较高收入阶层，包括公务员、国有、集体职工和私营业主的收入水平的话，则可以说，由于经济水平的差距，决定了社会各阶层之间公民享有的物质权利是极度不平等的，也进一步影响到各阶层公民在其他公民权利实际享有的水平和公平程度。

宁夏回族自治区是西北少数民族地区城镇居民人均可支配收入增长和农民人均纯收入增长都比较快的（见图 3-1，图 3-2）。从 2003—2007 年的收入增长纵向比较来看，城镇居民人均可支配收入是平稳增长，2003 年的水平为 6530.5 元，而农民人均纯收入增长存在大起大落的情况，而且收入最高的 2007 年才只有 3180.8 元，不及城镇居民人均可支配收入 2003 年水平的一半。新疆、青海、甘肃城乡居民收入的纵向比较结果，基本趋势与宁夏也是一致的。

三、西北少数民族地区公民政治权利的城乡差距

公民参与政治生活是公民政治权利保障的基本方式，但从我们社会调查的情况看，西北少数民族地区城乡公民参与政治生活的条件、渠道、能力有很大差距。如公民的选举权利，是公民政治权利中最重要的权利，公民参加选举是公民政治诉求的重要手段和途径。《中华人民共和国宪法》第三十四条规定，中华人民共和国年满十八周岁

（单位：元）　　　　　　　　　　　　　　　　　　（单位：％）

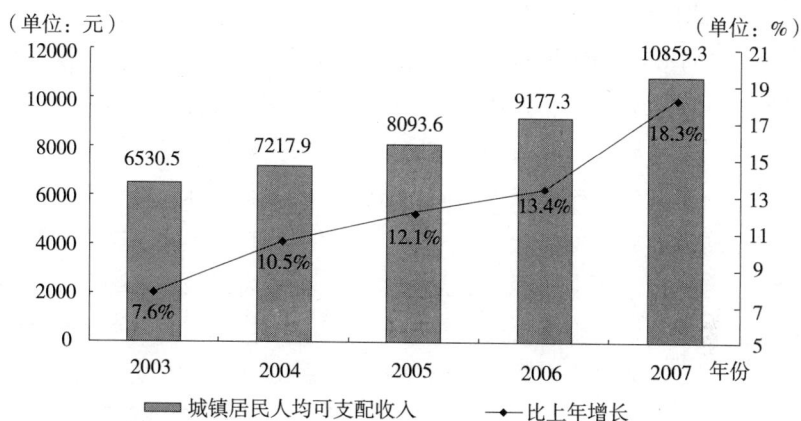

图 3-1　2003—2007 年宁夏城镇居民人均可支配收入及增长速度

资料来源：本图根据宁夏历年《统计年鉴》提供的数据得出。

（单位：元）　　　　　　　　　　　　　　　　　　（单位：％）

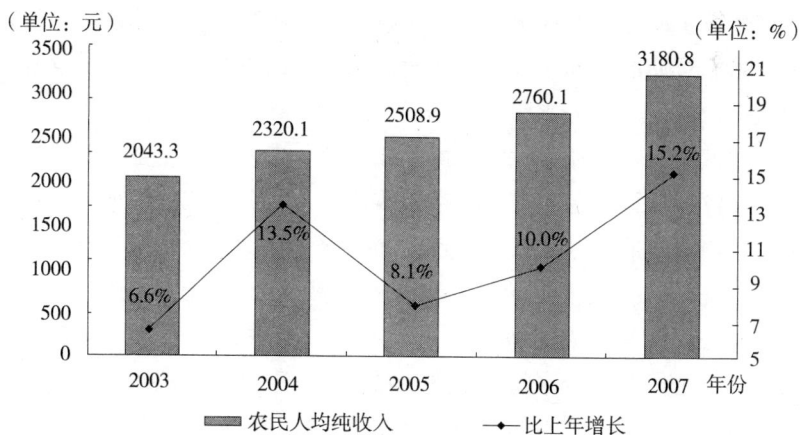

图 3-2　2003—2007 年宁夏农民人均纯收入及增长速度

资料来源：本表根据宁夏历年《统计年鉴》提供的数据得出。

的公民，不分民族、种族、性别、职业、家庭出身、宗教信仰、教育程度、财产状况、居住期限，都有选举权和被选举权；但是依照法律被剥夺政治权利的人除外。由于受制度本身限制和社会地位、文化传统、权力博弈的影响，西北少数民族地区城乡公民在行使公民的选举权和被选举权，实现公民选举权利方面，与制度水平是有很大距离的。

首先，从制度看，西北少数民族地区城乡公民政治参与机会是城市高，乡村低。农村与城市公民代表数比例相差悬殊，农村人口中代表数远远低于城市人口。我国2010年3月修改前的《选举法》第十二条规定，自治州、县、自治县的人民代表大会代表的名额，由本级人民代表大会常务委员会按照农村每一代表所代表的人口数四倍于镇每一代表所代表的人口数的原则分配。这种制度规定，实际上使得农村公民与城市公民处于不平等的政治表决，一定程度上降低了农村公民对选举权的政治认同。在访谈的农民中，大多数人认为选举和被选举是上面人的事，领导的事。

其次，农牧民的权利意识淡薄，政治权利让渡的情况比较多。如在实际的选举活动中，存在选举权和被选举权往往为政治、经济精英和宗教人士所左右的情况。广大农牧民处于弱势地位，其政治表达权不能独立行使的情况比较多。在我们访问过的农牧民中，几乎没有人知道肖像权、名誉权、荣誉权、人格尊严权、人身自由权等人格权利。在社会政治活动中，农牧民的知情权、参与权和监督权保障非常弱。批评、申诉、控告或者检举等政治参与权利往往被忽视。农牧民很少参与对政府及其公务人员行为的批评、申诉、控告或者检举。主要原因在于：一是一般公民缺乏对自己享有的上述权利的维护意识，大多数公民认为政府事务是公家人和官员的事，与自己没有多少关系。二是公民与政府之间的信息不对称，一般公民对政务信息知之甚少，对政府及其公务人员侵害自己的公民权利不清楚。同时，一般公民存有搭便车思想，对政府及其公务人员侵害他人公民权利并不关心。三是一般公民从心理上就处于弱势，老百姓认为对政府告了也是白告，怕遭报复打击。只有在自己的经济权利受到严重损害的情况下才被迫维权。

最后，农牧民政治参与权利的实现层次也比较低。农牧民政治参与的范围基本就是乡村社会，主要围绕村民自治而展开，体现出村落政治的特点。农牧民对县以上政务的参与，无论其制度权利还是现实权利都是不足的。以知情权为例，由于政务信息不对称和制度的限制，广大农牧民对政务信息的了解多限于农村政务公开的信息，对县以上政务信息了解甚少。很难了解政府对政策的制定、执行详情，即使是涉农政策，也没有什么表达权。

反观城市公民的政治权利，从制度权利和现实权利看，都是远远高于农牧民保障水平的。首先，由于政治资源集中于城市，城市公民所享有的政治资源非常丰富。所有的党政和社会团体都在城市，所以从政治体系中产生的政治资源首先为城市公民所享有。从政治社会化的过程来看，也是先城市后乡村。如西北少数民族地区的城市已有了现代公民社会的充分发展，而民主、法治、有限政府、服务政府等政治思想对广大农牧民来说仍是陌生的。

四、西北少数民族地区公民权利城乡差距的简要结论

在全国的城乡二元结构背景下，西北少数民族进入现代城市工商社会的机会极为有限。比如，在新疆，少数民族占总人口的62%，而乌鲁木齐市的少数民族人口只是26%，在石河子、克拉玛依等新兴城市，这一比重更低。另外，西北少数民族地区的城市化发展水平相对较低，这反过来又限制了少数民族进入现代城市的机会。在西北少数民族地区的城乡二元结构中，少数民族地区城乡之间的差距问题不但反映了一般地区的城乡差距问题，而且有可能体现着更为显著的民族地区城乡差距。也就是说，西北少数民族农牧地区在中国的区域差距和城乡差距中处于双重劣势的地位。事实上，近年来西北少数民族农牧地区不但面临着棘手的"三农"问题，而且还出现了更为严重的"三牧"（即牧民、牧业、牧区）问题。以青海省为例，由于国家实施"三江源"生态环境保护工程后，为了保护脆弱的草原生态，采取了休牧、禁牧、禁止沙金开采和乱采滥挖中药材等措施，使当地原有的财政收入和牧民收入锐减。国家在"三江源"地区因生态补偿机制不健全，生态补偿不到位，走入了"经济严重滑坡造成对生态保护消极抵

制，忽视生态保护又造成经济严重滑坡"的怪圈。①

西北少数民族地区公民权利实现水平的城乡差距，既是全国公民权利实现水平的城乡差距的反映，也体现了西北少数民族地区公民权利实现过程中自身的特点。我们社会调查时还发现，一方面西北少数民族地区公民权利实现水平的城乡差距，是全国城乡二元社会结构的反映；另一方面又体现出民族性、地域性、生态性特点。从民族性来看，西北少数民族中藏族等以游牧业为主民族享有的公民权利水平城乡差距比农业为主民族城乡差距要大。从地域性来看，西北少数民族地区青海南部、甘南、临夏两州、宁夏南部、新疆南部及北部山区的城乡差距要比青海东部、河西地区、宁夏平原、天山南北的城乡差距大，越是偏远落后的地区，城乡差距越大。从生态性来看，生态条件差的地区城乡差距比生态条件好的城乡差距大，虽然生态条件较差，但城市是国家在当地的政治、文化和经济中心，通过政权力量输入的社会资源也是比较多的，而农牧区基本依靠的是自然资源。生态条件差的地区自然资源本来就少，吸引来的社会资源就更少，所以城乡差距就越大。近年国家加大了对西北少数民族地区的财政转移支付，大大提高了城市居民享有社会资源的能力，而广大农牧民难以享受到相关的社会资源。另外，从全国城市化水平比较，除宁夏接近全国平均水平外，甘肃、青海、新疆农牧人口比例很大（见表3-8），这说明西北少数民族地区更多的农牧人口，享受不到现行体制下政府提供的公共产品。

表3-8 2008年西北四省区与全国及部分省市城乡人口比

（单位:%）

地区	全国平均	北京	浙江	甘肃	青海	宁夏	新疆
城市人口比重	45.68	84.90	57.60	32.15	40.97	44.98	39.65
农村人口比重	54.32	15.10	42.40	67.85	59.03	55.02	60.35

资料来源：本表根据2008年《中国统计年鉴》提供的数据整理得出。

---

① 参见拉灿：《关于我国西部民族地区"三牧"问题的思考》，《西南民族大学学报》2005年第5期。

西北少数民族地区公民权利保障城乡差距，是西北少数民族地区生态条件和经济、政治、社会发展的综合反映，也是我国民族差距、地区差距、城乡差距的复合反映。这种差距表明，对西北少数民族地区公民权利的救助，重点是广大的农牧地区和农牧民。在民族地区缩小城乡差距的任务更为艰巨，需要政府有更大的作为，输入更多的现代社会资源。

第三节　民族差距分析

一、西北少数民族自治州主要经济指标分析

1. 西北少数民族自治州主要经济指标占本省区的比值分析

主要是通过西北少数民族自治州主要经济指标占本省区的比值分析（见表3－9），掌握少数民族聚居区公民在全省、区享有经济权利的水平。

表3－9　2006年西北少数民族自治州主要经济指标占本省区的比值

（单位:%）

经济指标 \ 地区	人均生产总值（元）		农牧民人均纯收入（元）		城镇居民可支配收入（元）	
	绝对值	%	绝对值	%	绝对值	%
甘肃	8749	100	2134	100	8920	100
甘南藏族自治州	4428	50.61	1604	75.16	5938	66.57
临夏回族自治州	3199	36.56	1479	69.31	5385	60.37
新疆	14871	100	2737	100	9120	100
昌吉回族自治州	17468	117.46	5571	203.54	8401	92.12
伊犁哈萨克族自治州	10269	69.05	3870	141.40	7662	84.01
博尔塔拉蒙古自治州	13700	92.13	4508	164.71	—	—
巴音郭楞蒙古自治州	34471	231.80	4657	170.15	9377	102.82
克孜勒苏柯尔克孜自治州	4006	26.94	1486	54.29	5700	62.50
青海	11753	100	2358	100	9000	100

经济指标 地区	人均生产 总值（元）		农牧民人均 纯收入（元）		城镇居民可 支配收入（元）	
	绝对值	%	绝对值	%	绝对值	%
玉树藏族自治州	5129	43.64	1923	81.55	9778	108.64
海南藏族自治州	7783	66.22	2640	111.96	7797	86.63
黄南藏族自治州	10451	88.92	2003	84.94	8662	96.24
海北藏族自治州	8622	73.36	2269	96.23	9016	100.18
海西蒙、藏族自治州	40277	342.66	2587	109.71	9691	107.68
果洛藏族自治州	5638	47.97	2039	86.47	9338	103.76

资料来源：本表根据当地 2006 年《统计年鉴》提供的数据整理得出。

从甘肃来看，2006 年，人均生产总值中，甘南藏族自治州为全省水平的 50.61%，临夏回族自治州仅为 36.56%；农牧民人均纯收入中，甘南藏族自治州为全省水平的 75.16%，临夏回族自治州仅为 69.31%；城镇居民可支配收入中，甘南藏族自治州为全省水平的 66.57%；临夏回族自治州仅为 60.37%；甘肃两个民族自治州的经济水平和人均收入均低于全省水平，同时，也可看出临夏又低于甘南的水平。目前，甘南和临夏成为甘肃经济最差的地区。

从新疆来看，2006 年，人均生产总值中，昌吉回族自治州、巴音郭楞蒙古自治州超过全区平均水平，博尔塔拉蒙古自治州接近自治区平均水平，伊犁哈萨克族自治州、克孜勒苏柯尔克孜自治州低于自治区平均水平；农牧民人均纯收入中，只有克孜勒苏柯尔克孜自治州比自治区平均水平一半多些，其他 4 州均远高于自治区平均水平；城镇居民可支配收入中，巴音郭楞蒙古自治州超过平均水平，博尔塔拉蒙古自治州未提供，另外 3 州都低于自治区平均水平。三项中，巴音郭楞蒙古自治州各项都处于前列，克孜勒苏柯尔克孜自治州各项都在最后。

从青海来看，2006 年人均生产总值中，只有海西蒙、藏族自治州大大高于全省水平外，其他 5 州均低于全省水平，玉树藏族自治州、果洛藏族自治州只占全省水平的 43.64% 和 47.97%。农牧民人均纯收入中，海南藏族自治州、海西蒙、藏族自治州超过全省平均水平，另4州低于全省平均水平，但差距不大。城镇居民可支配收入中，只有海南藏族自治州低于全省平均水平多点外，4州超过全省水平，1州接近全省平均水平。可见青海的农牧民人均纯收入全省各州有一定差距，城镇居民可支配收入全省的省际基本一样。

2. 西北少数民族自治州财政自给率水平分析

主要是通过西北少数民族自治州财政自给率水平分析，掌握西北少数民族地区地方政府保障公民各项权利的能力和支持程度（见表3－10）。

表3－10　2006年西北少数民族自治州财政自给率水平

（单位:%）

地区 / 经济指标		地方财政一般预算收入（亿元）	财政支出（亿元）	财政自给率（%）
甘肃	甘南藏族自治州	1.56	19.84	7.86
	临夏回族自治州	2.24	28.10	7.97
新疆	昌吉回族自治州	14.98	31.94	46.90
	伊犁哈萨克族自治州	29.41	90.37	32.54
	博尔塔拉蒙古自治州	3.82	11.20	34.11
	巴音郭楞蒙古自治州	16.93	32.69	51.79
	克孜勒苏柯尔克孜自治州	1.09	14.76	7.38
青海	玉树藏族自治州	0.29	8.60	3.37
	海南藏族自治州	1.18	10.44	11.30
	黄南藏族自治州	0.75	7.29	10.29
	海北藏族自治州	0.90	7.80	11.54
	海西蒙、藏族自治州	8.36	16.82	49.70
	果洛藏族自治州	0.19	6.50	2.92

资料来源：本表根据当地2006年《统计年鉴》提供的数据整理得出。

表3－10是2006年西北少数民族13个自治州的地方财政收入水平、财政支出和财政自给率情况，从表中我们看出，只有新疆巴音郭楞蒙古自治州的财政自给率超过50%，青海海西蒙、藏族自治州基

本达到50%，新疆昌吉回族自治州接近于50%，新疆伊犁哈萨克族自治州、新疆博尔塔拉蒙古族自治州超过30%，其他8个自治州财政自给率均低于12%。说明西北少数民族地区的财政自给率水平都是很低的。财政收入与支出，反映出来的就是地区经济的产出水平和需求之间的关系，西北少数民族地区的产出水平非常低，但并不是说西北少数民族地区的财政需求也是低的，基本的或较高的财政支出保障水平，是公民享受公共服务权利和满足公务人员经济保障权利的前提和基础，从表中反映的情况看，西北少数民族地区公民享有公共服务的权利是地方政府无法保障的。农村合作医疗、城镇居民享受政府最低生活保障、农牧村居民享受政府最低生活保障都得到了中央财政、省级财政的补贴，离开了中央和省级财政补贴，各民族自治州是根本无力提供公民所需的公共财政服务的。

二、西北少数民族地区公民权保障民族差距的原因分析

西北少数民族地区公民权利保障水平存在较大的民族差距，对这些差距的存在进行客观的分析，对制定有利于西北少数民族地区公民权利保障的政策是非常重要的。

第一，西北少数民族地区公民权保障的民族差距与历史上遗留的事实上的少数民族发展差距是连在一起的。众所周知，历史上西北少数民族的发展水平一直低于汉族。新中国成立以来，中央政府和各级地方人民政府一直致力于提高少数民族地区和民族群众生活的发展水平，从各方面对少数民族地区和群众予以倾斜，少数民族地区和民族群众的发展水平有了很大提高，但汉族与少数民族之间的发展差距始终没有消除。随着市场经济体制的建立，少数民族竞争力低于汉族的问题越加突出，少数民族与汉族发展差距有越加拉大的趋势。

第二，西北少数民族地区公民权保障的民族差距与特殊的生态地理条件联系在一起，生态地理条件是制约少数民族地区公民权利保障的首要因素。从前面的分析中可以看出，西北少数民族地区的生态条件总体是比较差的，尤其少数民族主要人口聚居区的条件尤为恶劣，生存成本和发展成本非常高，所以西北少数民族地区生态型贫困极其

严重，无论从政府角度还是公民个人角度，对公民权利的保障的关注点基本在生存权利和民族政治平等权利上，对民族地区的文化权利和社会权利关注度不高，文化权利和社会权利内生的条件极不充分。

第三，西北少数民族地区公民权保障的民族差距与民族地区的人文条件联系在一起。西北少数民族地区的人文指数很低的一个重要原因，就是西北少数民族地区宗教文化生活发达，但以世俗教育和科学技术为标志的人文发展水平一直很低，虽然国家为发展西北少数民族的国民教育和科学技术给予政策倾斜和各方面支持，但受传统的人文条件和民族心理的影响，以国民教育和科学技术为支撑的各项公民经济、政治、社会和文化权利保障缺乏内在的积极响应，外在的文化资源输入还会为一些民族群众所排拒。

第四，西北少数民族地区公民权保障的民族差距与民族地区的经济形态联系在一起。西北少数民族地区的经济形态，主要是牧业、农业、能源工业，现代的高技术、高附加值的工业一直落后，现代服务业、运输业的比例则更低。牧业、农业、能源工业对自然条件的依赖非常大，作为经济资源的积聚能力较弱，加之牧业、农业的分散性，政府用之于改善公共服务的社会资源提取非常困难，大多地方政府无力建立起促进公民权利保障的公共服务体系。而公民的诸多社会、文化权利如果没有相应的公共服务体系，就难以实现或得到充分保障。

第五，西北少数民族地区公民权保障的民族差距与国家发展战略联系在一起。市场经济体制建立前，在国家计划指导下，西北少数民族地区的投资得到大幅度增加，旨在缩小民族发展差距的各项措施促进了公民权利的保障，但由于国家对西北少数民族地区投资的重点长期以来在能源领域和重工业领域，对民族地区的发展支持成点状结构，对农业、牧业和社会公共事业的投入不足。市场经济体制建立后，国家推行的梯级发展战略将战略重点放在了东部，西部的资源优势没有转变为经济优势，而长期以来存在的资金和技术问题更加突出。整个 20 世纪 90 年代，西北少数民族地区的各项建设事业陷入极大的困难，加之国家的体制转轨在西北少数民族地区存在滞后效应，西北少数民族地区公民权利保障水平与东部、中部的差距进一步加大。西部大开发以后，西北少数民族地区在国家的支持下，公民权利保障的制度条件、经济条件、文化条件有了极大改善，但缩小西北少数民族地区公民权保障的民族差距，还需国家和全社会的极大努力。

第六，西北少数民族地区公民权保障的民族差距除了少数民族与汉族的差距外，西北少数民族之间也存在着较大的差距。西北少数民族的经济条件多以农牧为主，自然条件对公民权利保障的影响极大，占据草场和农业水利条件较好的各少数民族，相对的经济条件也好。而长期地处较差地理条件的少数民族，经济条件就比较差。甘青藏族、蒙古族，新疆塔吉克族、哈萨克族，宁夏南部回族，甘肃临夏回族、东乡族、保安族，与汉族相比经济水平落后，其他社会事业发展也慢。从近 10 年的情况看，少数民族中的教育发展和城市化水平、交通条件等对民族差距的影响越来越突出。凡是城市化快、重视教育的民族，获取的社会资源多于、快于经营传统农牧业的民族。

本章小结

西北少数民族地区公民权保障的差序格局不仅表现在东西部之间、省（区）际之间，而且还表现在省或自治区内部、城乡之间、民族之间等方面。这种差序格局的出现有着其深厚的历史的根源，也有着国家经济政策留下的深深烙印。这种差序格局至少给我们带来了两种启示：一是这种差距已经严重影响到了我国的整体快速发展，对西北少数民族地区而言，这不仅仅是一种权利要求，更是关系到地区稳定发展的需要。二是西北少数民族地区各级政府要真正肩负起发展这一重担，努力缩小这种地区间、城乡间、民族间的差距，不断提高政府行为文明，履行政府保障公民权的职责，这也正是本书研究的价值所在。

第四章 西北少数民族地区政府 保障公民权的制约因素

西北少数民族地区生态经济的多样性、社会发展的差异性和多元民族文化共同构成了政府保障公民权的经济、社会、文化基础，同样也构成了我们分析少数民族公民权保障的历史和现实依据。

第一节 脆弱的生态经济制约政府 保障公民权能力的提升

一、西北少数民族地区的主要生态经济类型

生态经济类型理论认为，各民族的经济发展方向、发展程度是和一个民族所处的生态环境相适应的，生态环境在很大程度上决定了一个民族的经济和文化生活特点。这就使具有相类似的生态环境下的不同民族，可能具有相近的经济生活和相似的物质文化特征，从而构成相同的生态经济类型。我们认为西北少数民族地区主要存在以下生态经济类型：

1. 草原生态经济类型

主要草原分布情况是：（1）甘肃境内，主要分布在甘南藏族自治州的玛曲、夏河、碌曲、卓尼、迭部以及天祝藏族自治县、肃南裕固族自治县、肃北蒙古族自治县和阿克塞哈萨克族自治县等9个牧业

县份。草场面积 179 万亩,占全省可利用草场面积的一半。生活的少数民族主要为藏族、土族、裕固族、蒙古族和哈萨克族。(2)新疆境内,在三山和两盆(北为阿尔泰山,南为昆仑山,中部为天山。两盆主要是指南部的塔里木盆地,北部的准噶尔盆地)的周围有大量的优良牧场,牧草地总面积 7.7 亿亩,仅次于内蒙古、西藏,居全国第三。(3)宁夏境内,宁夏草场类型多,分布广,共有 4000 多万亩天然草场,是滩羊、沙毛山羊的重要产地。(4)青海境内,草原生态分海东八县市、海西藏族自治州、海北藏族自治州、海南藏族自治州、黄南藏族自治州、果洛藏族自治州、玉树藏族自治州。草场有高寒草原类、山地草原类、高寒荒漠类、山地荒漠类、高寒草甸类。主要居住有藏、蒙、土、哈萨克族。

2. 农耕生态经济类型

西北少数民族多经营农业或农牧兼营。主要的农耕文化类型有:(1)平原。典型的是银川平原,劳动密集型和技术密集型农业是主要的生计方式,并有多种经营。宁夏拥有各类宜渔水面 86 万亩,水产养殖已具相当规模,名、特、优、新、高附加值的水产品不断增多,已经成为西部地区的水产品供应基地。(2)山地。主要是山地耕牧型。宁夏南部与甘肃陇山山地、陇东高原、祁连山地。甘肃少数民族地区有耕地 428 万亩,占全省耕地面积的 8.2%,其中分布于洮河、大夏河、广通河、白龙江等河谷地区的耕地,地势平坦,便于灌溉,自然条件较好,农业比较发达,分布于干旱川塬,干旱丘陵地区和高寒阴湿山区的耕地,条件差,产量低而不稳,且灾害频繁,多为贫困区。陇山山地回族、东乡族、保安族、撒拉族、土族等少数民族主要聚居在临夏回族自治州,其商品经济比较发达。但因气候干旱,农业受到较大影响。(3)绿洲。主要分布于塔里木、准格尔盆地边缘,河西走廊到宁夏以及青藏高原东北坡的河湟地区。主要依靠人工灌溉系统种植小麦、水稻、玉米、马铃薯、棉花,兼事畜牧。绿洲多是西北少数民族地区的经济、人口密集区。以新疆绿洲人口为例,人口密度为每平方公里人口 249 人,全区 95% 的人口集聚在占总面积 4.3% 的绿洲上。

3. 森林生态经济类型

甘肃森林资源很大一部分集中在少数民族地区。这些地方有森林面积 1625 万亩,占全省森林面积的 32%。木材蓄积量约 1 亿立方米,占全省木材蓄积量的 54%。宁夏的自然林区主要分布在贺兰山、罗山、六盘山,共计 3.17 万公顷,主要树种有山榆、杜松、油松、山杨、云杉、桦木、山柳、樟木、箭竹等。这是宁夏仅存的天然次生林,多为中幼龄林,对于涵养水源、防止水土流失,保护生态环境,具有重要作用。宁夏人工林遍布全区各县市,主要起防风、固沙和水土保持作用。

4. 河湖生态经济类型

甘肃境内,黄河、洮河、大夏河、白龙江、黑河、疏勒河、党河等流经甘肃少数民族地方水利电力资源非常丰富,据统计,拥有 500 千瓦以上的可以开发利用的水电资源就占全省可开发水电资源的 46%。黄河形成著名的峡谷地带,从西向东主要有积石峡、刘家峡、盐锅峡、八盘峡、小峡、大峡、乌金峡、黑峡等,水力资源丰富,适宜于农作物生长。新疆著名的自然风景有天池、喀纳斯湖、博斯腾湖、赛里木湖。青海也是河、湖密布,江河源地区是长江、黄河的发源地。洮河、大夏河以及内流河柴达木河、格尔木河等都发源于青海南部。青海河流众多,大小江河约有 200 多条,宁夏沙湖独具沙漠风光。[1]

二、西北少数民族地区生态经济的主要特点

1. 生态经济的基础脆弱性

西北少数民族地区的生态基础脆弱,是特殊的自然地理条件决定的,西北少数民族聚居区自然地理多属高寒、干旱、阴湿、沙化、多风、多雪的地理特征,成灾率高,成灾面积大。人口与自然生态之间的矛盾突出,长期过度利用的情况比较突出。如甘肃临夏、宁夏南部

---

[1] 资料来源于甘肃、青海、宁夏、新疆 2006 年、2007 年《地方志》的记载。

山区的开荒种地，导致水土流失严重，干旱的农耕、畜牧经济超越了生态的承载力。虽然西北少数民族地区就总人口而言，人地之间不会出现矛盾问题，但西北少数民族地区人居生态条件差，适合居住和发展的区域并不大，适合人类居住和发展的区域人口承载力呈下降趋势，生态环境恶化严重影响公民生态权利的维护，甘青生态环境已严重威胁到国家生态安全。许多带有民族族群政治参与的群体性事件、多民族社区的民族冲突、宗教冲突，只不过是生态问题的政治形式反映。脆弱的生态经济也使得人们把关注点放在生存权的保障上，对公民的其他权利缺乏诉求。另外，就是西北少数民族地区多矿物资源，但开矿往往对脆弱的生态造成破坏，西北少数民族地区普遍存在生态环境建设与资源开发利用的冲突。目前，西北少数民族牧区的"生态难民"、"环境难民"问题，实际就是过度依赖生态自然条件生活的群众，缺乏适应新的社会环境的能力，在流向城市后，"大多沦为城镇贫困人口"①。这在青海表现尤其突出。

2. 生态经济的民族差异性

生态文化与民族的生计行为结合在一起，有些少数民族习惯于传统的生计方式，民族社会转型的适应程度不一。在典型的西北少数民族游牧社会，广大农牧民在向农业、商业、工业社会的转型中，民族文化心理的适应差别很大。如回族、撒拉族适应能力强；藏族、哈萨克族的适应能力就比较弱，民族文化心理的障碍较大，从游牧转向农耕时适应非常困难。新疆沙湾县有个村庄的哈萨克族群众，从游牧转向农耕反复多次，适应了几十年。到现在，经营农业仍然赶不上当地汉族群众的水平，不得不出租承包地吃地租。再如新疆的维吾尔族群众虽然对农业、商业的生产生活方式并无什么障碍，但对现代工业的生产生活方式适应困难。一方面当地政府出台鼓励和支持政策，以促进维吾尔族群众加快农村剩余劳动力转移和推进城市化；另一方面维吾尔族一些群众宁可在家失业或待业，就是不愿意到工厂上班。又如

---

① 鲁顺元：《论青海高原牧区的社会变迁》，《攀登》2004 年第 1 期。

宁夏南部回族从干旱自然农业转向技术农业的过程也是困难重重，高文盲率和不重视教育的缺陷暴露出来。甘南、青海南部藏族从游牧到住牧的转变，都受到传统生态文化习俗的影响，使得政府移民开发、生态保护等有利于提高公民权保障水平的政策落实缺乏效率，难以达到预期目标。当然随着西北少数民族地区经济、社会、文化的多元化发展，这种生态经济的民族差异性正在呈弱化趋势，但完全消除这种差异性还需较长的过程。

3. 生态经济的利益差别性

西北少数民族地区世居民族较多，对生态资源的占有和利用具有历史继承性，形成了既定的利益格局。但随着市场经济的发展，人口、技术、市场资源的流动和配置，原有的利益格局不断受到冲击。国家与地方、地区与地区、民族与民族、世居者与迁移者、村落与村落之间利益的分割冲突不断增多，优势的利益相关群体、个人、单位对劣势的利益相关群体、个人、单位造成压力，形成地方性、民族性或政府间的矛盾。比如我国现行的农牧业土地政策是 30 年不变，在第二轮土地承包后，新增人口没有参与集体土地分配的权利，造成原有人口和新增人口在土地占有、收益、处置方面的权利不平等，获取的利益差别性很大。又如新疆一些牧民在草原退化转向农耕的过程中，原有的牧场转变为耕地后地租收益非常大，新增人口就缺乏这种土地收益。同样是草原，优质草场和退化严重的草场收益差别也很大。还有就是生物多样化程度对公民受益的权利保障影响也很大；如甘青、新疆地区的药材资源非常丰富，但分布不均衡，有些群众单就药材挖掘、采集收入就很好，有些群众就很少有这种收益。

4. 生态经济的财政依赖性

西北少数民族地区经济的市场化水平普遍不高，经济的自然性突出，群众生活、政府收入对生态资源的依赖程度非常大。而生态的资源往往具有恢复性慢，可持续性开发困难等特点，这与政府依靠开发增加收入形成矛盾。另一个问题是处在这种环境下的居民，其经济活动对文化、技术、管理知识的需求很低，追求劳动力数量，而忽视劳动力质量，劳动力转移和社会流动水平低，对居住地生态造成持续压力，外在社会经济、文化资源的输入又存在诸多障碍。如宁夏吊庄移民工程，① 原本是要解决南部山区的人口压力，改善生态环境。但由于传统生计方式的惯性作用，南部山区的人口压力依然存在，政府增收与群众脱贫的矛盾突出。西北少数民族地区生态经济的财政依赖性对政府提高公民权保障水平制约性很大。如西北少数民族地区公民受教育的权利长期处于低水平的一个重要原因，就是当地政府财政来源过度依赖于生态经济。这种财政在西北少数民族地区呈现出强烈的贫困财政的特点，由于是贫困财政，地方政府就很难向公民提供较多的公共产品。

5. 生态经济建设的长期性

西北少数民族地区的生态建设，已为中央政府和社会各界所高度重视。国家在西部大开发中充分考虑了民族地区的生态建设问题，但生态建设受自然环境和所在地居民生计方式及其行为的制约，决定了生态建设本身具有长期性与艰巨性。在政府行为中，中央政府与地方政府的目标有所差异，如中央政府侧重生态效益，地方政府侧重经济效益；中央政府侧重长远全局利益，地方政府侧重短期区域利益；地方政府在得不到中央或社会资金支持的情况下，往往减少生态建设投入。另外，西北少数民族地区的生态建设和生态经济发展，已经超出了地方政府的能力范围，西北少数民族地区公民的经济社会权利的保障，只能纳入国家公民权保障的视野中，生态经济建设投入只能由中央政府统筹安排。

三、生态经济对西北地方政府保障公民权的影响

西北少数民族地区绝大多数地方政府，其行政能力与生态经济水

---

① 吊庄，是宁夏的俗语，是指一家人走出去一两个劳动力，到外地开荒种植，就地建一个简陋而仅供暂栖的家，这样一户人家分居两处，一个家吊在两个地方，故称之为"吊庄"。吊庄移民作为政府开发性扶贫的主要形式之一，是将那些生活在宁夏南部山区干旱高寒山区的部分绝对贫困人口搬迁到引黄、扬黄灌区，以便从根本上改变其极端恶劣的生存环境，解决温饱问题，进而脱贫致富。吊庄移民本质上也是生态移民，与 2001 年后的生态移民是一脉相通的。参见《吊庄移民：开发式易地移民的主要形式》、《吊庄移民经验》，《今日中国》（中文版）2005 年第 11 期。

平密切相关，可以说生态经济条件决定政府行为能力。总体而言，西北少数民族地区政府保障公民权利的能力是低下的。

1. 自身保障能力低下

源于前述原因，财政困难是西北少数民族地区政府面临的普遍问题，尤其是以农牧业收入为主要经济收入来源的地区。随着农村税费改革和国家减轻农民负担政策的落实，基层政府负债运行，朝不保夕，维持政府运转困难很大，更谈不上提高公共服务水平。如青海省推行农牧区税费改革后，农民负担大大减轻，但由于政府服务的半径大，运转成本高，经济基础薄弱，很多基层政府只得依靠赊欠、自己垫付和向外"化缘"方式维持运转。对此，青海省平安县一位副县长分析说："农牧区税费改革要求'三确保'，即确保农民负担不反弹、确保基层政府运转、确保农村义务教育。县乡政府运转仍是举步维艰。现在一个乡镇一年通过财政转移支付下拨的公用经费只有 1 万元，而实际上维持运转费用每年都不低于 5 万元。国家政策规定的差旅费、取暖费和医疗保险等，县里都没有办法兑现。"青海省大部分县是贫困县，支出远远大于收入，加之税费改革前的县乡财政负债难消化，根本没有资金给乡镇补贴办公经费。政府新欠外债不断增多，也引发出一系列诉讼，县乡两级政府的大部分精力都用在保持运转上了，有的还疲于应诉，大大削弱了政府的服务职能，也削弱了工作人员的积极性。比如，青海省推行农牧区税费改革后，中央每年通过财政转移支付下拨 2.14 亿元，根据税费改革的"三确保"要求，我们给全省 408 个乡镇按每个乡镇 1 万元的标准下拨公用经费，力保基层政府运转。但由于历史欠账、经济基础薄弱，加之青海高寒缺氧、地广人稀，政府服务半径大，有时在省内出差路上就要好几天，政府运转成本高。全国人均公用经费为 5000 元左右，而在青海人均不足 2000 元。每年全省财政收入只有 20 亿元，中央补贴 100 亿元，但目前我们的财政保工资也难，省上的工资能确保，县里只能保 6 至 8 个月的工资，差旅补贴、医疗保险、住房公积金等政策性福利都难以兑现。如宁夏固原地区。由于经济欠发达，部分农民和职工生活困难问题、生活水平低的问题、就业再就业问题、停产半停产企业拖欠职工工资问题、拖欠农民工工资问题、政策不落实问题等得不到及时有效解决。对许多问题各级政府和有关单位因为客观条件不具备，处理起来力不从心，想解决却无力解决，由此引发的各种矛盾比较多。① 青海、宁夏南部山区、甘肃甘南和临夏两州及大多民族自治县、新疆南部5地、州，基本情况差不多，财政困境使得地方政府的动员能力、组织能力严重不足，一个不能保障自身运转和权利的政府也就缺乏保障公民权利的动力。

2. 社会保障能力有限

随着经济体制改革的深入和市场经济体制的确立，西北少数民族地区的经济增长方式遭受到前所未有的挑战和环境压力。传统的粗放经营模式带来的经济低水平发展，使政府提供的社会保障能力非常有限，目标和实现程度之间差距很大。一方面是结构性失业严重，另一方面是政府财政供给水平低，难以提供完全的社会保障。按照社会保障费用由国家、单位、个人三方负担的原则，政府财政理应负担部分社会保障责任。但地方财政收入有限。想通过常规方式由财政吸收和解决日趋增大的社会保障费用负担很难。如青海省仅2000年省财政一般预算支出中抚恤和社会福利救济费、行政事业单位离退休经费、社会福利补助为21亿元，此三项已超过了当年地方财政收入。社会保险基金收支矛盾突出，面临着总量不足的压力。养老保险费征缴收入难以满足日益增长的养老金支付需求；资金来源渠道比较单一，多元化筹资尚未制度化。特别是生产经营困难而又难以破产关闭的企业，职工的基本生活保障问题难以落实到位。按理农牧民与城镇居民一样，同样应当享有必要的社会保障。各种社会化服务不可能离开国家的支持，发展农村养老也是政府的基本职责。但事实上，限于财政统筹能力，农牧区社会保障制度建设进展缓慢，多处于制度设计和试点阶段。如宁夏回族自治区为确保养老金按时足额发放，挤用个人账户基金平衡收支缺口，养老保险个人账户被迫空账运行。宁夏回族自

① 参见张万寿等：《2004—2005年宁夏经济社会形势分析与预测》，宁夏人民出版社2005年版，第390页。

治区 2002 年做养老保险个人账户后的年基金缺口据测算达 35956 万元。① 反映在失业保险方面，失业保险费征缴困难，欠费严重，导致基金支撑能力逐年降低。企业经济效益差，亏损企业多，企业处于严重亏损状态，无力缴纳失业保险费，失业保险费欠缴逐年增多，另外，失业保险基金支出逐年加大，形成恶性循环，导致失业保险基金的支撑能力逐年下降，大大降低了西北少数民族地区的失业保险保障程度。医疗保险方面，社会统筹的调剂能力弱。困难企业和退休人员比例大，使得医疗保险参保人群基数小，基金总量小，社会统筹和调剂能力弱，困难企业参保难度大，单基数缴费潜在问题突出。省区级政府财政困难，基层政府财政更困难，西北少数民族地区的县级政府对社会保障多处于无能为力的状态。

3. 社会治理能力弱化

在社会转型中，西北少数民族地区的社会经济问题形式多样，社会矛盾突出，社会治理的成本有不断增加的趋势。反映在社会治安方面，是各种形式的犯罪不断增多；如新疆 2000 年各类刑事案件发案 2 万多起，到 2005 年达到 11 万起。从青海、宁夏南部山区和甘肃临夏回族自治州、甘南藏族自治州的情况看，国有企业减员增效改革，下岗职工增多，再就业困难，农村转移劳动力就业困难，使得西北少数民族地区的治安问题一度极其严重。反映在生产安全方面，是违反生产安全制度管理造成的伤亡事件不断增多，如此等等。总之社会治理成本在不断增加，而政府用于社会治理的财力却远远不够。现实情况是，西北少数民族地区基层政府大多是生态依赖型的财政结构，财力匮乏，难以保障所需经费。据青海民和回族土族自治县公安局介绍，该县是个贫困县，全县共有 33.7 万人，而 2004 年的警力与人口比例仅为万分之三，与公安部要求的民警数与人口总数比例必须达到万分之十相比，相差很大。到 2004 年，局里共欠民警垫付的办公经费高达 53 万多元。从我们对西北少数民族地区的社会调查来看，经济困境也是基层政府

---

① 参见张万寿等：《2003—2004 年宁夏经济社会形势分析与预测》，宁夏人民出版社 2004 年版，第 323 页。

和执法单位趋利执法、以罚代法的重要因素。西北少数民族地区还有个治理半径过大的问题，更加重了社会治理能力弱化的程度。政府对社会治理能力的弱化，使得公民所希望的安全权利保障处于不确定的情势中。

青海反映出来的贫困经济与财政约束互动的情况，在甘肃甘南藏族自治州、临夏回族自治州、宁夏南部8市、县、新疆南部5地、州也是非常突出的。虽然国家在取消农牧业税后，加大了中央财政转移的力度，对西北少数民族地区地方政府财政困难起了极大的缓解作用，但2005年我们调研时发现，对历史欠账、经济基础薄弱带来的财政债务与职工待遇不能按政策兑现的问题，地方政府似乎也无能为力。所以在考察西北少数民族政府行为文明程度和对公民权利保障程度时，必须考察政府行为依赖的经济条件和区域生存与发展条件，如果简单的评判少数民族地方政府行为，可能会得出不公允的结论。

从西北少数民族地区的经济环境改善的纵向看，从新中国成立以来，就开始发展现代工业、农业、服务业，由于生态经济条件和国家政策、人文条件等的限制，西北少数民族地区现代经济发展的速度还是缓慢的，随着西部大开发战略的实施，西北少数民族地区在国家的帮助下，加快了产业结构调整，提高了科技贡献率，国民生产总值和人均收入水平有了较大提高，公民权利保障的物质条件得到较大改善；从社会发展的横向比，西北少数民族地区受传统生态经济环境影响依然太深，改善经济环境的任务异常艰巨。

第二节　复杂的民族关系增加政府保障公民权的难度

一、西北少数民族地区的多民族状况

1. 宁夏自古以来就是一个多民族共同聚居的地方

经过漫长的历史演变，宁夏现已形成了以回、汉族为主体，满族、蒙古族、壮族等31个民族成分组成的自治区。回族人口190多万，约占全区总人口的1/3，约占全国回族人口的1/6，是我国最大

的回族聚集区。

2. 新疆，古为西域，西汉设西域都护府，纳入中央统治

现全区有 5 个民族自治州，6 个民族自治县，42 个民族乡。截至 2004 年年底，新疆人口为 1963.11 万人，其中少数民族人口约占 60.25%。新疆共有 47 个民族成分，其中世居民族有 13 个。各民族中，维吾尔族占总人口的 45.73%；汉族占 39.75%；哈萨克族占 7.04%；回族占 4.46%；柯尔克孜族占 0.87%；蒙古族占 0.86%；塔吉克族 4.35 万人，锡伯族 4.08 万人，满族 2.41 万人，乌孜别克族 1.42 万人，俄罗斯族 1.13 万人，达斡尔族 0.67 万人，塔塔尔族 0.47 万人，其他少数民族共 10.79 万。

3. 青海是一个多民族聚居的省份

全省共有 43 个民族成分，少数民族人口占全省总人口的 42.8%，世居青海的少数民族主要有藏、回、土、撒拉、蒙古等民族。少数民族地区占全省总面积的 98%。藏族占全省总人口的 20.87%。主要分布在玉树、果洛、海南、黄南、海北五个藏族自治州和海西蒙古族藏族自治州，主要从事畜牧业，海东地区和大通县的藏族从事农业或半农半牧。回族占全省总人口的 14.52%，是青海商业贸易市场上最活跃的民族。

4. 甘肃省现有 45 个少数民族成分，世居的少数民族主要有 10 个，按人数多少依次是回族、藏族、东乡族、土族、满族、裕固族、保安族、蒙古族、撒拉族、哈萨克族

其中东乡族、裕固族、保安族是甘肃的特有少数民族。甘肃少数民族在省内相对集中，藏族主要在甘南藏族自治州、天祝藏族自治县；回族主要居住在临夏回族自治州、张家川回族自治县。肃北蒙古族自治县、肃南裕固族自治县、阿克塞哈萨克族自治县、东乡族自治县、积石山保安族、东乡族、撒拉族自治县都是少数民族居住集中的地区。

西北地区的少数民族人口众多，居住相对集中，其中藏族、回族、维吾尔族、哈萨克族、柯尔克孜族、塔吉克族、乌孜别克族、东乡族、裕固族、保安族都是地域性特点突出的民族。

121

二、西北多民族关系对政府保障公民权的影响

新中国的成立从根本上改变了历史上西北多民族关系的不和谐状态，我国新时期民族关系的主题是平等、团结和共同繁荣，是社会主义的新型民族关系。它成为西北少数民族地区尤其是边疆地区的稳定和开发的社会政治条件。总体来说，西北地区的民族关系是和谐稳定的，但是涉及民族关系的一些因素依然对政府保障公民权利产生影响。

1. 不同类型的民族关系对政府保障公民权的影响

当前我国民族关系的基本类型有：一是少数民族与国家的关系。这是各个少数民族与现行国家政权的关系，核心是各个少数民族在现行国家政治体系中的地位和权利问题。由于国家致力于民族地区的稳定和发展，中央政府维护稳定成本有不断增大的趋势，同时，少数民族与国家政治和经济发展战略目标、民族区域战略协同的压力也在增大，主要体现在国家对少数民族资源补偿的方向与水平上。二是少数民族与汉族的关系。这是各个少数民族与居住于少数民族地区的汉族之间的关系，其中尤为突出的是在聚居区内实行自治的少数民族与该区域内的汉族的关系，主要涉及各个民族的地位、影响力和利益保障问题；少数民族占有自然资源优势，而汉族占有人力资源优势，政府在促进两个资源优势平衡和利益分享方面压力有增大的趋势。三是各个少数民族之间的关系。这是各个少数民族单位之间的关系，尤为突出的是聚居民族与散居于该区域内的其他民族成员之间的关系，涉及的同样是各个民族的地位、影响力和利益保障问题。政府在各少数民族之间的利益分配方面的公平性受到考验。

2. 西北民族关系格局变动对政府保障公民权的影响

随着我国改革开放的不断深入发展，西北多民族社会在经济、社会、思想观念等层面都发生了深刻的变化，对政府行为提出新的挑战，表现有：一是产业结构的调整改变各民族现有的社会分工，市场化进程有力地冲击少数民族中长期存在的自然经济状态，少数民族中沿袭千百年的谋生手段出现了重大改变。如新疆民族传统产业出现的销售难问题，这与产品成本过高、政府缺乏组织有关，一方面群众希望政府出面加强组织协调和支持；另一方面群众对政府行为中与民争

利的情况表示不满。二是少数民族地区城市化进程引起了少数民族居住环境和生活方式的重大改变。如宁夏银川市利通区本来为解决吊庄回族群众地少人多，收入增长缓慢问题推行城市化居住和发展蔬菜大棚生产，政府投入大量资金，结果群众不能适应这种生活、生产方式，反而导致乡政府与群众的矛盾。三是资金、技术、信息、人员的社会流动过程改变着少数民族地区的人员构成和民族构成；多民族社会在变迁的过程中新的价值观念冲击少数民族传统文化中的核心价值观念，巨大的社会变迁动摇少数民族地区原有的社会结构、民族关系格局，影响到现有民族关系格局的社会和心理基础。以西北少数民族地区人口流动为例，西北少数民族地区一直是人口流动较大的地区，特点是在流动方向上，从新中国成立初到改革开放前，以内地大量汉族移入少数民族地区的单向移动为主；改革开放至今，以西北少数民族移民移入内地和内地汉族移入西北少数民族地区的双向流动为主。在移民范围上，改革开放前以内地移民移往西北少数民族地区为多，改革开放后西北四省区内部移民明显增多。当代移民对促进少数民族地区发展和民族交流有积极作用，但对少数民族的生存竞争压力和传统文化的冲击也是显而易见的。如宁夏吊庄移民工程在提高移民生活水平的同时，却将原有地理差异与文化差异、民族差异与宗教差异、城乡差异等在吊庄移民与都市居民之间凸现出来，有时表现为偏见、歧视等个体或集体的态度和行为。

3. 少数民族民族意识增强对政府保障公民权的影响

民族意识的核心是民族认同意识和民族分界意识，归根到底是民族的利益意识。政府目前面临的最大挑战就是民族间、各利益集团和个人之间的利益调整，尤其是少数民族地区非均衡发展所带来的利益分配不均问题。政府投资、市场发展中资金、技术的非均衡分布使各民族的实际受益有较大的差别。如在技术密集型产业发展中，少数民族群体受益较少。少数民族因利益的增长达不到预期目标，或低于增长的平均水平，就会产生不同程度的被剥夺感，促使少数民族的民族意识增强。随着开发过程向深度和广度的发展，少数民族自身的受教育程度和社会化程度都相应地提高，少数民族与其他民族的交往日益增多，少数民族所获得的比较利益也在发生着变化，都促使各个少数民族的民族意识逐步地觉醒和增强；各个民族发展的不平衡又使这种增强呈现出非均衡的状态。民族意识的增强往往强化民族内部的认同以及民族间的差异并引导民族成员关心、注重和维护本民族的利益，民族意识也会促成少数民族在现行利益格局中的利益争夺，要求改变现行的各民族间的利益分配和民族关系格局。导致政府花大力气平衡各民族的利益状况和利益要求，防止发生民族关系中大的摩擦和冲突。

第三节　多元传统文化影响政府保障公民权水平的提高

西北少数民族地区，相比全国人文社会环境，传统文化影响更为深刻，各族人民对传统社会文化的认同度很高，在当代社会转型中，传统文化的延迁性很强。因此，我们有必要从西北少数民族传统社会文化的主要特点开始进行分析，以说明传统文化对公民权利保障的影响。

一、政治文化对政府保障公民权的影响

就西北少数民族地区政治生活而言，除了国家的政治管理、政治影响外，还存在传统政治文化与地缘政治文化两种势力的显性或隐形干预，这些对政府保障公民权存在很大的干扰。

（一）西北传统政治文化对公民权利保障的影响

学术界比较一致的看法，认为西北少数民族地区的传统政治文化，主要是三大文化起主导作用。即儒家文化、藏传佛教文化和伊斯兰教文化。这种划分虽然有简单之嫌，但基本反映了西北少数民族地区传统的政治文化格局，在这种文化格局下更能体现西北少数民族地区传统政治文化的特点，其对公民人格和公民权利保障影响深远。

儒家文化长期以来是封建国家意识形态的主导，在西北汉族群众中有着十分深厚的历史积淀，与农耕生态文化结合在一起，也深深影响着与汉族杂居的少数民族的政治生活，如回族、蒙古族受儒家文化

影响非常深。另外，儒家文化的包容性、融合性非常强，对各少数民族传统文化兼容并蓄，少数民族认同我国政治进程的过程，也是儒家文化认同少数民族文化的过程，在西北少数民族地区汉族生活以及政府对民族社会的治理中，不同程度地吸收了少数民族文化。

西北少数民族地区的宗教文化，对政治的影响是非常突出的，宗教向来就是西北少数民族地区政治的重要组成部分。宗教人士在政治进程中的积极作用或消极作用对政府的决策、政治选择都具有重大影响。如藏传佛教文化、伊斯兰教文化对其信仰者的政治行为选择，有时起决定性作用。如西北少数民族的国家认同、民族认同、生活方式选择、社会矛盾的处理，有时政府还要尊重这种宗教文化的影响和宗教人士的作用。政教分离并不表示宗教退出政治或宗教政治的结束。

新中国成立前，西北少数民族地区实行政教合一的制度，所以以藏传佛教、伊斯兰教为代表的宗教政治文化非常发达，宗教具有法律权威，宗教人士成为政治活动的参与者、组织者。从历史过程看，代表世俗权力支撑体系的儒家文化与宗教文化虽有矛盾，但基本的是相互支持，维护对人民群众的统治。由于封建统治者对西北少数民族地区还实行土司制度、部落制度，使得西北少数民族地区的传统政治文化具有民族的地域性特点，对当代西北少数民族地区政府行为和公民权利保障影响极大。

西北少数民族地区传统政治文化对政府保障公民权主要有以下几个方面的影响：

第一，制约社会主义民主法制的健康发展。西北世居少数民族多全民信仰某种宗教，使得西北少数民族的政治文化带有明显的宗教性特征。宗教为其信徒提供了最基本的价值观念，这些价值观念往往成为信教的民族成员进行政治认知、形成政治情感和产生政治评价的重要心理基础。受这种宗教性政治文化影响，西北少数民族成员的政治人格呈现出一种超现实的人格理想。[1] 也形成了政治参与中对宗教人

---

[1]　参见丁志刚、韩作珍：《我国西北少数民族现代化进程中的政治文化转型》，《西北师大学报》（社会科学版）2003 年第 11 期。

士的归依心理。"以僧为荣、以僧为上是藏族根深蒂固的传统价值取向之一"①。西北少数民族传统政治文化中的宗教性因素，既有增强民族认同和民族凝聚力的积极因素，但也有容易产生民族保守、民族社会隔离的消极影响，这在甘、青藏族、东乡族、撒拉族中表现尤为突出。在现代社会条件下，这些不利于以公民权利为本位的法治文化的发展。往往成为宗教、部落头人、既得利益集团控制社会成员的文化基础，增加了民族对抗，易于将公民政治行为引向民族政治行为，不利于平等的公民权利关系的发展。也正是这种制约，使得西北少数民族地区政府在考虑政治行为时，过于强调政治稳定，反而延缓了西北少数民族地区民主政治的发展。

第二，参与政治生活的盲从性，导致少数民族个体难以形成独立的公民权人格。因民族传统和宗教影响的不同，西北少数民族的传统政治人格在现代社会的体现是有较大差异的。如藏族一般群众把政治交给了部落头人、喇嘛和政府官员，这在青海南部藏区、甘肃甘南藏区表现突出。回族是伊斯兰教民族中政治意识较强的民族，更侧重于对宗教和民族意识的认同，突出表现于族群政治参与中。在传统政治文化影响的西北少数民族群众，缺乏独立的政治人格和参与诉求，基本是跟着民族上层人士参与政治活动。无论是公民集体权利的保障还是公民个人权利的保障，西北少数民族群众多族群性参与，就与这种政治盲从性有关。如回族在与政府、其他公民的利益博弈中采取族群参与方式，通常可取得优势，这在对待不法侵害、提高政府办事效率方面有积极意义，但从参与的群众来说，也常常缺乏理性，呈现为非制度参与和无序参与，并不利于民族地区法治社会的发展。由于受教育水平的限制，西北少数民族公民政治参与的水平和质量都较低。源于政治视野狭窄，民主知识贫乏，法治观念淡薄，西北少数民族公民对参政的目的、责任及基本权利，缺乏正确认识，对现行政治制度和政治参与程序缺乏足够了解，在掌握政治信息、利用参政渠道上遇到

---

① 苏发祥：《论藏族传统寺院教育及其对现代教育的影响》，《民族教育研究》2000年第4期。

许多技术困难，政治参与中的"有理、有利、有节"意识不强，难以把自身的利益要求转变为政策诉求。

第三，加深了对现代政治生活的疏离性。社会政治关系的疏离性，在西北少数民族地区突出表现在两个方面。一是在民众与国家政治关系的互动中，西北少数民族群众大多仅对某些政治和政策表示关注，很少积极参与政治生活的制度变革，对社会秩序和利益走向并不关心。如对宗教与社会主义相适应，宗教与政权分离，禁止宗教干预教育、司法、政府事务，其积极性就不高。尤其是牧区、农区的民族群众，很少关注现实社会生活的变革，缺乏主动适应的民族意识和动力。在长期的历史传统政治生活中，少数民族成员基本不参与政治生活，长此以往形成了西北少数民族群众回避政治、远离政治的心态。如藏族一般群众对政治参与漠视的心态，就与其长期远离政治活动有关。西北少数民族政治上的疏离也与生态文化、生计方式、受教育程度、获取政治资源的多少与渠道有关。二是在民族与民族、社区与社区、公民与公民的政治关系互动中，不同民族、不同信教群体和公民的交往体现出社会政治关系的疏离性。在传统的自然经济和"板块状"社会结构中，公民以血缘、地缘、族源为联系纽带，不同部落、不同民族、不同教派、不同社区都缺乏交流，社会各群体之间缺乏共享社会资源、促进社会共同发展的利益诉求，社会政治关系的疏离性对公民权利成长的影响并不为社会成员所注意。但随着市场经济的发展，社会资源和人口的流动越来越多将各民族群众的利益联系在一起。社会政治关系的疏离性越来越成为民族政治生活的障碍性因素。如西北少数民族的城市化、生态移民就多受这种疏离性困扰。

（二）西北少数民族地区地缘政治文化对公民权利保障的影响

1. 西北少数民族地区的地缘政治文化及其特殊性

我国西北边疆地区深处欧亚大陆腹地，是地缘政治学所谓的"欧亚大陆心脏地带"的重要组成部分，是我国与中亚、南亚、西亚及欧洲联系的枢纽地区和交通要冲，同时也是联系欧亚各国内陆客流、物流与信息流的国际走廊。我国新疆边境线5000多公里，接邻哈萨克斯坦、吉尔吉斯斯坦、塔吉克斯坦、巴基斯坦、印度、阿富汗、蒙古、俄罗斯，形成了西北独特的地缘政治。这些地缘政治的存在对中国西部安全和新疆社会政治稳定产生巨大影响。

就民族关系来看，在西北少数民族地区有 10 多个少数民族跨国而居，如回族、维吾尔族、哈萨克族、柯尔克孜族、塔吉克族、乌孜别克族、塔吉克族、俄罗斯族都是跨国民族。而哈萨克、乌孜别克、吉尔吉斯、塔吉克和土库曼等民族，几乎都是由历史上曾在该地区活动过的乌孙、匈奴、突厥以及后来的乌古斯、契丹、蒙古等氏族或部族不断融合、吸收才逐渐形成的。同时，中亚位于欧亚两大洲的十字路口，自古以来就是连接东西南北文明的重要纽带，历史上就与中国有着密切的经济和文化交流，因而形成与中国较多的跨国民族。中亚的哈萨克族、乌孜别克族、吉尔吉斯族、塔吉克族成为苏联解体后新独立的哈萨克斯坦共和国、乌兹别克斯坦共和国、吉尔吉斯斯坦共和国和塔吉克斯坦共和国的主要民族。这些民族与我国的同源民族关系密切，对我国同源民族的国家认同、文化认同和经济发展、社会转型都有重大影响。其中西北少数民族中 10 个信仰伊斯兰教的民族与中亚地缘政治文化和地缘政治关系密切。甘、青藏族地区也因与西藏的关系，也具有地缘政治文化的性质。西北少数民族地区的地缘政治文化对政府行为和公民权利保障的影响也是很大的。

同时对西北少数民族地区影响较大的地缘政治势力主要还有宗教极端势力、民族分裂势力和国际恐怖势力。2008 年拉萨"3·14"严重打砸抢暴力犯罪事件，2009 年新疆"7·5"严重打砸抢烧暴力犯罪事件都是上述三种势力一手策划的。这三种政治势力的存在对西北少数民族地区政府的社会治理行为，造成极大影响，制约了政府对公民权利保障的有效实现。

2. 西北少数民族地区地缘政治文化对公民权利保障的影响

第一，制约政府对宗教事务的依法治理。宗教文化是西北地缘政治文化的重要组成部分，由于中亚各国宗教政治化发展很快，极大的鼓励了"东突"和"藏独"。对西北少数民族地区政府行为而言，如何把打击非法宗教渗透，维护合法宗教组织、宗教人士利益，教育信教群众依法参与正常的宗教活动结合起来，常常要投入更大的精力。

从政策和理论认识上，西北少数民族地区各级政府是明确的、坚定的，但具体到每件事情，真正做到"保护合法、制止非法、打击违法、抵制渗透"就比较困难。尤其是政府对宗教文化产业、国家安全场所的依法管理往往受到上述政治文化的干扰。

第二，制约政府对边疆地区的开放程度。我国的开放是全面的开放，开放也是周边地区发展边境贸易，推动经济发展、促进文化交流、增进政治了解的重要战略。在西北少数民族地区，以美国为首的西方反华势力，利用中亚广泛存在的民族分裂主义、极端宗教主义，利用开放时机，通过投资、传教、办学、赈灾、募捐等方式积极渗透，干涉我国民族、宗教事务。另外，中亚、南亚又是大国政治角逐的地区，各种犯罪活动猖獗，各种反动势力都在利用我国边疆开放的机会向边疆地区渗透。采取以商养政，向内地渗透，实行网络指挥，对正常的边贸经济有很大的制约，降低了政府对边贸经济的管理效率。

第三，制约了政府对兴边政策的实现程度。新中国成立以来，党和国家一直实行对西北少数民族地区的补助和扶持政策。尤其是改革开放以来，中央政府不断加大对西北少数民族地区的扶持力度，实施了诸多有利于西北少数民族发展的兴边政策。如发展交通事业，发展寄宿制学校，提高少数民族双语教学水平，改善水草资源状况，改变传统落后的生产、生活方式，各级政府投入了巨大资金。改善了少数民族生存状态、提高了少数民族生存质量，推动了少数民族全面发展。但受极端宗教势力的影响，一些少数民族群众缺乏对这些政策的支持热情。国家对西北少数民族地区的技术支援、资源开发都受影响。如新疆和田墨玉县的教育扶贫，西北各地的"退牧还草"、"退耕还林"受到一些群众的抵触。

第四，制约了政府对消除民族差距的努力。新中国成立以来，西北少数民族地区各级政府贯彻民族区域自治政策，消除历史上遗留的民族差距的工作是有目共睹的，但产生民族差距的文化、经济根源并没有完全消除，民族之间事实上的差距依然存在。一般情况是，受宗教、传统习俗和经济条件的制约，少数民族受教育水平较低，主要就业在传统的牧业、农业和手工业中，适应现代化技术性农牧业、高科技产业的能力不强，在与汉族的就业竞争中处于劣势，如新疆城市化过程和企业改制中出现的少数民族公民就业困难就是这样。有些少数民族群众把现代化工业的发展，民族之间就业差距、国家对少数民族地区的开发，看做是汉族对少数民族资源的掠夺，这些文化上的排拒心理，不利于先进技术、文化和社会资源向少数民族地区输入。另外，西方反华势力和中亚"三种势力"都在利用历史上形成的民族之间的社会发展差距，制造民族隔阂。

基于地缘政治及其文化的影响，在西北少数民族地区的社会发展和公民权利保障中，政府必须重视解决三个方面的问题。

一是公民权利保障与国家边疆政治安全的问题。从国家公民权来讲，维护西北少数民族地区的政治安全，是西北少数民族地区公民权利保障的政治保证。但具体到个人公民权，公民权利保障与政府行为选择之间是有一定差距的、不同步的，保障国家边疆政治安全是优先的。公民个人的自由权、政治参与权、政务知情权等，都必须服从于国家政治安全的需要。

二是公民权利保障与跨国民族文化变异的问题。西北少数民族地区多跨国民族，我国的跨国民族无论民族主体在国内还是民族主体在国外，都随着各国政治、经济、社会的发展，经历着文化变异的过程。如西北的哈萨克族、维吾尔族、柯尔克孜族、俄罗斯族、塔塔尔族，其文化与同源跨国民族已有了很大的差异；民族文化心理也存在较大的不同。对政府来说，跨国民族是西北少数民族地区民族文化多样性的重要因素，保护民族文化多样性就是保障公民文化权利。但在保障中又要促进西北少数民族地区各跨国民族文化与我国主流文化的适应和现代转型。

三是公民权利保障与周边国家交流发展的问题。西北少数民族地区与哈萨克斯坦、吉尔吉斯斯坦、塔吉克斯坦、巴基斯坦、印度、阿富汗、蒙古、俄罗斯都有地缘关系，从根本上看，促进与周边国家的交流发展，有利于提高公民权利保障的水平，但由于涉及地缘政治和外交关系，西北少数民族地区的公民权利尤其是跨国民族公民权利的保障，取决于与周边国家交流发展的状态。

二、西北少数民族宗教文化对公民权保障的影响

西北世居少数民族中，藏族、蒙古族、裕固族、土族信仰藏传佛教，维吾尔、哈萨克、回、柯尔克孜、塔吉克、乌兹别克、塔塔尔、东乡、撒拉、保安等 10 个少数民族群众性信仰伊斯兰教。所以，学术界认为，西北少数民族地区主要是两大宗教文化圈。[①]

实际上，西北少数民族的主要宗教有伊斯兰教、佛教（包括藏传佛教、汉传佛教）、基督教、天主教、东正教、道教 6 种。新中国成立以来，实行政教分离、依法办教、自主办教的政策，宗教封建特权被取消，寺院教育与国民教育各自进行，外国势力干涉我国宗教和非法传教得以限制和取缔。但宗教作为一种文化和信仰，在西北少数民族中仍有广泛影响，渗透到群众生活的方方面面，从而对政府行为有重大影响。政教分离取消了宗教的特权，并没有限制宗教参与者的公民权利，宗教信仰作为公民权利的一种，政府是有义务保障其权利实现的。公民参与宗教活动的权利实现与政府行为形成了互动关系。就目前来讲，西北民族宗教活动基本纳入法制化轨道，依法办教、自主办教，宗教与社会主义相适应，得到了宗教界的广泛认同，宗教生活的世俗化也很快，宗教自身的现代转型也很突出，因此，宗教文化影响社会政治生活总体是健康的。但在现实中，宗教文化发展对政府行为的影响也是明显的，既有促使政府行为文明的一面，又有对政府行为文明制约的一面。这里主要分析制约的方面：

1. 非法宗教的传教渗透对政府行为文明的制约

"保护合法、制止非法、打击违法、抵制渗透"是政府依法管理宗教事务的一贯方针，也是宗教领域长期保持团结稳定的根本。近年，西北少数民族地区各级政府对出现的非法传教活动都进行了严厉的打击，打击了"门徒会"、"观音法门"等邪教组织和邪教活动，

----

① 参见丁建伟：《转型时期社会结构变动对西北民族地区政治稳定的影响》，《青海民族学院学报》（社会科学版）2003 年第 10 期。

有力地维护了宗教领域的团结稳定。但目前西北少数民族地区非法宗教活动仍然较多，尤其是小教派、小教门的产生和存在，对政府维护正常宗教活动造成压力。与极端宗教势力不同的是，这些教派、教门有一定群众基础，如宁夏、新疆的民间阿訇讲经①，得到信教群众的认可，但没有依法取得讲经资格，引发宗教矛盾，也为极端宗教势力的渗透提供了机会。极端宗教势力的破坏在 20 世纪 90 年代后对新疆影响很大，现在仍为影响西北少数民族地区政治与社会稳定的主要因素。特别值得注意的是西北藏区在藏传佛教新转世活佛问题上达赖集团对寺院领导权的争夺、西北伊斯兰教中"伊斯兰教门宦制度和封建特权死灰复燃"；如青海地区"伊斯兰教中被废除的门宦制度程度不同地恢复，部分原有的'老人家'公开身份，行使教权；一些门宦原'老人家'的后裔或宗教人员宣布继位；周边省份新继位的大多数'老人家'在青海指定代理人。"② 对青海的宗教管理造成不利影响。

2. 同宗教不同教派矛盾对政府行为文明的制约

西北民族宗教的一个特点是同一宗教教派林立。如藏传佛教，就有黄教、花教、红教、白教之分，在信教群众中，牧区与农区在宗教认同上，也有差异。如牧区藏族认为农区藏族不是正宗派系。③ 再如伊斯兰教因民族的不同，信仰不同的教派，也有同一民族，信仰不同教派的，以回族最为突出。由于历史和宗教原因，不同教派之间矛盾重重，尤其伊斯兰教的小支系都是因宗教矛盾逐渐分化而来。教派矛盾主要有教权继承、教义之争、权利争夺等。尽管西北少数民族地区各级政府贯彻国家的民族宗教政策，依法管理宗教事务的力度不断加大，宗教界在促进社会稳定与发展方面也取得了较大成绩，但宗教教

---

① 关于民间阿訇的命题，是我们提出的，官方将其归入自主任命的教职人员，没有获得政府的合法讲经资格，也没有得到传统宗教界的认同，但又与非法宗教活动不同，故我们提出这一概念，与政府授权的宗教人士、非法宗教人员相区别。

② 李敏、宗卫国：《新时期如何团结培养新一代宗教界代表人士》，《青海省情研究》2003 年第 4 期。

③ 参见华热·多杰：《试论地域观念及其对藏族社会发展的影响》，《青海民族研究》（社会科学版）1994 年第 2 期。

派矛盾依然存在。如甘肃临夏伊斯兰教教长到宁夏发展信众，有的进行集资，对宁夏宗教界和政府造成很大影响，有的导致宗教矛盾，有时引发冲突。政府在处理宗教派别矛盾时，往往陷入尴尬境地，法律公正让位于政治稳定。宁夏公安部门在对南部山区治理中经常遇到此类情况，对一线民警的心理影响较大。①

3. 不同宗教之间的矛盾对政府行为文明的制约

在西北各族中存在的6种主要宗教，都有群众基础。不同宗教之间历史遗留的隔阂仍然影响民族之间的团结和交流。宗教不同、生活习惯不同，易引发纠纷。各民族间在争夺各种利益时，也会以宗教相号召。重商的伊斯兰教回族与轻商的佛教藏族常常借宗教而发生冲突，如甘肃甘南藏区的草场纠纷。除道教外，其他宗教都有国际背景，属于地缘政治文化的组成部分。

这些宗教矛盾与民族矛盾、国际政治斗争和宗教冲突结合在一起。政府在解决此类矛盾冲突时，要投入更多的人力、物力、财力，牵扯面大，影响政府正常的工作，政府有关促进民族发展的重大决策往往因宗教因素的制约难以取得预期的目标，如西北少数民族地区教育"两基"任务完成的不理想，女童教育的难题，都受宗教的制约。

4. 宗教同政府争夺群众对政府行为文明的制约

宗教发展与宗教教育、宗教信仰人数有直接关系。因此，宗教与政府争夺群众的事件经常发生。重点是：一是宗教寺院利用全民信教的特点与政府争夺学生，甘青藏族、伊斯兰教各族中都不同程度存在。二是非法宗教胁迫一些群众信教，如新疆和田地区的宗教渗透。② 一些宗教人士和信教群众只准政府讲信教自由，不准讲不信教的自由。三是在涉及地方重大经济利益格局调整时，宗教人士利用群众向政府施压，使得一些惠民政策得不到贯彻。有的群众受宗教文化影响，对政府推行的有利于其生产生活方式转变的政策不支持。如宁

---

① 资料来源：课题组2006年宁夏公安厅社会调查。

② 参见赵新居：《新疆和田地区民族教育成就及问题分析》，《新疆社科论坛》2003年第5期。

夏南部退耕还林、甘青牧区退牧还草、新疆二道桥旧城改造，都受宗教经济文化因素制约。①

5. 寺院经济与群众脱贫对政府行为文明的制约

我国目前实行"以寺养寺"的政策，寺院依靠发展寺院经济提高自养能力。西北少数民族地区寺院众多，一些寺院确实通过发展以旅游业为依托的寺院文化产业，壮大了经济，减轻了群众负担。但众多的乡村小寺院，其经济来源主要还是群众的捐赠。从教义上讲，这种捐赠是自愿的，实际就群众的经济承受能力而言，频繁的宗教活动，尤其是大型的跨区宗教活动，大多超越了群众的承受能力。青海信仰伊斯兰教的群众一般的宗教费用支出占收入的20%左右。群众参与宗教生活更多是缘于民族认同，并非经济能力。一些群众将供子女上学的费用、正常生产支出用于宗教活动，甚至有的群众将承包地转包，集资建寺。西北少数民族受生态文化和自然条件的制约，经济一般比较贫困，形成西北特有的矛盾现象之一是发达的寺院经济、豪华的寺院与久久不能脱贫的群众和谐相处。新疆有个村落，几十户回族信教群众，依靠村民集资修建了清真寺，而村民却因生产、生活困难对政府不满。② 甘南有的藏族群众将所有的积蓄给了寺院，对政府实施反贫困政策造成困难。新疆维吾尔自治区为了解决这种矛盾，采取政府对合法宗教人士给予一定补助的政策。③ 虽然减轻了群众负担，但又增加了政府负担。

6. 宗教教规对依法治理和政府行为文明的制约

宗教教规与现行的法制有相适应的一面，如宗教的诚信教育与建立诚信社会的法治指向有诸多一致，藏传佛教的生态观念与环境法制、伊斯兰教清真的教义与食品安全法制的规范取向有相同之处。但宗教教规并没有普适性，尤其在解决信教群众与不信教群众、政府与宗教关系方面更是这样。宗教也往往对依法治理社会、规范公民行为

---

① 资料来源：课题组 2005 年宁夏、甘肃、青海、新疆民族地区社会调查。
② 资料来源：课题组 2005 年新疆维吾尔自治区社会调查资料。
③ 资料来源：课题组 2005 年新疆维吾尔自治区民委宗教政策调查资料。

起制约作用。如少数民族子女就学，特别是西北女童教育问题，宗教制约是主要原因。再如婚姻问题，西北少数民族中对妇女权利保护不力，主要也受宗教影响。另外，就是信教群众与不信教群众在民事、司法关系中，宗教人士利用宗教教规干涉政府执法，在甘青藏区较为突出。有的信教群众利用宗教信仰在民事纠纷中把个人行为引向族群行为，对政府形成压力，政府为了平息事态，往往是不信教群众的利益受损。这在宁夏吊庄与周边村落的民事纠纷中较为多见。以至于一个乡政府，却有两个司法所。① 有些宗教人士对依法管理宗教事务不理解，不支持。如把对宗教人士进行法制教育和任职资格培训，看做是对宗教信仰自由的限制，制造信教群众对政府的不满。

三、多元的习俗文化对公民权利保障的影响

不同民族有不同的习俗文化，西北少数民族的习俗文化形态较多，内容丰富。有些习俗有利于社会发展，有些习俗也仅仅是生活仪式，有些习俗则对民族生产生活和政府行为起很大的制约作用。下面我们介绍一些对政府行为有制约的习俗文化。

1. 婚姻习俗对政府行为文明的制约

（1）伊斯兰教的宗教内婚制。西北少数民族中有维吾尔等 10 个信仰伊斯兰教的民族，其传统婚姻制度规定，不能与非穆斯林的男性通婚，早婚现象比较普遍，只有宗教人士出面证婚，婚姻才算有效。在东乡族中还实行教派内婚制。这种婚姻习俗对政府行为的制约在于：一是政府在依法确立穆斯林家庭婚姻关系时，要考虑宗教信仰与婚姻习俗，并不能按照婚姻自由的原则确立。二是早婚问题严重，不利于对穆斯林妇女权利的保护。三是超生问题突出，如宁夏南部山区与吊庄的多生育、非婚生、高离婚、事实婚姻让政府在人口治理上压力很大。② 四是在政府组织劳务输出时，群众往往基于对家庭婚姻的影响对政府发展劳务经济缺乏支持。（2）少数民族的包办买卖婚姻，

---

① 资料来源：课题组 2006 年宁夏银川贺兰县常信乡社会调查。
② 参见李宁：《宁夏吊庄移民》，民族出版社 2003 年版，第 38—41 页。

西北少数民族与大部分汉族都存在。买卖婚姻往往造成因婚姻而致贫和财产纠纷增多。（3）维吾尔族的"塔拉克"特权，即男子随意离弃妻子，妇女的家庭地位和社会地位低下。只有劳动权，很少有财产权。虽然现在妇女的社会地位有了很大提高，但受婚俗影响的婚姻、家庭问题依然突出。如早婚、早育、多育，文盲多、单亲家庭和残缺家庭多的情况。① （4）藏族的婚姻习俗文化。一是女性人口多，出现男女比例失调，男女性数量比为38∶62，导致入赘婚及事实婚姻较多。二是藏族人口由于婚姻制度和各种婚姻习俗影响，早婚现象比较突出。早婚、早育、多育。三是藏族对生儿育女并不重视，在单亲家庭和残缺家庭，子女几乎完全由女方抚养，女方的各方面负担过重。四是子女从小就得帮母亲干活，从事生产劳动，失去上学受教育的机会，文盲率居高不下。② 与婚姻相联系的一个问题是西北少数民族除蒙古族为代表的几个民族外，典型的藏族、伊斯兰教诸民族不重视女童教育，给政府普及义务教育带来阻碍。

2. 生活禁忌对政府行为文明的制约

西北少数民族的生活禁忌很多，现在，绝大部分生活禁忌以生活礼节、仪式的形式存在，对政府行为影响不大，但有些禁忌与民族信仰相连接。如伊斯兰教在饮食上的一些禁忌，提倡不吸烟、不饮酒。不吸烟、不饮酒的生活禁忌在年轻一代中已被打破，政府行为在尊重伊斯兰教民族习惯方面，已没有此项规定。因这项规定是本民族成员打破的，所以并不引起群众反对。撇开宗教信仰，禁食自死动物，提倡不吸烟、不饮酒也是有科学依据的，对群众健康权的保障是有积极意义的。禁食一些动物，禁食自死动物在伊斯兰教群众中普遍遵守，对政府在少数民族地区发展养殖业提出较高要求。比较困难的就是在非伊斯兰教群众与伊斯兰教群众杂居的地区发展养殖产业既要合理规

---

① 参见曹红：《维吾尔族生活方式——由传统到现代的转型》，中央民族大学出版社1999年版，第77页。

② 参见结古乃·桑杰：《甘肃藏族人口婚姻家庭状况》，《中国藏学》1994年第3期。

划，又要不伤害穆斯林群众感情。在少数民族地区困扰政府行为的主要是民族之间群众相互因偏见、缺乏对彼此生活习俗尊重而引发矛盾，进而转变为民族性族群冲突。如内地汉族移民到西北穆斯林社区有时因不尊重穆斯林习俗引发冲突。

3. 部落观念对政府行为文明的制约

牧业社会的分散性和封闭性产生地域观念文化的狭隘性。受地域观念文化的影响，缘于文化信息上的封闭和思想认识上的片面性，其价值判断指向往往存在消极单方面的倾向性，反映在对本地地域文化的优越感和正统感上，对本地区文化的评价高于对外地文化的评价①；非理性地对待本族群文化与他族文化及他区域的文化差异。如卫藏人不承认安多人是正宗藏族，牧业区的藏族不承认农业区的人是正宗藏族。实际上，整个西北少数民族地区，都受地域观念文化局限性的影响。西北少数民族地区农牧区的传统地域观念文化，是自然隔离、经济隔离、社会隔离、文化隔离、民族隔离度较高的民族区域文化。构成了西北少数民族地区"板块式组合"的社会发展的特殊结构。这种地域观念文化，制约了普适的法治文化、民主文化、科学文化为支撑的现代政治文化对西北少数民族地区的浸润，也就制约着西北少数民族地区政府行为文明的发展。

4. 习惯法对政府行为文明的制约

如藏族社会以罚代刑盛行，如青海的"赔命价"、"赔血价"制度。所谓"赔命价"，就是杀人犯或其亲属只需向受害人及其亲属支付一定数量的财产（包括牲畜、金帛等），以补偿受害者家属的经济和精神损失，就不再实行血族复仇或追究刑事责任的习惯法制度。所谓"赔血价"，就是致害人及其家属向受害人及其家属支付一定数量的财产以示和解的一种习惯法制度。目前，在我国的藏族地区，由于对本民族传统法律文化的心理认同，对现行法制的不信任和隔膜，加上相对宽松的民族区域自治环境和"因俗而治"的传统的存在，藏

_____

① 参见华热·多杰：《试论地域观念及其对藏族社会发展的影响》，《青海民族研究》（社会科学版）1994 年第 2 期。

族地区的"以罚代刑"的习惯法复活,制约政府依法治理。①

本章小结

西北少数民族地区多样的生态经济类型、多民族关系以及传统的政治文化、宗教文化和习俗文化共同构成了西北少数民族社会的立体画卷。这些因素的存在对西北少数民族地区公民权的保障既有积极的价值取向和目标选择,同时又带来了很大的制约性,对我们认识西北少数民族地区政府行为文明与东部存在的差异和由此带来的公民权保障的差序格局,提供了另一种思考背景。

---

① 参见严志亮、廖君湘、严志钦:《习惯法与民族社会控制》,《兰州学刊》2005 年第 1 期。

第五章 政府权力观与西北少数民族地区公民权保障

第一节 政府权力观概说

一、政府权力观的基本涵义

政府权力观，简言之，就是政府关于自身权力总的看法和根本的观点，它包括对权力的来源、掌握权力的目的、行使权力的方式等问题的认识和态度。在不同的社会、不同的政党、不同的政府，对权力观有着不同的认识。政府权力观不仅决定着政府如何分配、使用、管理与监督权力，决定着政府行为的手段、方式与效率，而且还决定着政府的品质、德性，以及该政府的未来命运。因此，我们在审视政府、考察政府权力的运行时，对政府权力观的追究也就成了超越技术层面追问之后的必然。

政府权力观集中体现在政府如何看待政府权力与公民权利的关系问题上。现实生活中政府与公民的关系、政府权力与公民权利的分配格局决定政府的权力观，但是，政府的权力观又指引着政府行为的总体方向，对现实中的政府权力与民众权利产生影响，从观念上塑造着政府与民众的关系。因而，在不同的权力观指引下的政府行为，必然对公民权保障产生不同的影响。基于不同的权力观，政府行为的目的、方式、手段和价值追求迥然不同，政府对公民权利的认同和重视程度也大不相同，公民权利保障的程度和水平也自然大相径庭。同时，国家立法对公民权的确认程度、公民权利意识的强弱、权利保障要求的程度、维护权利的方式和方法、参与管理的水平、信息的公开化程度等等，又会对政府及其官员树立正确的权力观产生积极的影响。可以说，政府的权力观越是符合现代民主、法治的基本精神，政府行为的文明程度就越高，公民权保障的水平就越高。而公民权利意识的增强、公民社会的形成，又对政府权力观提出了更高的要求。当然，这种权力观的转型需要我国政治体制的不断改革和完善。

中国共产党的权力观，其理论基础、指导思想、根本宗旨和实践路线，同历史上一切统治阶级的权力观是根本不相同的。它是建立在人民创造历史的唯物主义史观基础上的。我们在研究我国政府权力观的时候，必须以中国共产党提出的权力观为基础，否则，就会偏离正确的方向。党的四代领导集体都非常重视党和政府及其领导干部树立正确的权力观的问题。从毛泽东的"为人民服务"到邓小平的"领导就是服务"的著名论述，再到江泽民提出领导干部要树立正确的权力观、地位观、利益观的要求，以及胡锦涛同志提出共产党员必须"坚持立党为公、执政为民"的理念无不体现出我们党对政府权力观问题的关注。

二、不同的政府权力观对公民权保障的影响

政府权力观包括权力的亲源、目的、权力关系、行使方式和监督制约等主要问题，对这些问题的认识都会影响政府对公民权利的保障，不同政府对公民权保障的影响正是不同权力观指引、塑造的结果。

（一）权力来源观对公民权保障的影响

不同的权力来源观直接影响公民权利的保障，决定公民权利保障的正当性和合法性。当认为政府权力来自于神灵或者某个个人时，政府行为和一切活动都只是为了维护专制统治，公民权保障在整个国家和社会生活中就不可能有充分合法的依据，君主以下的臣民所得到的

有限的、不稳定的权利只来自于统治者的恩赐，臣民的权利始终处在统治者的好恶和任意的摆弄之中。当认为政府权力来源于人民，并将这种观念内化在各种行为中时，公民权保障就具有正当、合法的依据，政府一切行为和活动的最终目的就是保障公民的权利，公民权在国家和社会生活中就具有至高无上的地位，政府行为就会以人为本，就会符合现代政治文明的要求。

对权力的来源，不同阶级有不同的解释。在马克思主义诞生以前，对权力来源主要有两种解释，一是等级特权社会的"君权神授"观念，二是资本主义社会的"主权在民"观念。

在等级特权社会，权力是世袭的权力。王位世袭，官者恒为官，民者恒为民。为维护权力世袭，统治阶级提出了"君权神授"理论。"君权神授"在等级特权社会，被统治阶级奉为"真理"，这种观念对树立社会权威、维持稳定统治具有一定作用。在当代中国社会仍有一定影响，以至于对我们党和政府的领导干部树立正确权力观也产生了不可忽视的消极影响。在长期的封建社会中，也有农民阶级的精英反对"君权神授"理论，提出"王侯将相宁有种乎"的疑问，发出"皇帝轮流做、明年到我家"的呼喊。但是，在漫长的封建社会，占主流地位的政府权力观仍然是"君权神授"观念。在这种权力观之下的政府不可能将公民权的保障置于至尊的地位；相反，这样的国家甚至没有"公民"的称谓，君主以下的所有人都是君主的臣民，君主掌握对他们生杀予夺的权力，各级官吏只是君主和位高于自己的官吏的奴才，普通百姓只不过是官吏治理下的草民。君主的权力被认为是上天的恩赐，而各级政府官员的权力则是君主的恩赐，普通百姓的权利是君主和各级官吏恩赐的结果，具有极大的随意性和不确定性。因此，当认为国家权力的终极授权者是不可捉摸的上苍，各级政府官吏的权力被认为是君主的委托和赏赐时，在这样的国家就不可能有公民权的地位，更奢谈公民权的保障。

资产阶级"主权在民"的权力观是以社会契约论为理论基础的，具有明显的革命性和进步性。主权在民的权力观旨在说明国家和政府的权力来自于人民的授权，政府的权力来源于人民，人民让渡自己一部分权利的目的就在于更好地保障他们的权利，因而，政府存在的合理性在于保障人权，使人生活得更加幸福。因而，保障公民权利是政府终极的价值追求，公民从形式上讲都是平等的，公民权保障在国家生活和社会生活中占有举足轻重的地位。

但是，"主权在民"并不能科学解释权力何以产生，而且在资产阶级政治社会中都演变为资产阶级政客掩人耳目的幌子。马克思主义将权力产生与阶级、国家的产生联系起来，恩格斯说："国家决不是从外部强加于社会的一种力量"，他认为"国家是社会在一定发展阶段上的产物；国家是承认：这个社会陷入了不可解决的自我矛盾，分裂为不可调和的对立面而又无力摆脱这些对立面。而为了使这些对立面，这些经济利益互相冲突的阶级，不致在无谓的斗争中把自己和社会消灭，就需要有一种表面上凌驾于社会之上的力量，这种力量应当缓和冲突，把冲突保持在'秩序'的范围以内；这种从社会中产生但又自居于社会之上并且日益同社会相异化的力量，就是国家。"① 恩格斯的这段话，概括而又清楚地讲清了国家的产生，同时也讲清了权力的来源。

可见，"主权在民"的权力观带有极大的欺骗性。虽然，在资本主义社会，权力是非人格化的，并不体现某一个体的意志，它是通过制度规则进行运作而实现的。但是，权力的非人格化却并不能掩盖资本主义国家机器的阶级特性。对此，列宁在《国家与革命》中早有揭示，他说：资本通过对资本主义所能采用的最好的政治外壳即民主共和制的掌握，可以十分可靠地确立自己的权力，"以致在资产阶级民主共和国中，无论人员、无论机构、无论政党的任何更换，都不会使这个权力动摇"。② 从形式上看，能够全面体现主权在民观念的是资产阶级的代议制和普选制，各级政府都由选举产生。而代议制和普选制都是建立在生产资料私有制基础上的，资本主义制度本质上是为了维护资产阶级的利益，而不可能平等地保障每一个公民的权利。

社会主义国家的本质是人民当家做主，我国宪法明确规定："中

① 《马克思恩格斯选集》第4卷，人民出版社1995年版，第170页。
② 《列宁选集》第3卷，人民出版社1995年版，第120页。

华人民共和国的一切权力属于人民。"毫无疑问，我国各级政府的权力应该是来源于人民的，因此，政府的天职就是保障公民权利，这也是"立党为公、执政为民"的根本要求。人民作为国家的主人，他们的权利当然要受到政府的尊重和保护，各级政府践行"三个代表"重要思想的最终结果就是要代表好、维护好人民群众的利益，而人民群众的利益不是抽象的，这些利益具体化为各种各样的公民权利。因而，可以说，保障公民权利在各级政府的工作中处于至高的地位，政府一切行为的最终目的就是更好地保障公民权利。我国政府的权力来源于人民、属于人民不仅符合党的宗旨和"三个代表"重要思想的要求，更加符合"以人为本"全面、协调、可持续的科学发展观。同时，我们所倡导的这种权力观是建立在历史唯物主义基础上的，按照历史唯物主义的观点，群众是历史的主人，党和政府是代表人民，服务于人民的。正确认识和自觉坚持人民群众的历史主体地位，是一个重大原则问题，是马克思主义权力观的基本前提。毛泽东曾把共产党人比作"种子"，把人民比作"土地"；毛泽东曾经多次重申：人民，只有人民，才是创造世界历史的动力。邓小平则把人民比作"父母"，把自己比作"儿子"，他说："同资产阶级的政党相反，工人阶级的政党不是把人民群众当作自己的工具，而是自觉地认定自己是人民群众在特定的历史时期为完成特定的历史任务的一种工具……确认这个关于党的观念，就是确认党没有超乎人民群众之上的权力，就是确认党没有向人民群众实行恩赐、包办、强迫命令的权力，就是确认党没有在人民群众头上称王称霸的权力。"[①]

　　西北少数民族地区在解放前，由于所处的社会历史形态，对权力的来源问题都不可能有正确的认识。在藏区"政教合一"的政权组织中，政府的权力当然被认为是佛赐予的；在甘肃、宁夏、青海等回族、撒拉族、东乡族、保安族等聚居的地区，形成了以教主兼地主为主要特征的伊斯兰教的门宦制度，后来随着门宦基层政权"教坊"

---

　　① 《邓小平文选》第一卷，人民出版社1994年版，第217—218页。

与"出仕为官"州府行政权的汇流,又进一步形成了"门宦"和"出仕"相结合的基层政权及其权力运行机制,政府的权力自然被认为是真主的安排;在哈萨克、塔吉克、柯尔克孜、裕固族等以游牧经济为主的地区,形成了封建世袭制与部落头人制并存的政权组织形式,政府的权力当然也被认为是神的恩典。

新中国成立后,随着社会主义革命和建设的发展,尤其是改革开放以来,人们的民主和法治意识不断增强,政府权力来源于人民、属于人民的观念已经成为常识。在我们的调查问卷中,当问及"您认为国家干部手中的权力是谁给的?"选择人民给的占56.0%;党给的占25.9%;国家机关给的占19.1%;靠钱得来的占16.1%;不清楚的占4.9%。说明公民对政府权力来源的基本认识是清楚的,但也反映出目前在权力赋予方面存在的问题,任命制和权钱交易的消极影响应该高度重视。在社会主义社会,权力是属于人民的,权力所维护的权利首先应是人民的权利。人民权利普遍和有效的维护,体现了权力的人民性。随着政治文明的不断推进,历史发展的趋势将是,权力的范围和作用缩小,权利的内容不断丰富,权利主体不断扩大,同时,权力的社会基础也不断扩大,政府权力的合法性和正当性的基础日益巩固,政府与公民的关系日趋平等、和谐。

史实证明,马克思主义政党执政以后,能否正确地看待和行使人民赋予的权力,始终保持同人民群众的血肉联系,是一个关系社会主义事业前途命运的根本性课题。20世纪80年代末90年代初,东欧剧变的发生,除政策失误、经济衰退等原因外,更重要的一点就是这些国家的一些领导人思想蜕化,生活堕落,丧失了正确的权力观,严重地脱离甚至抛弃人民群众,最后落得"四面楚歌"走投无路的结局。

对此,邓小平强调要当好人民公仆,使我们的服务为人民所满意,必须走群众路线,这是一个根本问题。他说:离开群众路线"任何天才的领导者也不可能进行正确的领导"[①]。邓小平还结合一些

---

① 《邓小平文选》第一卷,人民出版社1994年版,第219页。

干部在实际工作中的失误，深刻地指出："许多人并非在主观上没有为人民服务的愿望，但是他们仍然把工作做坏了，使群众受到重大的损失。这是因为他们自以为是先进分子，是领导者，比群众懂得多，因而遇事不向群众学习，不同群众商量，因而他们出的主意，经常在群众中行不通"①，邓小平要求干部，不要把绝大多数时间用在坐办公室、处理文件和领导机关内部开会上，而是要经常深入群众之中，不断向群众学习，不断同群众商量，不断研究群众的实践。这样，公仆的服务才能为人民满意，工作中也才能少犯错误。

江泽民同志在中央纪委第七次全体会议上的讲话指出："树立正确的权力观，最根本的是要解决好始终保持党同人民群众的血肉联系的问题。"在领导实践中，应时刻把"人民拥护不拥护、赞成不赞成、高兴不高兴、答应不答应"作为自己的行为准则。

当然，政府权力观是一定社会利益主体权力要求的观念表达。不同的利益主体对政府的权力具有不同的期待，而政府的权力运作之最佳状态，从利益角度来看乃是对社会各利益主体利益的平衡，也就是追求利益公正。然而，政府权力本身就具有天然的本位利益和相应的利益指向，这就有可能导致政府权力利益化的优先性，从而使社会其他利益主体的利益边缘化和被忽略，构成社会利益体系的非均衡化和非公正化的态势。这样，政府权力在利益环节上的规范、调节功能是否最大可能地追求公正，也就成为政府权力观是否趋向成熟与完善的一个重要指标。政府与民众的利益关系是政府权力利益化过程中，衡量、检查政府权力伦理品质的现实尺度和关键要素。

我们在调研期间，正值党的先进性教育活动在西北少数民族地区各级政府开展。走群众路线在各级政府中得到了较好的体现。各级政府在政府行为中能够比较稳定地保持与人民群众的密切联系，较好地践行党的群众路线，尤其是在党的先进性教育过程中，广大党员和干部的工作作风能够更加明显地体现出走群众路线的原则。比如，甘肃

---

① 《邓小平文选》第一卷，人民出版社 1994 年版，第 218 页。

省阿克塞哈萨克族自治县政府承诺 2006 年着力为群众办好"六件实事"：一是免除全县义务教育阶段，学生在校期间的一切学习费用；二为牧民建设具有民族特色的高标准牧民住房及棚圈 58 座；三是建成一个集篮球、排球和羽毛球场为一体的多功能灯光球场；四是建设县城至红柳湾农业开发区引水管道 8 公里，解决农业开发区人畜饮水问题；五是建成广播电视数字信息平台，开通 200 户数字广播电视用户；六是建成建筑面积 2000 平方米，设计新颖、功能完备的社会福利院一座。承诺的每一件事都深得群众的欢迎。① 青海省在党的先进性教育期间，坚持服务人民群众和促进各项工作，着力解决群众最关心、最直接、最现实的重点问题。他们通过万名干部下基层、向百万手机和小灵通用户发送短信等方式，向社会各界征求意见。各地各单位通过"上请、下求、内听、外访"等形式广泛征求意见，省先进性教育活动办公室还编印了《领导参阅》，将征求到的意见建议分期呈送省委、省政府领导参阅，同时对一些具体问题反馈给有关地区部门单位，并要求将整改方案报省先进性教育活动办公室。2006 年 7 月 1 日，在中国共产党成立 85 周年之际，举世瞩目的青藏铁路通车试运营，几代中国人梦寐以求的愿望终于实现了。青藏铁路的建成，不仅体现出中国铁路建设的水平，更重要的是，体现了党和政府对少数民族地区经济和社会发展的重视，为少数民族地区公民权利的实现创造了基本的条件，让落后的民族地区看到了发展的希望。我们感到，一路修成，带给民族地区的不仅是经济的变化，文化观念的转变，尤其是公民权保障的理念的更新会使民族地区受益更深。

（二）政府权力目的观对公民权保障的影响

由于对政府权力来源的不同认识，对政府权力目的的认识自然就出现很大差异。对权力目的观的认识和看法是权力观的重要内容。权力目的观不同，政府行为的价值指向就不同，对公民权保障的重视程度就迥然不同。凡是认为政府权力的目的是为维护专制统治服务的，

---

① 资料来源：课题组 2006 年甘肃省阿克塞哈萨克族自治县调研。

146

这样的政府就会处处蔑视人的权利、压制人的自由，人民没有地位，人民的权利在政府的行为和活动中也就无地位可言。凡是认为政府拥有权力的目的就是为人民服务、为维护公民权益工作的，这样的政府就会在行为中体现出人本的理念、保障人权的理念，公民权利在国家和社会生活中就会处于至高的地位，政府就会将保障公民权利作为其一切工作的出发点和归宿。

历史和经验证明，权力"可以用来取得声望、尊敬、安全、友情、财富和许多别的价值"[①]，权力具有"强制性、等级性、对象性、整合性和目的性，此外还潜在具有一定的扩张性、侵犯性、挑战性、诱惑性和腐蚀性"。[②] 权力是柄"双面刃"，可以用来为人民谋利益，也可以用来为个人谋私利；可以造就人，也可以腐蚀人。

在等级特权社会，人们奉行"君权神授"的观念，君主掌握一切国家权力，他随意赋予官吏权力；君臣之间不是分工关系，而是主奴关系。在这一历史阶段，国家权力为君主私有之物；各层级之间则是君臣关系的复制；平行权力为了赢得上级权力的信任和升迁导致激烈的权力斗争。各级政府及其官吏只对君主负责，政府的目的就是为了维护君主的统治，当然，为了维护君主统治，政府和各级官吏也不得不敷衍一下臣民，以使他们的基本生活条件以及最起码的权利得以保障。

马克思主义认为，任何权力的性质从根本上说，都取决于它所服务的社会制度和国家机器的性质。在资本主义社会，虽然权力的产生获得了合法性根据，但结构权力之间则是严格的等级关系，而官僚组织正是这种等级权力关系的载体。在韦伯的典型官僚制理论中，权力与职责相对应，职责附属于职位，而职位有严格的高低等级，易言之官僚制的权力组织原则是下级服从上级、个人服从集体。在平行权力之间，由于各自职责明确，往往相互分离、彼此隔绝，但由于都占有

① ［美］罗伯特·A. 达尔：《现代政治分析》，上海译文出版社1987年版，第151页。

② 王寿林：《权力与权力制约论纲》，《天津社会科学》1997年第6期。

一定的功能权力，往往又相互利用、共同腐败。

正确的权力目的观体现了权力的本质。马克思曾经赞扬巴黎公社的领导者和管理者都是"负责的公仆"，而不是"凌驾社会"的官吏。在我国，共产党作为执政党，是国家和人民利益的忠实代表。各级政府的权力来自人民，政府的工作人员是人民的公仆；他们手中的权力既不是上级领导的恩赐，也不是伸手争来的专利。从权力目的观意义上说，共产党的领导权就是对广大人民群众的服务权。党领导的政府要全心全意为人民服务，为最广大人民群众谋利益，正是马克思主义权力观的本质和特征。

人民群众是历史的创造者，是推动历史前进的主体，这是树立正确权力观的理论基础。人们的社会意识来源于人们的社会存在，人的正确思想来源于社会实践，而社会实践在本质上就是人民群众的实践。我们党和党的各级领导干部正是依据人民群众的实践活动所提出的任务，为实现人民群众的根本利益而行使权力、履行社会管理与社会组织的职能和义务的。行使权力的过程也就是从群众中来再到群众中去的过程，其本质就是为人民服务。各级政府的价值只有在人民群众创造历史、推进社会进步的实践过程中才能得到真正的体现。

毛泽东同志早就说过，我们的权力是谁给的？是人民给的。谁给的，就要为谁服务，就要对谁负责，这是政治学的一条普遍原理，也是权力运行的一条基本法则。背离这一法则，权力就有丧失的危险。他指出：共产党人的一切言论行动"必须以合乎最广大人民群众的最大利益，为最广大人民群众所拥护为最高标准。"[1] 毛泽东强调，"我们的责任，是向人民负责。每句话，每个行动，每项政策，都要适合人民的利益，如果有了错误，定要改正，这就叫向人民负责"[2]，可见，毛泽东是把合乎人民群众的最大利益作为党和政府权力观的最高价值标准，广大人民群众的最高利益决定党和政府的一切活动。

为了使各级领导干部树立正确的权力观，邓小平提出了著名的

---

① 《毛泽东选集》第三卷，人民出版社 1991 年版，第 1096 页。
② 《毛泽东选集》第四卷，人民出版社 1991 年版，第 1128 页。

"领导就是服务"的观点。他提出，必须分清两种态度："一种是做官，一种是当人民的勤务员，如果不是做官，而是当人民的勤务员，那就要以普通劳动者的面貌出现，要平等待人，要全心全意地为人民服务。"① 他认为，领导干部必须是有能力"为人民造福，为发展生产力、为社会主义事业作出积极贡献"② 的人。因为，在我们社会主义国家，领导者既是社会的普通一员，又是处在各种领导岗位上、履行着管理职能的负责人，这就决定了树立正确的权力观对于社会主义事业的领导者所具有的特殊意义。

胡锦涛同志指出："相信谁、依靠谁、为了谁，是否始终站在最广大人民的立场上，是区分唯物史观和唯心史观的分水岭，也是判断马克思主义政党的试金石。"这个"试金石"同样是衡量权力观正确与否的根本标准。

西北少数民族地区各级政府在各种政府行为中能够体现出正确的权力观，广大领导干部和公务人员能够结合本地工作实际，针对群众的突出困难，提出工作思路，认真落实，取得了很好的效果。西北少数民族地区的许多问题都和经济落后，人民生活水平低下有关，因而，公民生存权利的需求较之发达地区更为迫切。我们在调研中发现，西北少数民族地区各级政府在消除贫困，助民致富方面进行了非常有意义的探索，取得了很大的成就，它们以自己的行为践行着为人民服务的权力目的观。

如宁夏回族自治区在扶贫开发中总结 20 多年的经验，提出了"扶贫开发十大到户工程"，受到了当地群众的欢迎。这十大扶贫工程中的每一项都从保障贫困地区公民的生存和发展权利出发，收到了良好的效果。这十大扶贫工程为：（1）"千村扶贫开发工程"。这项工程是在 2001 年到 2010 年十年间，对 11 个县市区的 1026 个贫困行政村进行综合开发，对该区域人均年收入在 1000 元以下 19.49 万户、107.24 万贫困人口进行有计划、有步骤、全方位地重点扶持。

---

① 《邓小平文选》第一卷，人民出版社 1994 年版，第 304 页。
② 《邓小平文选》第二卷，人民出版社 1994 年版，第 151 页。

（2）"旱作基本农田建设工程"力争在15度以下的坡地上，有计划、有步骤地兴修高标准基本农田，使山区贫困人口人均基本农田达到3亩，以稳定地解决贫困群众的基本生活问题。（3）"10万贫困户养羊工程"，是在退耕还林还草和封山禁牧背景下，为推进南部山区产业结构的调整步伐，加快草化，解决贫困农户有草无畜、有棚无畜和农民增收问题，把大力发展种草养羊作为扶贫到户的重要措施和脱贫致富的支柱业而实施的一项富民工程。（4）"百万亩种草工程"。为了加快南部山区生态建设、产业结构调整步伐，促进草畜产业的发展和农民增收，尽快解决山区贫困人口的温饱问题，自治区在"10万贫困户养羊工程"覆盖的范围内，积极引进优质、高产的苜蓿等豆科饲草新品种，实施"南部山区草产业工程"。（5）"到户扶持发展种植业工程"。是利用政府无偿投资，加快重点村经济结构调整步伐，通过推广优良品种和先进农业科学技术发展高效农业，提高现有基本农田的产出率。重点组织实施予畜草、马铃薯、瓜果、中草药以及小杂粮等特色主导产业建设项目，项目始终规划到户，落实到户，受益到户。（6）"小额信贷养羊工程"，是自治区党委、政府在发展山区草畜产业战略中首次运用市场机制实施的扶贫到户项目。做到了公开、公正、公平，是小额扶贫、贷款到了重点贫困村符合条件的农户。（7）"少生快富扶贫工程"。为了解决南部山区贫困人口过快增长与土地、环境资源之间的突出矛盾，在稳定现行生育政策的前提下，通过经济奖励的办法，提倡和鼓励政策允许生育三个孩子的少数民族夫妇少生一个孩子，对自愿少生一个孩子并采取永久性节育措施的夫妇给予一次性奖励，并引导和帮助其家庭将奖励资金用于生产致富项目，即"少生快富"扶贫工程。2000年开始，在扶贫开发工作重点县有选择地实施了"少生快富"扶贫工程试点工作。并受到了国务院有关领导和部委办的重视。2003年，国家拨出2000万元的专项资金予以支持，自治区配套1000万。后面三项工程是利用和福建省对口协作之优势，实施的扶贫开发工程。（8）"闽宁万名劳务输出人员培训工程"。劳务输出作为宁夏扶贫开发工作的重要组成部分，近年来在发展山区农村经济方面发挥了重要的作用。为进一步提高输出人员的综合素质，使劳务输出逐步实现以体力型向智力型、技能型的转变，以更好地适应市场需求。（9）闽宁万户菌草产业扶贫工程。为进一步推动宁南山区产业结构调整的步伐，增加贫困群众收入，自治区每年从闽宁协作发展基金中安排一定数额的资金直接扶持菇农进行菌草生产。（10）"闽宁万名失学儿童救助工程"，项目救助范围为国家扶贫开发工作重点县和红寺堡开发区被列入"千村扶贫开发工程"重点村的贫困户；救助的对象是那些因家庭贫穷而无能力上学的贫困户子女，以女童、少数民族儿童和残疾儿童为救助重点，每名学生每年补助 100 元。目前，安排资金 200 万元，救助失学儿童 2 万名。①

　　为推进新农村建设，新疆全面推行政策性农业保险业务，实行由政府出钱为 1200 多万农牧民购买农业保险的优惠政策，分散和转移农牧民所承受的自然风险和市场风险。② 甘肃省甘南藏族自治州在财政非常困难的情况下，提出："力争到 2010 年年末，在全州基本建立以城市居民最低生活保障和农牧村灾民救助制度为基础，以农牧村特困群众生活救助、农牧民最低生活保障、五保供养、城乡医疗救助、教育救助、住房援助、临时应急救助和法律援助等专项救助为辅助，以各项优惠政策相配套，以社会互助为补充的层次有别、覆盖广泛、标准各异的城乡社会救助体系，全面提高救助工作整体水平，解决城乡困难群众的突出困难和问题。"③ 正确的权力目的观在西北少数民族地区各级政府的行为中体现得非常明显，西北少数民族地区的广大党员干部在艰苦的工作条件下为了贫困群众脱贫致富付出了艰辛的努力，得到了社会的认可。

（三）政府权力行使观对公民权保障的影响

　　为了保证权力的正常运行，使掌握权力的政府实现统治者预期的

---

① 资料来源：课题组 2005 年宁夏调研，由自治区扶贫办提供。

② 资料来源：新华网新疆频道，2006 年 7 月 24 日。

③ 资料来源：甘南藏族自治州《关于加快建立和完善城乡社会救助体系的意见》（州政发［2006］34 号）。

目标和功能，如何行使权力的观念以及由此而设计的权力运行模式就显得尤为重要。专制国家的权力来源观、目的观决定了在观念上和权力运行模式上都会选择人治，由此民众权利的实现方式就有赖于政府官吏良心的发现、操守的保持，民众的权利实现的过程是由一个个代表政府和君主的"青天老爷"们恩赐的过程，民众权利的保障取决于治理者的任意，虽然也有法律，但主权者常凌驾于法律之上。民主国家的权力行使观念和制度设计则选择法治，政府与公民不是权利施予者和接受者的关系，而是法律上平等的权利义务关系，公民权利实现的方式是通过立法、执法、司法、法律监督和法律遵守等各个法律运行的环节而完成的，公民权利法定，政府职责亦法定，公民权利保障更有效、更稳定。

现代政府权力的法律化与制度化，使得政府的权力合法性获得了坚实的保障，超越了政府权力个人化主宰的时代。依法行使权力、权力结构和运行机制的法制化成为现代政治文明的要求。依法行政是政府在处理政府权力与法律关系上的具体体现，也是判断现代政府到底是法治政府还是人治政府的严格界限和重要尺度。它促使我们思考政府权力空间到底有多大，应该是多大才是合理的、合法的。因为，依法行政要建立一种法律的统治而非人的统治，使权力服从法律，赋予政府应有的权力和合理的政府权力运作方式与程序，从而保障政府权力与法律之间适度的张力。依法行政，政府受法律的约束和控权是法治政府的核心，亦是21世纪民主政治发展的重要目标。法治的理念并不否认重视民众守法，但其重点是"治官"而非"治民"，即"治国者先受治于法"。法律的基本作用之一乃是约束和限制权力，在法律统治的地方，权力的自由行使受到规则的阻碍，这些规则使掌握权力者受到一定行为方式的约束。

毛泽东曾说过，斯大林严重破坏社会主义法制，这样的事件在英、法、美这样的西方国家不可能发生。这不是说资本主义制度好，而是说资产阶级由于有几百年的执政经验，其权力结构比较科学，比较有利于防止滥用权力。

邓小平强调掌权人不能狂妄和放肆，必须常怀畏惧之心，他说：

"共产党员谨小慎微不好，胆子太大了也不好。一怕党，二怕群众，三怕民主党派，总是好一些。谨慎总是好一些"。① 邓小平强调："公民在法律和制度面前人人平等，党员在党章和党纪面前人人平等。人人有依法规定的平等权利和义务，谁也不能占便宜，谁也不能犯法。任何犯了法的人都不能逍遥法外"。② 因此，每个干部、尤其是领导干部在行使权力的过程中必须自觉用法纪约束、规范自己的行为，自觉接受监督，这样才能减少偏颇和失误。

然而政府权力本身总是有僭越法律规范与程序的冲动，这种权力冲动以权力本位、权力至上的方式存在和显示，从而成为派生政治权力宗法化、帮派化的利益土壤。当政府的权力超越法律的规范，该权力直接引起的是社会公正被扭曲，社会正义被遮蔽，于是政府权力也就成了社会稳定的破坏者、社会民众德性的腐化源，政府权力的恶就此暴露出来。这时，政府的合法性、权威受到普遍的怀疑，凝聚力受到巨大的削弱，政府的效率降低，治理成本提高，政府的向善性程度急剧下降，同时也给政府权力中的个人过大自由权利的空间，生成政府中掌权者权力的制约空白，导引出权力的私人化、随意性，酿成权力自身严重的腐败。

（四）政府权力制约观对公民权保障的影响

权力是容易腐败的，绝对的权力产生绝对的腐败，这是前人总结的深刻历史教训。执掌权力的人之所以倾向于腐败，是因为他代表国家因而能以国家的整体力量去裁决和对付私人领域的种种矛盾与冲突。于是如何制约权力以防止和控制权力腐败就成为了纵贯古今、横跨中外的历史难题。

在等级特权社会，由于权力皆源于帝王恩赐，帝王就是理所当然的最高权力制约者。正因为如此，帝王只制约他人，尽管像古代中国各朝设立谏诤官启示、劝勉皇帝，却无人真正能制约帝王的权力。最高统治者虽然监督着天下权力，但他的监督往往具有偶然性和随意性，

---

① 《邓小平文选》第一卷，人民出版社 1994 年版，第 271 页。
② 《邓小平文选》第二卷，人民出版社 1994 年版，第 332 页。

因而在那个历史阶段权力滥用不仅不能全面严格制止，而且还能获得合法性。现代民主社会，政府的权力被认为来自于人民的授权，人民授权的目的在于使政府能更好地保障他们的权利，为了这一目的，就必须对政府设置内部和外部的权力制约机制，使政府权力的行使得到有效的监督和制衡，规范政府权力向善，防止政府权力的恶性。

中国共产党领导中国人民经过流血牺牲、艰苦奋斗，成为中国的执政党，但是我们党决不能认为夺取了政权，建立起国家，从此就天下太平，高枕无忧了。还要看到由于面临着执政的考验，我们的党员干部还存在着由人民的公仆变为人民的老爷的可能性和危险性，我们必须预防这种情况。

毛泽东认为，我们党的权力腐化的主要表现形式是官僚主义。他曾用泥塑的神像形象地给官僚主义者画了像：一声不响，二目无光，三餐不食，四肢无力，五官不正，六亲不靠，七窍不通，八面威风，久坐不动，十分无用。毛泽东在不同时期所作的阐述是不尽相同的，但总的来说，他认为官僚主义是权力的腐化，是对人民赋予的权力的一种不负责任的表现。为了防止官僚主义和权力腐化，毛泽东认为要加强对权力的监督。从1942年对三百年前甲申悲剧的警示，到1944年与黄炎培先生关于历代王朝的人亡政息的议论；从七届二中全会深沉的忧虑，到赴京主政时"我们一定要考试及格"的豪气，我们可以看出毛泽东想要跳出同时也有信心跳出历代王朝"其兴也勃焉，其亡也忽焉"的历史周期率。新中国成立后，毛泽东主要采取了运动的方法以达到治理腐败、监督权力的目的，为此付出了惨重的代价。

邓小平高度重视对权力的监督，他指出："在中国来说，谁有资格犯大错误？就是中国共产党。犯了错误影响也最大。因此，我们党应该特别警惕。宪法上规定了党的领导，党要领导得好，就要不断克服主观主义、官僚主义、宗派主义，就要受监督，就要扩大党和国家的民主生活"[①]，加强监督，对于杜绝和克服大的错误的发生，巩固

---

① 《邓小平文选》第一卷，人民出版社1994版，第270页。

共产党的执政基础有着根本性意义。虽然，邓小平同志不赞成搞西方的那一套权力制约体制，但是，并不意味着不赞成对权力进行制约。相反，他认为"权力过分集中，妨碍社会主义民主制度和党的民主集中制的实行，妨碍社会主义建设的发展，妨碍集体智慧的发挥，容易造成个人专断"。①

政府和国家的作用既可以造福于民，同时也可以为祸于民。人民的权利受到侵犯最大莫过于政府，当政府的权力受不到有效的制约，则人民的权利就极有可能被政府侵犯。即使权利的侵犯来自于另一个个人，权力不受制约的政府仍可能在权利救济的时候丧失公正，使权利受损者再次受到侵犯和侮辱，更重要的是使政府保障公民权的责任难以落实。而奉行政府权力要受到有效制约的社会，一整套完善的权力约束机制可以防止政府权力侵犯公民权利，又可以维护社会正义，公平处理公民之间的权利之争，从而使公民权利维护的成本降低，权利得以更好的保障。

第二节　公民权保障是促进政府树立正确权力观的根本动力

一、现阶段我国政府权力观的错位

中国经历了两千多年的封建社会，封建文化反映在中国社会的方方面面。中国封建社会建立了自己一套独特的行政文化，把政府与公民的关系不是看做平等关系，而是看做驱赶式、牧羊式关系；权力不是被看做民赋，而是看做上司给的，所以对上负责对下不负责；上下级关系不是一种平等关系，而是一种人身依附关系；政府对民众不是服务，而是统御。在君临一切、等级森严的封建社会中，百姓被排斥于政治生活之外，他们对官员没有监督和制约的权力，只能把官员当父母，听凭他们安排自己的命运。作为执法者的大小官吏守不守法，

---

① 《邓小平文选》第二卷，人民出版社1994版，第321页。

百姓对其无所制约，所以就出现了封建社会官场上的官官相护，法外施恩。大小官吏可以以权压法、以情乱法、以言代法。权大于法，权力成为准则，法对权力的制约软弱无力，严重不足。20 世纪 50 年代以后，我国仿照苏联模式建立了高度集权的政治体制和经济体制。这种体制的基本特征是权力过于集中，政府干预过多，政府意志即为公民意志。政府对公民完全是包办代替，公民的一切全部由政府选择、安排，政府通过计划来左右社会的方方面面。政府管理不仅仅局限于公共领域，而且也干预个人私生活，从物质层面到精神领域，从生活方式到生活习惯，到处都有政府的干预在其中。政府为主、公民为从，政策代替了法律，政策不仅用来约束人们的行为，而且也用来调整人们的利益关系。各级政府管了许多管不好也管不了的事，贪多求全，好大喜功，在政府与公民的关系中政府过高地估计了自己的力量，过低地估计了公民的力量。这种行政模式导向的结果就是使行政行为的随意性加大，官员们可以鄙视法律，滥用权力。这两种行政文化虽然产生的时代不同，但却有其共同的特点，这就是在对政府与公民关系的认识上出现了严重的错位与缺失，以至于造成政府权力观的错位。

政府权力观充分体现在各级政府领导干部和工作人员的日常工作和生活之中。由于我们党执政前后各级政府领导干部和工作人员与权力的关系发生了根本变化，社会环境日趋复杂、各种消极的东西，特别是错误权力观的影响日渐增多；政府领导干部和工作人员的素质、世界观等方面存在着差别，因而对权力观的理解也就不一样。如同全国各地一样，西北少数民族地区各级政府的绝大多数领导干部和工作人员能够牢记党的宗旨，践行"三个代表"重要思想，以人为本，贯彻落实科学发展观，殚精竭虑，一心为民。同时也有少数领导干部和工作人员由于放松了世界观的改造，不能正确对待自己手中拥有的权力，导致权力观的错位，在实践中就表现为官僚主义盛行，腐败严重。这一现象极大地损坏了党和政府在人民群众中的威信，也成为严重阻碍西北少数民族地区政府行为文明发展的观念因素。由于西北少数民族地区经济落后、人民生活水平较低下，与经济发达东部沿海地区相比，政府权力观错位的现象更加普遍，对社会和人民群众的伤害更大，权力观的错位和其他落后的观念交织在一起，成为影响西北少数民族地区发展的一道硬伤，因而，矫正错位权力观的问题在西北少数民族地区显得尤为紧迫。

政府权力观的错位在全国各地方政府都有表现，西北少数民族地区政府的权力结构、权力运行体制、主导的行政伦理文化与全国其他地方政府别无二致，因而，西北少数民族地区各级政府中的不少公务人员同样表现出权力观的错位。这些错位的权力观表现在以下几方面。

表现一：权力来源观的错位。政府的权力是由一个个具体的政府公务人员掌握和行使的，对待政府权力来源的问题本不应该出现错位，因为，我国宪法明确规定，国家的一切权力属于人民。可见，在主导理论和意识形态的宣传上，在法律的规定上，权力来源问题是不言自明的。但是，现实中不少政府公务人员的行为却表明，在他们心目中，并不认为自己手中的权力是来源于人民的。

有的人认为，自己手中的权力是领导给的。自己今天能有这个位子，全是由于某些领导赏识、器重和鼎力推荐而提拔的。有的人甚至认为，自己手中的权力是靠自己阿谀逢迎、百般钻营得来的。这些人掌握权力以后，以权谋私，滥用权力，把权力当成"发财"的工具、"致富"的手段和"鸡犬升天"的契机，或者把权力视为个人"私恩"的产物，把权力作为对个别人效忠的工具。这些人把公共权力据为己有，把自己的地位、影响和工作条件，看成是自己的所谓既得利益，甚至把这些东西看成是谁也碰不得、动不得的私有财产。

权力来源观的错位在实践中导致一些政府工作人员不能正确看待政府与公民的关系，不能正确处理政府职责和公民权利的关系。不愿深入群众，不愿向群众学习，不能从群众中汲取营养，其结果必然脱离群众，高高在上，把群众作为被统治和被管理的对象。对群众的呼声置若罔闻，对群众的疾苦视而不见；作风武断一言堂，方法简单粗暴，在群众面前摆架子，指手画脚，凶神霸气。

表现二：权力目的观的错位。政府权力是为了公共利益服务的，我国各级政府都要遵循"全心全意为人民服务"的宗旨。然而，在一些政府公务人员心中和行为表现上却没有体现正确的权力目的观。他们信奉"有权就有一切"，"有权不用，过期作废"的信条；有的把权力当做获得金钱、美色等私利的工具，甚至利用权力来买官、卖官；有的把权力当做个人飞黄腾达、光宗耀祖的途径，认为"只有为人民币服务才是真的，为人民服务是口号，是虚的"。少数领导干部抵制不住奢靡之风的侵蚀，不是兢兢业业地为党和人民去努力工作，而是在政治上和生活上谋求规定以外的特殊化，不比工作比地位、比享受、比身份，贪图安逸，讲究排场，挥霍浪费，生活腐化，道德败坏。这些行为严重地损害了党和政府的威信，也给国家造成了巨大的损失。根据清华大学胡鞍钢教授的研究，20世纪90年代后期，主要类型的腐败所造成的经济损失和消费者福利损失，平均每年约为 9875 亿元至 12570 亿元，占全国 GDP 总量比重在 13.2%—16.8%。①

表现三：权力行使观的错位。依法行使权力是政府文明程度的重要标志，是依法治国的重要组成部分，反映了行政机关运作方式的基本特征，体现着党的执政地位和执政作用。但是在现实中，有的政府公务人员特别是领导干部，把自己置于法律之上或法律之外，以言代法，以权压法，甚至徇私枉法。这种人习惯于以家长自居，不能正确行使手中的权力，不能自觉履行法律规定的义务，严重地违背了依法行政的原则。有些人认为自己手中的权力是商品，把商品经济的等价交换原则引入政治领域，大搞权钱交易，"给多少钱办多少事、不拿钱不办事、拿了钱乱办事"，有令不行、有禁不止，上有政策、下有对策，在贷款审批、基建项目、大额资金调度、大宗物品采购等重大事项上搞暗箱操作，无视党纪国法。有的领导干部在权力的行使过程中，不受约束，独断专行，以致在重大问题上决策失误，"拍脑袋决策、拍胸脯保证、拍大腿反思、拍屁

① 参见邓科、胡鞍钢：《腐败损失有多大，每年1万亿》，《南方周末》2001年3月23日。

股走人"，把权力当儿戏，失职渎职，给人民群众的生命财产造成难以弥补的损失。有些人热衷于玩弄权术，要手腕，投机钻营，搞阴谋诡计，为了维护自己的权位而不择手段，滥用权力，以权代法，规避法律的制裁。

表现四：权力制约观错位。权力是一把双刃剑，对政府权力进行制约和监督的目的就在于防止权力危害社会和人民，充分发挥其积极为民谋福利的一面。同时，权力具有自腐性，绝对的权力导致绝对的腐败，任何掌握权力的人都可能滥用权力，要防止滥用权力，就要对权力进行有效的制约和监督。但是，在现实中，很多人不愿意接受对自己掌握的权力的监督。有的政府公务人员特别是单位的"一把手"不能正确处理自己与其他领导成员的关系，搞家长制、一言堂；有的不尊重党员的民主权利，视权力为自己的"地位"和"权威"，把党内监督、群众监督变成多余的障碍，严重败坏了党风政风。

二、公民权保障是树立正确政府权力观的终极动力

马克思主义政府权力观是我国政府执政之本，发展之源。但是树立正确的马克思主义政府权力观，特别是政府公务人员在代表政府做出行政行为时表现出正确的权力观，决不是单纯通过教育和提高修养就能解决的。树立正确的政府权力观需要具备一些条件，比如民主制度的健全、法治的完善、党的执政能力的提高等等，但是，公民权保障的需要和强烈要求才是中国也是西北少数民族地区政府权力观转型的最终动力。因为，无论是民主的健全、法治的完备以及党的建设都是公民社会发育形成推动的结果，相信这一点就是坚持了历史唯物主义，人民永远是历史的创造者和推动力量，这不仅被历史不断证实，也会被丰富生动的西北少数民族地区政府行为和公民权的博弈互动所证实。

（一）公民权保障法律制度不断健全推进政府树立正确的权力观

公民权利有赖于宪法的宣示和法律的规定，法是公民权利得以实现的根本保证，只有通过法才能使公民所享有的各种权利取得确定性

和具有可操作性。正义之法本身就是以公民权利实现为目的的。英国著名思想家洛克在谈到法与自由关系时明确指出："法律的目的不是为了废除或限制自由，而是保护和扩大自由。"① 从公民与国家的关系上讲，凡是公民的权利，就会成为国家的义务，国家有义务保护公民法定的权利。现代民主国家，作为代表国家行使行政权力的各级政府，更要树立起服务意识，依法保障公民的权利不仅是政府的天职，而且是体现和证明政府合法性的根本内容。因而，公民权保障的法律制度越是健全，公民权利的内容就更加充实，范围就更加广泛，这同时也意味着，法律将对政府承担的义务规定得更加具体，职责更加明确，保障公民权的程序更加严格。

宪法中规定的公民的基本权利在各个部门法中被具体化，使得公民权利有了具体的法律保障。随着我国民法、刑法、行政法、民事诉讼法、刑事诉讼法等法律的不断健全和完善，公民权保障的法律制度也会日益完备，现在已经形成了一个以宪法为核心，包括法律、行政法规、行政规章、地方性法规和民族自治地方的自治条例、单行条例在内的公民权保障法律体系。另外，我国加入的保障人权的国际公约同样也成为公民权保障的法律的组成部分。改革开放以来，有一些法律的制定对于保障公民权具有里程碑的意义。比如，1990 年的《行政诉讼法》，1995 年的《国家赔偿法》，1996 年的《行政处罚法》，1999 年的《行政复议法》和 2003 年的《行政许可法》，这些法律的制定从程序上保障了公民权的实现，更多地设定了国家和政府的义务，规范了政府的行为，使得政府的行为向法治化、民主化、公开化迈进。尤其是《行政许可法》的制定和实施，对于政府树立人本政府、有限政府、透明政府、诚信政府、程序政府、便民高效政府、服务政府、责任政府的理念具有重要的意义。这些保障公民权法律制度的不断完善，促使政府权力观发生转变。同时，为公民主张和维护自己的权利提供了更为有效的法律途径。

① ［英］洛克：《政府论》（下篇），商务印书馆 1982 年版，第 36 页。

　　另外，我国在实践中不断理顺了人大与政府的关系，树立人大的权威，对政府的监督也逐渐规范化和程序化，政府的责任逐步到位，各级政府已把对人大及其常委会负责作为自己的理念和实践，人大代表的性质和地位逐步到位，人大代表的责任感日益增强。由于人大监督制度的不断完善，政府行为法治化、民主化、透明化的程度不断提高，公民权保障的意识也不断增强，从而，促使政府权力观的转型。

　　（二）公民权保障环境的优化促进政府权力观的转型

　　改革开放以来，我国社会结构的变化，体制的转轨，释放了社会的活力，使个人的积极性和能动性有了施展的舞台，这样的社会发展趋势既表明了从传统社会到现代社会的变迁，同时也呈现出公民权保障的环境不断优化的过程，与此同时，政府权力观也在这种环境的变迁中悄然转变。

　　1. 公民社会的发育和形成推进了政府权力观的转型

　　随着体制的变革，各种不同经济利益的分化，我国社会力量出现了分化和定型，我国的社会环境已经越来越呈现出多元化，而一种多元化的社会力量形成，是建立一种均衡化社会的必要条件。与经济体制改革相适应的政治体制改革要求重新定位政府职能，政府要从市场、社会管理的许多事务中退出，让位于公民或公民组织自我管理，培育、扶持公民社会组织、社会自治的成长是政府退出前的任务。在向以职业为中心的社会转型中，我国的社会分层已经突破以单位为原点的政治分层，逐渐过渡到以职业为原点的经济分层。单位制的社会体制主要在于它对整个社会的行政控制和在资源十分有限条件下的分配功能，当国家对整个社会的控制从"行政性整合"到"契约性整合"转变，多种所有制和多种分配体制共同作用，个人拥有了相当的社会"自由流动资源"和"自主活动空间"，① 这就为公民社会的发育创造了条件。而公民社会发展本身就是一个民主化不断扩大的过

----

　　① 孙立平等：《改革开放以来中国社会结构变迁》，《中国社会科学》1994 年第2 期。

程，民主发展与公民社会的发展是一种正相关的关系。公民社会的发展本身意味着公民对政府提出了越来越多的要求，政府对公民要求与愿望的不同回应会在公众中产生强烈的参照效应，从而使对社会要求与愿望反应迟钝的政府面临着合法性危机、权威危机和信任危机。因此，公民社会的发展使得服务的理念成为政府行政中的基本和核心的理念，服务型政府也因此应运而生。政府必须根据公民之需求，实现政府与公民之间的双向沟通。以建立一个以公民需求为导向的无缝隙政府。而所谓的无缝隙政府，乃是一种公民在任何时间、任何地点能够得到完整服务的政府。同时，公民社会的发展促进了公共管理主体的多元化，这种多元化能够使得对公共权力的监督更为频繁、公开和明朗化。公民社会的兴起必将导致政府理念的革命，从而对政府权力观产生深远的影响。

2. 党的执政理念和执政方式的改变促进政府权力观的转变

党的十六大召开，我国的国家发展战略发生了重大变化，全面建设小康社会成为国家的发展目标。十六届三中全会正式提出："坚持以人为本，树立全面、协调、可持续的发展观，促进经济社会和人的全面发展。"① 这一新发展观要求政府治理理念及方式的转变，而政府权力观的转变也应是题中之义。十六届四中全会通过了《中共中央关于加强党的执政能力建设的决定》，集中地反映了加强党的执政能力的政府治理理念。中国共产党和中国政府将在"按照推动社会主义物质文明、政治文明、精神文明协调发展的要求，不断提高驾驭社会主义市场经济的能力、发展社会主义民主政治的能力、建设社会主义先进文化的能力、构建社会主义和谐社会的能力、应对国际局势和处理国际事务的能力"5 个方面发挥更加积极的作用。其中构建社会主义和谐社会的能力首次提出，与十六届三中全会提出的新发展观是一致的。党的执政理念和执政方式的转变，必将推动政府治理理念的转变，推动政府权力观的转变，政府行为必须以"三个代表"重

① 《中共中央关于完善社会主义市场经济体制若干问题的决定》，人民出版社2003 年版，第 3 页。

要思想为指导，以人为本，坚持科学发展观，正确看待和使用手中的权力。2003 年温家宝总理提出"树立以人为本的政府管理思想"①，2004 年，温总理在向全国人大做《政府工作报告》时进一步表示，"政府的一切权力都是人民赋予的"，"只有人民监督政府，政府才不会懈怠"②。政府权力观贯穿在利益、权利、管理等层面，即在利益上塑造谋求人民利益的政府，在权利上塑造保障公民权利和人权的政府，在管理上塑造高效率、参与、民主的政府。

以胡锦涛同志为总书记的中央领导集体，在新的历史条件下继承和发展了以毛泽东、邓小平为代表的中国共产党人权力观，进一步提出了"权为民所用、情为民所系、利为民所谋"的执政理念，把"立党为公、执政为民"作为我们党的本质要求，并且身体力行，在亲民、爱民、为民方面为我们做出了榜样。

在现实生活中，西北少数民族地区各级政府和大多数干部也是带着对人民群众的深厚感情在工作的。我们在调研期间，正值各地党的先进性教育活动正在进行过程中，西北少数民族地区各级政府在先进性教育过程中，对权力观的转变也起到了或多或少的作用。在新疆阿勒泰市，在开展先进性教育活动中，全面推行财政补贴农民资金"一卡通"发放制，确保涉农资金及时、足额、准确发放到农牧民手中，使"一卡通"成为农牧民的"民心卡、致富卡、明白卡"。笔者 2005 年 5 月在青海省海北藏族自治州调研时，到一户牧民家中去，主人对党和政府近年来对他们的生活的关心和照顾表示了深深的感激，对当地政府的工作基本是满意的。我们特别注意到他家客厅的正面墙壁中央挂着他和温家宝总理的放大的合影照片，提起温总理，主人非常激动，赞不绝口，祝福不断。在许多藏族牧民家中，历届主要的中央领导人和班禅、活佛的照片是放在一起的，我们就见到过将毛

---

① 《温家宝在国家行政学院省部级干部研究班讲话：强调深化行政管理体制改革加快实现政府职能转变》，《人民日报》2003 年 9 月 16 日第 1 版。

② 温家宝：《政府工作报告》，《中华人民共和国国务院公报》2004 年 12 月，第 28 页。

泽东、邓小平、胡锦涛等领导人的照片和班禅的照片以及佛像供奉在一起的情景。这从一个侧面也可以反映出新中国成立以后，党和政府对藏区人民的关怀已经得到藏族同胞的认可和感激，党和政府的领导人也得到他们的深深的爱戴。青海省在先进性教育活动中，全省各级党组织积极采取有效措施，从解决涉及群众切身利益的实际问题入手，通过建立领导干部联系点、党员与群众结对帮扶、党组织和党员做出整改承诺和"送温暖，献爱心"活动等，认真为群众办实事、做好事、解难事。群众通过先进性教育活动得到了实惠，看到了党员队伍发生的变化，感受到先进性教育活动的实际成果。

3. 依法行政的目标要求政府权力观的转变

依法行政要求行政机关应当严格依照法定的权限来从事行政活动；在行使法定职权、从事行政活动时，必须严格依法办事；行政机关违法行使职权，应当承担相应的法律责任。

2001年中国加入世界贸易组织，履行世界贸易组织协议成为中国政府的义务。我国加入世贸组织签订的25个主要协议中，有23个是对政府行为的约束和规范。可以说，WTO的绝大部分规则是以政府的行为为内容并以政府的管理活动为管理对象。我国入世，在一定意义上可以说是"政府入世"，政府面临着前所未有的压力与挑战，迫切需要政府审时度势，全面推进依法行政，转变职能，破除以前的陈规陋习，以全新的管理运作方式积极应对，以确保国家在参与全球范围的合作与竞争中处于主动地位。同时，政府工作的变革，将使公民获得更多的知情权、享有更多高效率低成本的政府服务、具有更多的行政救济权和监督权、拥有更多的参与权。加入WTO不仅引起政府工作方式的改变，也影响政府权力观的转型。

十六大以来政府公共管理方式获得了崭新的发展。政府管制、行政审批和行政许可受到了严格的规范。比如：抬高政府设立行政许可的门槛，限制部委和地方政府的行政许可设立权限。在行政审批制度改革的基础上进一步减少行政许可的范围和数量。2004年4月20日通过的《全面推进依法行政实施纲要》中提出十年左右基本实现建设法治政府目标。《行政许可法》创制了许多政府依法行政的制度规范，比如信息公开和发布制度、听证会制度、行政参与制度等，进一步促进行政权力与公民权利的平衡，在提高行政效能的基础上保障了公民权利。与此同时政府出台了配套的行政法规和规章，使得政府在转变职能的同时，按照宪法和法律行使权力。这些变化都使政府权力观念和行使方式发生了很大的变化，使政府权力的制约和监督迈上了一个新台阶。

与传统的高度集权、封闭的政府决策、政策实施和政府官员垄断政务信息的情况比，西北少数民族地区的政务信息公开制度不断创新，迈出了可喜的一步。一是行政听证制度逐步确立，二是电子政务逐步开展，三是政策信息公开，"阳光政务"逐步开展。各地不同程度地开展了对政府工作的民主评议，如宁夏回族自治区2002年以来，坚持对政府工作进行评议，社会反响非常好。特别是国务院于2007年通过并于2008年5月1日起施行的《政府信息公开条例》为政府信息公开提供了重要的法律保障，更为公民享有和实现知情权提供了法律依据。

总之，中国政府在依法行政方面取得了巨大的成就，依法行政的环境不断优化，政府的权力受到来自于各方的监督和制约，权力运行更加制度化、程序化、公开化、人性化，政府权力观的变化越来越符合依法行政目标的要求。

（三）公民权利意识的提高促进政府权力观的更新

改革开放以来，现代民主观念已日益深入人心，公民要求参与政治、参与监督的意识不断增长。公民民主观念深入的背后是法治观念的发展，这不仅表现为公民能守法护法，积极依法参与立法和执法，更表现为他们权利意识不断提高，能够通过行政复议和行政诉讼等法定救济途径来维护正当权益。政府不能再像以前那样几乎完全靠单位和组织的力量，用国家至上和集体至上去否定个人合法利益与要求，去维持政府与公民关系表面上的平衡。同时，行政侵权、越权等不负责的行政行为将遭到公民更强烈的反对，甚至是公开的反抗。公民敢于向政府提出更高层次的权利要求，并且随着经济的发展，其权利要求还将更多。而政府为了获得公民的政治支持和忠诚，保持其存在的合法性，就必然要改变自身的权力观念和行为方式。一项对29个国家的实证分析表明，对政府行政权力的限制和司法的独立程度与国民之间的信任度呈正相关关系；对政府权力的限制每上升一个点（最高为7点），信任度上升1.5个百分点；司法的独立程度上升一个点（最高为4点），信任度上升8个百分点。① 因此，树立正确的权力观念，保证权力运行的目的符合社会公共利益，符合法律规范，权力受到严格的监督和制约，是政府与公民之间关系取得良性互动的前提。

本章小结

政府权力观似乎更多地表现为一种权力思想或权力意识，但我们在对西北少数民族地区政府权力观的考察和体悟中，深感政府权力观是关系到政府生死存亡的根本，因为一个政府如果对自己从何而来，为谁存在都搞不清楚的话，那么这样的政府又怎能做出合理的制度安排与价值判断呢？

马克思主义政府权力观不仅仅是一种制度理论，其更是一种理念化的制度设计，是一种政府权力的制度安排。因此树立马克思主义政府权力观需要我们以公民权保障理论为指导，在健全民主政治、完善法治建设和提高党的执政能力中真正落实到每一项制度设计中，特别是要体现在每一个公务员的具体行政行为上。

---

① 参见张维迎：《产权、政府与信誉》，生活、读书、新知三联书店2001年版，第13页。

第六章 西北少数民族地区政府民主建设与公民权保障

第一节 考察民主政府建设的理论视角

民主的概念，站在不同政治立场和分析视角上看，有着不同的见解。我们探讨西北少数民族地区政府民主建设，是从四个视角来认识的。

首先，从政治体制的角度看，民主是一种政治体制，在政治视野中，"民主"是作为政府权威的来源、政府所服务的目的和组成政府的程序来界定的。古典民主理论根据"人民意志"和"公益"来界定民主；现代西方民主理论更加注重操作性，亨廷顿把民主政治归结为竞争性的选举制度；他认为，"判断一个20世纪的政治体制是否民主所依据的标准是看其中最有影响的集体决策者是否通过公平、诚实和定期的选举产生，在这种选举中候选人可以自由地竞争选票，而且基本上所有的成年人都可以参加选举"。[①] 罗伯特·达尔强调程序性民主，在此基础上提出民主的具体标准：（1）有效的参与。在政

---

① ［美］亨廷顿：《第三波——20世纪后期民主化浪潮》，上海三联书店1998年版，第4—6页。

策被实施之前，所有的成员应当有同等的、有效的机会，以使其他成员知道他对于政策的看法。（2）投票的平等。当人们就政策做出决定的时候，每个成员都应当有同等的、有效的投票机会，而且"一票一值"。（3）充分的知情。在合理的范围内，所有成员都应当有同等、有效的机会了解各种备选政策及其可能结果。（4）对议程的最终控制。唯有成员可以决定议程如何进行及处理哪些内容。（5）成年人的公民资格。① 作为一种政治体制，民主在西方国家已非常成熟，在现代政治语境中，理论界常常把民主等同于西方民主。

民主是人类的向往，也是近代以来中国共产党为之奋斗和建设的目标。新中国成立后我国建立了人民民主专政的国家制度，《宪法》明确规定中华人民共和国的一切权力属于人民，保证人民依照宪法和法律规定，通过各种形式和途径管理国家事务。人民当家做主是社会主义民主政治的本质和核心，是社会主义政治文明的内在要求和价值目标。党的十一届三中全会以来，我们党和政府致力于推进政治体制改革，实现社会主义民主政治的制度化、规范化和程序化，保证人民群众更好地当家做主，行使民主权利，依法管理国家和社会事务，逐步完善了人民代表大会制度、民族区域自治制度、中国共产党领导的多党合作制度，完善了基层民主制度。

其次，从政治发展的角度看，我国的民主政治有个从传统向现代转型的问题。由于我国长期实行计划经济，形成了一套与计划经济体制相适应的高度管理型政治体制，这种体制与社会主义市场经济的发展极不适应。基于此，党的十六大报告按照社会主义民主政治发展和社会主义现代化建设的客观要求，着眼于社会主义民主制度的自我完善，提出了"发展社会主义民主政治，建设社会主义政治文明"的目标要求，此后，各级政府着眼于保障人民当家做主的民主权利，着力健全民主制度、丰富民主形式、拓宽民主渠道，推动民主的制度化，规范化和程序化，民主选举、民主决策、民主管理、民主监督的

① ［美］罗伯特·达尔：《论民主》，商务印书馆1999年版，第43—44页。

政策法规和相关制度继续落实和完善，人民群众的知情权、决策权、参与权、监督权得到保障，公民有序的政治参与逐步扩大。特别是2007年胡锦涛总书记在党的十七大报告中明确提出了加快行政管理体制改革，建设服务型政府的目标。胡锦涛总书记在党的十七大报告中指出："行政管理体制改革是深化改革的重要环节。要抓紧制定行政管理体制改革总体方案，着力转变职能、理顺关系、优化结构、提高效能，形成权责一致、分工合理、决策科学、执行顺畅、监督有力的行政管理体制。健全政府职责体系，完善公共服务体系，推行电子政务，强化社会管理和公共服务。"从这种视角来看，西北少数民族地区各级政府，在党中央国务院的领导下，按照发展社会主义民主政治，建设社会主义法治国家的总体要求，不断积极探索适应社会主义市场经济体制和体现民族地区特色的民主发展模式，有效地促进了西北地区社会主义民主政治。

再次，从政府管理的角度看，民主作为政府管理行为的一种方式，具有重大的变革意义。所谓民主决策、民主管理就是从这个意义上来讲的。西北少数民族地区民主政府建设的基点也就在于此。民主政府强调已经产生的政府依托公民进行管理，而不是政府精英人物垄断决策。要求政府开放政府决策系统、吸纳民意、拓宽实现民主的途径，对政府行为产生有效地促进、规范和制约作用。按照"经济人"的假设和人类知识有限性的逻辑：一方面，政府并不天然就会维护公共利益，只有民众自身才是公共利益的最可靠的监护人，民众必须有效控制、监督政府，才能迫使政府始终不渝地服务于公共利益的目标。通过选举的压力以及日常监督，迫使政府官员做出理性选择，通过自己的良好表现追求公共利益最大化，赢得选民的支持，进而实现个人利益的最大化。另一方面，政府组成人员在知识上也是有限的，公民参与政府管理有助于克服这一缺陷。

现代民主政治理论认为，民主表现为一种参与机制、决策机制和监督机制。民主政府的理念应强调"一个精神、两对关系、三个核心"。"一个精神"就是少数服从多数，多数保护少数。在赋予多数人行使权力的时候，确保少数人的基本权利得到保护。"两对关系"

就是委托代理关系和监督制约的关系。委托代理关系理论认为，政府与人民的关系是一种委托代理的关系。人民将自身拥有的权利委托给政府，由政府代表人民行使管理公共事务的权力，在此基础上，政府对人民负责，接受人民的委托。在委托代理关系中，民主实质上仅仅是获得事务决定权的一种手段。"民主是一种政治方法"①。监督制约关系认为政府与人民的关系是一种监督制约的关系。既然人民是一切权力的拥有者，人民把权力委托给政府，人民就有权利对权力的使用者加以监督约束，使政府履行委托代理的合约，反映人民的意愿，符合人民的根本利益。② "三个核心"就是人的尊严、平等协商和法的权威。社会和政府需要尊重人自身在社会上的价值，保持人与人之间的平等和公正，维护人独有的尊严。每个人都有自身的利益，每一个人也需要有一个共同的利益。在人们的交往过程中，经常出现矛盾和冲突，引发纠纷。民主社会要求平等协商、和平共处。"民主治理需要的不仅仅是保证提供高效的公共服务的政策和制度，还需要公平的制度和规则，以及让人民有决策发言权，并使他们有权要求权力机构负责"③。在讨论问题和解决纠纷时，在承认多样性和差异性的基础上，用和平协商的方式避免用暴力途径解决问题，力求人与人、事与事之间的动态平衡。法律不仅仅是裁决纠纷的有效工具，而且是人们日常生活不可或缺的有机部分，整个社会遵守正当的法律程序，确立法律至高无上的权威。按照这种理论，政府管理行为中如果体现了上述理念，则政府就是民主政府。

最后，从政府行为过程的视角看，民主政府建设是一个政府行为民主化的过程。从这个角度来讲，民主化是包含了两个独立又有一定关联的过程：政府从集权型管理体制向分权型管理体制的过渡过程，

---

① ［美］约瑟夫·熊彼特：《资本主义、赎回主义和民主主义》，商务印书馆1999年版，第359页。

② 参见李景鹏：《中国转型问题的政治学思考——李景鹏文集》，中国法制出版社2002年版，第35页。

③ 联合国开发计划署：《2003年人类发展报告——千年发展目标：消除人类贫困的全球公约》，中国财政经济出版社2003年版，第150页。

政府行为模式的民主化建设过程。不管是民主政治体制下还是非民主政治体制下的政府，都可以采取某种程度的民主方式进行管理，管理方式的民主化反过来促进政府管理体制的民主化，并通过民主化来维护政府权威。所以，政府民主化，就是指政府采取各种方式吸收公民参与政策制定、影响政府行为并对政府行为监督的过程，是政府自身重建的过程，即从精英化管理走向精英化管理与大众化管理相结合的政治状态的过程。体现为：第一，政府决策中把反映和实现人民群众的利益作为政府决策的根本价值取向和宗旨，在政府决策过程中，深入群众，广泛听取人民群众的意见和要求，政府所要解决的重大问题就是人民群众的愿望和意向。第二，政府决策机制的民主化，政府决策要有广泛的社会参与，体现人民享有管理国家事务、管理经济和文化事业、管理社会公共事务等民主权利，真正形成了解民情、反映民意、集中民智的民主机制。第三，政府管理行为的民主化，政府在行使公共权力，对社会进行管理时，要接受社会公众的监督；在处理问题的方式上要强调民主协商，"决不能简单粗暴、激化矛盾，更不能动用专政手段对待人民群众"①。第四，政府政务信息的公开化。民主政府是透明的政府，民主监督的前提是社会对政务信息的掌握，只有政务公开，才能保证监督的有效性。政务信息公开包括政务内容、政务过程、政务结果的公开。

基于我国不断完善社会主义民主政治的现实需要，我们对西北少数民族地区民主政府建设的考察，是按照社会主义市场经济体制下社会利益多元化的环境，从政府管理和政府行为民主化过程的角度来进行的。

第二节　西北少数民族地区民主政府建设的基本情况

一、政府决策民主化

当今世界，随着多极化和经济全球化的发展，政府决策不仅受国

---

①　朱镕基：《1999 年政府工作报告》，1999 年 3 月 5 日。

内诸多因素的影响，还要受国际因素的影响。随着政府决策的日益复杂化，决策民主化成为现代政府决策的必然要求。所谓政府决策民主化是指决策者在决策过程中能够充分发扬民主，最大限度地让人民群众、普通行政人员和专家参与决策，对各项决策方案充分发表意见，对正在实施的决策进行批评监督，促使决策者修正不适当的决策方案或制定新的决策方案。①

公民的有效参与是实现政府决策民主化的根本保障，同时也对政府自由裁量权的滥用起到了制约作用。在现代社会中，公民参与扩大了政府决策资源的提取范围，增强了政治体系的利益整合功能，公共政策能够最大限度地反映多数人的利益、要求和愿望，能更好地协调社会各种利益关系，增加社会公民的政治认同感，从而增强公共政策的合法性和群众基础。就西北少数民族地区而言，政府民主决策还与宪法所规定的自治权相联系。少数民族、少数民族地区与汉族、内地发达地区有着不同的自然环境、不同的经济社会文化发展水平、不同的利益诉求，差异性很大。因此给予少数民族参与政府决策，自主管理本民族事务的各项权力，不仅是民族区域自治制度的要求，也是西北各级政府提高政府民主决策的有效途径。

公民参与政府民主决策的方式较多，根据参与主体范围的大小可采用民意测验、政府征集公众意见和建议、政府深入群众调研、开展网络论坛、协商会议、专家咨询会和行政听证会等形式。但是，目前制度化的公民参与政府决策的方式主要为行政听证和政府的有关论证咨询会，我们也主要从这两个方面进行分析。

1. 行政听证

行政听证是行政机关在做出影响不确定的多数人或个别人的利益的决定时，必须听取当事人意见，以使决定公正、合理。听证已经成为世界各国现代行政程序法的极为重要的程序制度，是政府做出决定前的必经行为，它给利益相关人提供主张的机会，限制了政府行为的

---

① 参见王芳：《试析我国政府决策民主化制约性因素及突破思路》，《南华大学学报》2005 年第 1 期。

随意性，听证制度有利于避免政府决策缺少公民参与机制的弊端。在听证过程中，公民可以充分表达对各种未定方案的意见，使政府决策民主化得以充分体现，使政府的行政行为更加公正、合理、透明，公民也容易接受。我国在1996年出台的《行政处罚法》中首次引进了行政听证制度，其后又形成了价格听证制度和立法听证制度。明确了听证程序的适用范围和条件、听证的告知通知制度、公开听证制度、主持人及其回避制度、对抗辩论制度和听证笔录制度等。西北少数民族地区各级政府在规范性文件的制定过程中，逐步采用听证的形式。比如，早在1997年11月13日，新疆维吾尔自治区人民政府颁布实施了《新疆维吾尔自治区行政处罚听证程序实施办法》，2004年4月，新疆发展改革委员会主持医疗服务价格听证会，新疆医学界专家、学者代表、普通居民代表、人大代表、政协委员、妇联代表及政府等有关部门代表参加，拟取消重复和不合理项目45项；下调医疗服务项目价格217项。新疆维吾尔自治区人民政府还对《城市房屋权属登记条例》等规范性文件的制定进行了听证，针对《城市房屋权属登记条例》，自治区人大、律协、房产界、社科院、新疆大学法学院以及金融界的40多位代表在听证会上从不同角度对草案提出了50多条修改意见，较好地反映了民意。[①] 2002年，宁夏回族自治区为了健全政府采购制度，举办政府采购制度听证会，13家供应商、13名专家、6家行政事业单位的代表和财政厅有关处室及监察、公证、招标代理机构的代表共50多人出席了会议。首次就《宁夏回族自治区政府采购供应商考核管理办法》、《宁夏回族自治区评标专家管理暂行办法》、《宁夏回族自治区区级行政事业单位公务车辆定点加油实施办法》、《宁夏回族自治区区级行政事业单位车辆统一投保办法》五个规章进行制度听证。2005年8月1日正式实施的《宁夏回族自治区行政听证程序规定》明确了行政决策、行政立法、行政处罚、行政许可、行政复议、价格和信访等7种行政事项，需进行听

---

① 资料来源：课题组2005年新疆调研，资料由新疆维吾尔自治区政府法制办提供。

证。2003年青海省发布实施了《青海省发展计划委员会关于进一步做好价格听证工作的通知》，2005年青海省建设厅建立拆迁公示和听证制度。2007年青海省政府出台了《青海省信访听证办法（试行）》，赋予信访当事人以更加具体有效的程序权利。

2. 各方面人士参与政府决策论证、充分协商

在西北少数民族地区，政府决策民主化离不开各方面利益代表与社会群体的参与。特别是要尊重少数民族代表、宗教人士和专家的意见和建议。民族代表、宗教人士他们不仅代表了本民族的合法利益和价值诉求，而且可以发挥政府不能替代的作用，帮助政府实现特定的行政管理职能，从而降低政府行政成本。比如甘肃、宁夏在制定清真食品管理办法的过程中，信仰伊斯兰的各少数民族代表、宗教人士都发挥了积极的作用，而且这些法规在贯彻、实施、监督环节中也充分体现了少数民族代表、宗教人士的智慧。在参与决策的过程中，作为公民的专家也具有重要的作用。他们通过发挥理论和专业知识的优势，对决策方案的可行性或不可行性进行缜密的研究与论证，可以发现存在的问题，说明决策目标、措施是否有效合理。同时，专家可以站在比较中立的立场，对决策者可能因为权威、固执偏见等因素引发的偏离正确决策方向的现象加以合理地干预，尽量使决策不失误或者少失误。民族宗教人士、专家与政府的决策者在知识结构、惯常的思维方式、研究和解决问题的方法、偏好等方面，常常表现出鲜明的互补性。他们参与决策，有利于政府实现三个转变：即从权力决策向民主决策转变，从经验决策向科学决策转变，从部门利益决策向公众利益决策转变。西北少数民族地区的重大生态建设项目、反贫困政策、经济建设项目，都有上述代表的重大贡献。如著名的塔里木河引水项目、三江源生态保护项目、甘肃甘南的黄河水源保护项目、宁夏的吊庄移民工程都是民族宗教人士、专家共同参与决策的典型。

二、政府政务公开

我国政府所推行的政务公开，是指行政机关以及受行政机关委托行使行政权力的机构，把自己所掌握的信息以及履行职责的情况向社

会公开。推行政务公开是坚持立党为公、执政为民，发展社会主义民主政治、实现科学民主决策和依法行政的必然要求。促使政府提高权力运行的透明度和办事效率，营造公开、公平、公正的政务环境，树立廉洁、务实、透明、高效的政府新形象。2000年国务院办公厅发布了《关于在全国乡镇政权机关全面推行政务公开制度的通知》，要求按照依法公开、真实公正、注重实效、有利监督的原则公开政务，保障人民群众的民主决策、民主管理、民主监督权利。2008年5月1日《中华人民共和国政府信息公开条例》开始实施，该条例规定地方各级人民政府和国务院各部门以及法律法规授权或行政机关依法委托行使行政权力的组织，是实施政务公开的责任主体。随后青海、甘肃、宁夏、新疆也先后出台了有关政府信息公开条例的实施意见和政务公开指南。

自政务公开制度实行以来，西北少数民族地区的政务公开经历了一个由点到面、由浅入深的渐进过程，公开中注意与行政管理体制改革相结合，积极发展电子政务，公开形式丰富多样，服务于政治稳定、民族团结、社会发展。按照政务公开要求，2005年以来，各省区级政府都建立了新闻发言人和新闻发布会制度；制定了主动公开和依申请公开制度、政务公开评议制度、政务公开责任追究制度等；政府公报、政务公开栏、政务公开大厅、办事指南和报刊、广播、电视、网络等媒体成为政务公开的主要形式。在偏远的农村，通过发放"明白卡"，告诉百姓政府能办哪些事、怎么办，使他们可以及时地了解到政府的信息。

从社会各方面的反映看，西北少数民族地区政府逐渐形成了全方位、多层次的公开体系。公开中注意了办事机构的管理权限、年度工作目标、办事依据、办事程序、选人用人，具有服务职能的大部分机关单位将机构设置、工作职责、服务范围、违规责任及收费依据、标准、数额等情况全部予以公开；部分执法单位还公开了受案范围、执法程序、办案时限、收罚款处理依据、标准、数额等，行政执法依据、行政执法过程和执法结论都要公开。比如，公安系统围绕户口办理和刑事案件、交通事故处理等涉及群众切身利益的热点环节，对办事的全过程实行了公开，并首先试行限时办结制；建设系统围绕建设项目招投标等容易滋生腐败现象的办事领域，设立机构，加强了对工程招投标过程的监督；卫生系统实行药品集中招标采购制度，医院将收费项目价格予以公开；财政部门将政府采购的范围逐步扩大到了公务用车、办公设备购置及公房装（维）修方面等。在公开方法上，做到了涉及面大、内容固定的事项长期公开，政策性规定和阶段性工作定期公开，临时性工作随时公开。西北少数民族地区政府在政务公开方面多有创新，甘肃省 2005 年 9 月以来组织了以"倾听民声，关注民情，排解民忧，体现民意"为主旨的"政风行风热线"广播直播节目；新疆从 2007 年就开始了政府网站绩效评估，同时进一步强调行政执法公开，如《新疆维吾尔自治区计划生育行政执法责任制实施办法》就规定，计划生育行政执法的法律依据、执法主体、执法权限、执法职责等法定职责范围公开；生育政策公开，生育审批结果公开；奖励与优惠规定公开；执法程序公开；来信来访重点案件的查处结果公开。

三、政府民主监督

政府权力随时都存在侵犯公民权的可能，因此，对政府的监督就显得尤为重要。政府权力的监督表现为事先的权力约束和事后的补救，只有建立完备的政府监督纠错机制，才能够在公民的权利受到政府侵犯时得到公正的救济，修补损伤的正义，挽回不利的影响，重新树立政府在公众心目中的权威和形象。我国法律规定的对政府行为监督的制度包括对政府的外部监督和政府的内部监督，外部监督主要有党组织的监督、人大的监督、司法监督、社会和新闻媒体监督等，内部的监督包括行政监察、审计监督、行政复议、信访等。对此我们将从政府行为的内部监督机制来考察西北少数民族地区政府行为文明建设。

1. 行政监察

行政监察作为政府自身的监督机制和行为纠错机制，对于政府依法行政，提高政府工作效率，解决公民投诉都起到了很大的作用。随着西北少数民族地区行政监察工作的不断深入，行政监察保障公民权利的功能也日益显现。2005 年年初，中共中央颁布了《建立健全教育、制度、监督并重的惩治和预防腐败体系实施纲要》（以下简称《实施纲要》）。在党中央、国务院的坚强领导下，中央纪委监察部加强组织协调和督促检查，各地区各部门结合实际，狠抓《实施纲要》的贯彻落实，教育、制度、监督各项工作整体推进，党风廉政建设和反腐败工作在过去的基础上又取得新的成效，呈现出良好发展态势。西北少数民族地区政府在行政监察工作中取得了较大的成绩，通过加强行政监察工作，公民的权利直接或者间接地得到保障。比如，宁夏和青海两省区都进行了行政效能的建设，对于转变行政机关工作作风，提高服务水平，维护公民权利都起到了较好的作用。通过开展行政效能监察，各试点单位的制度建设进一步完善，服务群众的观念得到进一步增强，机关作风明显改进，工作效率明显提高，推动了党风廉政建设和反腐败工作深入开展。"二为"（行政不作为、乱作为）、"三乱"（乱收费、乱罚款、乱摊派）、"四难"（门难进、脸难看、话难听、事难办）等一些机关病得到了有效治理。

　　2006 年，青海省深入开展以"加强行政监督、促进依法行政、保证政令畅通"为重点的行政效能监察工作，对行政机关工作作风懒散、效率低下、办事推诿、资源浪费、行政不作为、乱作为、执法不公、违规收费及"吃、拿、卡、要"等损害人民群众利益的突出问题进行纠正处理。据统计，全省各地各部门结合自身工作特点，新建立行政管理制度 1724 项，修改完善制度 883 项，制定党风廉政建设制度 933 项，自查出行政执法、作风、效率等方面的问题 1601 条，收集群众反映的问题 2116 条。① 甘肃省从查办案件入手，及时解决了关系人民群众切身利益的问题。2006 年甘肃省扎实推进治理商业贿赂工作，明确提出，要围绕商业贿赂易发多发的领域和行业，突出办案重点，坚决查处严重破坏市场秩序和损害人民群众切身利益的商

---

① 资料来源：课题组 2006 年青海调研，由青海纪检监察厅提供。

业贿赂案件。2004 年以来，新疆各级纪检监察机关围绕经济建设，加强执法监察，净化发展环境。全区各级纪检监察机关共开展执法监察项目 291 项，挽回经济损失 1545.9 万元。围绕改善和优化投资软环境，全区初步建立了廉政投诉中心、行政效能投诉中心和优化投资环境投诉中心"三位一体"的投诉体系，共受理各类投诉 2012 件，追究党政纪责任 56 人。① 2004 年新疆伊犁州组成 14 个检查组就教育收费问题进行专项检查，检查了州直 392 所学校，查出各类价格违法案件 98 件，违法金额 276.78 万元，清退违规收费 79.77 万元，没收违法金额 4.81 万元。② 党的纪检部门在廉政建设方面与行政机关的监察部门共同努力，在工作的方式方法上灵活创新，起到了重要的作用。比如，新疆维吾尔自治区纪律检查委员会在 2001 年就设立了"539"廉政专用账户。规定，凡过去收受礼金、有价证券、支付凭证，只要是在组织调查前主动如数汇（交）到"539"账户的，均视为自觉改正错误，将视情况不予处分、免予处分或减轻处分。"539"廉政专用账户，只收不付，由自治区纪委每年统一上交财政。③

2. 审计监督

审计监督是国家宪法和法律规定的专门职权监督，《宪法》第九十一条明确规定："国务院设立审计机关，对国务院各部门和地方各级政府的财政收支，对国家的财政金融机构和企业事业组织的财务收支，进行审计监督。"2006 年 2 月 28 日第十届全国人民代表大会常务委员会第二十次会议通过了关于修改审计法的决定，修改后的审计法赋予了审计机关更大的审计监督权。审计机关在国家经济和政治生活中发挥的作用越来越显著。

西北少数民族地区近年来的审计监督工作有较大的发展。涉及政府行为的审计主要是：第一，从确保财政收支的合理、真实的角度，

① 资料来源：课题组 2005 年新疆调研，由新疆纪检监察厅提供。
② 资料来源：课题组 2005 年新疆调研，由伊犁州纪委监察局提供。
③ 资料来源：课题组 2005 年新疆调研资料，新疆维吾尔自治区纪律检查委员会提供。

加强财政预算执行情况审计。第二，从促进税收增收的角度，加强税收审计。第三，从提高使用效益的角度，加强专项资金审计。第四，从促进廉政建设的角度，加强经济责任审计。第五，从维护群众利益的角度，加强对涉及群众利益的各种收费和补偿的审计。各地审计促进了经济建设、廉政建设，直接或者间接地维护了公民的权利。比如，2004 年新疆伊犁州审计出违规金 12 亿元。[①] 同年，兰州市对 52 个部门和单位的 54 位领导干部进行了任期经济责任审计。共完成审计项目 350 个，查出违规资金 1.33 亿元。[②] 西北少数民族地区的政府审计多涉及移民安置、社保基金、住房公积金、扶贫救灾资金这些与老百姓切身利益息息相关的资金，审计有利于资金的安全管理和使用绩效，对于保障公民权利，树立党和政府的威信具有重要的意义。

3. 行政复议

行政复议是行政机关内部自我纠正错误的一种监督制度，也是行政机关依法维护行政相对人合法权益，有效实施行政救济的重要法律制度。行政复议对加强行政系统的层级监督、规范行政行为、及时化解行政纠纷、维护社会稳定和促进和谐社会建设都具有重大意义。随着我国《行政复议法》的实施，全国行政复议案件数量不断上升。其中市、县级政府部门作为被申请人的行政复议案件最集中。原因在于：一是各地方、各部门越来越重视运用行政复议手段解决行政争议。二是随着公民依法维权意识的不断加强，越来越多的群众对行政执法活动持有异议，不再盲目上访，而是有意识地通过行政复议渠道寻求法律救济。三是基层政府和部门依法行政水平不高，时有发生行政侵权现象，导致局部地区和领域行政复议案件数量上升。

西北少数民族地区各级政府不断探索提高行政复议质量的方法，加强制度建设，如探索建立行政复议工作制度、行政复议听证制度、案卷公开查阅制度和行政复议简易程序制度，开发行政复议网上申请

---

① 资料来源：课题组 2005 年新疆调研资料，新疆维吾尔自治区纪律检查委员会提供。

② 资料来源：课题组 2005 年甘肃调研资料，由甘肃省纪检监察厅提供。

系统等。例如，新疆维吾尔自治区人民政府制定了《关于加强行政复议工作的若干意见》，甘肃省政府制定了《行政复议案件处理程序规定》，宁夏政府制定了《行政复议人员资格管理办法》。一些政府部门也根据工作实际制定了有关行政复议的规定，例如，新疆维吾尔自治区计划生育委员会制定了《计划生育行政复议程序规定》，新疆维吾尔自治区环保局制定了《行政复议和处罚案件审议规则》。这些规定对于防止和纠正违法或者不当的具体行政行为，保障公民、法人和其他组织的合法权益，保障和监督行政机关依法行使职权都起到了重要的作用。

4. 信访

公民对政府行为的监督权是宪法、法律赋予公民的一项基本权利，包括对国家工作人员的申诉、批评、建议、控告、检举等。在实践中，群众比较倾向于对政府工作人员的行政管理和执法行为采取信访的方式监督。我们的问卷调查也证实了这一点，如果群众的合法权益受到政府部门的侵害，他们认为最有效的解决途径选择排序情况是，向人民法院起诉占44.2%；向新闻媒体反映占42.2%；政府信访部门反映占32.5%；托关系解决占15.1%；找领导告状占9.8%；采取过激行为占4.3%；找宗教人士帮助占2.8%。从中可以看出，群众对信访、媒体监督、法院诉讼这几种监督方式的认同度高，而过激行为并不被看好。我们认为，这与上访是中国老百姓自古以来就有的一种方式有关。2005年5月1日起施行的《国务院信访条例》规定信访是公民、法人或者其他组织采用书信、电子邮件、传真、电话、走访等形式，向各级人民政府、县级以上人民政府工作部门反映情况，提出建议、意见或者投诉请求，依法由有关行政机关处理的活动。《信访条例》的实施，使我国的公民信访更具法律程序性。2005年全国公安"大接访"以来，西北少数民族地区各级公安机关改善信访部门的办公条件，充实信访工作力量，成立信访工作领导小组，落实领导接待日制度，定期研究信访工作，做到了县级公安局领导全面接待，市、州、区级公安局领导选择接待，省、区厅领导重点接待，极大地改善了警民关系，促进了公安文明执法。

为了及时了解社会问题，解决人民群众反映强烈的问题，缓解社会矛盾，西北少数民族地区各级政府不断完善信访机制，采取了一些行之有效的办法，及时化解了社会矛盾，解决了群众难题。比如，甘肃省各级党委、政府和纪检监察机关注意从人民群众反映强烈的问题入手，把认真解决集体上访、异常上访、信访老户作为工作的重点，坚持"分级负责，归口治理"的原则和领导接访、领导包案制度，建立和完善了信访举报工作的各项制度。据统计，2003—2005 年三年来，甘肃省各级机关部门受理来信来访、电话举报和网上举报共54786 件（次），其中县以下基层单位受理 17688 件（次），直接查办信访案件 4108 件，挽回经济损失 2178.7 万元；以信访通知书、信访谈话、建议召开专题民主生活会等形式，进行信访监督 3238 次，共处理集体上访 826 起、越级上访 1037 起、异常上访及突发性事件 60起，为群众办实事、解决实际问题 7347 件（次）。① 新疆维吾尔自治区政法委信访处充分发挥职能作用，进一步加大信访案件的督促处理，2005 年，该信访处共接待上访群众 2000 多人次，处理上访信件1000 多份，说服息诉罢访人员 800 多人，免费赠送《信访条例》上百份。上访群众送来上百份感谢信和表扬信，赠送来 8 面锦旗。② 现在西北少数民族省、区级政府都创建了在线督查督办，在线信访投诉电子政务平台，进一步提高了督办效率。

第三节　存在的问题与对策

在我国宏观行政体制改革和政府职能转变的大背景之下，西北少数民族地区政府在遵循中央和国务院统一部署的同时，结合本地实际，在政府民主化的进程中采取了一系列措施，在民主政府建设方面取得了很大的成就。但是，政府民主化是一个渐进的过程，又是一个复杂的系统工程，西北少数民族地区政府民主化过程中仍然存在一些

---

① 资料来源：课题组 2005 年甘肃调研，由甘肃省信访办提供。
② 《新疆日报》，2006 年 7 月 9 日。

突出的问题，这些问题的解决对于建立民主政府，提高政府行为文明程度至关重要。

一、存在的问题

1. 政务公开程度不够，政务信息具有内控性

政务公开是政治文明的具体表现，是现代社会政府的责任。一个地区行政效率的高低、执法是否公平已成为该地区竞争力的关键因素之一，积极推进政务公开是树立政府透明、开放、廉洁的良好形象的关键。在调查中我们发现，部分单位和领导对政务公开重视不够或对政务公开工作的重要性认识不到位或存在误区，不少单位只是把政务公开工作看做是一项事务性工作，一个阶段性任务，没有从转变政府职能、进行自我重建的角度看待。在访谈中我们发现，有许多部门和工作人员认为公开的内容、时机、方式、范围等都是本部门的权力。有的甚至认为将与群众利益相关的信息公开后，造成议论纷纷的局面，会影响社会稳定，存在着"让老百姓知道的东西多了只能添乱"的错误思想，因此不愿也不敢将"政务"公开，对政务公开的工作部署采取拖延、敷衍的态度。

权力意识浓厚，服务意识淡薄，也是影响政务公开的主要因素。政务公开实质是推进政府提高服务质量的手段，政务公开中出现的问题归根结底是服务意识问题。如果一个部门一个单位把履行政府职责看成是手中的权力而非为人民服务的义务时，那么其政务公开必定是避重就轻搞形式，以种种借口推迟政务公开工作，尽可能缩小公开范围、压缩公开深度。目前，尚有不少部门认为，本部门负责的事务就是本部门的权力范围，不愿也不必让他人知晓。另外，我们看到有的单位和部门借政务公开评功摆好。政务公开变成了政绩公开，政务公开栏变成了政绩光荣榜，而对人民群众关心的公共事务的决策依据、决策过程闭口不谈，尤其回避工作中的失误和不足。

也有部分单位政务公开不同程度地存在着内容简单、流于形式的现象。政务公开的内容应既包括行政事务办理的结果又包括政府行为的程序。但有的单位只是将一些行政程序编印成册供政务信息使用者

在现场查阅，或仅在办公场所设立"政务公开栏"。有的单位只是公布了机关的工作流程、机构设置、规划方案、机关工作的制度。除此，在公开内容上也不同程度地存在着抽象、过时等现象，偏重公布最终结果，而对决策前和决策过程中的信息公布较少。这些既不能满足广大群众及时参与政府事务的要求，也不利于接受人民群众的监督。还有一些部门只公开那些不得不公开的、大家都知道的事项，把有可能影响部门利益的事项加以回避，或者只公开一些程序性要求，回避实质性事项。

2. 政务公开缺乏强制性、可操作性的实施机制

截至目前，我国对政务公开中到底公开哪些内容，公开到什么程度，对公开的情况由谁来监督等都无明确的规定。各级政府推出的一些政务公开措施，也缺少明确具体的实施细则，缺乏可操作性。因缺乏统一规划，各单位各自为政，使组织监督、纪律监督、社会监督、法制监督等监督工作难以落实，真正的公开机制难以建立。虽然大多数单位政务公开都公布了监督举报电话，配备了意见箱，但如何制定制度，让社会对所举报事件做到快查快结、件件有回声、对整改问题跟踪监督，还任重道远。另外，从公民的角度看，公民对政务信息的获取途径很大程度上处于被动消极状态。在我们的调查问卷中，通过知情人知悉政府信息的占被调查总人数（1558 人）的 35.5%，偶尔从同事、邻居处听到的占 46.6%，查阅政府公报、浏览政府网站的分别仅占 13.8% 和 10%，阅读报纸的占 59.5%，通过广播电视的占 73.3%，向政府职能部门咨询的占 12.3%，参加新闻发布会的占 2.1%。

3. 政府官员对公民参与政府决策存在不正确认识

这主要表现在对公民参与的必要性和参与能力的怀疑。公民参与政府决策需要相应的观念支持，我国经历了漫长的封建社会，总体而言，缺乏公民参与的传统以及对参与价值的应有认识。其重要表现就是一些地方政府及其领导成员还存在着认识上的误区：例如，认为公民只是被管理的对象，只能接受和服从政府的行政决策，而不能参与，或者可有可无；还有人认为公民只追求一己之利，目光狭隘，认

为公民参与是在给政府"添乱"而非合作。我们的调查显示，当问及当地政府在征地拆迁、水电价格、公共汽车票价调整或者在处理其他涉及公共利益问题的时候，是否广泛征求意见，在参加调查的1058人中，每次都征求的占5.1%，有时候征求的占23.6%，大部分情况下不征求的占35.3%，从不征求的占33.1%。

应当承认，公民文化和政治素质高低的确会影响其参与政府决策的质量，尤其是西北少数民族地区的农牧民受教育程度普遍比较低，这些客观影响着该地区公民的参与意识和参与水平，但退一步讲这些并不能成为拒绝公民参与的理由。即使公民因为文化素质的不足而无法对决策本身提出有益的建议，但至少他会亲身感受到政策执行中的问题和不足，通过开放政府决策过程，让公民得以反映问题，可以对政府及官员的行为形成一定的约束，使他们感受到民意走向，从而更好地规范自己的行为过程。如果一味相信精英理论，进而关闭公民参与的途径，公民的不满情绪得不到释放渠道，尤其是缺乏被政府认可的参与渠道，公民就有可能采取不合作甚至极端方式。

4. 行政听证程序不够科学规范

我们发现行政机关在进行行政听证时，在听证程序方面存在四个问题：一是行政机关不告知听证。《行政处罚法》第四十二条规定：行政机关做出责令停产停业、吊销许可证或执照、较大数额的罚款之前，应当告知当事人有要求举行听证的权利，当事人要求听证的行政机关应当组织听证。在所调查案件中，行政机关在对当事人进行行政处罚时，有些政府部门没有告知听证程序，剥夺了当事人的权利。二是听证程序不规范。听证由行政机关指定的非本案调查人员主持，并应当由专人记录。而在调查的案件中，听证程序组织极不规范，部分案件由调查人组织听证，存在自问自记的现象，违背了相应的法律规定。三是听证主持人无听证资格证书。这一问题尤其突出，在行政案件中，发现几乎所有的行政机关都很少有合格的听证主持人。行政机关对听证资格证书的忽视，导致听证程序形同虚设。四是有些部门举行的价格听证会缺乏实质性内容。有的采取封闭性的价格听证，不向社会公开；有的请本单位的专家学者、内部职工参加听证会，并美其名曰"广泛征求了专家学者和群众代表的意见"，让推崇正当程序的听证制度变成了"美丽的花瓶"——成了行政专横的粉饰物。甚至有的价格听证会的结果与媒体上大量反映出来的民意全然背离，让民众怀疑听证会的民主性。其原因是没有真正把行政听证制度视做现代行政管理的必经程序。

听证制度在我国刚刚开始施行，目前还只限于少数几部法律，适用范围很窄，程序也很不规范具体；在操作层面上，行政听证制度确立后，各地和各政府部门对听证制度的施行做了许多努力，但在众多受到处罚、有权要求听证的案件中真正举行听证的并不多。这表明听证制度还没有真正在现实生活中发挥应有的作用，还需要进一步完善。

5. 行政决策中专家的论证咨询流于形式

目前，我国政府从中央到地方要求重大决策，先由政府的咨询机构进行专题研究、讨论，再由政府领导最后决策。有的地方政府还提出过不经咨询论证不决策的原则。这都是值得肯定的。不过，目前有些地方政府包括西北少数民族地区各级政府在进行专家论证时搞"决策先行、论证在后"的形式主义，这可以说是专家论证咨询中的主要问题。尤其在一些涉及公共利益和有争议的项目和工程上，有关方面虽然按照规定程序，请来一些专家做可行性报告、技术鉴定、论证等，但这些专家往往是有意识地选择出来的持赞同意见的专家，持反对意见的专家则被排除在外。在论证之前，有关部门就对专家意见提出了要求，规定了方向，所谓的"专家意见"最终成了主办方的"传声筒"，其公正性和科学性大打折扣。

更有甚者，专家论证成了为私人利益张目的工具。政府公共决策和私人决策的最大区别之一在于，私人决策的后果最终是私人自己来承担，但公共决策的后果却需要由公众来承担。因此，公共决策咨询的出发点应该是维护最广大群众的根本利益。但是，由于我国目前在公共决策咨询方面尚缺乏一套完善的制度法规保障，因此，原本以公共利益为取向的决策咨询专家，常常成为部门或小利益集团的"代言者"。

我们认为造成上述问题的根本原因，一是政府决策咨询没有形成制度，或缺乏制度化、程序化的相关规定，部分领导或部门的一些决策存在一定随意性。二是决策咨询工作机制不健全，未能在政府决策部门与决策研究者之间建立比较固定、快捷、顺畅的交流渠道，一定程度上影响了科研资源为政府决策服务作用的发挥。专家普遍反映，政府部门对专家开展针对本地方的研究支持不够，他们很难获取本地方的有关信息，即使承担科研项目，也很难得到政府有关部门的支持和配合，如此相应的科研成果缺少了针对性，也为政府部门"轻视"专家论证提供了理由。三是信息手段落后。缺乏用现代信息技术为决策与决策咨询研究提供服务，使决策很难快捷高效。四是政府决策中涉及了政府工作人员的利益，所以对专家的反对意见或置之不理或对持反对意见的人在程序中提前进行过滤。

6. 信访工作中存在的问题

经过调查，我们认为就群众信访形势而言，综合分析存在以下问题：

一是来信人数下降，上访人数增加，集体上访规模大，参加人数多。过去上访一般人数少，一个人或三两人，几十人或上百人的很少。近几年来，不仅几十人的集体上访增加，而且出现上百人集体上访的现象。过去上访群众，一般态度比较平和，以咨询、商量、要求的语气来反映情况，盼望与请求有关部门给予帮助解决问题或及时处理有关问题。现在上访者许多都情绪偏激，有的打横幅、举牌子，沿途造势，扩大影响，有的到省市上访或反映情况，有的还通过一些手段寻求媒体参与和支持等。如部分县（市）在农牧场、企业医院、学校人员移交过程中，出现多次群发性上访事件，围堵党委、政府大门。这些上访者经多次劝解、政策宣讲仍不肯散去，言辞激烈，情绪激动，有些群众抓住有关部门、人员解释的只言片语，断章取义，坚持一些不合理的要求，并提出要和党政主要领导对话。

二是越级上访越来越多，重复上访越来越突出。不少案件、问题和矛盾大多来自农村和基层，按程序，情况的反映、问题的处理、矛盾的解决、是非的界定、对错的判断等都应属于基层党政部门职责和范围，但上访的群众却抱着越往上越能引起重视、越容易解决问题的认识和主观偏见，再加上由于交通和通讯工具便利，动辄便越级跑到省市上访。由于群众对反映的问题没有得到及时处理或处理不满意，如有的认为查出的问题不全面，避重就轻；有的认为查出的问题数额有差异，与事实不相符合；有的认为问题查出来了，但对当事人不处理或处理太轻，或只处理个别人、小部分人；有的案件处理不兑现或拖延时间过长未有结果等等。因此，出现反复集体上访和多次群体性上访。如宁夏中宁县田某等四十多名老武警战士曾在甘肃省服役，1961 年被甘肃省精减下放回乡生产。他们的生活困难补助费被甘肃省在 1988 年停发，引起了这些人长达十几年的奔波上访。

三是从群众来信来访的内容看，热点难点问题相对集中。主要是：城市建设和道路扩建中的拆迁、补偿和安置问题较为突出；企业改制、破产而引发的不稳定因素增多，以破产改制企业为主，主要是职工安置、养老、医疗和失业保险，以及再就业等职工切身利益问题；社会保障体系不完善和企事业单位自身原因所造成的职工养老、医疗保险和工伤、工资待遇方面的问题；就业、再就业问题，大中专毕业生、复退军人及企业下岗职工为就业、再就业问题来信来访较为频繁；劳动纠纷、土地管理、环境污染和乱收费问题仍是热点；涉法信访问题增多；因生活贫困而导致的上访问题较多；因乡镇行政区划调整引发的集体上访问题。就群众指控的对象和涉及的范围看，遍及社会的方方面面，主要有使农民负担过重的政府各部门及相关机构，有涉及执法、司法处理不公的公、检、法以及行政执法部门，有事关农民利益的农村工作部门，有关系职工切身利益的企事业单位。

四是择机上访，突发事件多。不少人在各级人大、政协会议、党代会期间以及重大节日、重大活动时上访，意图引起有关部门的注意。城乡群众的上访已不是个人现象，只要有人发动，响应者甚多，并且聚集时间短、速度快，极易扩大事态，酿成突发事件。

目前基层群众上访，原因是多方面的，有其来自政府的原因，也有群众自身的原因；有主观方面的原因，也有客观方面的原因。

（1）政府和社会均处于转型期。现在多数地方将经济发展、社会稳定和计划生育等工作指标分到基层后，上级只关心任务完成的怎样，而不管下达的任务是否实事求是。这种管制型的行政建构、准动员型的行政执法、指标型的任务机制，使基层政权走入了"沼泽"。基层的领导格局还没有摆脱党、政府和社会一体化、政府包揽过多的局面。从理论上讲，我国正处于体制转型期，强调政府与社会之间的分工，但党和政府包揽一切的现象仍很普遍。这就造成了群众的依赖心理，不管任何问题都找党和政府，执政者总是被限制在冲突的一方，成为矛盾的焦点。客观而言，许多问题的起因和解决的责任并不一定都在政府，但不少人却找政府纠缠。

（2）决策机制不适应。从接触到的基层上访人员看，上访原因尽管复杂多样，但或多或少与我们政府某些部门的工作人员的失察、失误有着直接或间接的关系。一些决策机关和主要领导，偏重个人意志和经验，科学民主程序不够完善，导致决策给公民带来损害。

（3）信访渠道不够畅通，责任机制不健全。从已有的实践看，有的地方或者部门对信访人反映问题推诿塞责或者截访堵访，最后矛盾上交，故需要对处理信访事项的机关加强监督力度。再者，信访部门自身无权裁决纠纷，有限的权力实际上使自身不得不变成收发室和接待站，所反映的问题最终还必须回到被反映的国家机关。还有，《信访条例》对信访人的权利、方式、不得违反的行为，规定得很清楚，但在实际工作中，很多上访人违反了《条例》的规定都得不到应有的处理，客观上起了推波助澜的作用。至于实际执法过程中的司法不公，法院判决后执行难等，更导致了人们对诉诸法律解决问题的信心不足，当法律一旦不能成为人民信赖的解决矛盾的工具时，群众就必然会习惯性地找政府解决，因此人们遇到问题选择上访就在所难免。

（4）干部队伍素质问题。据信访部门工作人员调查，凡是反映干部经济问题、办事不公道，或是以权谋私等群众来信来访，经查基本上属实，只是程度不同罢了。这就反映了部分基层干部，只有"为民做主"的意识，而缺乏为人民服务的精神。现行的干部队伍管理，缺乏对主要领导自身行为规范和约束。制度不健全，民主程序不严，很容易出现决策失误和经济犯罪，使群众的正当权益受损引起公愤。

7. 行政复议的制度缺陷无法充分发挥其对行政行为监督纠错的作用

由于《行政复议法》的一些规定还不尽完善，如同在全国其他地方一样，西北少数民族地区政府在行政复议中存在以下问题：

第一，行政复议机构的功能没有充分发挥。在行政复议制度的实际运行中，有些行政复议机构形同虚设：一方面，这些行政复议机构没有起到化解纠纷的功能；另一方面，公民对这些复议机构的知名度、信任程度不够。据我们了解，造成这种现象的原因主要有：首先，复议机关与做出具体行政行为的行政机关具有行政隶属关系，这就决定了复议机关在裁决行政纠纷时难以十分公正；复议机关有时出于照顾上下级关系或整体与部门的关系而支持原行政机关的工作，有时甚至行政行为在做出之前就已经先行请示过上级（复议）机关，这样原行政机关的决定实际上就已经体现了复议机关的意志。其次，复议机关不愿当被告的心理，也影响了行政复议决定的公正性。我国《行政诉讼法》规定，复议机关改变原具体行政行为的，一旦被起诉，复议机关将成为被告；因而有些复议机关为了不当被告，对于受理的复议案件，常常不问青红皂白，维持了事；另外，在实践中某些领导人观念落后，把是否被起诉和是否败诉作为行政机关政绩考核的标准，这也是复议机关草率维持原具体行政行为的原因之一。再次，复议机关从事复议工作的人员不足，素质不高，专业化不强，是行政复议决定公正性不够的内在原因。

第二，没有相对统一和独立的行政复议机构。这种状况既不利于公正地进行行政复议，也不利于机构精简。我国的行政复议机构分别隶属于各级不同的人民政府和不同的行政职能部门。各级人民政府和各行政职能部门根据自己的实际情况设立主管行政复议的工作机构，没有一套统一的行政复议机构体系。实践中行政复议机关主要采取一把手审批或分管领导审批的形式；也有的行政复议机关成立了行政复议委员会，对行政复议机构报送的处理方案集体讨论，决定案件的处理。这种决定形式与行政机关做出普通行政行为的方式相似，保证行政复议办理方式与行政机关普通行政行为方式的衔接。但是，在实践中这种方式已经不能适应需要，反而很容易产生各种弊端。首先，不能公正地进行行政复议裁决。主持复议的行政机构完全听命于其所属的行政首长，没有自主决定权。部分单位领导怕担责任、怕得罪人或出于部门保护、地方保护思想对行政复议工作态度消极或者不适当地进行干预，具体实施行政管理职能的机构也往往对行政复议机构施加影响，使得行政复议工作不受重视，行政复议机构边缘化，行政复议功能严重萎缩。其次，没有统一的复议机构体系，违背了行政机关的精简效能原则，造成机构臃肿，加重了各级各类行政机关的负担。同时，在各级政府和各类职能部门设立行政复议机构，造成了人员一定程度的浪费，不利于行政机关工作效率的提高。

第三，行政复议监督范围有限。《行政复议法》只是将规章以下的抽象行政行为有限纳入了行政复议范围，对于行政法规和规章，行政复议仍然不能发挥监督作用。《行政复议法》确立了对规范性文件的附带审查制度，条件是申请人在对具体行政行为不服提起行政复议时对具体行政行为所依据的规范性文件进行审查。换句话说，申请人不可以仅对规范性文件不服申请行政复议。另外，一些规范性文件也许没有直接侵犯申请人的合法权益，但是确实影响了申请人的合法权益，不允许申请行政复议是不恰当的。因为，对抽象行政行为进行复议监督问题，从理论上说，有下列监督形式：人大和上级行政机关的监督；备案审查的监督；人民法院和行政复议机关审查具体行政行为时的间接监督。但是，这些看似完备的监督制度，实际上却收效甚微。究其原因无外乎两点：一是有权监督的机关没有真正实施监督；二是没有行政行为的利害关系人参加，缺少程序的发动者和监督的原动力。

二、促进西北少数民族地区政府民主建设的对策建议

1. 扩大政务公开的范围，增加政务公开的渠道，保证政务公开的质量

西北少数民族地区政府应把政务公开的重点放在人民群众普遍关

心、涉及人民群众切身利益的各类事项上，放在影响机关效能的突出问题上。要扩大政务公开的范围，凡是不涉及党和国家秘密的都要公开。西北少数民族地区政府在政务公开中应重点深化公开以下内容：

一是公开政务。通过新闻媒体有针对性地把国家有关法律法规、党委政府的重大政策文件向社会公开。财税、建设等执法和窗口服务单位将有关政策权限和服务事项在政府报纸上公布，各级政府办公室将政府的重大决策通过政府报纸和政府网站公布。

二是公开热点。各级政府在广场、政府门前和主街道等醒目位置，设立了政务公示栏或显示屏，把群众关注的有关政策、干部职工关心的人权、财权、事权办理结果等热点问题，予以公示。有关部门相继推出了干部任前公示、土地转让审批公示、涉农价格和收费标准公示、教育收费公示等制度，在社会上反响较好。

三是公开交易。各级政府对国有土地、户外广告、矿产采掘、市场摊位经营权等一律公开拍卖，实行市场化运作。在教育和卫生系统全面推行教育设备、医疗器械公开采购。

四是公开选人。以人事制度改革为突破口，在干部使用上大胆引入公开、平等的竞争激励机制。机关事业单位实行"凡进必考"制度，对调入干部公开考试，择优选调。

五是公开财务。各级政府对年度财政预、决算要提交人大审议通过，接受监督，并且要向社会予以公布。各部门要建立财务收支公开制度，对党政主要离任干部开展离任财务审计。

政务公开要有效利用各种形式和途径，包括：通过政府门户网站和部门网站发布各类政务信息、通过人民政府公报公布有关情况、通过举行政府新闻发布会公布有关重要事项和热点问题、通过公共媒体公布需要社会周知的事项，还可以通过各单位政务公开栏、政务信息公开指南、多媒体触摸屏等，公开需要办事人知晓的单位基本情况、工作规则、办事流程和相关制度。

各级政府及其职能部门应遵循便民的原则，平等、及时、真实、全面地向社会公众公开政务信息。凡涉及承诺服务、限时服务的事项，应在规定时限内及时公布相关信息。要加强网站建设和管理，充分利用电子政务平台，及时维护和更新公开信息，逐步扩大网上审批、查询、交费、办证、咨询、投诉、求助等服务范围，为人民群众提供快捷、方便的服务。充分保障公民的知情权。

2. 树立程序法治观念，完善听证制度，保障公民参与行政决策和管理

行政关系是一种倾斜的、不平等的关系。行政权力有扩张性和侵犯性，如不加以制约和控制，就极易产生对相对人权益的损害和侵犯。而避免发生行政违法和侵权的方法之一就是赋予行政机关更多的程序义务，而相对人享有更多的程序权利，从而保持行政关系双方当事人之间的平衡，促使行政机关在行使职权时达到公开、公正和民主、高效。所以，自20世纪以来行政法治已从注重行政行为的结果发展到不仅注重行为结果而且强调行政程序，并在第二次世界大战后形成了一股制定行政程序法的潮流，听证制度也就是在此情况下获得重视与发展的。由于中国长期的集权体制的影响，行政程序一直被轻视。在立法中，往往实体规定多，程序规定少或根本没有；在执法中，往往只追求行政权的实现，而忽视行政权行使过程中程序的合法性；在思想观念上，往往认为程序烦琐、麻烦，影响效率，甚至多余，不能理解程序对实现实体正义的深刻影响和重要意义。所以，听证制度在中国的完善，首要任务是要在思想观念上认识程序，了解程序的意义和作用。

听证制度的完善从某种意义上讲就是程序上的完善，它要求对听证中的主持人，听证的当事人和参加人，听证的原则、步骤、方式和具体程序做出详尽的规定，使听证制度达到规范，具有极强的操作性，便于执行。听证程序的推行无论是对行政机关还是对行政执法人员的素质和工作能力都提出了更高的要求，它要求行政执法人员摒弃优越感和专横的作风，增强民主和法治意识，树立认真细致的工作作风。而要达到这一要求，除加强对行政执行人员进行法制教育，提高其执法水平外，还必须从制度建设的层面上加以保障，强化行政责任制度，对于违反法律规定，该听证不举行听证，或不认真实施听证的人员和行为，依照法律的规定予以严肃处理。

进一步扩大听证范围。目前的听证主要限于行政处罚听证、价格听证和立法听证，听证范围过于狭窄，建议对于政府机关做出的涉及公众利益重大变动的决策事项也应进行听证。比如近年来问题较多的城镇建设规划、公共事业规划、土地规划、房屋拆迁等，借口公共利益的需要而侵犯行政利害关系人的现象屡屡出现，甚至导致群体性事件的发生。因为行政决策的制定、实施从本质而言是一个利益的冲突、博弈的过程，政府机关通过行政决策进行的利益配置有时是指导性的，在多数情形下是带有强制性的，属于拘束性规则。因此对于政府机关做出的涉及公众利益重大变动的决策事项进行听证有利于事前化解矛盾，增加政府决策的民主性、科学性。

3. 规范行政决策中的专家咨询和听证，提高政府决策的科学水平

为了不使专家咨询或论证虚化、形式化，应该从制度规范上细化、增强其可操作性，着重解决好以下几个问题：

第一，论证的主持者应该是独立的第三方机构，这样才能提高政府决策的科学性，避免专家咨询变味，减少重大决策失误的损失。如果论证的主持者是决策层的职能部门或与决策有直接利害关系，应当回避。

第二，专家应对自己的观点负责，专家同意或者反对，意见都应该记录在案，并向社会公开，有些决策的结果很快就能得到实践检验，这样，一些专家就会顾及自己的学术声望和荣誉，就不敢随便地表态，表态会更加谨慎、负责。

第三，建立不可行性研究机制，以保证重大决策的客观性、科学性。所谓不可行性研究，就是针对每一个申请立项的可行性研究报告成立一个专项调研小组，专门针对可行性研究报告提出反对意见并形成不可行性论证报告，以给决策部门提供一个兼听则明的机会。经不起"不可行性报告"结论反驳的立项申请就不能通过。由于有些地方政府部门在进行重大决策前，只重视可行性研究，即便是进行的可行性研究也往往变了味，成为一种形式主义。决策制度的设计，首先是要考虑权力制衡，决策部门要做出决策，论证的专家就不应该由决

策部门来找，而是由一个相对独立和超脱的中介组织完成这项工作。

4. 加强信访工作

随着改革的不断深化，方方面面的利益关系在不断变化和调整，由此而引发的矛盾和问题也在不断显露，各级党委、政府和信访部门化解社会矛盾、维护社会稳定的任务仍然十分艰巨和繁重。信访工作中还存在着一些不容忽视的问题亟待解决。《信访条例》对信访工作机制做了比较全面的规定，如疑难事项听证制度、问责制度、信访绩效的考核以及对信访人的保护和相应的法律责任等，应当说使信访工作的法治化有了制度前提。但根据以往的实践，我们认为在做好信访工作、保证公民监督权的实现方面仅靠制度是不够的，还应当注意几个方面：

第一，正确对待群众上访，促进政府自身的民主化。具体讲应当注意：从观念上说，信访是群众监督政府、推进政府依法行政的一种方式，也是宪法、法律中所规定的实现监督权的具体方式之一；从基层看，总体上社会相对比较稳定，各类矛盾基本上处于可控制状态。我们不能因为发生群体性事件，甚至有过激行为的群体事件，就简单地排斥公民上访，或者采取粗暴方法，而必须以理性的态度，用真情讲清道理，讲清政策，化解其不满情绪。

这几年信访工作中的一些无序现象如大规模的群体上访、择机上访、过激行为等，固然与没有明确的关于信访人的责任机制有关，但主要是没有抓好政府部门的基础工作、督办工作有关。其实这方面还是有些经验可供借鉴，比如，宁夏银川城区在近几年的信访工作中，建立了城区、街道办事处和社区三级信访网络体系，确保了信访渠道的畅通，做到了小矛盾不出街道，大矛盾不出社区，创造了连续4年无集体上访的突出成绩。而在宁夏全区把信访工作网络向街道、自然村、企业延伸，努力做到基层信访工作有人抓、群众信访有人理，充分发挥基层组织解决问题、化解矛盾的作用。

第二，改变信访机构的设置、经费、人员编制、人员素质与信访形势不相适应的状况。首先，信访制度确立的原意并没有赋予信访机构处理实际问题的权力，即没有最终的决定权与执行权。因为信访部门并不具有行政职能和权力，也不是单独序列的国家机构，其处理信访事项的权能有限，不可以也不可能解决本应由负有一定职责的国家机关办理的事务。其次，信访机构的设置庞大，相互之间缺乏一套规范的沟通、协调及信息互通机制，造成信访资源的闲置或浪费，甚至出现对信访事项重复受理或相互推诿的情形。加上民众对信访机构的性质、职能、受案范围等没有足够认识和了解，直接导致群众盲目信访或政府与群众之间的误解。最后，信访工作人员的工作态度和业务素质也有待提高。因此有必要建立一套专门培训信访工作人员的培训机构，对信访工作人员进行科学指导和管理。

第三，提高应对群体性突发事件的能力。对于突发性的群体性事件，首先应借助当代各种信息化的科技手段，建立和完善必要的预警系统，切实做到情况明了，信息畅通。基层党政组织应有一套科学有效的防范工作机制，努力把矛盾、问题解决在基层或萌芽状态。如房屋拆迁补偿、土地征用、各种税费的征收、下岗职工投保等，都是矛盾爆发的导火索。对这些问题应提前制定多种方案，并避开可能引爆的一些问题。同时，还应建立和创造各种群众情绪释放机制和各阶层利益的表达机制，对每一项涉及群众切身利益的工作，提前举行听证会等，降低矛盾发生的概率。

第四，加强信访信息工作。《信访条例》就利用现有政务信息网络资源建立全国信访信息系统，实现各级人民政府、政府有关部门之间信访信息的联网共享，以及信访机构向本级政府的报告职责做了规定。这些信息的共享为了解和掌握各地、各系统和各部门重要的信访动态，协调处理信访案件有重要作用。不过，这些规定还有些局限性，这就是在不影响信访人的权益的条件下，影响较大、涉及面宽的事项的处理结果应当公示，这既是公民知情权的要求，也是政府重视民意的体现，有助于在政府民主化和公民参与之间实现良性互动。

5. 完善行政复议制度，充分发挥行政复议应有的监督纠错功能

针对目前行政复议中存在的问题，主要应从以下四个方面完善现有的行政复议制度：

第一，要将抽象行政行为纳入复议范围。现行的行政复议法并没

有明确规定将抽象行政行为纳入复议范围，而是规定在对具体行政行为申请复议时，可以一并向行政复议机关提出对具体行政行为所依据的规定的审查申请，但显然能够提起审查申请的抽象行政行为的范围是十分有限的。而抽象行政行为比具体行政行为适用的对象更多、范围更广，一旦违法必将造成更大的危害，所以对抽象行政行为的监督应当是层级监督的重要内容，也是很多国家的通行做法。将抽象行政行为纳入复议范围有利于行政复议制度更大地发挥其功效。因此，应当修改《行政复议法》，将规范性文件纳入行政复议受理范围，并进一步允许人民法院的司法审查。将抽象行政行为纳入行政复议的范围，可以有力地防止行政机关利用不合理的规范性文件侵犯公民权利的可能。

第二，实行政复议机构的相对独立，形成统一的复议体系。我国行政复议制度中的复议机关有三种类型：一是做出被申请具体行政行为的行政主体，二是做出被申请具体行政行为的行政主体的上一级行政机关，三是做出被申请具体行政行为的行政主体所属的人民政府。对第一种类型而言，实际上是自己对自己的行为进行审查、做出复议决定，明显不符合"不做自己的法官"的一般公正原则，缺乏独立性，而对后两种类型而言，由于复议机关与做出被申请具体行政行为的行政主体之间存在着行政隶属关系，复议机关往往容易受到"地方利益"或"部门利益"的影响，很难立足于中立者的角色进行居中裁断。因此要确保行政复议机构的相对独立，建立统一的复议体系，只有这样才能确保行政复议制度的进一步推进。

第三，努力培养和建立高素质、专业化的复议队伍。复议员必须是高素质的人员，对法律、法规要非常熟悉，并做到融会贯通。政府法制部门公务员的录取考试应加入专业考试内容，建立政府法制工作岗位资格制度，制定行政复议工作岗位任职资格标准，不合格者不得从事政府法制工作。建立法制干部管理的激励机制、奖惩考核制度。组织复议人员旁听行政案件的庭审等。

本章小结

我国政府在党的领导下，自始至终以实现和发展人民民主为己任。西北少数民族地区各级政府，在中国共产党的领导下，从权力来源、权力运行、权力监督等多方面，都体现了我国民主政治的要求。特别是能够结合西北多民族的实际情况，坚持和贯彻党的民族区域自治制度，不断发展平等、团结、互助的社会主义民族关系，以各民族公民权利的保障为目标，积极有效地发展了社会主义民主政治。但是西北少数民族地区的民主建设还存在很多问题，有些是需要中央政府统筹解决的，有些是西北少数民族地区特有的，对此中央和西北地方各级政府要始终以公民权保障为政府民主建设的核心，要敢于打破特权思想，勇于制度创新，使政府行为始终处于民主、公开、透明的运行状态；要敢于让老百姓参与政府决策、政府监督，不断提高政府民主建设和民主管理水平，有力地促进民主政府目标的实现。

第七章 西北少数民族地区 政府权力运行机制 与公民权保障

第一节 政府权力运行机制的内涵及类型分析

一、政府权力运行机制的内涵界定

要理解什么是政府权力运行机制，首先要明确机制的涵义。从词义上考察，机制一词是英语 mechanism 的意译。在《牛津词典》中，机制的词义是指机械装置或机体的"结构"和"共同作用"。按照最新修订的《新华词典》的解释，机制一词原指"机器的构造和工作原理"，后用来"借指有机体各部分的构造、功能、特性及其相互联系和相互作用等"。《现代汉语词典》及其他中文词典对机制的词义作了更加广泛的解释，指出机制一词现在常被用来泛指事物之间的"有机联系"和"相互作用"。在当代各学科中，机制的涵义已从原来"机器的构造和工作原理"，引申为广泛使用的术语，主要用来泛指事物之间较为稳定的相互联系和相互作用。机制的内在逻辑关系是：机制构成主体之间的相互联系可看做是机制的静态关系结构；各主体之间的相互作用可看做是机制的动态表现形式；这种相互联系和相互作用具有稳定性和规律性，并将会产生相应的功能作用；机制的功能作用一般情况下应当大于或优于不同主体（或各个部分）功能作用的简单相加之和。由于这种逻辑关系在机制运作过程中将会循环反复地出现，体现出一定的规律性，因而机制是一种稳定的运作模式。[1]"机制"应当是一个与系统相联系的概念，即指系统内部两个或多个要素之间的相互作用和关系。"机制"还应当是一个与过程相联系的概念，即在一个系统内部两个或多个要素之间的相互作用的过程，在过程中通过要素之间的共同作用以表现系统的整体功能和特征。因此，在许多场合"机制"与"运行"相联系，并称为运行机制。

要准确理解政府权力运行机制的内涵，必须首先明确两点：

第一，政府权力运行机制概念的提出，不是对政府权力制度、政府权力体制和行政管理体制等概念的否定和取代，而是体现了人们对政府问题研究的深化。当我们运用政府权力运行机制这一新的框架研究政府权力现象时，不仅可以弥补以往研究的不足，把政府权力制度问题，政府权力体制问题和行政管理问题放在特定的政府权力运行环境和政治文化背景中考察，而且可以从研究政府系统内各组成部分的互动关系中得到更深层的启示，更好地揭示政府发展的规律。

第二，从政府权力运行机制本身来看，它强调的是各种政府权力要素在运行中的互动关系以及这种互动关系对实现政府发展总目标的影响。任何政府权力系统都是由运行中的各种政府权力要素构成的。这些要素相互影响、相互作用，构成政治权力系统赖以存在和发展的基础，并直接影响着该系统总体目标的实现。因此，不管人们面临的政府权力现象如何变化多端、如何纷繁复杂，我们都可以将其视为一个统一的运行过程，并从研究该过程入手揭示各种政府权力行为主体的相互地位及其相互关系，揭示行为主体对政府权力运行过程及其发展前景所产生的各种影响，从而更深刻地认识政府权力系统的本质和规律。

---

[1]　沈荣华：《政府机制》，国家行政学院出版社2003年版，第2—3页。

　　基于上述理解，我们认为，所谓政府权力运行机制，是指在配置与划分政府权力的基础上，为保证政府权力运行实现其预期目标，基于特定的历史文化传统或通过特定的制度安排而形成的政府权力系统各要素之间相互联系和相互作用的模式及其运作方式。政府权力运行机制的前提和基础是一定的政府权力体制设计。政府权力体制从静态方面规定政府权力配置方案与组织载体安排，主要包括中央政府权力体制、地方政府权力体制、政府首脑体制、行政组织体制、集权或分权体制等。政府权力运行机制从动态方面规范政府权力的运行过程，包括决策、执行、监督、协调、控制等运行环节以及对政府系统中人、财、物、信息等资源的支配方式。一方面，政府权力运行机制的合理化与科学化程度直接受政府权力体制的影响和制约；另一方面，政府权力运行机制是否合理也反作用于政府权力体制安排的实际效果。需要说明的是，"政府权力运行机制"乃是一个中性的，描述性概念，其价值维度只有在特定的分类系统或语境中才能体现出来。

　　政府权力运行机制是由一系列的要素构成的动态系统，其主要是由政府权力运行机制的运作环境、运作主体、运作目的、运作动力、运作程序、运作手段等要素构成的。政府权力运行机制通常具有结构性、动态性和效用性等特征。其中结构性特征是指政府权力运行机制的各个要素既相互作用又自成一体，表现出一种结构性体系和整体性的运行态势。动态性是机制的根本属性。政府权力运行机制是一个动态的历史范畴。虽然在一定的区域、时间和社会条件下，它具有稳定性特点，但是它必然与社会环境一道变迁，从而在不同的社会历史条件下呈现出阶段性和动态性特征。效用性是指政府权力的运行必然对外界环境输出信息、能量和作用，从而对周围环境产生作用力和影响，即效用。当政府权力运行机制内部结构合理，能在有序范围内按照符合社会发展的正方向运行，那么，政府权力运行机制就能发挥其最大效用，达到预期的目标。当政府权力运行机制在实际运作中由于违背权力运行的正方向而发生与权力宗旨相背离的现象，那么政府权力运行机制将破坏现有的社会秩序，阻碍社会进步，直至自身机制得到修正或消亡。①

二、政府权力运行机制的类型分析

1. 依据权力运行的规则基础的不同，可将政府权力运行机制划分为政策主导型政府权力运行机制与法治主导型政府权力运行机制

政策主导型政府权力运行机制是指在处理社会、经济、政治等公共事务时主要以政策、而不是以制度和法律为规则基础的权力运行机制，通常流行于非市场经济的体制中。政策主导型政府权力运行机制有其自身的利弊。其优势是使政府容易做出灵活的反应，而且执行起来果断、迅速、高效，不仅可以不受以往政策的约束，甚至可以轻而易举地冲破任何现行的法律的羁绊。其缺陷是：法制薄弱，行政裁量权过度，放则乱、收则死，政策决定可以任意更改，权大于法，以言代法，用行政手段干预具体经济活动，政治制度化程度低。由于权力缺少制度约束，权力边界不清，极易造成权力主体的扩张。造成两种消极结果，一方面，上级权力被下级权力所侵蚀，导致政令不畅；另一方面，权力主体之间进行利益争夺，追求自身利益最大化，或者"越权"行政，或者缺位运行。所以，政策的手段一旦使用过度，弹性过大，政策变化过多过快，就会使人们失去对政策的信赖，导致政策失效，从而使政策主导型权力运行机制失去其高效率的优势。政策主导型权力运行机制的另一缺陷是由于缺少制度上的纠错机制，一旦政策不对路，实施的效率越高，不良的后果便越发严重，以至难以弥补。法治主导型政府权力运行机制是指在处理社会、经济、政治等公共事务时主要以法律，而不是以政策为规则基础的权力运行机制。在法治主导型政府权力运行机制下，首先强调法的正义性即"良法"，其次认为法律与制度高于政策，后者不得逾越前者为其划定的界限，政府权力受到制度和法律的约束，避免了长官意志的一意孤行，故不容易出错，即使出错，也可凭借制度的力量及时得到纠正。法治主导

---

① 颜佳华：《当代中国社会转型期政府权力运行机制重塑研究》，2004 年华东师范大学博士论文。

型政府权力运行机制避免了政府权力对社会经济生活的任意干预，且易保持政策的协调性与连续性，这就为公民权的保障提供了稳定、适宜的政治制度环境。法治主导型政府权力运行机制的核心内容是政府行为的高度制度化，尤其是政府决策行为和治理行为的高度制度化。

一般而言，政策主导型政府权力运行机制并不意味着完全排斥法律和制度的作用，法治主导型政府权力运行机制也并不意味着完全不借助政策。只是在这两种机制之下，政策与法律各自所扮演的角色不同。就总体而言，在有效保障公民权利方面，法治主导型政府权力运行机制较政策主导型政府权力运行机制更有优势。

2. 依据权力运行的价值取向的不同，可划分为秩序本位型政府权力运行机制（管理型政府权力运行机制）与人本主义型政府权力运行机制（服务型政府权力运行机制）

秩序本位型政府权力运行机制是以维护秩序为主要价值取向的权力运行机制，其特点是重管理轻服务，重义务轻权利，重实体轻程序，具有义务本位、管理本位的倾向；其在行政执法上的主要问题是粗暴执法、野蛮执法，奉行法律工具主义的立场，常常以社会整体利益或社会公共秩序的名义侵犯少数行政相对人的基本权利。人本主义型政府权力运行机制则是以保护公民权利、尊重人权为主要价值取向的权力运行机制，其在运行实践中通常表现为政府行为贯彻以人为本原则、信赖保护原则、正当程序原则、责任制原则，以及为民、便民的行政理念等。人本主义型政府权力运行机制也就是服务型政府权力运行机制，其实质是"权利本位"。权利本位包含两层含义：一是指在权利与权力的关系上，应当树立权力来自权利，权力为权利服务的理念，权力不得侵犯相对人的消极权利，同时又必须积极运作以保障相对人积极权利的实现；所谓消极权利是一种要求国家权力做出不作为的权利，而积极权利则是一种要求国家权力做出作为的权利。① 二是在权利与义务关系上，应着重保护行政相对人及行政相关人的权

---

① 许崇德：《宪法》，中国人民大学出版社 2004 年版，第 153 页。

利，尽量减轻相对人的义务和负担。权利本位的价值不仅在于保护权利，而且还有利于规范国家权力。权利意味着权利主体的选择自由，反映着权利主体的特定利益，从而在个人、社会和国家之间划定了一条明晰的界限，界限内即为权利主体的自由空间，国家权力不得进入，从而可以有效地制约和控制国家权力。人本主义型政府权力运行机制意味着政府权力运行的价值真谛，意味着行政相对人与政府之间和谐关系的真正确立。

3. 依据权力运行是否与行政相对人互动为标准，可将政府权力运行机制划分为单向型政府权力运行机制与双向型政府权力运行机制

单向型政府权力运行机制是指政府权力由行政主体向行政相对人单方面强制实行的一种权力运行机制。在以往的管理者与被管理者的单向关系中，管理者的单方意见决定一切，被客体化的相对人只能被动承受行政指令。随着观念的更新、制度的进步，特别是"单边主义"的日渐衰落和程序制度的日益勃兴，执法者已经明显感受到来自相对人的反向作用。这种反向作用不仅表现在行政行为之后的复议和诉讼中，而且发生在管理和执法过程中，促使执法者与相对人的单向关系向双向关系转变。这样便形成了双向型政府权力运行机制。在双向型关系中，来自相对人的反向作用促使执法者改变执法姿态、改进执法作风、改善执法局面。相对人对执法者的反向作用和相互之间的双向关系获得了程序制度的充分支持，相对人通过行使陈述、申辩、质证、听证等程序性权利加强了与执法者的对等、对话和合法对抗，增强了政府执法的参与性和民主化。政府执法方式的这种转变有利于防止执法权力专横，有利于实现对行政相对人权益的保障。①

在行政民主化进程中，执法者必须更新观念，不能片面地只从政府的角度理解行政执法。就政府执法的民主性质而言，行政并不是人们只从表面上观察到的行政机关一方之行政，正如法国学者贝尔

---

① 肖金明：《论政府执法方式及其变革》，《行政法学研究》2004 年第 4 期。

纳·古尔内所言："如果不把行政置还于公众——它从其中产生并且其活动亦是面向他们之中，就不可能了解行政。"① 当然，消除政府执法的"单边主义"思想，建立执法主体和相对人的新型关系，这是一个渐进的过程，它不仅需要政府及其所属部门更新观念，也需要相对人的思想变化。"首先，有必要逐步给行政部门灌输一些新的精神，因为行政部门已表现出某种倾向，它们对历史抱残守缺，始终认为自己是一个实行统治的权力机关，它们对待国家的公民总有点像皇帝对待臣民的味道。……另一种变革也是不可缺少的，即公民们自身必须抛弃那种认为行政事务是公共官员权力范围内的事，认为行政官员注定就是来为他们提供服务的，因而公民可以对行政事务不闻不问的陈旧观念。"②

4. 依据是否有行政性自治权为标准，可将政府权力运行机制划分为民族自治地方政府权力运行机制与一般地方政府权力运行机制，这是适用于中国少数民族地区的一种特殊分类

民族自治地方政府权力运行机制是指根据我国民族区域自治法规定享有行政性自治权的少数民族自治地方政府的权力运行机制。我国《民族区域自治法》规定，民族自治地方的自治机关是自治区、自治州、自治县（旗）的人民代表大会和人民政府。各自治机关是一级地方国家机关，行使一般地方国家机关的职权，又是一级民族自治地方的自治机关，依照法律规定的权限行使自治权。民族自治地方的自治机关除行使同级地方国家机关的职权外，还享有广泛的自治权利，包括：依照当地民族的政治、经济和文化特点，制定自治条例和单行条例；自主地安排使用属于民族自治地方的财政收入；自主地安排和管理地方性的经济建设事业，自主地管理本地方的教育、科学、文化、卫生、体育事业，保护和整理民族的文化遗产，发展和繁荣民族

① ［美］加布里埃尔·A. 阿尔蒙德、西德尼·维伯：《公民文化》，华夏出版社1989年版，第247、194、195页。

② ［法］勒内·达维：《英国法与法国法》，西南政法学院法制史教研室1984年版，第109—110页。

文化。显然，民族自治地方政府是享有行政性自治权的一级地方国家行政机关。相对而言，一般地方政府权力运行机制则不享有上述自治权。因此，在当代中国的政府权力体制背景下讨论民族自治地方的政府权力运行机制是一个富有挑战性的课题，当然也为相关理论的创新提供了一个契机。

以上分类从不同角度对政府权力运行机制进行了划分，其各有侧重和不同，对我国政府权力运行的价值判断具有重要意义。就我国政府行为文明与公民权保障的理论关系来看，我国应该进一步完善法治主导型的政府权力运行机制，同时要加强其服务功能和对公民权的保障功能。

第二节 西北少数民族地区政府权力运行机制的历史变迁

一、新中国成立前西北少数民族地区政府权力运行机制的多样化格局

新中国成立之初，展现在人们面前的西北少数民族社会形态是一幅丰富多彩的人类社会发展的立体画卷。人类由低向高纵向演进的社会历史发展形态，被西北少数民族在同一时空中以横向形式展开，使原始公社制、部落头人制、奴隶制、封建世袭制、封建领主制、封建地主制以及半殖民地半封建社会等前资本主义诸社会形态同时并存。这种历史景观构成了西北少数民族地区政权组织形式及其传统型政府权力运行机制的多样化模式。比如，在甘、青藏区，形成了"政教合一"的政权组织形式，具体表现为卓尼土司制和夏河拉卜楞寺院制等形式；在甘肃、宁夏、青海等回族、撒拉族、东乡族、保安族等聚居的地区，形成了以教主兼地主为主要特征的伊斯兰教的门宦制度，后来随着门宦基层政权"教坊"与"出仕为官"州府行政权的汇流，又进一步形成了"门宦"和"出仕"相结合的基层政权及其权力运行机制；在哈萨克、塔吉克、柯尔克孜、裕固族等以游牧经济为主的地区，形成了封建世袭制与部落头人制并存的政权组织形式，

这种政权组织形式的一个特点就是，游牧部落头人具有双重身份，既是本部落的酋长，又是封建王朝分封的王、公、侯、爵。① 辛亥革命后，这些政权组织还与民国政府的军阀政客相勾结，共同维护西北少数民族地区的政治统治。

发展不平衡条件下的西北少数民族地区政府权力运行机制体现着多样化特征，是少数民族内部政治、经济、文化诸方面的差异性在行政制度上的横向展现，其基本内涵包括两层意思：一是在皇权统治条件下，统治阶级以基本组织形式和管理手段对西北少数民族进行政治统治和行政管理，即在我国以郡县制框架来实现对少数民族的直接政治统治和行政管理。与此同时，皇权统治又受到时空地域的制约，对于尚不能直接统治的少数民族地区，以一种渐进过渡的方式来实行制度认同和社会整合，即以我国古代实行的羁縻制度来实现对少数民族间接的政治统治和行政管理。这样就构成了郡县制与羁縻制并存的少数民族行政管理体制及其权力运行机制这样一种二元结构。二是在少数民族地区，一方面，封建中央王朝或通过郡县制或通过羁縻制将封建行政管理要素注入少数民族地区；另一方面，少数民族在历史发展过程中，又形成了具有本民族特点的传统型政府权力运行机制，尤其是民族基层传统型政府权力运行机制。这些特征都是历代中央政府对西北少数民族地区进行"因俗而治"的结果。造成这一结果有经济的、自然地理环境的、民族文化和民族心理等诸方面的原因。就自然地理环境而言，不同的自然地理环境条件下，不仅会产生不同的生产、生活方式，而且也会产生与之相适应的社会组织方式和政府权力运行机制。居住于广阔草原的民族，不仅创造了游牧生产方式，而且创造了与之相适应的行政管理模式及其权力运行机制。甘、青藏区的政教合一的政府权力运行机制，满蒙民族的八旗和八旗制度等，都突出表现了这一点。另外，西北少数民族地区传统型政府权力运行机制不仅有着相应的经济基础的烙印，而且也有着相应的思想文化烙印。

---

① 杨森：《西北少数民族地区社会形态跨越实践》，兰州大学出版社 2000 年版，第1—18页。

在宗教观念浓厚的民族中，宗教不仅是他们民族的一种精神支柱，而且也是他们的一种组织形式和管理形式。宗教组织、宗教管理、宗教活动与行政行为融为一体。在等级观念浓厚的奴隶制、领主制民族社会中，等级压迫、等级管理、等级剥削被认为天经地义，从而为等级性的行政制度奠定了思想基础。

　　从性质上讲，这一时期西北少数民族的政府权力运行机制基本上属于封建社会政府权力运行机制，即权力运行的合法性来源于封建的阶级统治，同时由于受到宗教势力的影响，西北少数民族地区政权还保留了政教合一的特点。例如，甘、青藏区的拉卜楞寺寺院制，作为一种政教合一的政权组织形式，在权力运行机制的合法性来源上，同西藏达赖政教合一制、阿拉伯哈里发政教合一制、西欧中世纪历史上基督教政教合一的教皇国家都有一定的同构性。其最典型的特征，除了宗教领袖与政治领袖集于一身之外，还有一个特征就是：教权高于王权，教权统摄政权。这一传统在当时的历史背景下，获得了普通民众的信仰，从而使这一类型的权力运行机制具有了长期性和历史连续性。在卓尼土司统治的地区，喇嘛寺庙是维护土司统治的重要支柱。在规模最大的禅定寺，其历任寺主均为土司家族成员承袭，自明代以来就形成了"兄为土司，弟为僧纲，遇有独子，二者得兼"的定例。土司制度类似于"羁縻政策"，土司是以少数民族首领充任并世袭的官职，中央政府对土司的任命规定了一套严格的封授制度，任命土司后，均赐予任命书、印章、虎符等作为信物。西北回族门宦的掌教者实行"世袭罔替"，教徒对门宦教主"老人家命令，服从唯谨，虽令之死，亦所甘心"①。一般而言，当权力继承演化为一种常规性做法时，便意味着传统型政府权力运行机制已经生成。从权力运行的方式及价值取向来看，这一时期的政府权力运行机制还具有秩序本位型政府权力运行机制的所有特征。

　　在封建社会政府权力运行机制下，权利和义务在统治者和作为被

---

　　① 杨森：《西北少数民族地区社会形态跨越实践》，兰州大学出版社2000年版，第71页。

统治者的普通群众之间是进行不对等配置的，普通群众是单方面的义务承担者，而统治阶层才是真正的权利（力）拥有者。也就是说，在传统型政府权力运行机制之下，西北少数民族地区的普通民族群众实际上是不享有现代意义上的公民权利的。传统型政府权力运行机制与西北少数民族地区普通民众的权利现实之间存在着某种显著的"价值背离"。主要表征是：

表征之一：公开维护等级特权。公开维护等级特权是西北少数民族地区传统型政府权力运行机制的共同价值取向。例如，近代哈萨克族的社会通常将统治阶级分为可汗、汗、苏丹、比、乌露巴斯、阿克萨卡勒、阿吾勒巴斯七个级别。其中可汗、汗、苏丹多是世袭官职，多由可汗宗亲或托列（贵族）担任，相当于中央层统治阶级。比、乌露巴斯、阿克萨卡勒、阿吾勒巴斯则多由推举产生，相当于地方及基层的统治阶级。处在最下层的则是封建牧主占有制下的被统治阶级——牧民。在新中国成立前夕，西北少数民族地区的某些偏僻农村，甚至仍然存在着封建农奴制度，其中以新疆和田地区墨玉县夏合勒克乡维吾尔族农奴制保存得最完整、最典型。它的全部社会成员按照传统的社会与经济地位分成 5 个等级，即：贵族和加；庄园管理人阿克萨卡尔；农奴；家内奴仆；自由农。在夏合勒克乡维吾尔族农奴制社会中，以贵族和加为代表的一小撮农奴主，凭借着对土地、水源的所有权和对农奴人身自由的控制权，在经济上对农奴进行残酷剥削，在政治上实行暴力统治①。在甘、宁、青回族聚居地区，在解放前形成了所谓的"三马"回族军阀地主集团。由于他们各自掌握着一个省的军政大权，可以通过各种方式，诸如税收与垄断矿业和商业，大量搜刮人民的财富，而使自己拥有巨额的财产。广大民族群众备受压迫和剥削，基本人权几乎没有任何保障。

表征之二：政府权责的不对称。西北少数民族地区的传统型政府权力运行机制还兼具单向型、秩序本位型政府权力运行机制的基本特

---

① 参见宋蜀华、陈克进：《中国民族概论》，中央民族大学出版社 2001 年版，第 573—577 页。

征，政府对民族群众拥有单方面的权力，而无相应的责任承担。如果以民众与政府之间的"需求—责任"关系模式来分析的话①，我们可以发现，在解放前的西北少数民族地区，政府自身是"需求"一方，而普通群众反而是"责任"一方。政府与民众的关系是"索纳—捐奉"关系和"命令—服从"关系。在这一关系图式中，现代意义上的公民权利观念，甚至人权观念根本就无从产生。事实也是如此。比如，伊斯兰教的"天课制度"规定：凡有资产与收入的人，除生活的必要开支外，如有余存财货，都应向"主"所指定的"天库"缴纳一定比例数的"天课"，而负责接收保存天课的人，就是各教坊的教长阿訇。农产品的天课额，是每年每个农民除去他生活资料所需以外的剩余产品的1/10。这样巨额的天课，不仅使教长有充足的费用，而且他有可能用天课购买土地、集中土地，并把集中了的土地租给无地的农民耕种，借此从事地租的剥削。这样，在天课转化为土地与地租剥削的过程中，在不断积累天课与地租的过程中，教坊的教长开始转化为地主教长，并逐渐成为大地主教长。与此同时，先前的宗教等级差别逐渐转化为地主与农民之间的阶级差别。显而易见，"天课"征收是教坊单方面的行为，教坊并不会因此而担任相应的责任。在甘、青藏区，卓尼土司衙门及其各基层组织，除维持治安、练兵打仗之外，日常工作便是征收钱粮上贡、分派徭役，并向所辖民户收取一定的实物作为自己的薪俸。另外，需要特别说明的是，中国共产党在陕甘宁边区革命根据地时期，进行了一系列旨在针对西北少数民族地区建立民族区域自治政府的实践。例如，1936年5月25日，以毛泽东主席的名义发表了《中华苏维埃中央政府对回民的宣言》，其中规定"我们根据民族自治的原则，主张回民自己的事情，完全由回民自己解决，凡属回族的区域，由回民建立独立自主的政权，解决一切政治、经济、宗教、习惯、教育以及其他的一切事情，凡属回民占少数的区域，亦以区乡村为单位，在民族平等的原则上，回民自己管理

---

① 夏勇：《中国民权哲学》，生活·读书·新知三联书店2004年版，第209—229页。

自己的事情，建立回民自治的政府。"随后，在陕甘宁省省委书记李富春等人的协助下，成立了"豫海县回民自治政府"，通过了《减租减息条例》和《土地条例》，并由回民担任自治政府的主席和副主席。抗战时期，根据1941年5月1日公布的《边区施政纲领》，先后在陕甘宁边区建立了5个回民自治乡和1个蒙民自治区。① 这些基层自治政权均由本民族群众自己选举乡（区）长，管理乡（区）内的政治经济文化事业。陕甘宁边区成立民族区域自治政府的实践为新中国成立后进行全国范围内的民族区域自治实践积累了宝贵的经验，同时也为西北少数民族地区传统型政府权力运行机制的历史终结创造了条件。

二、新中国成立后西北少数民族地区人民政府的成立及发展

随着西北的相继解放，1949年5月至12月，西北少数民族地区人民政府先后宣告成立。由于新疆、宁夏是和平解放的，所以在省政府建立后，及时地进行了自上而下和自下而上的基层政权建设。在新疆，除伊犁、塔城、阿勒泰三区革命根据地以外，先后在7个专区，54个县（市）建立了行政专员公署、县（市）人民政府。从1950年3月开始，对城乡基层政权进行了重建。1950年年底，据7个专区和乌鲁木齐的统计，共建立区人民政府285个，乡人民政府1275个，街公所149个，村公所7116个。② 在牧区则通过民主协调方式，逐步完成了旧的基层政权的改造任务，最后废除了保甲制度和千百户长制度，建立了区、乡人民政权，由上级人民政府委派了区长，民选了乡长。这样，人民政权完全取代了国民党遗留下来的反动基层政权。至此，西北各省区的各级人民政权基本建设完成，从而彻底废除了历来反动统治者一贯执行的民族压迫政策，在政治上保证了各民族

---

① 参见余振贵：《中国历代政权与伊斯兰教》，宁夏人民出版社1996年版，第454—469页。

② 参见《新疆维吾尔自治区概况》，新疆人民出版社1985年版，第38页。

一律平等和各族人民当家做主的权利。1949 年 9 月 29 日，中国人民政治协商会议第一次会议制定并通过了《中国人民政治协商会议共同纲领》，该纲领以临时宪法的形式，规定了在中华人民共和国境内各民族一律平等的民族政策。人民民主政权的国家制度和各民族一律平等的民族政策得到了充分肯定和保护。随后，通过开展生产自救运动和扫除反动残余势力的革命斗争，至 1953 年年底，西北少数民族地区新生的人民政权得到了巩固。

西北少数民族地区各级人民政府的建立，是西北少数民族地区政权变迁史上的一次跨越式发展，这不但意味着在西北少数民族地区建立起了真正现代民族国家意义上的同中央政府上下一体的地方政府权力运行体制。① 同时也意味着西北地区的各少数民族第一次有了能够使自己当家做主的政府。

就在西北少数民族地区人民政权得到逐步巩固的同时，民族区域自治政府的创建工作也提上了的议事日程。其法律根据便是 1949 年《中国人民政治协商会议共同纲领》的规定：在统一的国家内，在各少数民族聚居地区实行民族的区域自治，即以少数民族聚居区为基础建立民族自治地方；民族自治地方的体制统一为自治区；在各民族自治区内，各民族在当地政权机关中，都应当有相当名额的代表。这一规定还在 1952 颁行的《民族区域自治实施纲要》中做了具体的阐发。在进行民族识别、培养少数民族干部等工作的基础上，西北少数民族地区民族区域自治政府的创建工作正式展开。

最先展开的是建立自治乡、区、县、州的试点工作。1952 年甘肃临夏回族自治州先后建立麻莲滩、罕新、寨子沟等 10 个回族自治乡，一个保安族自治乡，5 个东乡族自治乡。1953 年，新疆先后成了霍城县伊车戛善锡伯民族乡等 3 个乡级自治机关。与此同时，在条件成熟的地方，也逐步开始建立民族区域自治县、州。在 1952 年至 1954 年，甘肃先后建立了县一级的广河回族自治区、张家川回族自

---

① 刘建兰、王宗礼：《中国西北民族地区乡镇政权建设研究》，甘肃人民出版社 1998 年版，第 101 页。

治区、肃南裕固族自治区、阿克塞哈萨克族自治区。1953 年，州级自治机关甘南藏族自治区宣告成立。在青海，1951 年至 1954 年，先后建立了包括玉树藏族自治州在内的 6 个民族自治州和包括门源回族自治县在内的 5 个民族自治县。据统计，到 1954 年年底，新疆、青海、甘肃、宁夏四省区，共建立民族自治州 14 个，自治县 19 个。为了保障在民族杂居地区的少数民族与汉族平等权利和团结互助，在西北某些地区还建立了民族民主联合政府。至 1953 年，宁夏省全省共建立县级民族民主联合政府 5 个，区级 27 个，乡级 51 个。民族民主联合政府是对民族区域自治制度的一个有益补充。

最后展开的是民族自治区的筹建工作。1954 年，我国第一部宪法颁布实施，把民族区域自治制度以国家根本大法的形式确定下来。把民族区域自治实施纲要中关于自治地方分为 5 级的规定修改为自治区、自治州和自治县（旗）3 级。① 并把那些少数民族聚居区面积太小、人口太少，达不到建立一级自治地方标准的地方，改建民族乡。在 1954 年宪法的推动下，中国民族自治地方的建立得到了健康和迅速的发展。西北少数民族地区根据《宪法》的精神，对原有的自治乡、区、县、州的体制进行了调整和规范。与此同时，西北少数民族地区筹建省级自治区的条件业已成熟。1955 年 10 月 1 日，全国面积最大的民族区域自治地方——新疆维吾尔自治区宣告成立。1958 年 10 月 25 日，宁夏回族自治区正式成立。至此，西北少数民族地区的各级民族区域自治政府基本建成。

---

① 1952 年 8 月颁布的《民族区域自治实施纲要》所确定的民族自治区在行政地位上包括省级、专区级、县级及县辖区、乡共 5 级。由于县以下的区、乡因地域较小人口较少，很难完全行使宪法规定的自治权利，故 1954 年宪法不再将区、乡作为独立的一级民族自治地方。同时 1954 年宪法从我国少数民族地区实际出发，在自治县和自治州两级之间增加了自治州这一级，是符合我国情况的。1954 年宪法规定的一般行政区的行政区域划分是没有这一级的，虽有地区，但不是一级行政单位，只作为省、自治区的派出机关。自治州的建制是吸收了我国历史上和外国行政区划的经验。参见张尔驹：《中国民族区域自治史纲》，民族出版社 1995 年版，第 128、166、167 页。

西北少数民族地区各级民族区域自治政府的建成，一方面意味着西北少数民族地区民族区域自治制度达到了相对成熟的阶段，进入了相对稳定的状态；另一方面还意味着在西北少数民族地区各级民族区域自治政府的权力运行机制中被赋予了一种自治性行政权，从而与一般地方政府权力运行机制区别开来。我国民族区域自治制度的发展也不是一帆风顺的，民族自治地方的建设受到了"左"的错误思想的干扰。十年动乱时期，国家的民族政策和民族工作受到严重的破坏，建立民族自治地方的工作处于停顿状态。党的十一届三中全会后，民族自治地方的建设工作得到全面恢复和发展。

三、党的十一届三中全会后西北少数民族地区政府在改革中不断前进

以 1978 年中国共产党十一届三中全会的召开为标志，中国进入了一个新的重大历史发展阶段。从 1982 年《中华人民共和国宪法》、1984 年《中华人民共和国民族区域自治法》到 1989 年《中华人民共和国行政诉讼法》的通过，是中国行政法制和民族区域自治制度恢复和重建的时期。这一时期有关行政法制建设的一系列变化是：其一，恢复原有法制，解决行政领域无法可依的问题。其二，1982 年宪法确定了行政法制的宗旨和发展方向，即重新确认和发展了作为行政法制基础的人民主权原则；重新确认和发展了以"法律至上"为核心的行政法治原则；重新确认和发展了国家机关一定的职权划分与制约原则；重新规定了工作责任制和效率原则；重新确定了国务院和地方各级人民政府的性质、地位和基本职权。其三，改革政府机构，转变政府职能。1988 年 3 月第七届全国人大第一次会议通过决议，决定对政府机构进行新的全面性的改革。这次改革的目标是：根据党政分开、政企分开和精简、统一、效能的原则，逐步建立具有中国特色的功能齐全、结构合理、运转协调、灵活高效的行政管理体系。其四，规范行政法规和规章的制定，健全行政立法制度。其五，拓宽行政争议解决途径，完善行政解纷机制。

伴随着上述一系列变化之外，西北少数民族各自治地方还根据

《中华人民共和国民族区域自治法》制定了相应的自治条例、单行条例等。至此，西北少数民族地区的民族区域自治制度开始朝着规范化、科学化和法制化的方向发展，民族区域自治权也得到了法律上的根本保障。

1990年以来是中国"法治政府工程"全面启动和进入系统建设的时期。这一时期，中国行政法制和政府权力运行机制由原来主要适应计划经济的模式向适应市场经济的模式转化，由过去的主要执行"管理"职能的模式开始向既具"管理"职能，更具"规范和控权"职能的模式转化。此后中央政府权力运行机制的改革目标开始明确，即建设"行为规范、运转协调、公正透明、廉洁高效"的政府权力运行机制，其主要实践是表现在每隔五年进行一次国家机构改革——1982年、1988年、1993年、1998年、2003年、2008年。这一变革可以说构成了近20多年来中国政府体制改革的重要内涵。西北少数民族地区各级政府的权力运行机制也在这一背景之下进行了相应的改革和完善。与此同时，公民权利的保障也出现了一个历史性的飞跃。主要表征有以下方面：

表征之一：公民的自由权利获得了相应的保障。1979年以前，西北民族农牧地区主要有两项基本制度：一是人民公社，二是统购统销。政府通过把农牧产品的购销全部纳入指令性计划，来限制自由贸易、关闭农村要素市场以及阻断城乡人口流动。政府成为对所有经济要素进行计划配置的最高决策者、支配者和收益者，农牧民的手脚基本上被束缚起来。随着西北少数民族地区社会主义市场经济体制的建立和完善，服务于计划经济时期的政府权力运行机制逐渐开始淡出历史舞台。从权利保障的角度来讲，这一过程其实就是一个政府给农牧民"松绑"的过程。① 与此同时，政府的行政行为也开始由"管理"向"执法"转变。2003年《中华人民共和国行政许可法》的颁布和施行是这一转变的一个重大的标志性事件。这是国家首次以法律形式

① 夏勇：《走向权利的时代——中国公民权利发展研究》（修订版），中国政法大学出版社2000年版，第652—681页。

对行政许可行为进行规范，其重要意义不仅在于实现了行政许可法制化，更在于体现了对政府行使公共权力的约束和监督。行政许可即行政审批，是政府直接影响社会经济生活的一种最为普遍的行政行为。在此之前，正是通过行政审批权的广泛行使才使政府的权力延伸到社会生活的方方面面，在这种政府权力运行机制之下，政府工作人员常常以权谋私，任意提高或降低市场准入的门槛，使公民和法人的自由经营权和平等交易权受到了极大的限制。同时，政府对信息高度垄断，促成决策过程中的权力垄断，最终形成一种以自我利益为中心的"机会型决策"模式，这也是以权谋私、滋生腐败的重要原因之一。因此，行政许可法的实施，对政府权力运行机制的法制化构建和公民权利的有效保障无疑具有重大而深远的历史意义。在新疆维吾尔自治区，部署和贯彻实施行政许可法的各项工作已全面展开，同时还明确提出了建立法治政府的八项目标：职权法定、行为适当、程序合法、权责一致、高效便民、诚实守信、权利救济和接受监督。[1] 随着行政许可法在西北少数民族地区的实施，西北少数民族地区的政府权力运行机制开始逐渐由管理型向管理、服务型转变，各级政府开始逐渐放弃了计划经济时代的物资分配权、物价控制权、企业经营管理权等，现代政府的市场监管和公共服务的理念逐渐形成。

表征之二：公民的各项政治权利和社会文化权利的保障程度也有了相应的提高。随着各项选举制度、人事制度和组织制度的健全和完善，西北少数民族地区各级政府人事选拔任命和决策程序开始逐渐公开化、民主化，人事任命中的长官意志逐渐淡化，政府领导人的更替逐渐走向制度化和常规化。与此同时，政府权力的运作方式发生了很大的变化，法律的力量在各个领域开始发挥作用，依法治国、依法行政，已经成为政府行为的基本要求。政府的职能也因此开始而走向法制化的轨道，领导人的指示、条子、批示，上级部门的红头文件，尽管依然发挥作用，但作用已经大不如前。政府的

---

[1]　参见《新疆维吾尔自治区人民政府关于实施行政许可法的决定》（2004 年 3 月 2 日），新疆维吾尔自治区人民政府法制办公室提供。

执法职能越来越强化，成为政府的重中之重。纵观这一时期的西北少数民族地区，一方面，公民的参政议政热情从总体上开始上升，"民告官"的案件数量从无到有并呈增加的趋势，现代公民的权利意识已开始形成。

另一方面，政府的权力运行机制也开始逐渐向有利于公民权利保障的方向发展，一种"结构合理、配置科学、程序严密、制约有效"的权力运行机制正在形成。特别值得一提的是，2003 年《行政许可法》的颁布确立了信赖利益保护原则，其中第八条规定："公民、法人或者其他组织依法取得的行政许可受法律保护，行政机关不得擅自改变已经生效的行政许可。行政许可所依据的法律、法规、规章修改或者废止，或者准予行政许可所依据的客观情况发生重大变化的，为了公共利益的需要，行政机关可以依法变更或者撤回已经生效的行政许可。由此给公民、法人或者其他组织造成财产损失的，行政机关应当依法给予补偿。" 2004 年《宪法修正案》第二十二条规定："公民的合法的私有财产不受侵犯。国家依照法律规定保护公民的私有财产权和继承权。国家为了公共利益的需要，可以依照法律规定对公民的私有财产实行征收或者征用并给予补偿。"《宪法修正案》第二十四条规定："国家尊重和保障人权。" 上述规定的历史意义重大而深远。在立法层面，这是中国公民权利保障史上的一个伟大的进步。随着人权"入宪"及相关法律、法规的贯彻实施，必将促进西北少数民族地区政府权力运行机制的人本主义转向，从而最终有效担负起保障公民权利的职责。

回顾西北少数民族地区政府权力运行机制发展的历史，我们发现，政府权力运行机制的文明化程度在总体趋势上是不断提高的，即西北少数民族地区政府权力运行机制经历了中华人民共和国成立前、中华人民共和国成立后至改革开放前、改革开放至今三个发展阶段，相应地，这三个阶段占主导地位的政府权力运行机制也表现出不同的特点。

总体来看，可以发现西北少数民族地区政府权力运行机制与公民权利发展之间呈现出这样一种互动规律：随着不同历史时期西北少数民族地区政府权力运行机制类型的演进和发展，权利的存在形态及其保障方式和保障水平也随之发生了相应的变迁。总体趋势是政府权力运行机制的现代性因素和文明化程度不断增强和提高，相应地，公民权利也经历了萌芽、生成、发展和完善的过程，保障程度也经历了一个从初级至高级的这样一个渐进的过程。这一进步的过程主要发生在中华人民共和国成立以后，尤其是中华人民共和国成立后，西北少数民族地区公民权利的保障现实了跨越式发展，西北少数民族地区的各族群众第一次彻底翻身当家做了主人。可以说，这样一个"正相关"的互动过程在很大程度上乃是综合国力的提升和政府财政能力的增强所致。我们渴望早日实现所有人的权利的平等，但这取决于经济的发展和综合国力的提高，而不仅仅是我们的良好愿望。①

显而易见，西北少数民族地区法治型政府权力运行机制的建设还任重道远。如何切实有效地加快西北少数民族地区法治型政府权力运行机制的进程，缩短与全国平均发展水平的差距，进而提升公民权利保障的法治化程度，已成为摆在西北少数民族地区各级政府面前的一项重大而迫切的任务。

第三节　西北少数民族地区政府权力运行机制的改革与完善

政府权力运行机制是由一系列要素构成的动态系统，其主要是由政府权力运行机制的运作环境、运作主体、运作目的、运作动力、运作程序、运作手段等要素构成的。政府权力运行机制的完善与否，直接关系着政府目标能否顺利实现，同时，也是建立法治政府的题中之义。在中国西北少数民族地区，为了有效地实现对公民权利的保障，法治化的政府权力运行机制的建立和完善，已成为一个现实而迫切的课题。本书拟从西北少数民族地区政府权力运行机制的现状及其存在

---

① 参见郝铁川：《权利实现的差序格局》，《中国社会科学》2002 年第 5 期。

的问题入手，来针对性地提出一些对策和建议，以期进一步改革和完善西北少数民族地区各级政府权力运行机制，进而促使政府切实承担起保障公民权利的历史使命。

一、现状与问题

从目前来看，西北少数民族地区政府权力运行机制的发展现状及存在的问题，基本上也就是全国其他地方政府权力运行机制存在的共同性问题，对此已有大量的相关文献作了深入的分析。因此，本书的研究重点应该是强调对西北少数民族地区政府权力运行机制中存在的一些特殊性问题进行描述和分析，以期有针对性地提出改革和完善的对策建议。这些特殊问题的主要表现是：

1. 西北少数民族地区乡镇政府权力运行机制中的"事权"与"职权"的背离问题

由于西北少数民族地区各级政府的权力是在一个特殊的时空环境下运行的，这一时空环境的主要特点是地域广袤、人口居住相对分散、通讯不便、交通不便，越是上一级政府，权力辐射的空间距离越远，其权力下乡的成本也就越高。在这种情况下，充分发挥乡镇政府在公民权利保障方面的作用就成为一个至关重要的问题。因为在西北少数民族地区，乡镇政府与农牧民的空间距离最近，从理论上讲，乡镇政府权力运行的成本相对较低。因此，对于乡镇政府，在西北少数民族地区就不能单纯地看做是一个执行机构，而是要拓展其职能，使其成为一个相对独立、并且具有一定能动性的政府实体。一般的说法是，乡镇政府是国家各项政策和工作的落脚点。正因为如此，人们常常用这样的话语来形容乡镇政府与县和县以上政府的关系："上面千条线，下面一根针。"在西北少数民族地区，由于条块切割，现实中乡镇政府的权力范围日益缩小，而责任和负担却加大加重。目前县级有关部门在乡镇设置的派出机构，诸如供销社、信用社、粮站、工商所、税务所、邮电所、财政所、公安派出所等，占乡镇机构的65%。这些机构工作地点在乡镇，而人财物和业务管理权却都分属于上级政府各部门。乡镇政府在职责上必须要对本辖区经济和社会发展负全部责任，但是在实践中却又不具备相应的综合协调的权力①。这种现象在西北少数民族地区具有普遍性。解决的主要途径还在于理顺县乡（镇）关系，使乡镇政府有职、有责、有权，这样才能够把西北少数民族地区的乡镇政府在基层治理、保障公民权利方面的作用充分发挥出来。

2. 西北少数民族地区民族自治机关权力运行机制的属性定位问题

从理论上讲，民族自治地方政府是一级地方国家行政机关，它具有一般地方政府的基本属性，即具有政治属性和公共属性的特点。但是，民族自治地方政府除了一般地方政府所具有的政治性、公共性以外，它最突出和最彰显的属性就是自治性和民族性。民族自治地方的自治机关既具有一般地方国家行政机关的性质，又具有民族自治地方的自治机关的性质，即自治权和一般行政权并存的双重性质。根据宪法和民族区域自治法对民族自治地方自治权的规定，民族自治地方人民政府行使的行政性自治权主要有：（1）自主地管理和安排地方性经济建设的自治权；（2）自主地管理地方财政的自治权；（3）自主地管理本地区教、科、文、卫、体等事业的自治权；（4）依照国家的军事制度和当地的实际需要，经国务院批准，可以组织本地维护社会治安的公安部队；（5）民族自治地方享有培养民族干部的充分自治权等等。可以看出，理论上的界定基本是清楚的，但是在实践中，民族自治地方的政府在权力运行过程中通常会面临一个比较困难的决策问题，即一方面要考虑行政管理的普遍性要求，另一方面又需要解决民族自治地方的实际要求，即行使自治权的问题，这样就会与上级国家机关产生一定的矛盾，所以这一问题长期制约民族自治地方自治权的有效发挥，但是我们也要看到这一问题的解决也不可能在短时期内解决，这涉及我国整个民族区域自治制度的进一步发展问题。

---

① 参见刘建兰、王宗礼：《中国西北民族地区乡镇政权建设研究》，甘肃人民出版社1998年版，第229—232页。

3. 西北少数民族地区非正式组织（宗教、宗族组织等）权力资源与政府权力运行机制的良性互动问题

无论在历史上，还是在现阶段，西北少数民族地区都是我国宗教氛围浓郁，多种宗教并存的地区。近年来，随着国家宗教信仰自由政策的落实，宗教在西北少数民族地区出现了复兴和强劲反弹之势，宗教信徒大量增加，宗教寺院大规模修建，宗教迅速向人们的生活中渗透，一些宗教组织和教会领袖的权威开始逐渐增强。事实上，在西北少数民族地区，宗教权威具有较高的社会声望，神职人员的社会声望一般不低于当地党政干部，甚至高于党政干部的声望，在信教群众中有较强的认同感。在西北少数民族地区，信众的宗教功课活动，会形成其他组织不具有的公共凝聚力，致使西北宗教组织具有很强的社会动员能力。这对西北少数民族地区基层政府的权力运行机制产生了复杂的影响。有一项调查表明，在西北一些回族聚居地区，公民政治参与明显地表现出宗教性与民族性特征，大多数人参加选举时对于候选人的民族背景和宗教背景比较注重。当被问及如果与本地政府或村领导发生利益冲突，将会采取什么方式解决时，22% 的人回答会请教会领袖出面调解，而不是采取诉讼、上访或暴力对抗等方式去解决①。显然，他们的政治参与基本上属于制度化参与，这也与宗教信仰有很大关系。因此，政府应该积极引导，而不是简单地去限制。当然，这种以宗教或民族认同为基础的政治参与，也可能会产生一些意外的负面影响，那就是政府的权威有可能被边缘化，甚至被置换。另外，还有一些比较极端的问题，一些民族地区宗教活动开始干预基层政权，使政府权力出现变质的现象；宗教的民族性和民族的宗教性相互强化，使政府权力运行机制的政治生态环境更加复杂化，增加了法治型政府权力运行机制的阻力。看来，在西北少数民族地区，既要保障公民宗教信仰自由的权利，又要健全和完善法治型政府权力运行机制，将二者兼顾起来，这的确需要一定的政治智慧。

---

① 参见柳建文：《少数民族公民有效政治参与影响因素及其实现途径——西部民族地区的一项实证分析》，《宁夏社会科学》2005 年第 1 期。

二、原则和建议

基于以上问题，我们认为，西北少数民族地区政府权力运行机制的改革和完善应遵循共性和个性相统一的基本原则。这一原则具体可阐发为以下两个方面：

第一，现代性与民族性的统一。西北民族自治地方政府权力运行机制必须坚定不移地向现代化目标前进，没有现代性的、法治型的政府权力运行机制及其引导作用的发挥，民族自治地方各族人民的权利保障就不可能缩小与发达地区的差距，就不可能实现共同繁荣、共同发展。但是，强调政府权力运行机制的现代性，决不意味着否定民族自治地方政府权力运行机制的民族性；相反，发展现代性政府权力运行机制更需要发扬光大民族优秀传统文化，更需要丰富完善民族个性特点。因为脱离民族自治地方民族自身特点的政府权力运行机制的现代化不是真正的现代化，它既不会为民族自治地方各族群众所承认，更不会为他们所接受，而且也不能为中国政治文化及其制度载体的创新做出贡献。

第二，一般行政权力与自治权的统一。从法理上讲，民族自治地方政府作为一级地方政府机关具有二重性特点：（1）既行使同级一般地方国家机关的职权，又是在国家统一领导下，少数民族实现自主管理、当家做主、行使自治权利的机关；（2）既要保障自治民族享受和行使自治权利，又要保障本地方内各民族都享有平等权利。这种民族自治地方政府的二重性深刻地体现了民族自治地方政府的特点①。这一特点体现在政府权力运行机制中便是要实现二者的有机统一。

与上述原则相适应，一些针对性的改革措施和方案是：第一，进一步修改和完善西北各民族自治地方的自治条例和单行条例，切实落实民族区域自治权。特别需要强调的是宁夏和新疆两大自治区要积极

---

① 参见张劲松：《民族自治地方政府的属性分析》，《云南社会科学》2004 年第 1 期。

推动自治区自治条例的制定和出台。第二，增强西北少数民族地区乡镇政府权力运行机制的功能，适时拓展其职权，提高其综合执法水平。第三，进一步推进西北少数民族地区的行政体制改革，强化政府对经济的扶持、发展、服务功能，促进政府保护公民权水平的进一步提高。第四，西北少数民族地区各级政府要加强对宗教组织、宗教场所的监督和管理，以促进宗教与社会主义事业发展的相适应。第五，前瞻性地加强西北少数民族地区电子政务建设，建立并完善政府网站，实施办公公开化、无纸化，减少政府权力运行成本，并促进廉政政府的建设。

本章小结

政府权力运行机制主要从动态方面规范政府权力的运行过程。西北少数民族地区政府权力运行机制一方面体现了政府自身权力的配置与健康运行状态，一方面体现了其管理、服务、发展的职能，同时对公民权的保障和进一步完善也是政府权力运行机制的应有价值。就目前西北少数民族地区政府权力运行机制来看，主要存在两方面的问题，一是政府的自身建设问题，特别是县、乡镇一级地方政府自我保障能力差，社会经济服务功能弱，对公民权保障没有形成足够的重视和制度保障。二是民族自治地方政府要担当得起维护社会政治稳定，服务当地经济发展、创新少数民族合法权益保护的制度建设，重点是将自治权用对、用好。对此我们认为在进一步加强政府制度建设的同时，更要注重对高水平人才队伍的培养和引进，提高各级政府权力运行机制的智力保障。

第八章　西北少数民族地区政府依法行政与公民权保障

政府依法行政不仅是行政管理的基本准则，也是建立社会主义法治国家的重要内容之一，政府依法行政的目的是为了保障公民的权利，政府行政权力的依法行使是公民权利保障的基本要求。

第一节　依法行政的涵义和价值

一、依法行政的基本涵义

依法行政在西方国家有的也称行政法治，尽管在名称上由于各国的宪法体制及其法律制度的差异，称谓有所不同，但内容基本是一致的。在法国，行政法治是指行政活动必须遵守法律，法律规定行政活动的机关、权限、手段、方式和违法的后果。具体包括：行政行为必须根据法律、行政行为必须符合法律、行政机关必须采取行动保证法律规范的实施。在英国，行政法治要求政府必须遵守法律，限制政府专横的自由裁量权，法律要保护平等，在政府和公民之间无所偏袒。①

---

① 参见王名扬：《法国行政法》，中国政法大学出版社 1989 年版，第 195—198 页。

在美国，行政法治要求政府依照法律行使权力，在宪法中必须规定公民享有某些基本权利作为政府行使权力的限制；为了保证公民的权利不受政府和官员的不正当侵犯，还必须在程序方面对政府权力的行使加以限制，要求建立正当的法律程序；同时，还必须有保障法律权威的机构。①

在我国，学者们从不同的角度阐释了依法行政的基本内涵。以应松年教授为代表的学者认为，依法行政就是行政机关行使行政权力、管理公共事务必须由法律授权并依据法律规定行政。法律是行政机关据以活动和人们对活动进行评判的标准。② 对此依法行政的基本要求有六个方面：（1）合法行政。就是要求行政机关实施行政管理，严格依照法律、法规、规章的规定进行；没有法律、法规、规章的规定，行政机关不得做出影响公民、法人和其他组织合法权益或者增加公民、法人和其他组织义务的决定。任何行政职权的取得和行使都必须符合法律规定，法律的规定是行政机关行使权力的依据和界限。（2）合理行政。就是要求行政机关实施行政管理，严格遵循公平、公正的原则，平等对待行政相对人，不偏私、不歧视。行使自由裁量权应当符合法律目的，排除不相关因素的干扰；所采取的措施和手段应当必要、适当；行政机关实施行政管理可以采用多种方式实现行政目的的，应当避免采用损害当事人权益的方式。（3）程序正当。就是要求行政机关实施行政管理，除涉及国家秘密和依法受到保护的商业秘密、个人隐私外，应当公开进行，注意听取公民、法人和其他组织的意见；严格遵循法定程序，依法保障行政相对人、利害关系人的知情权、参与权和救济权。行政机关工作人员履行职责，与行政相对人存在利害关系时，应当回避；在做出不利于相对人的行政决定时应当给予当事人陈述和申辩的机会。（4）高效便民。就是要求行政机关实施行政管理，严格遵守法定时限，积极履行法定职责，提高办事

---

① 参见王名扬：《美国行政法》，中国政法大学出版社 1989 年版，第 114—117 页。

② 参见应松年：《依法行政论纲》，《中国法学》1997 年第 1 期。

效率，提供优质服务，方便公民、法人和其他组织；应当在法律、法规、规章允许的范围内，多从行政相对人的角度考虑问题，在管理方法、方式、时间、地点等的选择上尽量方便行政相对人。（5）诚实守信。就是要求行政机关公布的信息全面、准确、真实。非因法定事由并经法定程序，行政机关不得撤销、变更已经生效的行政决定；因国家利益、公共利益或者其他法定事由需要撤回或者变更行政决定的，应当依照法定权限和程序进行，并对行政相对人因此而受到的财产损失依法予以补偿。（6）权责统一。就是要求行政机关依法履行经济、社会和文化事务管理职责，要由法律、法规赋予其相应的执法手段。行政机关违法或者不当行使职权，应当依法承担法律责任，实现权力和责任的统一。依法做到有权必有责、用权受监督、违法受追究、侵权须赔偿。政府违法行使权力要承担责任，违法不作为也要承担责任。①

党的十一届三中全会上，邓小平就精辟论述了社会主义民主法制建设的重要性。1997年9月，党的十五大继承和发展了邓小平民主法制理论，明确提出了"依法治国、建设社会主义法治国家"的治国方略。1999年3月，这一治国方略被载入宪法。1999年7月，国务院召开了全国依法行政工作会议，同年11月发布了《国务院关于全面推进依法行政的决定》（国发［1999］23号）明确提出各级政府要依法行政。地方各级人民政府和政府各部门按照国务院的要求，大力推进依法行政，取得了明显的效果。2004年3月，温家宝总理在十届全国人大二次会议上所作的政府工作报告中，第一次提出了建设法治政府的目标，制定并发布《全面推进依法行政实施纲要》，正式明确了我国全面推进依法行政、建设法治政府的目标。在全面落实依法治国基本方略、建设社会主义法治国家上迈出了决定性的步骤。2005年国务院发布了《国务院办公厅关于推行行政执法责任制的若干意见》，就"依法界定执法职责，梳理执法依据，分解执法职权，

---

① 参见曹康泰：《中国法治政府建设的理论与实践》，《国家行政学院学报》2006年第4期。

确定执法责任"提出明确要求，要求各地在2006年4月30日前，完成推行行政执法责任制的相关工作。2008年又发布了《国务院关于加强市县政府依法行政的决定》，明确了"推进依法行政、建设法治政府，市县政府是重点、是基础"。这样，我国法治政府的建构框架、建设重点、演进路径基本确定。

二、西北少数民族地区政府依法行政的价值

由于自然、历史、社会等原因，西北少数民族地区经济发展相对落后，发展西北少数民族地区的经济、文化和各种社会事业实际上是在统一的社会主义法律制度框架内进行的。西北少数民族在长期发展的过程中，形成了具有本民族特色的宗教、语言和文化传统，政府在依法行政过程中，如何保障各少数民族公民的合法权利，应引起高度的重视。概括起来，民族地区依法行政具有以下特殊价值：

1. 有利于维护和发展平等、团结、互助的社会主义民族关系

民族自治地方政府的行政权力来源于宪法和法律的授予。依法行政，执法的公平、正义是现代政府追求的价值选择，目的是为市场经济体制的发展营造良好的社会经济秩序。然而，民族自治地方政府行使行政权力时还有着更为深刻的民族内涵。我国民族区域自治法在其第五章就"民族自治地方内的民族关系"做了专门规定，据此我们可以将我国的民族关系在地理位置上做一个划分：即民族自治地方内的民族关系和非民族自治地方内的民族关系两种。由于民族自治地方本身的特殊性，因此其境内的民族关系就更具有针对性和代表性，民族自治地方内民族关系的好坏直接反映出我国民族自治政策的好坏和执行情况，也能够直接体现出我国整体的民族关系水平，民族自治地方内的民族关系和非民族自治地方内的民族关系二者就如同大树的根部和躯干一样，根部不稳，躯干也就不能茂盛。① 而对民族自治地方内民族关系调整的重要手段就是民族自治地方依法行政。从这个意义

---

① 参见康耀坤、马洪雨、梁亚民：《中国民族自治地方立法研究》，民族出版社2007年版，第50页。

上说，构建西北少数民族地区社会主义和谐的民族关系必须重视依法行政。通过切实加强和完善政府在经济建设、政治建设、文化建设和社会建设的保障作用，对实现各民族共同团结奋斗、共同繁荣发展和中华民族的伟大复兴都具有重要的作用。

2. 有利于建立通畅的各民族利益表达机制

少数民族地区政府行政管理的目标，集中体现了各个民族的利益。各民族利益的相互交流、影响，为政府的行政决策提供了价值背景。政府对各民族共同利益的维护和保障，是依法行政的前提条件。如果政府没有建立这样一个利益表达机制，必然会引起民族间的利益冲突，出现社会秩序的失范。这就要求西北少数民族地区政府要把发展西北少数民族地区经济建设和坚持各民族共同繁荣作为民族地区社会的根本利益，依法行政，公正执法，使行政执法工作与民族社会的发展相适应。

3. 有利于构建稳定和谐的民族政治秩序

建立一种良好的民族政治秩序的基础在于拥有一种能对社会进行调节和控制的、对全体社会成员拥有约束力的行政权力。由于西北少数民族地区的经济发展普遍落后，地方政府必须要在提高依法行政能力及加强政府权威上下工夫。这首先要求提高政府的行政管理能力，改善和加强政府依法行政的方向和水平，发挥政府在计划、组织、控制、协调方面的管理职能，加强市场经济条件下政策和法规的制定水平，提升政府的行政能力。其次是要加强政府的权威性建设，政府权威包括政府法律权威、执法权威和人格权威，政府权威是依法行政的必然，加强政府权威建设是民族地方经济和社会发展的客观要求。

4. 有利于完善民族区域自治制度

西北少数民族聚居地区大多实行民族区域自治制度，不同民族的生产力水平和生产方式，决定了各民族在民族自治区域内形成的不同的经济地位和经济关系，经济关系首先是以利益表现出来的。民族自治地方政府既拥有地方政府的行政权，又具有民族自治地方的自治权，既要保障自治民族享受和行使自治权利，又同时要保障自治地方内其他民族享受平等权利、实现共同繁荣。依据《宪法》和《民族区域自治法》的规定，民族自治地方政府行使行政职权时，一定要考虑民族特色和地方特点，积极发挥各民族的聪明才智和热情，要提高政府的依法行政能力，加强政府效能建设，为民族地区政府更好地行使自治权积累宝贵的经验。

第二节　西北少数民族地区依法行政的成绩

西北少数民族地区各级政府依法行政的建设，具体到不同地区和部门，情况有较大差别，但基本上是与国家的法治政府建设要求一致的。2004年国务院《全面推进依法行政实施纲要》颁布以来，西北少数民族地区各级政府按照"合法行政、合理行政、程序正当、高效便民、诚实守信、权责统一"六项基本要求，调整行政思维，规范行政行为。依法行政意识不断增强，制度建设质量显著提高，行政管理方式逐步完善，行政执法行为进一步规范，规范性文件备案审查初步形成，行政复议工作明显加强。在推进政府机构依法行政建设方面做了大量工作，取得了较大成绩。

一、依法行政观念的普遍增强

随着国家法治进程的发展，西北少数民族地区各级政府都增强了依法行政的观念。2006年9月30日，宁夏回族自治区人民政府召开全区加强政府自身建设推进政府管理创新工作会议，提出宁夏各级政府要建设成为法治政府、服务政府、责任政府和效能政府的目标。强调重大事项和涉及发展规划、财政预算、大额投资、重要改革、国资处置等重大决策时，要做到"五个不决策"，即"没有调查研究不决策、没有专家咨询不决策、没有听取群众意见不决策、没有法制部门的合法性审查论证不决策、没有政府集体讨论不决策"。这些都体现了自治区政府依法决策的决心。青海2002年以来，省政府在全省行政执法机关中开展行风评议活动，提高了政府执法人员的法治意识。2004年青海省人民政府《关于贯彻落实〈全面推进依法行政实施纲要〉的通知》要求各级政府"健全相关制度措施，提高制度建设质量"，"要有利于保障公民、法人和其他组织的合法权益，有利于各级行政机关严格按照法定权限和程序行使权力，履行职责，做到不越位、不缺位、不错位。"2005 年发布了《关于建立推进依法行政工作情况报告制度的通知》，要求各单位对开展科学民主决策、政务公开、行政执法规范、行政执法监督、行政复议等工作的落实情况实行报告制度。

二、规范了政府行政执法行为

行政执法不规范和滥用行政执法权是长期以来各级政府工作中人民群众最不满意的地方，针对这个问题，西北少数民族地区主要领导人高度重视，把规范政府行政执法行为作为法治政府建设的重点来抓。如新疆，从 2001 年开始，自治区先后在乌鲁木齐市、克拉玛依市、石河子市等地开展了相对集中的行政处罚权试点工作，取得了预期效果；各地、各部门严格执行"收支两条线"制度，罚没收入全额上缴财政，杜绝了"自费执法"、"靠违法养执法，靠罚款发工资、发奖金"的弊端。如 2005 年《甘肃省人民政府推行行政执法责任制方案》明确要求，"对政府执行的法律、法规、规章规定有裁量幅度的行政处罚条款进行梳理汇总，根据当地经济社会发展实际，依法对行政处罚的条件、程序、罚款幅度进行细化和量化，经政府法制机构审查把关后，将细化、量化标准公布执行，防止行政处罚自由裁量权被滥用"。2008 年甘肃省《关于全省推行农业行政综合执法的意见》提出，从 2008 年起，力争通过 2—3 年时间，在各市州、县市区全面实行农业行政综合执法；利用 5 年时间，全省逐步完成农业行政综合执法规范化建设。综合执法的范围以本级农业（农牧、畜牧、农机）行政主管部门的法定职能为限。实行农业行政综合执法后，各级农业行政主管部门原则上不得再委托其他机构行使行政处罚权。全省农业行政综合执法体系建设要按照精简高效和规范统一的原则，对现有执法机构、人员和职能等进行整合，在省级组建农业行政综合执法总队，市州组建农业行政综合执法支队，县市区组建农业行政综合执法大队。如宁夏，2004 年银川市率先在城市管理领域开展了相对集中行政处罚权改革试点。依照银川市《城市管理相对集中行政处罚权实施办法》，银川市城市管理综合执法局行使包括环境卫生、园林、建设、规划和土地资源、环保、房产、水务、工商和公安等 10 个部门全部或部分行政处罚权。城市管理相对集中行政处罚权的实践，从根本上解决了多头执法、重复执法以及部门之间职权交叉重复造成的推诿扯皮现象，避免了"有利的事争着管，无利的事都不管"的尴尬局面。2007 年，宁夏文化市场领域进行了行政管理体制改革，自治区政府分别从文化、广播电视和新闻出版行政管理三大领域赋予其121 项相对集中行政处罚权，宣布成立的宁夏文化市场行政执法总队，作为自治区政府直属行政执法机构，专门负责宁夏文化市场行政执法管理，协调查处跨行政区域和文化市场的重大违法案件。改变了"大盖帽"满天飞现象，许多非法图书、报刊、音像制品、电子出版、计算机软件得到有效治理。

三、规范了政府行政审批行为

西北少数民族地区省、区政府认为，依法行政的制度建设是建设法治政府的基石，对此要求省级政府各部门以及省以下各级政府在制定规范性文件时，非依法律、法规和规章规定，均不得超越职权自行设定行政许可、审批、行政收费、行政处罚和行政强制措施。例如，2001 年我国加入世贸组织后，新疆维吾尔自治区人民政府将阻碍经济发展、阻碍与国际接轨的有关政府规章和文件进行了清理，取消了一批行政审批事项，授权、下放了一批审批和收费定价事项，从而深化了行政审批制度改革，规范了行政许可行为。2003 年国家《行政许可法》颁布实施后，又进行了三次大规模的集中清理，自治区人民政府取消了 24 个部门实施的 98 项行政许可；10 个部门实施的 21项行政许可改变了管理方式，转由行业组织或中介机构实行自律管理。对保留的行政许可事项，积极推行社会听证、专家咨询论证和审批公示等制度，建立和完善了责任追究制度，完善了地方性法规、政府规章的修改和废止制度以及政府规范性文件的定期清理制度。2008

年 4 月 10 日，新疆维吾尔自治区发布了《自治区人民政府关于修改和废止部分政府规章的决定》，决定修改 5 件政府规章，废止 71 件。① 青海省 2003—2006 年，先后组织开展了三次行政许可事项的清理，削减行政审批事项，省级共取消 584 项审批项目，改变管理方式 27 项，确定保留行政审批许可项目 489 项；对 174 件地方性法规、规章和规范性文件进行了清理，清理出需要修订的 12 件、废止的 8 件。对行政许可收费项目进行清理，取消行政事业收费项目 69 项，保留 227 项。对行政许可的实施主体进行清理，共确定省级行政审批许可事项主体 48 个。2006 年，省级各部门对行政执法依据进行了梳理，列出了行政机关的"权利和义务清单"，通过政府门户网站向社会公布，自觉接受社会监督。②

四、开始重视政府立法的质量

《中华人民共和国立法法》于 2000 年 7 月 1 日施行。为确保立法法全面、正确地贯彻实施，国务院颁布了《关于贯彻实施〈中华人民共和国立法法〉的通知》（以下简称《通知》），这对健全我国立法制度，规范立法活动，提高政府立法工作质量，推进依法治国有极大促进。西北少数民族地区省、区人民政府根据国务院《通知》，下发了落实国务院《通知》和实施《中华人民共和国立法法》的意见，都强调了提高制度建设质量、高度重视制度建设，通过制定政府规章、提请制定地方性法规的方式予以规范，着力解决现实生活中的热点、难点问题。如新疆维吾尔自治区人民政府始终把政府立法作为推进依法行政的重要基础性工作来抓，在坚持法制统一的前提下，及时制定了一系列地方性法规和政府规章。1999 年至 2005 年提请审议地方性法规草案 48 件，发布政府规章 59 件。自治区人民政府还逐步建立和完善了立法工作者、实际工作者、专家学者相结合的立法机制，积极探索公众参与、专家论证、政府决策相结合的立法方式，在全国

---

① 资料来源：课题组 2008 年新疆调研，由自治区政府法制办提供。

② 资料来源：课题组 2006 年青海调研，由省政府法制办提供。

较早地实行了聘任立法咨询员制度，提高了政府立法的科学性和透明度。青海省人民政府在《通知》还强调，"为了提高立法质量，克服部门利益和地方保护主义"。各省区在立法工作中强调坚持以人为本，尊重公民、法人和其他组织的合法权利，起草、审查地方性法规、政府规章草案时切实保障公民、法人和其他组织的合法权利，处理好行政机关和行政相对人之间的法律关系。在规定行政机关权力的同时注意保护行政相对人的权利，在规定行政相对人义务的同时，规定行政相对人享有的权利，行政相对人履行的义务，不能超过其实际承受能力。对政府规范性文件的合法性审查和清理也是落实依法行政的重要举措，对此 2008 年《甘肃省人民政府贯彻落实国务院关于加强市县政府依法行政的决定的意见》规定："建立规范性文件有效期和定期清理制度，制定发布的规范性文件要明确标注有效期为 5 年，有效期满的自动失效。市县政府每隔 2 年要进行 1 次规范性文件清理工作，对不符合法律、法规、规章规定，内容相互抵触、依据缺失以及不适应经济社会发展要求的规范性文件，特别是对含有地方保护、行业保护内容的规范性文件，要予以修改或者废止。清理后要向社会公布继续有效、废止和失效的规范性文件目录；未列入继续有效的文件目录的规范性文件，不得作为行政管理的依据。"

五、落实行政执法责任制

西北少数民族地区不少地方政府每年都与行政执法部门签订行政执法责任书，各行政执法部门全面推行了行政执法责任制度，进一步制定推行了岗位责任制具体实施方案，编制了执法目录，使各行政执法部门明确各自的执法依据、执法范围、执法权限和执法责任。对公安、国土、税务、城建、工商、技术监督、环保、劳动保障等重点执法部门的执法责任制进一步地进行了细化，对执法程序、执法人员的职业道德规范、行政违法案件的处理等进行了明确规定，推行了持证上岗、亮证执法和执法程序公开的制度，实行了各行政执法部门负责人接访制度，增强了执法工作的可操作性，提高了行政执法工作的规范化水平。如 2006 年《甘肃省人民政府关于公布行政执法机关执法依据的公告（第1号）》公布了22个行政执法机关的行政执法依据。同时，各行政执法部门还强化了行政执法目标管理，实行违法行政和错案追究制。比如《乌鲁木齐市行政执法错案责任追究办法（试行）》第二十二条规定：行政执法错案责任人承担的行政责任主要包括：通报批评、取消评选先进和晋升资格、暂扣或者吊销行政执法证件、行政处分、调离行政执法岗位。承担的经济责任包括：扣发岗位津贴或奖金、承担部分或全部赔偿费用，建立权责对等、奖罚分明的激励机制，对确保依法行政及依法维护公民的合法权利，预防违法行政行为，起到了一定的作用。

第三节　存在的问题及建议

西北少数民族地方政府虽然在依法行政、保障公民权利及行政执法体制改革方面取得了令人瞩目的成就，但同时也应当正视存在的问题，并积极地予以解决，这样才能不断地完善行政执法体制，使依法行政制度化，保持应有的连续性，进一步推进西北少数民族地区政府依法行政的法治化进程。

一、存在的问题

1. 依法行政理念尚未真正形成，对公民权的合法保障还存在一定的距离

随着我国依法治国战略的实施，对官本位的观念和特权思想开始有所转变，公民权利保障的意识已逐步得到了政府及其工作人员的认同，促使了官本位向公民权利本位的转变。但是毕竟西北少数民族地区长期受封建思想的影响较深，社会成员的民主法治意识相对比较淡薄，强制命令式的行政方式习惯仍在存续，要使人们特别是政府行政工作人员在思想上真正树立起公民"权利本位"和政府"权力有限"的观念，还是较为困难的。调研中我们发现基层行政执法人员的来源主要是军队转业、社会选拔、企业调干，这些人员大多缺乏执法应具备的文化素质和法律素质，未经系统培训便上岗执法，依法行政观念

尚未形成，权力意识强而行政服务意识淡薄。以宁夏为例，2004年，宁夏各级机关国家公务员岗位上尚有2496名非公务员担任公务员的职责，其中1464名是"以干代公"人员，1032名是通过各种途径直接从社会上吸收的工人。全区市以下公安机关有近千名不具备人民警察资格，但本级组织、人事、编制部门予以认可的"真干部假警察"执法；司法机关有260多名已经授予警衔，但组织、人事、编制部门不予认可的"真警察假干部"执法，严重影响依法行政和政府形象。①

在思想上真正使"官本位"观念向"权利本位"观念转变，是一个传统的改造和转换问题，不可能像制度建设那样在短时间内收到明显的实质效果。从西北少数民族地区政府推行公正执法及行政执法体制改革的过程分析，对公民权利的认识还没有达到深层次的法治化要求，还没有牢固地树立起公民权利神圣的观念。虽然这与国家立法的不完善有一定的关联，但确实存在公民"权利本位"观念不强及对公民权利重视不够的问题，表现在：

（1）认为充分保障公民参与行政执法过程的权利，是对公民权利的扩大，增加了政府行政的难度和管理职责落实的难度，束缚了政府的手脚，影响了政府的行政管理效率。这一观念实际上对立了公民权利保障和政府有效履行管理职能的关系；说明还没有真正地树立起公民权利本位的观念，对公民"权利本位"的认识还停留在形式上。从法治的角度来看，公民权利的充分行使与政府行政权力的运用，都必须按照法律规定的条件和程序进行，政府行政权力的运用必须遵守宪法和法律，公民权利的行使也不能违反宪法和法律。公民权利的有效行使，能够有效地监督政府行政权力的实施，便于政府依法行使管理职能。只要是政府依法进行的管理，公民就应当服从。政府公正执法能充分保障公民权利，公民权利的有效行使，能促进政府的依法行政，这是政府行政走向法治化的必然要求。

---

① 参见张万涛、吴海鹰等：《2004—2005宁夏经济社会形势分析与预测》，宁夏人民出版社2005年版，第235页。

（2）对公民和公民应有素质的信任程度偏低，认为公民权利的有效行使会使政府处于行政被动的状态，可能引发民族地区政治和社会的不稳定。这一认识把公民权利的有效行使和保障与社会稳定对立起来。公民权利是法律赋予公民的权利，公民权利的保障是民族地区政治稳定和经济繁荣的法治标准，如果以漠视公民权利及其有效保障为代价来追求政府权力的至高无上，不但会使民族地区政府的行政效率低下，使已进行了的依法行政流于形式，使行政执法体制的改革半途而废，还会导致民族地区政府努力取得的政治和经济的发展出现停滞和僵化，进而影响民族地区经济的繁荣发展和政治的稳定。

2. 西北少数民族地区政府在行政执法方式变革中出现的问题

（1）西北少数民族地区政府在制定地方政策、地方政府规章和规范性文件时，多采取各类听证会的公民参与方式，但政府让公民参与听证会的目的只是为了了解公民的不同意见，及支持与否的理由，以供政府作为参考的依据，但在听证会举行完毕后，则更多地体现了政府的主动性和单方意志，没有或基本没有公布政府的最后决策依据和决策理由，没有公布公民的意见是否被采纳以及采纳或不采纳的事实理由和法律理由，将公民的意见仅仅置于参与听证时的发表状态中，使人们产生了政府听取公民意见只是程序性摆设，并不能影响政府制定政策、地方政府规章和规范性文件的单方决定性意志，影响了公民参与听证的积极性。由于政府的政策、地方政府规章和规范性文件属于抽象行政行为，对地方的作用及政府具体行政行为的实施具有重要的影响，当该抽象行政行为损害公民合法权利或影响公民合法权利的实施时，鉴于抽象行政行为的不可诉讼特征，缺乏事后的法律救济渠道，既体现了公民与政府在该方面的不对等关系，也不利于对公民权利的保障。

（2）按照政府多年的传统习惯，凡涉及具体行业的规章和规范性文件均由具体的行政职能部门负责起草。因此，西北少数民族地区政府的一些行政部门在制定规章、规范性文件时就会发生利用特权积极扩大自己的职权和利益，力求减少自己的法律责任和义务，使规章和规范性文件损害了公民的合法权利。从西北少数民族地区的实践看，这种现象集中体现在公安、工商、税务、土地和城建等行政执法部门。虽然西北少数民族地区政府大都加强了投诉、受理、处理机制，强化了行政复议制度，但这都属于事后监督程序，弱化了对公民权利的保障，使公民权利在行政行为过程中未能得到适时的有效保护。

3. 西北少数民族地区部分行政执法部门仍然存在乱收费、乱罚款的违法行政行为

产生这种违法行政行为的主要原因是：

（1）一些行政执法部门受部门利益驱动，趋利执法，违反行政执法程序，滥用职权乱收费、乱罚款，甚至强行给行政执法人员下达分配"罚款"指标任务，并作为工作业绩的考核标准之一，导致了带着"罚款"任务的行政执法频繁发生，同时以罚代管现象在一些重点行政执法部门较为常见。

（2）行政执法上的误区、政策上的偏差，是乱收费、乱罚款违法行为出现的主要原因。西北少数民族地区经济相对贫困，地方财政困难，经费严重不足，但政府机构人员又过于臃肿，政府在财政压力之下给行政执法部门下达罚款指标，以解决地方财政的困难，有的执法部门借此机会，将乱收费、乱罚款作为本单位创收以改善办公条件、提高工作人员待遇的渠道，导致了重罚轻管，以罚增收的变相执法，在一定程度上制约了西北少数民族地区经济的发展，阻滞了依法行政和行政执法体制的改革进程。

4. 城市化过程引发的问题

随着西北少数民族地区城市化进程的加快和房地产市场的兴起，加速了城镇土地开发和房屋拆迁改造工程的建设步伐。当地政府为了尽快完成改建项目，使强制征地、强制拆迁现象屡屡发生，使房屋被拆迁的公民得不到及时、合理的补偿，特别是长期拖欠土地补偿费、房屋拆迁补偿费的情况较为普遍，严重影响了各民族群众与当地政府之间的关系，引发了相应的社会矛盾和问题，影响了政府的依法行政。在问卷调查中，我们有三个问题涉及了拆迁，当问及"政府决定拆迁房屋前是否会把拆迁理由和目的都告诉了您？"时，有60.1%

的人选择了"是"，这表明当地政府在房屋拆迁时较好地履行了告知义务。但是，当问及"房屋拆迁前，您与拆迁人是否有正式的书面拆迁协议？"时，44.2%的人选择了"没有"；当问及"在确定拆迁补偿时，您的房屋是否经由正式估价部门估价？"时，有53.1%的人选择了"否"。问卷调查反映出的情况说明，西北少数民族地区政府和近年来全国许多地方政府一样，在征地拆迁方面的执法有片面维护开发商利益的现象，这对于平等保护公民权利和树立政府形象是十分不利的。

5. 在环境行政执法方面存在的问题：

（1）执法不严。受经济发展落后的客观影响，"重经济发展，轻环境保护"的观念在人们的思想中根深蒂固地存在着，有些行政部门为了发展经济，上项目，往往以提高办事效率为由不执行环境保护的法律规定，干扰了环保行政执法部门的正常工作，致使环保部门难以严格执法。

（2）环境行政执法专业人员缺乏，环境行政执法力量薄弱。环境行政执法人员中大多缺乏环境法律专业知识或者不具备环保专业技术知识，缺乏环境管理实践经验，不明职权，越权行政，违反法定程序，忽视取证，执法不规范的现象较为普遍。在行政执法实践中，环境行政执法人员往往无法准确及时地采集到环境违法的证据，从而给环境违法者提供了规避机会，影响了环境行政执法工作的顺利进行。

6. 存在着对违法行政行为责任追究不力的问题，导致违法行政现象屡禁不止，主要表现在：

（1）违法行政责任的追究制度没有落到实处。西北少数民族地区政府的各行政执法部门虽在行政执法方式变革中全部推行了行政执法责任制，但尚未真正严格落实行政责任追究制，行政执法责任追究基本上是依靠本部门或本系统的自查自纠，各系统和行政执法部门多将重点及精力放在政务公开和行政执法的过程之中，对自查自纠方面的监督工作不力，加之部门利益和人情关系因素，客观上使一些违法行政责任的追究流于形式。

（2）对违法行政责任人的处罚力度不够。现行处罚方式多集中在批评教育、停职检查、调离岗位等方面，对引起国家行政赔偿的案件，因行政执法部门的赔偿款均来源于地方财政预算款项，行政执法部门在赔偿后没有依法行使对有故意或重大过失工作人员的行政追偿权，减轻了行政执法人员的执法压力和责任心。

二、完善的建议

1. 真正树立公民权利本位的意识和公民权利神圣的观念

在依法行政的进程中，政府的行政执法部门和行政执法人员必须更新观念，不能片面地只从政府的角度理解行政执法。这种意识及观念的树立和更新，主要体现在以下几个方面：

（1）要认识到公民的权利是宪法和法律赋予的，公民权利实现的前提是承认公民在政治、经济和文化等社会关系领域内具有与政府平等的参与权利和平等的主体地位。尊重公民的权利、注重在行政执法程序中对公民权利的实质性保护，是转变政府职能和政府行政执法的迫切要求。

（2）要正确地认识到政府行政权力具有保障公民权利实现的功能，政府必须按照宪法和法律来行使自己的权力，否则就要承担相应的法律责任。政府的行政权力是依法受限制的权力，公民权利的实现既有利于对政府行政行为的监督，也是对政府行政权力的有效制约。对政府行政权力的限制，是宪法的基本功能，即"首先是从建立政府并赋予它一种权力方面，其次是从调整和限制所赋予的权力方面"①，宪法对行政权力限制的目的是为了防止或避免政府行政权力的滥用而对公民权利造成的侵犯。所以，政府依法行政首先要尊重宪法和法律对公民权利的规定，对公民权利的保障是政府依法行政的主要内容。政府在行政活动中，负有无偿保护公民权利的法定职责。漠视公民的权利，不可能实现依法行政和行政执法的公正。要实现观念的真正转变，除加强上述认识外，还应提高行政执法人

---

① ［美］托马斯·潘恩：《潘恩选集》，商务印书馆1982年版，第257页。

员的政治素质、法律素质和文化素质，消除"权力本位"思想，树立行政服务的理念，加强对侵犯公民权利的违法行政行为处罚的制度化建设。

2. 正确处理政府及其行政执法部门与公民的关系，实现政府与公民在行政程序中的平等地位

这种平等主要表现在：一是政府及其行政执法部门与公民均有表达自己意志的自由和权利；二是双方在意思表示不一致的情况下，任何一方都不将自己的意志强加于相对方；三是在一定的程序下可将双方的行政法律关系交由相对中立的第三人裁决或执行。政府及其行政执法部门与公民在行政程序中平等的意义在于：

（1）行政程序中的平等是民主行政的法治化要求，符合人民主权的宪政原则和人权保障原则，不仅能保障公民享有充分的民主参与权利，而且能保障公民直接或间接决定行政行为的民主权利。

（2）行政程序中的平等，排除了政府及其行政执法部门在做出行政行为时将其单方意志强加于公民，能保证其行政行为及其结果的合法性和公正性，有利于对公民权利和合法利益的及时保护，将对公民权利的救济置于行政行为行使的过程中，而非行政行为侵权之后对公民权利的补救上，使对公民权利的保障更具有现实性。

（3）行政程序中的平等，能够实现公平与效率的双重价值，提高行政效率，节约行政成本，符合转变政府行政职能所要求的行政效率优先原则和行政服务原则。鉴于此，可从两个方面进行完善：

第一，西北少数民族地区政府及其行政执法部门在制定规章和规范性文件时对公民参与听证的意见及做出具体行政行为时公民的陈述和申辩，要公开采纳或不采纳公民听证意见的依据和理由，要公开采信或不采信公民陈述和申辩理由的依据，以充分保障公民在行政程序中的平等权利。

第二，为了从法律制度上根本性地抑制行政执法的专横和行政侵权，保障公民权利真正有效的实现，可以在行政程序立法时，充分考虑一些专家学者的意见，使政府行政执法部门只负责对违法行为的调查和指控，处罚决定由人民法院负责裁量做出，使"公安机关以及

其他行政机关逐渐变为行政处罚的申请者，而法院则成为行政处罚的决定者。创建一种新型的'官告民'为标志的行政处罚制度"。① 改变政府各行政执法部门的行政处罚职能，以行政程序平等为出发点，使其成为行使诉权和申请权的机关，将其行政处罚决定权和强制执行的权力并入人民法院的职权之中，以强调司法中立的作用和地位。这些主张和建议实际涉及到政府行政执法体制的重大改革，关系到对行政与司法之间关系及权力的重新调整。这对实现公民与政府及其行政执法部门在行政程序中的实际平等、减低行政执法成本、保障公民权利，有着积极的参考价值和意义。

3. 加强对行政执法部门乱收费、乱罚款违法行为的治理

针对一些行政执法部门乱收费、乱罚款的违法行为，除加强专项治理，依法予以清查处理外，还应当考虑：

（1）推行收费公示制，改革收费管理办法，以多种方式加强对行政执法部门的收费监督，公开收费的依据、范围、投诉程序、受理程序、处理时限及不服处理结果的具体办法，条件成熟后通过行政收费立法建立相对集中的行政收费制度。

（2）借鉴其他经济发达省份在行政执法方面的成功经验，进一步完善和发展执法权相对集中行使的制度，撤销各自为政、相互推诿扯皮、分散执法的行政执法模式，在加强行政管理体制改革与人员精简相结合的同时，在拥有相近行政处罚权的原各行政执法机构的基础上，建立统一、高效、精干、便于管理的行政执法综合机构，依法行使原各行政执法机构的行政处罚权，并逐步形成政府行政执法队伍的专业化，以增强行政执法的公正性、合法性。特别是应培养一批少数民族行政执法人员，使他们既可以利用法律知识，又可运用少数民族语言、文字和风俗习惯来更好地维护少数民族的合法权利。

4. 进一步完善土地征收、房屋拆迁管理方面的立法

房屋拆迁实际上是开发商经过行政审批后，形成的直接与被拆迁

① 陈瑞华：《劳动教养的历史考察与反思》，见《治安管理制度反思》，法律出版社2003年版，第124页。

人及合法承租人协商拆迁补偿事项的民事法律关系，开发商与被拆迁人及合法承租人经过协商达成拆迁补偿协议，是拆迁补偿的正常状态，即使协商不成亦可通过法律规定的程序介入。拆迁行政管理部门为了加快城镇建设，介入到双方的拆迁民事法律关系之中，阻却了双方平等自愿的协商过程，特别是拆迁行政管理部门组织的强制拆迁，实际上往往损害的是被拆迁人这一弱势群体的合法权利，使其得不到应得的足额补偿，扩大了开发商的利益，不平等地减少了其开发成本，损害了被拆迁人的合法权益，引发了一系列的社会矛盾和社会问题，影响了政府的形象，导致了社会公众对拆迁行政管理部门的抵触情绪。因此，从立法上转变政府在拆迁中的职能，重新确定拆迁行政管理部门的职责，取消其强制拆迁职权，强化其完全中立的第三方的行政裁决权及不服裁决的诉讼救济制度，不但有利于拆迁法律制度的进一步完善，而且有利于公民权利的保障，特别是对公民财产权利的保护。

5. 加强和完善环境行政执法工作

一是对环境行政执法人员进行严格的选拔录用，实行定期考核、开展岗位培训、持证上岗制度，建立一支高素质的环境行政执法队伍，进一步改善执法手段和执法条件，加强环境保护行政执法的物质保障；二是规范环境保护行政执法的行政处罚行为和处罚程序，实行行政处罚公开化，告知当事人享有的法定权利，充分听取当事人的陈述和申辩理由，在进行处罚前应严格审查事实证据是否清楚、适用法律是否准确、处罚程序是否符合法律规定；三是加大环境保护行政执法的力度，在建设项目审批和竣工验收时，要从环境保护方面加强管理，以防止新的环境污染情况的发生，通过严格执法来控制在发展经济时对生态环境带来的新的破坏。同时依据《中华人民共和国民族区域自治法》第六十五条及相关规定，国家还应采取相应措施，对输出自然资源的民族自治地方予以一定的利益补偿，以保证西北少数民族地区经济和社会的可持续发展。

6. 严格推行和实施行政执法责任制和对违法行政行为的责任追究制，不断完善和加强行政执法监督机制

具体建议包括：一是进一步明确并公开责任追究的条件、程序及处理方法。二是继续强化对行政执法的检查，依法追究行政执法中的违法行为，对负有责任的行政执法部门及责任人坚决予以查处和处理。三是强化人大的执法监督职能，积极行使提出处理意见和建议的监督权力。同时加强司法审判监督职能，通过行政诉讼和国家赔偿程序，追究违法行政的法律责任。四是行政执法部门应对故意或重大过失实施违法行政而导致行政赔偿的行政执法人员，依法行使行政追偿权，对其实施经济性惩戒。五是加强舆论监督，对典型的违法行政行为在新闻媒体上公开进行评议，以起到良好的警示作用，使对违法行政行为的责任追究置于公众的监督之下，增强责任追究过程的透明度。

本章小结

依法行政、构建法治政府是我国政府行为文明的应有之义，也是西北少数民族地区各级政府和各族人民群众的共同价值追求。目前随着我国经济的发展，西北少数民族地区对政府依法行政与公民权利保障的要求也有了新的发展。一是权利要求的内容有所侧重，比如对发展权、环境权、教育权、政治参与权有了更强烈的要求；二是对政府依法行政的期望值增高，希望政府进一步提高行政效率；三是要求政府依法行政更多地体现以人为本的价值理念，政府在微观经济活动中不要与民争利，更多地体现对弱势、特殊群体的保护。根据这些要求，西北少数民族地区各级政府必须一方面重视依法行政的制度建设，另一方面要以保障各族人民群众公民权利的真正落实为出发点，推动政府依法行政的制度创新，要让人民群众得实惠。

第九章　西北少数民族地区政府廉政建设与公民权保障

　　早在巴黎公社时期，马克思就论述了无产阶级政府与资产阶级政府的本质区别，无产阶级政府在本质上应是廉洁的政府，并把巴黎公社看做代表。马克思认为，私有制度是产生腐败的经济根源，滥用权力则是产生腐败的政治根源。不受制约的权力必然产生腐败。巴黎公社打碎了资产阶级国家的旧机器，建立了人民当家做主的国家政权，它是真正的国民政府，它颠倒了传统的官民关系，人民是国家的主人，因而是真正的廉洁政府。从无产阶级政党建立时，马克思、恩格斯就把建立廉洁政府作为政治目标。马克思主义执政党的缔造者列宁在共产党执政后，特别强调："人民需要共和国，为的是教育群众实行民主。不仅仅需要民主形式的代表机构，而且需要建立由群众自己从下面来全面管理国家的制度，让群众有效地参加各方面的生活，让群众在管理国家中起积极的作用。"[1]

---

① 《列宁全集》第29卷，人民出版社1985年版，第287页。

第一节　建设廉洁政府是中国共产党
政府建设的一贯原则

一、改革开放前中国共产党廉政建设的理论与实践

马克思主义中国化的杰出代表毛泽东，在中国革命和建设的各个时期，都把廉政建设放在人民政府建设的首位。早在中央苏区，毛泽东就为确保边区政府廉洁制定了一系列重要措施：（1）建立和健全苏维埃民主制度和监督制度；（2）统一规定各级苏维埃政府的人员编制和经费使用标准；（3）加强舆论监督，把贪污浪费等腐败现象公之于众，遏制不廉洁行为；（4）开展节俭活动，反对贪污浪费，直至列入刑法惩治贪污浪费罪；（5）领导和领导机关带头进行廉政建设；（6）1933 年年初，成立中央党务委员会（即中央监察委员会）和中华苏维埃共和国的检察机关。主要负责监督党内违纪腐化的行为。1937 年 8 月，毛泽东为中共中央宣传部写的抗日救国十大纲领时把"铲除贪官污吏，建立廉洁政府"作为中国共产党的一项重要纲领。① 1938 年 8 月，陕甘宁边区政府制定了《惩治贪污暂行条例》，1941 年 5 月，中央政治局批准的《陕甘宁边区施政纲领》提出"厉行廉洁政治"。1943 年 5 月，边区政府发布《陕甘宁边区政务人员公约》，进一步从制度上规范了廉政建设的要求，在进行廉政制度建设的同时，我党还进行了包括延安整风在内的廉政思想道德教育；"由于党和根据地政府励精图治，建章立制，整顿风纪，惩治腐败，党风、政风和社会风气展现全新面貌"②。

新中国伊始，《中国人民政治协商会议共同纲领》明确规定："中华人民共和国的一切国家机关，必须厉行廉洁的、朴素的为人民

---

① 参见《毛泽东选集》第二卷，人民出版社 1991 年版，第 355 页。
② 强宗恕、邓兆明：《毛泽东邓小平廉政思想研究》，甘肃人民出版社 1993 年版，第 46 页。

服务的革命工作作风，严惩贪污，禁止浪费，反对脱离人民群众的官僚主义作风。"把廉洁政府建设以国家大法的形式规定下来了，为新中国成立后的廉政建设奠定了重要的基石和指导原则。1952 年 4 月 21 日中央人民政府制定了《中华人民共和国惩治贪污条例》，而新中国成立初期全国范围内开展的以反贪污为中心的"三反"、"五反"运动，是一次具有更广泛意义的廉政建设。

在廉政建设方面，毛泽东提出的一些重要思想，至今仍有指导意义。如民主治腐的思想。毛泽东认为，只有实现了民主政治，人民真正成为政权的主人，干部真正成为"公仆"，权力才不会变质。即使出现了腐败现象，也会靠民主的力量，靠从严治党的办法得以克服。民主治腐，就要实行党内监督、群众监督、民主监督。再如从严治党的思想。毛泽东认为，加入共产党的条件从严，要教育从严，尤其是马克思主义基本理论教育和为人民服务的宗旨教育，以达到解决党员思想上入党问题。要执行从严，生活作风上从严。执政党必须把为人民谋利益作为自己全部活动的出发点和归宿，确立一切为了群众，一切依靠群众，从群众中来，到群众中去的群众路线。

二、改革开放 30 年来中国共产党关于廉政建设的新发展

改革开放以来，党中央十分重视廉政建设。邓小平同志针对廉政建设新的形势和党内腐败的新趋势，发展了马克思主义廉政思想。

首先，提出了依靠制度治腐的思想。制度建设是根治腐败的根本建设，健全以民主集中制为基础的党内各项制度是防治腐败的根本措施。认为正确贯彻民主集中制，一是要克服权力过分集中的弊病，健全党内政治生活制度；二是要消灭上下级之间存在的家长制作风，实行党内平等的原则；三是要肃清无政府主义和资产阶级自由化思潮，全党在政治上同党中央保持一致。要建立一整套干部制度。邓小平在制度建设中特别强调要建立和健全一整套干部的选举、招考、任免、考核、弹劾、轮换、交流等在内的干部制度。认为权力过分集中是干

部制度中的一个弊端。"党的一元化领导，往往因此而变成了个人领导。"① 邓小平把领导干部终身制现象，称做是干部制度中的又一个主要弊端。强调要建立和健全老干部的离退休制度，建立和健全干部工作责任制，考核和监督制。"制度问题更带有根本性，全局性，稳定性和长期性。""制度好可以使坏人无法任意横行，制度不好可以使好人无法充分做好事，甚至会走向反面。"②

其次，从严治党的思想。邓小平认为，不惩治腐败，特别是党内的，确实有失败的危险。党员干部特别是高级领导干部要带头廉洁。干部搞特殊化，必然脱离群众，影响机关办事效率，降低党在群众中的威望。克服生活特殊化现象，才有可能领导和教育群众，保证党政机关的高效廉洁，惩治腐败要严格党的纪律。一是纯洁党的组织。二是纠正党内不正之风。三是查处大案要案不手软。邓小平在《中国共产党第十二次全国代表大会开幕词》中指出："坚决抵制外来腐朽思想的侵蚀，决不允许资产阶级生活方式在我国泛滥。"

再次，在发展市场经济中坚持党性原则。既不能用政治标准、原则简单去要求经济活动，更不能把商品交换原则带到党内来。如果用商品交换原则取代党性原则，就会使人与人之间的关系变成赤裸裸的金钱关系，金钱成了人际交往和政治生活的准则，从而背离党的宗旨。要完善市场经济体制，邓小平认为，党内腐败现象的存在，一个重要的根本原因，是在长期计划经济的影响下，行政力量还在过多地管制和干预市场。这种管制和干预不是以法律为依据，而是给予官员的种种权力，为其贪污腐败、以权谋私制造了温床。只有健全各种有利于廉洁政治的具体制度，才能制约公共权力和执政党的权力，防止权力的滥用，并在法制轨道上解决已有的腐败现象。

最后，坚持发展生产力原则的思想。不能把廉政建设与发展经济对立起来，要"两手抓"，一手抓经济建设，一手抓反对腐败。认为

---

① 《邓小平文选》第二卷，人民出版社 1994 年版，第 329 页。
② 《邓小平文选》第二卷，人民出版社 1994 年版，第 333 页。

"离开了经济建设这个中心，就有丧失物质基础的危险。"① 只有坚持发展生产力，才能从根本上解决防腐治腐的问题。

　　以江泽民同志为核心的党的第三代领导集体，同样高度重视廉政建设，就促进政府廉洁提出了丰富的创造性的思想。江泽民在党的十四大报告中从战略高度强调了反对腐败的重要性，并就如何反对腐败，提出了纲领性的意见。指出："坚持反腐败斗争，是密切党同人民群众联系的重大问题。""在改革开放的整个过程中都要反腐败，把端正党风和加强廉政建设作为一件大事，下决心抓出成效，取信于民。廉洁奉公，勤政为民，要从各级领导机关和领导干部做起。""廉政建设要靠教育，更要靠法制。""特别要在执法部门和直接掌握人、财、物的岗位，建立有效防范以权谋私和行业不正之风的约束机制。"② 党的十五大更是提出了从严治党的要求，2000 年 1 月 14 日，江泽民在中纪委第四次会议上强调，"落实从严治党的方针"，"必须全面贯穿于党的思想、政治、组织、作风、纪律和制度建设的各方面工作，切实体现到对各级党组织、广大党员和干部进行教育、管理、监督等各个环节中去"③。"党风廉政建设与反腐败斗争关系党和国家的生死存亡。""不解决好反腐倡廉的问题，改革、发展、稳定就没有坚强的政治保证，党和政府就会严重脱离群众，就有亡党亡国的危险。"江泽民多次强调廉政建设对于民心向背的重要性。"人心向背，是决定一个政党、一个政权兴亡的根本性因素。政风廉洁，从来是赢得民心，实现政治清明、社会安定繁荣的重要环节。"针对用人上的不正之风，强调："落实群众对干部选拔任用的知情权、参与权、选择权和监督权。""要通过加强党内监督、法律监督、群众监督，建立健全依法行使权力的制约机制和监督机制"④。

　　以胡锦涛为总书记的党中央更是把建立廉洁政府，从源头上惩治

---

　　①　《邓小平文选》第二卷，人民出版社 1994 年版，第 250 页。

　　②　江泽民：《论党的建设》，中央文献出版社 2001 年版，第 69—70 页。

　　③　江泽民：《论党的建设》，中央文献出版社 2001 年版，第 365 页。

　　④　江泽民：《在庆祝中国共产党成立八十周年大会上的讲话》，2001 年 7 月 1 日。

和预防腐败体系，作为重大战略措施来抓。中共中央于 2003 年 12 月 31 日颁布实施了《中国共产党党内监督条例（试行）》，党的十六届三中全会提出了建立健全教育、制度、监督并重的惩治和预防腐败体系的目标。2005 年 1 月 3 日，中共中央颁布《建立健全教育、制度、监督并重的惩治和预防腐败体系实施纲要》，胡锦涛总书记在 2007 年党的十七大报告中进一步明确指出，要 "严格执行党风廉政建设责任制。坚持深化改革和创新体制，加强廉政文化建设，形成拒腐防变教育长效机制、反腐倡廉制度体系、权力运行监控机制。健全纪检监察派驻机构统一管理，完善巡视制度。加强领导干部廉洁自律工作，提高党员干部拒腐防变能力。坚决纠正损害群众利益的不正之风，切实解决群众反映强烈的问题。坚决查处违纪违法案件，对任何腐败分子，都必须依法严惩，决不姑息！"

中央政府领导人在每次的政府报告中，都把廉洁从政作为政府工作的重要内容。国务院每年都召开廉政工作会议，部署政府系统的反腐倡廉工作。2008 年温家宝总理在国务院廉政工作会议上强调，按照 "为民、务实、清廉" 的要求，全面推进政府系统反腐倡廉工作。要坚决纠正土地征用中侵害农民利益的问题；坚决纠正城镇拆迁中侵害居民利益的问题；坚决纠正企业重组改制和破产中侵害职工合法权益的问题；坚决纠正拖欠和克扣农民工工资问题。要加大治理教育乱收费力度；加大纠正医药购销和医疗服务中的不正之风力度；加大减轻农民负担工作力度；加大安全生产管理和事故责任追究力度。严格规范行政执法行为，加快行政审批制度改革，任何地方和部门都不得擅自设立行政许可项目，不得违反规定在审批环节中乱收费。推行政务公开，全面推行市（地）级政务公开，凡是与老百姓利益密切相关的部门和单位，如学校、医院以及水、电、气、公交等公用事业单位，都要实行办事公开制度。从严治政，从源头上预防和治理腐败。中央和国务院的高度重视，各级人民政府在廉政建设方面都取得了较大成绩。目前，党和政府在建立健全反腐倡廉基本制度方面，主要是 "四个完善"：一是完善对权力制约和监督的制度。二是完善反腐倡廉相关法律和规范国家工作人员从政行为的制度。三是完善对违纪违法行为的惩处制度。四是完善反腐败领导体制、工作机制方面的制度。

《联合国反腐败公约》（Anti-Corruption Convention），是联合国历史上第一部指导国际反腐败斗争的法律文件。我国在 2005 年 10 月 27 日十届全国人大常委会第十八次会议上批准了该公约，标志我国政府正式加入了《联合国反腐败公约》。随着党和政府廉政建设水平的不断提高，在市场经济条件下一些政府部门和公务人员为政不廉，侵害公民权利的情况有很大改观，公民权利的保障程度有了很大提高。在全党和中央政府廉政建设的推动下，西北少数民族地区各级政府廉政建设取得了较大成就。

第二节　西北少数民族地区政府廉政建设的主要措施

按照中央的部署，西北少数民族地区各级政府从教育、制度、监督、改革、惩处五个方面入手，把反腐倡廉寓于各项重要改革措施之中，积极构建惩治和预防腐败体系，落实中央规定，采取了一系列具体措施，促进政府廉政建设。

一、廉政教育

我国党和政府历来重视马克思主义廉政教育，强调公务人员树立正确的权力观、地位观、利益观、政绩观，正确处理政府权力的来源和使用目标，正确处理政府权力行使与公民权利保障的关系，树立勤政为民，做到情为民所系，权为民所用，利为民所谋，在这方面，西北少数民族地区各级政府在中央反腐倡廉教育的推动下，也进行了卓有成效的工作。如青海反腐倡廉教育以领导机关和领导干部为重点，以树立马克思主义世界观、人生观、价值观和正确的权力观、地位观、利益观为根本，以艰苦奋斗、廉洁奉公为主题，以立党为公、执政为民为目标，以领导机关和领导干部为重点，紧紧抓住权力观教育这个核心，加强对党员干部尤其是领导干部的理想信念教育和从政道德教育、党的优良传统和作风教育、党纪条规和国家法律法规教育，效果良好。新疆、宁夏开展营造经济发展廉洁政治环境的教育，对推动投资环境的改善作用很大，使法治政府、有限政府、责任政府、民主政府、廉洁政府的观念在政府公务员队伍中逐步确立。西北少数民族地区都开展了廉政文化建设，以"廉政"为主题，开展了读廉政格言、讲廉政故事、看廉政图片、唱廉政歌曲、写廉政作文活动，青海海东乐都县政府还给全县240余名副科以上干部赠送了廉政挂历。各地组织开展了廉政文化"进机关、进社区、进校园、进企业、进家庭"活动。

二、制度建设

西北少数民族地区各级政府在贯彻落实中央各项廉政制度的同时，根据各自的实际情况，出台了具有地区特点、针对性较强的促廉制度，以消除廉政建设中的制度障碍，也为政府行政和执法提供制度保障。突出的有：

1. 结合党和中央政府廉政制度建设，各地都出台了相关的落实意见和措施，一些部门还结合行业特点，出台和完善了相关制度。如政务公开制度，行政审批制度，领导干部职务的任期制度、辞职制度和任职回避、交流制度，行政执法责任制和评议考核制，行政效能投诉和行政过错责任追究办法；国库集中收付制度，工程公开招标投标制度，土地使用权挂牌出让等制度都逐步完善起来。把党和国家的廉政制度落到实处，克服了廉政建设中制度旅行的弊端。

2. 结合行政效能建设，完善了各项促进政府廉政建设的制度。各地政府不同程度地开展了行政执法责任制、行政执法公示制、行政执法督察制、执法过错责任追究制、服务承诺制、首长负责制、限时办结制、效能考评制、督察督办制、失职追究制等规章制度。

3. 以行政许可、审批制度改革为契机，西北少数民族地区各级政府都进行了比较全面的制度和审批事项清理，废止了大批不符合法律、中央政策或时效过期、不合实际的地方性、部门性政策，依法规范了政府行为，从制度上规范领导干部从政行为。

三、政务监督

监督是保证政府公务人员廉洁从政的重要措施，从制度上讲，我国有比较健全的监督机制。近年，西北少数民族地区各级政府在自觉接受政务监督方面有较大进展。突出的有四点：

1. 通过政务公开，接受社会监督

政务公开是廉政建设的重要步骤，旨在消除公民与政府在政务信息上的不对称性，为社会和公民监督政府行为，保障公民的知情权，提高公民对政治参与的有效性搭建平台。根据中央要求，西北少数民族地区各级政府按照"依法公开，真实公正，注重实效，有利监督"的原则，积极推进政务公开，各级政务公开逐步走上规范化轨道。各地通过政务上网、政务上墙、政务上报，推行"阳光政务"，克服了长期以来暗箱操作导致为政不廉的弊端。如新疆维吾尔自治区伊犁州108个乡镇全部实行了政务公开，90%以上的州直机关实行了政务公开。乌鲁木齐市行政综合执法机关推行"阳光"执法，103项行政处罚权、处罚依据、程序及举报电话向社会予以公开。[①]

2. 通过行风评议，监督政府政务

2002年开始，西北少数民族四省区都逐步开展了行风评议活动。尤其宁夏、新疆的行风评议成效显著。宁夏、新疆把对单位、部门的评议与对领导干部的民意测验一起进行，采取网上评议，将其结果作为干部考核依据，改变组织人事部门少数人选少数人的现状，真正实现公民对政府官员的社会监督，也为推行领导干部任期制代替终身制提供依据。各地还聘请了特邀监察员，通过参与执法监察、行政效能监察、治理教育乱收费和政务公开等专项检查，对政府工作人员特别是领导干部的工作作风、办事效率、廉洁自律以及权力运行、依法行政等情况实施有效监督。如甘肃省规定，在考核省直部门领导班子

---

① 资料来源：课题组2006年新疆调研，由自治区法制办提供。

时，民意测评占考核总分的70%。

3. 通过群众举报，督促政府廉政建设

如新疆检察机关查处的职务犯罪案件70%来自群众举报，2006—2008年，全疆检察机关共立案查处职务犯罪案件2009件2191人，其中大案804件、要案160件162人，为国家挽回经济损失1.973亿元。①

4. 通过职能监督，强化政府监督

各级监察部门是政府的专门监督机构。近年来，西北少数民族四省区都强化了职能监督，有效地促进了廉政建设。监察部门实行政务公开，在执法监察、纠正不正之风的工作中，对重大违法违规和侵害人民群众利益问题的调查处理情况予以公开。监察部门在接受社会监督的同时，也加强了对政府部门、领导干部的监督和整顿力度。如甘肃省监察部门2004年全省收缴领导干部收受的礼金165.9万元；纠正了55名党政领导干部兼任企业领导职务的问题；清理和纠正违反规定用公款为干部职工购买商业保险157.8万元；清还领导干部借欠的公款1141.2万元。②

四、廉政自律

政府廉政建设的关键是领导干部队伍建设，十六大以来，西北少数民族四省区在领导干部中全面推行廉政自律建设。如2004年，宁夏回族自治区人民政府领导班子向社会公开廉政承诺，内容是：一、坚持依法从政，严格按照法律和行政法规行使职权，坚持原则，不徇私情，坚决同各种违纪违法行为作斗争。二、廉洁奉公，严于律己。不利用手中的权力和影响插手工程招投标、经营性土地使用权出让、政府采购、产权交易等工作，不打招呼，不批条子。三、严格执行廉洁自律的各项规定。凡是向自治区政府领导班子成员送钱、有价证券、贵重物品的，坚决拒收，并向纪检监察机关报告。四、严格管好

---

① 资料来源：课题组2008年新疆调研，由自治区检察院提供。
② 资料来源：课题组2005年甘肃调研，由省监察厅提供。

自己的亲属和身边工作人员，决不允许打着领导旗号办私事、谋私利。五、自觉遵守组织、人事纪律，不为跑官、要官者说情。① 新疆在构建廉政文化建设体系过程中，自治区出台了《预防职务犯罪条例》，2006 年全区清退了 16 套领导干部违规住房；全年收回挪用的住房公积金共 1819 万元；清理全区行政、事业单位和国家公职人员利用职权占用耕地草场 19.8 万亩，已清退 13.1 万亩。② 一些地区就某些特殊领域做出规定。如 2004 年 8 月 10 日，甘肃省针对招商引资中的为政不廉问题，做出"五项禁止、六个不准"的规定。即：禁止借招商引资之名公款旅游；禁止以招商引资为由行贿受贿；禁止乘招商引资之机以权谋私；禁止违背上级政策以招商引资为名定奖惩；禁止借招商引资之名违法违规圈占土地活动。不准借招商引资大吃大喝、请客送礼；不准把引资的资金存入"小金库"；不准借招商引资之名报销不正当开支；不准低价出让土地使用权；不准退还或减免地方应得税收；不准借招商引资损害群众的切身利益。

五、惩治腐败

惩治腐败是廉政建设中最直接有效的手段，惩治腐败的效果也是人民群众最为关切的政治社会问题，影响到人民群众对政府的信任程度。西北少数民族地区针对人民群众反映强烈的问题，有针对性地进行反腐败斗争，查处了一批大案要案。如新疆维吾尔自治区原副主席阿曼·哈吉在任职期间，利用职务之便收受巨额现金；支持、纵容其亲属在其管辖的业务范围内经商办企业，谋取利益。涉嫌犯罪，决定将其移送司法机关依法处理。乌鲁木齐市经济技术开发区管委会原主任苏宇违纪违法案件，自治区国土资源厅地质勘察处处长李春明、资源储量处副处长那佳等 6 起严重违纪违法收受贿赂案件，于 2005 年 8 月 11 日进行通报。③ 再如宁夏回族自治区 2003—2004 年对公务人

---

① 资料来源：课题组 2006 年宁夏调研，由自治区纪委监察厅提供。
② 资料来源：课题组 2006 年新疆调研，由自治区纪委监察厅提供。
③ 参见《中国纪检监察报》，2005 年 8 月 11 日。

员利用职务之便实施贪污受贿等立案侦查 208 件 255 人, 提起公诉 110 件 128 人, 其中, 涉及担任实职的县处级以上领导干部 11 件 11 人。①

六、专项治理

专项治理是针对社会、经济、政治生活中的非规范性、非法性行为进行的专门治理。专项治理涉及行业、地方、部门的人事、财务、财产、交易、审批、收费等, 能够有效地预防和惩治各种腐败行为, 促进政府廉政建设。近年来, 西北少数民族地区的专项治理重点涉及征收征用土地中侵害农民利益、城镇房屋拆迁中侵害居民利益、企业重组改制和关闭破产中侵害职工合法权益、教育乱收费、公路 "三乱"、企业违法排污造成严重后果、商业贿赂等。以教育乱收费专项治理为例, 2004 年, 新疆伊犁州组成 14 个检查组就教育收费问题进行专项检查, 检查了州直属 392 所学校, 查出各类价格违法案件 98 件, 违法金额 276.78 万元, 清退违规收费 79.77 万元, 没收违法金额 4.81 万元。② 2004 年, 宁夏回族自治区共查处教育乱收费案件 91 起, 查处违规收费金额 197.57 万元, 向学生退还违规收费金额 102.36 万元, 处理责任人 32 人, 其中通报批评 15 人, 受到党纪政纪处分 17 人。③ 2005 年甘肃甘南藏族自治州治理教育乱收费共查处教育乱收费问题 12 件, 向学生清退 33.22 万元; 全面落实义务教育阶段收费 "一费制", 减轻学生负担 156 万元。④

商业贿赂是以获得商业交易机会为目的, 在交易之外以回扣、促销费、宣传费、劳务费、报销各种费用、提供境内外旅游等各种名义, 直接或间接给付或收受现金、实物和其他利益的一种不正当竞争

---

① 资料来源: 课题组 2006 年宁夏调研, 由自治区纪委监察厅提供。
② 资料来源: 课题组 2005 年新疆调研, 由伊犁州法制办提供。
③ 资料来源: 课题组 2006 年宁夏调研, 由自治区办公室提供。
④ 参见沙拜次力:《为加快甘南经济社会发展营造更加良好的政治环境——在州政府廉政工作会议上的讲话》, 2006 年 4 月 19 日。

行为。重点是工程建设、土地出让、产权交易、医药购销和政府采购等领域以及银行信贷、证券期货、商业保险、出版发行、体育、电信、电力、质检、环保9个方面，导致国家公务员利用职权参与或干预企业事业单位经营、谋取非法利益、索贿受贿的行为大量发生，严重破坏了市场经济秩序，侵害了公民权利。近年来，西北少数民族地区政府根据中央部署，对商业贿赂进行了专项治理。2005年，新疆乌鲁木齐市检察机关已查处商业贿赂案件47件，涉及金额200余万元。市工商系统共查处商业贿赂案件15件，涉及金额约1400万元。2006年全区共查处商业贿赂案件156件，涉案金额2854.62万元，并将8件典型商业贿赂案件在全区范围内通报。2007年1—6月全区共查处商业贿赂案件623件，涉案金额2.26亿元，还重点治理了工程建设、土地出让、产权交易、医药购销、政府采购等领域的商业贿赂行为。① 2006年至2007年4月，青海省共审结商业贿赂案件39件，涉案42人。② 2006年甘肃省被检察机关共立案侦查国家工作人员商业贿赂犯罪案件84件93人，涉嫌犯罪的县处级以上干部17人被查办。2007年仅甘肃省工商系统共查办商业贿赂案件39件。③

第三节　西北少数民族地区政府廉政建设的主要作用与艰巨任务

一、西北少数民族地区政府廉政建设的主要作用

1. 廉政建设促进了西北少数民族地区的政治稳定

廉政建设中，西北少数民族地区各级政府通过推行政务公开，改变了政府垄断各种政策信息资源的状况，维护了公民的知情权，拓宽了群众参政、议政的渠道；推进了政府决策的科学化、民主化，密切了党群、干群关系；加强了对行政权力运作的制约和监督，推动了党

---

① 资料来源：课题组2008年新疆调研，由自治区检察院提供。
② 资料来源：课题组2008年青海调研，由省检察院提供。
③ 资料来源：课题组2008年甘肃调研，由省检察院提供。

风廉政建设和反腐败斗争的深入开展，从根本上讲，维护了西北少数民族地区的政治稳定，为西北少数民族地区各族居民的经济、政治和文化活动提供了稳定的政治环境。由于西北少数民族地区多宗教、多民族和地缘政治的特殊性，在市场经济条件下，政治稳定有着重大意义。但无论从历史还是现实看，政府廉政程度对政治稳定有着决定性的影响。政府廉政程度高，政府与公民的利益关系处理得就好，社会的关系就比较融洽；政府廉政程度低，政府公职人员就会利用手中的权力为部门和个人谋取不正当利益，而其他社会公民的利益就会受到损害，政府的社会动员、管理能力就会因得不到公民的支持而弱化，政府对社会的控制能力下降，政治不稳定因素增加，公民的人身权利和财产权利就得不到有效保障。这可以从西北一些地区的侵财犯罪案件的增加、社区环境的恶化、城乡社会的分化对立、群体上访的增加造成的不良社会影响得到说明。如各地长期拖欠农民工工资问题、政府与民争利，减少、克扣、挪用土地补偿款、各种专项资金，严重损害了政府形象，降低了政府威信。与此形成对照的是，2003 年以来，各项惠农和帮助少数民族发展的政策落实，提高了政府威信。如新疆维吾尔自治区自 2003 年秋季开始实施"两免一补"政策以来，中央财政每年提供课本费 1.4 亿元，自治区财政解决杂费 5000 万元，帮助 56 个县的 205 万名学生完成了九年义务教育。"两免一补"政策的实施，加快了新疆普及九年义务教育的进程，提高了少数民族子女入学率。阿瓦提县拜什日克镇东卫四大队农民汗扎旦木的丈夫因病去世，3 个孩子上学成了难事，"两免一补"政策实施后，3 个孩子都能上学读书了。汗扎旦木激动地说："今年春季，3 个孩子免掉的课本费和杂费近 600 元，家里等于增加了 600 元收入，这个政策太好了。"① 少数民族群众的这种感受所形成的政治认同，对西北少数民族地区的政治稳定所起的作用远比多个政治说教有效得多。

---

① 课题组 2005 年新疆调研资料。

2. 廉政建设改善了西北少数民族地区的投资环境

投资环境欠佳是长期制约西北少数民族地区社会经济发展的重要因素，以前人们比较关注硬环境，随着西部大开发战略向纵深发展，软环境问题越来越突出，在投资者评价的软环境即与投资开发相关的政策、政务、法制、文化和教育等人文环境方面问题较多。直接影响了投资者的意愿，制约了投资。如宁夏大学的和萍在《关于宁夏投资环境改善绩效的实证分析与对策研究》一文中，以宁夏 12 家外商投资企业和合作企业为抽样调查对象，通过问卷抽样调查的方法考察了投资者对宁夏投资环境的总体评价（2002 年）。对宁夏投资环境总体评价认为非常好的占 13.9%，认为好的占 28.91%，认为一般的占 24.66%，认为不好的占 32.48%，认为不好的所占比例最大。其中，除对法律环境和政治环境较为满意外（认为二者好的比例分别为 55.79% 和 54.16%，认为不好的比例分别为 2.1% 和 6.25%），对经济环境、服务环境等满意程度都较低，认为经济环境、服务环境不好的企业分别占 42.77% 和 50.77%。在这次抽样调查中投资者最不满意的就是宁夏的服务环境，在非常好、良好、一般和差四个考核标准中，认为商业服务水平、中介机构水平、信息获得的准确度和快捷度、相关外事服务水平、城市公共设施服务水平及与国际交往的便捷度等考核指标差的企业几乎都超过半数，而几乎所有的投资意见都与政府管理有关。①

与投资相关的另一个问题就是人力资源的流失较为严重，受官本位思想的影响和缺乏就业机会及有利于人才成长的制度环境，人才浪费、闲置和流失现象严重。从近几年的政府报告、研究报告来看，也从我们社会调查的实际感受来讲，西北少数民族地区各级政府对软环境建设中存在的问题已引起高度重视。2005 年，我们跟调查地政府官员访谈时发现，营造投资环境是一个比较多的话题。青海、宁夏、新疆都能从优化经济环境的角度考虑政府效能建设，在他们的讲话

---

① 参见和萍：《关于宁夏投资环境改善绩效的实证分析与对策研究》，《市场经济研究》2003 年第 4 期。

中，多次强调廉政建设与优化经济发展环境的内容。青海还在积极探索和建立"信用青海"制度体系。

从政治学、社会学的角度讲，一个地区的政治环境、社会环境是经济环境良好发展的前提和基础，政府行为意识、政府行动效率、政府组织效能又是其中最重要的部分。在政府大量干预经济、调控社会资源的情况下，政府效率和效能起着标示作用，政府廉政程度通过政府效率和效能体现出来。从这个关系讲，政府廉政建设，实际就是营造良好的投资环境。近年来，西北少数民族地区各级政府都注意严格依法妥善处理农村土地承包、劳动争议、商品房买卖以及婚姻、继承等与人民群众生产生活密切相关的民事纠纷；依法保障国有企业深化改革，保护非国有企业、外资企业在内的各类市场主体的合法权益；妥善处理群体性纠纷案件，依法保护行政相对人的合法权益，促进行政机关依法行政，大大改善了投资环境。而投资环境的改善，可以提高投资水平，拉动就业，也就从根本上有利于公民权利的保障。

3. 廉政建设维护了西北少数民族地区的农民权利

随着中央对"三农问题"的高度重视，西北少数民族地区政府在廉政建设中，都把维护农民利益，切实保障农民权利作为政府行为的重要内容和构建和谐社会的大事来抓。由于特殊的地理生态文化条件，西北少数民族地区的生存权保障始终是低水平的，也由于长期的二元城乡分割体制和教育发展的滞后性影响，西北少数民族地区农民的发展权利受到极大的限制。造成了农民在享受政策资源、人文资源和其他社会资源方面的弱势地位。西北少数民族地区各级政府把维护农民利益放在重要地位，消除政府部门、工作人员损害农民土地使用、救济、教育等方面的行为，可以说保障了最大社会群体的公民权利。如2004年，新疆喀什地区在涉及农民负担的各类种子、农村中小学"双免"、电费、水费、农业税等5个方面，共减轻农民负担1.03亿元，农民人均减轻负担42.73元。落实中央、自治区两个1号文件，直补资金3279万元，农民人均增收10元以上。取消农业特产税和降低农业税税率，减轻农民负担3231万元，农民人均减轻负担 14.38 元。水费实施"量水到田、记账到户"。① 甘肃甘南藏族自治州 2005 年以减轻农牧民负担为重点，全面取消了农牧业税，人均减负 18.36 元，并清理拖欠农民工工资 14.6 万元。2005 年青海省制定土地征用工作纪律，切实保护被征地群众的合法权益，严格按照法定的标准予以补偿安置，依法足额测算，及时发放补偿费用，不得拖欠、挪用、截留和克扣。尊重和保护权利人的利益，不重登、不漏登、不错登，不准吃、拿、卡、要，不准徇私舞弊。② 2005 年 11 月 20 日，甘肃省劳动保障厅、省建设厅、公安厅等九部门发出《关于进一步解决拖欠农民工工资问题的通知》（以下简称《通知》），对甘肃省建设行业、中小劳动密集型加工企业农民工工资发放做了进一步要求。《通知》要求各市州建立农民工工资支付监控制度，对本地区建筑行业、中小劳动密集型加工企业采取全面监控和重点监控相结合，将建筑行业和其他行业中曾有拖欠、克扣农民工工资行为的单位作为重点监控对象，定期检查这些单位工资支付情况。对存在拖欠克扣农民工工资问题或欠薪苗头的企业，劳动保障部门要会同有关部门采取措施及时处理。对恶意拖欠农民工工资的企业，取消其参与工程竞投标资格。

4. 廉政建设有利于西北少数民族地区的社会公平

从公民权保障的视角看，社会公平程度的一个重要方面就是公民在发展机会、获取社会资源方面是否有平等获取的权利。同全国一样，社会公平是西北少数民族地区普遍关注的问题。除影响社会公平的共性因素外，西北少数民族地区影响社会公平的因素又具有复杂性、特殊性、历史性。在西北少数民族地区民族之间的事实上的差距与各种制度因素、文化因素和政府行为因素交织在一起，使得社会公平在这一地区有特别的重要性。在多种维护社会公平的机制中，政府行为状况处于中心地位。各种调控措施依靠政府的有效行为而得以实现。从近年政府廉政建设的效果看，政府的廉政程度与公民所获得的

---

① 资料来源：课题组 2005 年新疆调研，由喀什地区纪委监察局提供。
② 资料来源：课题组 2006 年青海调研，由省纪委监察厅提供。

机会平等、社会资源的公平分配呈正相关性。在西北少数民族地区政府廉政建设中，涉及的典型问题有：

（1）公务用车问题。国家公务人员主要是领导干部利用公务用车所获得的财政支持就要比一般公民多得多。所以就有了"车辆腐败"一说，人们对"车辆腐败"的不满，其实就是对资源分配不公平的表达。据甘肃省提供的资料，2003年甘肃省公务车全年需财政负担13.47亿元，占2003年全省大口径财政收入的7.7%，占当年地方财政收入的15.5%。成本为市场运营的8至10倍。在甘肃省政协九届三次会议上，民建甘肃省委员会提交了《关于加快推行公务用车改革》提案，建议改革现行公务用车制度，实行"货币包干"，减少财政负担，杜绝"车辆腐败"。① 实际上，"车辆腐败"不在于是否是公务用车，而在以公务用车为载体形成了一个庞大的利益群体，包括领导的亲族网、社会关系网和司机的亲族网、社会关系网两大消费群体。直接表现为政府行政成本的增加，但从政治学的角度看，是社会分配不公的表现。所以，这几年，西北少数民族地区政府廉政建设把规范公务用车作为反腐倡廉的措施，每每就收到实效，原因即在于此。2005年2月22日，宁夏回族自治区中宁县出台《关于切实加强作风建设若干规定的通知》，取消县领导及各部门负责人公车接送上下班。据该县财政局同志介绍，自取消公车接送领导上下班以来，仅县四套班子车辆总费用每月至少比以前节省5万~6万元。

（2）土地使用问题。随着城市化的发展，土地的价值在不断的提升，尤其是经营性用地成为各利益主体竞争的重要目标。土地审批、转让、开发中的牟利行为成为政府廉政建设中的重要课题。土地中的腐败行为，源于政府协议出让土地使用权的制度安排，不仅土地的开发利用、合理规划受到限制，而且给以"地"谋私、"地"钱交易留下了巨大的空间和诱惑，对社会公平的影响巨大，政治上的危害也更大。从已经处理案件看，腐败者及其利益共同体在获取巨大利益

---

① 《人民日报》，2005年1月26日第2版。

的同时，却对失地又失业的农民，破产企业普通职工的生存权利带来了极大损害，当然，也伴随着公共资源的巨大流失。中央规定对经营性用地全部以招标、拍卖、挂牌或挂牌出让方式处置，是切中时弊的。如青海省国土资源管理部门对经营性用地全部以招标、拍卖、挂牌或挂牌出让方式处置。全省已陆续有 743 宗经营性用地实行了招标拍卖或挂牌出让，总面积达 531 公顷，实现土地出让金 9.43 亿元，其中用于破产企业改制职工安置费用 6.9 亿元，占出让金总数的74%，上缴各级财政 2.4 亿元，主要用于市政建设，有力地支持了企业改制和城镇建设。①

（3）国家机关工作人员参与经营问题。国家机关工作人员，无论领导还是一般职员，手中掌握的权力和政策资源、政治经济资源都较一般公民为多。利用公共物品谋利的机会多，在竞争中处于有利地位，因此，国家机关工作人员参与经营问题，不是简单的经济行为，直接后果是对社会公平造成危害。

二、西北少数民族地区政府廉政建设是一项长期的艰巨任务

西北少数民族地区的廉政建设是一项长期的艰巨任务。该地区的政治稳定、社会发展，和谐的民族关系都有赖于各级政府廉洁水平的不断提高。西北少数民族地区存在的民族分裂势力、极端宗教势力制造事端的一个借口就是政府在廉政建设中的缺陷，也是他们容易蛊惑人心的地方。廉政建设也是消除历史上存在的民族隔阂的政治条件，现在，西北一些少数民族群众对汉族干部缺乏信任。但根据我们的社会调查，少数民族群众对汉族干部的不信任，主要还是对不廉洁官员的不信任。我们考察了新疆的一些多民族聚居村落，少数民族群众特别支持一些汉族干部，问及原因，在于该干部廉洁公正。在如何对待汉族干部在少数民族地区工作时，少数民族群众绝大部分把是不是

---

① 资料来源：课题组 2006 年青海调研，由省国土资源厅提供。

"好人"（廉洁、公正、有能力的意思）放在首位。廉政建设对新疆、甘肃、青海、宁夏四省区来说，任重道远，表现如下：

1. 西北少数民族地区廉政建设的总体水平还不够高，存在运动倡廉的情况

中央和省区抓得紧，基层的廉政状况就好，运动一过，问题就反弹，权力寻租行为就死灰复燃。导致在政务过程中，框框太多，手续繁杂；交叉检查，层层检查；前热后冷，不讲信誉；行业垄断，强买强卖；处理矛盾和纠纷不依法、不规范。政务公平、公正较低。如有法不依、执法不公等问题，打击了外来投资者的信心。由于外商对投资环境的要求，已经转向减少交易成本、降低经营风险、保护合法权益、有利于提高竞争力等方面，而按制度经济学的观点，健全透明的制度是交易成本最低的状态。因此，实行统一、规范、透明的法律法规政策，从法律制度上切实保障投资者和经营者的合法权益，成为西北少数民族地区政府行为中一个迫切的要求。

2. 政府越位与缺位并存的情况较多

权力部门化、部门利益化、利益合法化依然存在，政令还不够畅通。对本地区、本部门有利的就执行，对本地区、本部门无利的就不执行或者随意"变通"的现象较为普遍，部门之间多处设防、办事程序不公开，相互扯皮、推诿的情况比较严重。土地征用、城镇房屋拆迁、企业重组改制和破产中损害群众利益以及拖欠农民工工资违规违法行为；教育乱收费行为；医疗服务中"开单提成"、收受"红包"、乱收费行为；机动车乱收费行为等虽然在一定程度上得到了遏制，但这些问题的社会反映仍然较多。从 2005 年我们的社会调查看，政府廉政依然是各族群众最为关心和满意度低的问题。

3. 廉政建设中的制度障碍依然存在

权力的制约机制没有形成，制度漏洞较多。如政府官员的公务收益太大，各种"会议谋私"、"车辆谋私"、"招待谋私"广泛存在。现行的干部任命制，强化了"一朝为官，终身受益"的官本位意识。另外，我们注意到商业贿赂也与税务制度的监管不力有关，个体私营企业的财务管理没有纳入监管范围，导致私营企业的商业贿赂泛滥。

4. 西北少数民族地区经济普遍落后，干部待遇低，不公平心理严重

在一些地方和单位，廉政建设与公民生存权形成极大冲突，干部"口廉心不廉"的情况突出。一些地方，尤其是基层，干部基本生活保障都困难，廉政建设有压力。中央和省、区级政府应该加大财政转移支付力度，有针对性的解决基层干部的生存权和发展权保障。

5. 政务公开的程度不高，仍存在许多不公开而又有效力的内部政策和规定

政府垄断政策资源的情况依然突出，政府与公民个人的信息不对称依然严重。凡不涉及国家和政务秘密的一切政务都应该公开，尤其是公共政策领域的信息应向全社会公开。大力发展电子政务，降低行政成本。

6. 社会主义民主法制远未健全，公民权益受到侵犯和被剥夺的现象屡见不鲜

消费领域"霸王条款"通行，社会的"官本位"、"权本位"意识依然较浓；有法不依、执法不严、按"潜规则"行事、滥用权力的现象在一些地方和部门依然较为严重；对权力监督乏力，从制度上和源头上预防腐败的问题远未解决，公款消费、奢侈浪费、以权谋私、徇私枉法、收受贿赂的腐败现象依然在许多领域滋生蔓延。

廉政建设是一项复杂的系统工程，其不仅关系到政府自身建设的问题，同时也是一个全社会道德水平提高的问题。不仅要重视违法必究，更要正本清源。对此我们认为必须要进一步规范政府行为，提高依法行政水平。行政执法是政府依法履行管理职能的基本形式和经常性工作。行政执法权如果被滥用，就会导致以权谋私，贪赃枉法，损害群众利益，而且许多腐败现象和损害群众利益的问题，就发生在行政执法过程中。因此，必须坚持依法行政，规范执法行为。要推行行政执法责任制，强化执法责任，明确执法程序和执法标准，提高行政执法水平，确保依法行政各项要求落到实处。行政执法必须坚持权责一致，做到有权必有责、用权受监督、侵权要赔偿、违法要追究。同时要加强干部的考核与任职管理。推广宁夏、新疆行风评议的经验，

并扩大到对领导干部的民意测验，采取网上评议，将其结果作为干部考核的依据，改变组织人事部门少数人选少数人的现状，真正实现公民对政府的社会监督。目前廉政建设的主要问题仍然出在干部任免上，应以领导干部任期制代替终身制。

本章小结

廉政建设事关党的声誉和生死存亡。西北少数民族地区政府廉政建设也是政府权力观、民主建设、权力运行机制、依法行政的根本要求。加强廉政建设必须重视源头控制与惩治腐败相结合。只有两手都要硬，才能保障政府的长治久安和干部队伍的纯洁性。西北少数民族地区政府廉政建设是一个长期的艰巨的任务，必须常抓不懈，特别是要加强对各级领导干部的管理和考核，打破领导职务终身制，促进干部的流动和岗位交流，同时要进一步完善对各级政府和领导的监督机制。

第十章 西北少数民族地区政府公共服务与公民权保障

　　2004 年 3 月 1 日温家宝总理在《人民日报》发表署名文章:《提高认识、统一思想、牢固树立和认真落实科学发展观》,文章提出:"强化公共服务的职能,就是提供公共产品和服务,包括加强城乡公共设施建设,发展劳动就业、社会保障服务和教育、科技、文化、卫生、体育等公共事业,发布公共信息等。为社会公众生活和参与社会经济、政治、文化活动提供保障和创造条件。努力加强服务型政府建设。" 2007 年胡锦涛总书记在党的十七大报告中明确提出:要"加快发展社会事业,全面改善人民生活。现代国民教育体系更加完善,终身教育体系基本形成,全民受教育程度和创新人才培养水平明显提高。社会就业更加充分。覆盖城乡居民的社会保障体系基本建立,人人享有基本生活保障。合理有序的收入分配格局基本形成,中等收入者占多数,绝对贫困现象基本消除。人人享有基本医疗卫生服务。社会管理体系更加健全。……加大公共服务领域投入。完善省以下财政体制,增强基层政府提供公共服务能力。实行有利于科学发展的财税制度,建立健全资源有偿使用制度和生态环境补偿机制。"

　　上述讲话和报告反映出我国政府行为理念已由管理型向服务型转变。在服务型的政府中,政府的一个重要职能就是向社会公众提供公共产品。那么何谓公共产品，著名经济学家萨缪尔森在其《公共支出的纯粹理论》一文中就给出了一个公共产品的经典解释，萨氏认为作为公共产品，其有两个根本属性：一是在消费上的非排他性（即很难把某个人排除在公共产品的消费之外），二是消费上的非竞争性（即增加一个人对公共产品的消费并不会引起额外的成本）。萨氏的这一观点也成了日后区别公共产品的最重要的标准。归纳来看，公共产品主要包括以下三个方面：一是行政性公共服务，如提供外交、法律制度、司法机构、社会治安、行政审批等。二是提供公益性公共物品的服务，如提供生活环境、义务教育、公共卫生等。三是提供准公共物品的服务，如建设高速公路、水利电网、娱乐设施、公园、图书馆等。一般情况下行政性公共服务和公益性公共物品服务，应主要有政府提供，而准公共物品可由政府与市场或其他的社会组织来提供。综上所述，所谓的公共服务就是指政府和非政府公共组织在公共物品的生产和供给中所承担的责任。

第一节 政府公共服务与公民权保障的关系

作为现代民族国家中的公民基于其公民身份而享有的公民权，其保障不仅要靠一国宪法、法律在条文上对其加以表述和保护，而且更为重要的是它还要依赖国家为其实现提供各种保障机制，如物质保障、政治保障（政党制度、行政制度等）、司法保障（宪法诉讼、违宪审查等）。立法上的规定，只是一种纸上的承诺，它并不意味着公民权的自动保护。在公民权中"国家应承担三种或三个层级的义务：尊重的义务、保护的义务和实现的义务，实现的义务又包含了便利的义务和提供的义务"①。尤其是公民权中的"积极权利"，它的实现更要靠国家权力做出积极的行为。国家对公民权的保障起着非常重要的作用，依照马克思主义观点，任何国家都有两种职能：一种是政治

---

① ［挪］艾德等：《经济、社会和文化的权利》，中国社会科学出版社 2003 年版，第 22 页。

统治职能，另一种是社会管理职能。而"政治统治到处都是以执行某种社会职能为基础，而且政治统治只有在它执行了它的这种社会职能时才能持续下去"。① 提供公共服务正是国家社会管理职能的核心内容。国家对公民权利所提供的实现条件和保障机制，也大多是以公共服务的形式做出的。因此公民权保护与公共服务有着密切的关系。

一、公共服务产生的内在动因和最终目的是为了公民权的保障

公共服务产生的内在动因和最终目的是为了满足人们的需求，提高人民的福祉，而需求（要求）和福祉（利益）本身就是权利的两个构成要素，所以在一定意义上说公共服务产生的目的也是为了公民权利的真正享有和实现。

第一，公民的权利需求是公民服务产生的内在动因。尽管每个人的需求是多样的，依照美国心理学家马斯洛的"人的动机理论"，人的需求可分为五个层次：生理需求、安全需求、爱的需求、尊重的需求和自我实现的需求。但根据需求主体的范围，我们可以把需求划分为两大类：个人需求和公共需求，前者仅与某个特定人的利益有关，而后者与社会上大多数人的利益有关。解决个人需求靠市场和个人，而解决公共需求就要靠政府的公共服务。"政府正是依据这样的公共需要而被公众创造出来的，其目的在于提供公共物品以保护产权、调解纠纷、维护秩序。"② 公民权本来就是公共需求的一个方面，由于不同时期和地域范围内社会物质基础和人民生活水平发展程度的不同，这也导致政府公共服务和公民权保障的侧重点不同，在经济比较落后，人们生存还存有很大问题的时期和地域内，人们的公共需求也更多的是要求政府提供物质资料产品，解决温饱。此时公民生存权和发展权突出，由此政府的公共服务也主要是提供资金、人力、物力发

---

① 《马克思恩格斯文集》第 9 卷，人民出版社 2009 年版，第 187 页。
② 樊纲：《作为公共机构的政府职能》，参见《市场逻辑与国家观念》，三联书店 1995 年版，第 12 页。

展生产解决温饱为优先考虑。而在经济比较发达，人民生活水平比较高的时期和地域内，人们的物质需求已经得到满足，而精神需求凸现，这时政治权利和文化权利突出，政府的公共服务也以满足公众精神需求、发展文化事业为主。

第二，公民权利的真实享有是公共服务所要达到的最终目的。作为公共服务必然具有两个根本属性：公共性和服务性。由于公共产品在消费上的非竞争性和非排他性，加之其在使用过程中出现如哈丁所说的"公地悲剧"和亚里士多德所说的"凡是最多的人的公共事物，常常是最少受人照顾的事物"。因此很难禁止他人坐享其成"搭便车"行为的发生。所以对公共物品的供给应主要由政府或由政府以某种方式授予企业或其他社会组织来供给。出于公共服务的公共性，它的提供主体就不能像企业那样以追逐利润最大化为目标，而应以公共的需要出发，以公众的福祉为归依，以人为本、实现人自由而全面发展为最终价值追求。正如罗马格言：人民的福利才是最高的法。所以政府公共服务的最终目的也是为了公民权利的真实享有。

二、公共服务的理念与公民权保障的理念是一致的

公共服务的理念可概括为以公民为服务对象，以公民需要为起点，以促进和实现公共利益和每个人幸福为最终目的。这正与现代公民社会中公民权保障的理念不谋而合。

第一，公共服务公民至上。以公民需求为导向的服务理念，本身就是公民权保障中主体精神的生动体现。公共服务的公共性决定了其服务对象就是广大公众，其衡量标准就不能以追逐利润为目标。而应以公民要求为起点，以服务数量、服务质量和社会公众满意度为评价标准。作为公共服务的提供者不应以自己单方面的意愿来供给公共产品。而应在提供公共服务的过程中根据公众的喜好，不断调整自己所供产品的数量和种类，从而满足公民的需求。在这里公民对公共产品的供给起了决定作用，而政府和其他提供者仅仅是一个服务者。这正好就是公民权保障中的主体精神、权利精神的体现。

现代公民权保障中一个核心理念就是主张在社会中，每个人都是

自在、自为、自主、自立的人。个人是民主政治的主体，国家与社会仅由独立自主的个人组成，忽视了个人，所谓的国家与社会也就毫无存在的必要和意义。政府及其公职人员的公权力是由个人选择和赋予的，也是为个人服务的。权利产生权力，权力仅为权利的派生物。因此在公共服务中，政府就不该以自己单方面的意愿出发，提供自认为"好"的产品。而应由公民自己的意志、偏好来自主的选择与决策。因为所谓的"好"与"不好"是一个纯个人体验的东西。政府认为的好在公民看来可能恰恰是不好。所以公共服务中以公民需求为出发点，以满足公民需求为目的的理念就与公民权保障中公民主体、自主精神不谋而合。

第二，公共服务中多元参与，合作供给的理念与公民权保障中强调公众参与的精神是一致的。随着社会对公共服务需求的多样化和质量的提高，政府已越来越难以满足社会公众的需求，所以现代公共服务中日益强调多元主体，多元参与。在公共服务决策、执行、监督过程中主张政府、公民和其他社会组织合作共事。这样做不但促进了公共决策的民主性、科学性和透明性，提高了公共产品的质量，而且多元主体的参与也增加了公众对公共产品的信任。有助于公共政策和公共产品的有效运转，减轻运作成本。而这种多元参与、民主决策的理念恰恰就与公民权保障中主张公众参与的精神是一致的。在现代公民权保障中主张公民养成一种主动积极的参与公共生活、进行利益表达的习惯，要求每个人都主动地对公共事物和政府行为做出理性的判断和评价，并允许每个人通过形成一些利益团体来争取和维护自己的利益，监督公共权力的运作。认为公民参与本身就是民主政治的本质所在，民主政治本身就是一种参与政治，公民参与也是民主政治合法性的唯一证明和体现。如果没有公民参与，民主政治就难免沦为独裁统治。公民的公共参与不仅是其权利，也应是其义务。公民参与不仅会取得一种理性的政治抉择，而且也有力地保障了公民权。如果公民不积极主动表达并争取自己的利益要求，而被动的指望和等待少数政党精英授予和保护，那最终也仅为一种幻想罢了。因为政府并非经常是一个公正无私的福利人，相反它也是一个强有力的社会行动者，它也有自己的利益考虑。如果民众不通过公共参与来表达并争取自己的偏好与利益，那不可避免地会使一些人通过操纵国家机器来谋取集体和个人私利。所以公共服务中主张多元参与，合作供给的理念正与公民权保障中主张公共参与的精神不谋而合。

第三，公共服务中公平与正义的价值追求与公民权保障的理念是一致的。公共服务本身就有一种社会再分配的功能。一些人由于出身的原因，导致了其在社会竞争中处于起点不平等的不利位置，其公民权的真实享有受到了很大的影响。为了使所有人拥有平等的权利，社会就应在这些人身上投入更大的资源，给予更多的关怀，而这种帮助大多就是以公共服务的形式做出的。作为社会再分配手段的公共服务就以促进社会公平、维护社会正义为价值追求。通过提供公共服务，这些弱势群体的权利受到了保护。如国家对残疾人提供的各种公共服务就保护了残疾人的公民权。国家对困难群众提供法律援助，就维护了这些人的诉讼权。国家对贫困用户的经济援助就促进了他们生存权的真实享有。

三、公共服务和公民权保障具有相辅相成、相互制约的关系

在现代国家，政府公共服务的范围正在扩大，它已涉及社会生活的方方面面，影响和制约着社会全体成员利益的实现程度和社会全面发展的进程。因而它对公民权的实现有重要的影响。这种影响既有促进作用，也有阻碍作用，同时随着公民权保障的发展，人们权利意识和主体意识有了很大的提高，这也促进了公共服务的质量和水平的提高。

第一，一些公共服务本身就是公民权保障的内容，它的提供就是公民权保障的内在需要。如政府为公民提供各种受教育机会，为教育事业的发展制定各种法规，提供各种设备资金。政府提供电视、广播和网络等各种文化事业本身就促进了公民教育文化权的享有；政府兴办医院、提供大量医疗卫生服务、完善各种传染病救治机制本身就保障了公民健康权的享有；政府进行环境治理监测、制定和组织实施环

保制度、增加对环境治理的投入就保障了公民环境权的享有；政府进行各种就业咨询、开展就业培训、提供就业指导本身就保障了公民劳动就业权的享有。在这方面还有许多，这些公共服务的提供本身就是为了保障公民享有这方面的权利。政府或其他组织供给的这些公共服务的水平和质量直接决定了公民权的享有程度。

第二，一些公共服务促进了公民权利的真实享有和实现。"权利之存在和行使实在于权利主体之实际能力和实际地位……倘若社会成员缺乏'实力'，那么此种'法力'亦颇难发挥。"① 公民权的实际取得，不仅要靠国家在立法上提供表述和保护。而且还要靠各种保障机制，如物质保障。在一些落后地区，经济发展缓慢，人民生活水平低，这种现实状况限制了公民权的充分行使和享有，这时政府通过发展生产，进行基础建设，提高了这些地区的经济发展水平，同时也促进了公民权的真实享有。如西部大开发以来，政府把"基础建设、生态环境、绿色经济、科技教育"作为大开发的重点，这些领域的发展带动了西部社会经济的全面发展，人民群众也从中受益，从而促进了其权利的享有。政府对各种宗教文化场所投入资金、人力就有力促进了公民信仰的自由和权利的享有。

第三，在有些情况下政府提供的公共服务会造成对公民权的侵害。一些公共产品属于自然垄断产品，对其提供最佳规模的供给需要很大的资金投入，而且收益慢，如果多头供给又会造成资源浪费，所以对这些公共产品的供给只能由政府或政府授予特许经营的某个市场主体垄断供给。但由于供给主体的垄断地位，必然缺乏竞争压力，也很难考虑公众的需求，提供什么公共产品、向谁提供、提供多少，怎么提供，完全由其根据单方面的意愿做出。难免与公民的要求背离。一些部门行业也会从私利出发，提高服务价格，降低服务质量，或向消费者制定一些不公规则，出现部门立法，行业立法。导致提供者集公共产品的供给、执行与监督为一体，侵害了公民权利。而且"把

① 夏勇：《中国民权哲学》，北京三联书店2004年版，第231—232页。

参与公共服务的准入权留给政府，而不是民主开放的竞争过程，这种改革也会给贪污腐败造成大量机会"①。

第四，公民权的发展也促进了公共服务水平的提高。公民权的发展必然促进公民权利意识和参与精神的形成，而这些观念的生成并发展必然导致公民对政府公共服务提出更高的要求，监督公共资源的有效利用，最终使政府提供更高质量的公共服务产品，促进公共服务水平的提高。

第二节　西北少数民族地区政府
公共服务的发展

由于历史和自然条件等原因，西北少数民族地区公共服务水平整体较低。随着我国改革开放和市场经济的逐步建立，西北少数民族地区政府公共服务水平较以前有了很大的发展。具体如下：

一、基础设施建设方面

基础设施指人们在生产和生活中不可缺少的道路交通、邮电、通信、供水供电等基础性公共物品，它在一国或某一地区经济社会发展中具有不可替代的作用，其发展状况直接决定着国民经济发展程度和人民生活水平的高低。由于其公共性、基础性和自然垄断性导致它在政府公共服务中占有极其重要的地位。历史上西北少数民族地区基础设施状况在全国处于较低的水平，在 20 世纪 90 年代全国基础设施最差的 6 个省（区）中有 4 个位于西北少数民族地区，宁夏、甘肃、新疆、青海分别位于第 25、26、28、29 位。② 长期以来，政府将大量的资金直接投入企业的生产经营活动，而基础设施建设没有得到

---

① ［美］欧文·E. 休斯：《公共管理导论》，中国人民大学出版社 2001 年版，第 259 页。

② 王延中、张湛彬：《基础设施建设与西部大开发》，《经济研究参考》2002 年第 3 期。

足够的重视，导致基础设施成为经济发展的"瓶颈"，其发展程度直接决定经济发展和人民生活水平的提高。近年来，尤其是 2000年西部大开发以来，国家将"基础设施建设"作为开发的向导和重点。地方各级政府也将基础设施建设作为新的经济增长点，在资金投入和政策上进行倾斜和扶持，这一地区的基础设施水平有了很大的提高。

1. 道路交通方面

西北少数民族地区地广人稀、地形复杂、道路交通状况较差。1995年这一地区铁路营运里程、公路营运里程和内河航线里程分别仅占全国的 13.6%、1.99% 和 1.46%。[①] 一些民族地区交通状况很差，如全国面积最小的省区宁夏尚无一条纵贯南北的高等级公路。西部大开发以来，各地加大了建设力度，如甘肃省"九五"期间，开工建设了包兰二线、兰州东到石嘴山铁路电气化改造，建设白银到兰州，尹家庄到中川机场高速公路，开工建设了中川机场，敦煌机场扩建工程也亦启动。至 2004 年工程里程达到 40751 公里，高速公路里程达到 687 公里。[②] 新疆 1949 年只有几条简易公路，通车里程仅3361 公里，新疆开工建设了北疆铁路、南疆铁路及其西延工程、兰新铁路复线，沙漠铁路，吐——乌——大高等级铁路。穿越塔克拉玛干大沙漠的沙漠公路，是世界上首次在流动性大沙漠上修筑的长距离高等级公路；到 2005 铁路营业里程已达 2998.5 公里，铁路运输能力大幅度提高，公路通车里程 8.65 万公里，已形成以乌鲁木齐为中心，以 7 条国道为骨架，东连甘肃、青海，西出中亚、西亚各国，南通西藏，并与境内 68 条省道相连接，形成境内地市相通，县乡相连的公路交通运输网。现有民用机场 12 个，航线 92 条，形成以乌鲁木齐为中心，连接国内外 65 个大中城市和 11 个国外城市的空运网。通航里程已达 11.18 万公里。新改建农村公路 5900 公里，近 500 个行政村新通油路。"不通公路的乡由 1984 年的 43 个减少到 1 个，不通公路

① 参见《中国统计年鉴》，中国统计出版社 1996 年版，第 78 页。
② 参见《中国统计年鉴》，中国统计出版社 2005 年版，第 142 页。

的行政村由 1984 年 326 个减少到 75 个；不通电的行政村由 1984 年 967 个减少到 40 个；不通电话的行政村由 1984 年 1313 个减少到 294 个。"① 宁夏"十五"时期两条国道主干线即丹东至拉萨公路、青岛至银川公路宁夏境内段和西部大通道银川至武汉公路桃山口至固原段全部建成高速公路。实施了通县油路、县际公路、农村公路改造及通达工程等，大大改善了县乡公路落后的面貌。公路通车里程达到 13000 公里，比"九五"末增加 2400 公里，其中高速公路 670 公里，增加 587 公里。完成了大古铁路部分改造，对河东机场设施进行了配套完善。初步形成了以首府银川为中心，以 12 条国道、省道为骨架，以县乡公路为脉络的公路网。② 到 2008 年四省区铁路营业里程共计 7683 公里。公路里程为 329940 公里。分别比 1999 年增加了 1804.5 公里、226392 公里（见表 10-1）。

表 10-1　西北少数民族地区道路交通近年来发展

（单位：公里）

项目 年份	四省区铁路 营业里程总计	四省区内河 航道里程总计	四省区公路 里程总计
2005	6944.70	1306.000	173659
2006	7638.10	1306.000	307007
2007	7637.55	1306.195	319019
2008	7683.00	1306.000	329940

资料来源：根据《中国统计年鉴》，中国统计出版社 2005、2006、2007、2008 年版，计算整理得出。

2. 邮电通信方面

历史上的西北地区邮电通讯设施总体较差。如在 1949 年甘肃全省民族地区仅有邮电局 27 个，职工 53 人，邮路 600 余公里，电话线路 60 余公里，邮电业务约 4 万元。这其中主要分布在临夏和甘南部

---

① 新疆维吾尔自治区发展计划委员会：《新疆以工代赈资料汇编》2004 年 12 月，第 108 页。

② 资料来源：课题组 2005 年宁夏调研，由自治区交通部门提供。

分地区，天祝、肃南、肃北、阿克塞和张家川均未通邮电。到 1995 年，甘肃人均邮电业务量也仅为全国平均水平的 40.7%，电话普及率仅为全国平均水平的 45.69%，而农村电话普及率仅为全国平均水平的 23.94%。① 近年来西北少数民族地区政府加大了邮电通讯建设。各省邮电状况有了很大的改善，如甘肃省相继建成了基础数据通讯网，计算机互联网和公众多媒体通讯网，基本上形成了现代通信网络，广播电视节目实现了卫星传递，省广电中心主体工程竣工。新疆目前已先后建成了乌鲁木齐经奎屯、博乐至伊犁，奎屯经克拉玛依到阿勒泰，吐鲁番经库尔勒、阿克苏、喀什至和田的数字微波干线电路；南北疆数字微波工程，西安经兰州、乌鲁木齐、伊宁到霍尔果斯口岸的四条群干线光缆；乌鲁木齐经吐鲁番、库尔勒、若羌从茫崖出疆的第二出疆光缆，亚欧光缆；乌鲁木齐至南北疆及各主要地州市光缆。全疆所有县市均已实现全国电话长途直拨，全疆电话数达 262.2 万户。数据通信网、多媒体通信网发展迅速，相继建成了覆盖各地州市的 ATM 宽带网，并开展了 IP 宽带网城域网的建设。移动通信网络能力大幅提高，建成了覆盖全疆的移动网，全区移动通信交换机容量已达 292.4 万户。② 其他各省（区）也有了很大的发展，截至 2005 年四省（区）电话总数为 1186.5 万部。尤其是农村电话业务有了很大的发展，2004 年四省区共计 303.2 万部，比 2003 年增加了 46.9 万部。

3. 水电建设方面

中国是个缺水大国，在西北少数民族地区，这一现象更为突出，由于西北地区处于沙丘荒漠、干旱半干旱和高寒地区，水资源相当贫乏，所以发展水利设施，对充分有效地利用宝贵的水资源，解决人民的生产和生活用水问题显得相当重要。近年来西北各省（区）政府在水电建设方面取得了很大的成就。各省相继开展了农村饮水解困工程、雨水集流工程、人畜饮水工程、西部水窖工程等。甘肃省于

---

① 资料来源：课题组 2006 年甘肃调研，由省邮电通讯部门提供。
② 《新疆的历史与发展》白皮书，国务院新闻办公室 2003 年 5 月 26 日发布。

1995 年开始在干旱山区兴建"121 雨水集流工程"，即每户兴建 100 平方米集雨水平地、两口水窖，发展一处庭园经济，以解决农民饮水困难。宁夏"十五"时期建成黄河沙坡头水利枢纽、宁夏扶贫扬黄灌溉一期主体工程、黄河宁夏段防洪一期工程、盐环定扬水宁夏专用工程、长城塬引水工程、农村饮水解困一、二期工程等，加固改造了一批病险水库。全区新增灌溉面积 4.7 万公顷，解决了 97 万人的饮水困难，增加和恢复水库库容 1.8 亿立方米。建成石嘴山二电厂、中宁电厂、贺兰山风电厂等电源项目，实施了大规模城乡电网改造和宁夏与西北第三、第四回 330KV 联络线等电网项目，新增发电装机 271 万千瓦，发电量比 2000 年增长 109.4%，自然村通电率达到 100%。①青海省"十五"时期五年累计投资 45.25 亿元，是新中国成立以来 50 年水利投资的总和。建成黑泉水库和一批人畜饮水工程，解决了农牧区 118 万人、400 多万头只牲畜的饮水困难。新疆根据"绿洲生态，灌溉农业"的特点，展开了大规模的农田水利建设，全面启动塔里木河综合治理工程，先后四次从博斯腾湖向下游调水 10.5 亿立方米。以克孜尔水库、和田乌鲁瓦提水利枢纽等为代表的一批现代大型水利工程和大批干支渠及其防渗工程的建成，使全区的引水量、水库库容和有效灌溉面积迅速增加。到 2000 年已建成水库 485 座，总库容达到 67.16 多亿立方米，分别是 1949 年的 162 倍和 200 倍，总灌溉面积 338.8 万公顷；建成防洪堤坝 5129 公里，是 1949 年 289 公里的 17.7 倍。②

二、生态环境建设方面

1972 年联合国人类环境会议通过的《联合国人类环境宣言》指出：保护和改善人类环境是关系到全世界各国人民的幸福和经济发展的重要问题。也是全世界各国人民的迫切希望和各国政府的责任。健

---

① 《宁夏回族自治区国民经济和社会发展第十一个五年规划纲要》，2006 年 2 月 12 日自治区九届人大四次会议。
② 《新疆的历史与发展》白皮书，国务院新闻办公室 2003 年 5 月 26 日发布。

康的环境不仅关系到人与自然的和谐发展，而且关系到子孙后代的生存发展，由于"生态公共产品"消费上的非排他性和非竞争性，很难通过市场来供给，所以保护生态环境成了各国政府公共服务的一个重要内容。西北少数民族地区位于长江、黄河和其他大江大河的中上游源头地区，是全国重要的生态屏障。其生态环境保护程度直接影响到全国的生态环境和经济社会的可持续发展，但西北少数民族地区干旱少雨，水资源缺乏，森林稀少，沙漠戈壁面积大，生态环境十分脆弱，生态环境恶化也日益严重。如地处黄河、长江源头的青海省，解放初期沙化面积为 7995 万亩，现已达到 2.17 亿亩。近年来每年以 200 万亩的速度扩大。该省每年新增加的水土流水的面积为 2100 平方公里，目前水土流失的总面积已达 33.4 万平方公里。占该省总面积的 46%。其结果，青海省每年输入黄河的泥沙量已达 8814 万吨。输入长江的泥沙量已达 1303 万吨。①

　　1997 年江泽民提出"再造一个山川秀美的西北地区"，他指出改造生态环境是西北地区开发建设必须首先研究和解决的一个重要课题。此后国家计划在西部地区花十年时间投资 1000 亿元，在长江上游和黄河中上游地区进行封山育林工程。西北各省政府提出了"退耕还林（草）、封山绿化、以粮代赈、个体承包"的生态环境建设政策，动员群众进行了天然林保护工程，退耕还林（草）工程，防沙治沙工程，草原封育工程，生态保护取得了很大的成就。如甘肃将生态建设作为重点建设任务，计划 2000 年到 2010 年在全省 14 个地州市 87 个县市区完成退耕还林、荒山造林、封山育林 8000 万亩，争取到 2050 年左右生态治理面积达到两亿亩，占全省国土面积的 30%。被称为"中华水塔"的青海省三江源地区，通过几年来各方努力，生态恶化的趋势得到减缓，也有效保护了生物多样性。国家林业局和青海省于 2000 年 5 月建立三江源省级自然保护区，并于 2003 年经国务院批准为国家级自然保护区。国务院有关部门、青海省各级政府采

---

　　①　资料来源：调查组 2006 年青海省调研，由省国土资源厅提供。

取了一系列政策措施加强三江源自然保护区的生态保护与建设，累计投资 12.28 亿元。三江源自然保护区建立以来，全面实施了天然林资源保护工程，保护天然林面积达 1761 万亩；三江源区水土流失严重、干旱缺水、广种薄收，不利于农作物生长的高寒耕地全部纳入退耕还林还草规划，累计完成退耕还林还草和荒山造林种草 127 万亩。通过实施天然林保护、退耕还林等工程，2003 年全区有林地和灌木林地比 1998 年分别增加了 2 万公顷和 224.8 万公顷。通过退牧还草、生态移民等措施，完成草场治理面积 4104 万亩，禁牧 139 万公顷，季节性休牧 1.3 万公顷，有效减轻了对草场的压力。截至目前，三江源区累计治理水土流失面积 54.4 万公顷，流入黄河的泥沙量平均减少了 10%。野生动物种群数量比往年明显增加。① 到 2003 年甘肃、青海、宁夏、新疆分别造林 58.09 万、9.46 万、31.96 万、32.45 万公顷，共计 131.96 万公顷；2004 年生态造林共计 78.89 万公顷。同时城市环境治理也逐渐加强，如生活垃圾无公害化处理率，2004 年四省区分别为 38.7%、95.4%、29.3%、35.9%，各省会城市空气质量达到及好于二级的天数也日益上升。②

三、教育文化方面

　　教育对一国国民素质的提高和社会的可持续发展起着决定性作用。根据联合国教科文组织的一份报告显示：在当代小学毕业生只能提高劳动生产率 43%，中学生可以提高劳动生产率 108%，而大学生则可以提高劳动生产率 300%。所以各国十分重视公民受教育程度，为公民提供受教育的机会条件也成为政府公共服务的一个重要部分，公民受教育权也成为公民重要的一项权利。

　　近年来国家相继实施了西北地区远程教育体系、"西部高校校园网计划"、"百万中小学校长培训计划"、"明天女教师培训计划"等。

---

　　① 《自然保护区使青海三江源区生态恶化趋势减缓》，新华网，2005 年 7 月 24 日。

　　② 资料来源：根据《中国统计年鉴》2003、2004 年数据计算整理得出。

西北各地教育事业得到了迅速发展，自 2005 年以来四省区平均文盲、半文盲率持续下降（见表 10-2）。同时四省区不断加大对各类教育机构的扶持力度。如新疆 2001 年与 1949 年相比，全区小学由 1335 所增加到 6221 所，中学由 9 所增加到 1929 所，中等专业学校由 11 所增加到 99 所，普通高校由 1 所增加到 21 所，高校在校学生数由 0.04 万人增加到 11 万人，五十多年来累计培养普通高校毕业生 18.5 万人；中等专业学校在校学生数由 0.20 万人增加到 9.73 万人。从 2003 年开始，国家和自治区投入 1.9 亿元启动实施了边远贫困地区"免费义务教育"工程。使全省 56 个县 265 万名贫困学生享受资助。截至 2005 年，新疆全区已有 7 个县实现了"普九"，已普及人口占全区人口的 71.97%，全区小学适龄儿童入学率达到 98.79%，初中入学率达到 86.32%。①

表 10-2 西北四省区文盲率

年份	四省区文盲、半文盲总人口总计（个）	四省区平均文盲、半文盲率（%）
2005	95777	16.5
2006	6568	15.8
2007	5621	13.4
2008	5131	12.2

资料来源：根据《中国统计年鉴》，中国统计出版社 2005、2006、2007、2008 年版，计算整理得出。

同时各省（区）也加大了文化事业的发展，各地"村村通"工程进展顺利，广播、电视综合人口覆盖率得到很大提高。宁夏"十五"时期维修改建了 20 个县文化馆、图书馆，改善了基层文化条件。新疆少数民族报纸现已达 43 中，刊物达 80 种，新疆人民广播电台实现了维吾尔、汉、哈萨克、柯尔克孜、蒙古 5 种语言播出，新疆电视台实现了维吾尔、汉、哈萨克 3 种语言播出。少数民

---

① 《新疆的历史与发展》白皮书，国务院新闻办公室 2003 年 5 月 26 日发布。

族古代巨著《福乐智慧》、《突厥大词典》和少数民族史诗《江格尔》、《玛纳斯》以及维吾尔族大型古典音乐套曲"十二卡姆"等一大批少数民族历史文化遗产得到了有效保护。"中国新疆维吾尔木卡姆艺术"申报第三批"世界口头和非物质文化遗产代表作"获得成功。

四、医疗卫生方面

健康作为衡量人力资本的重要指标，其对国民素质的提高和经济社会发展具有重要的意义，公共医疗卫生也成为政府公共服务的重要内容。历史上西北少数民族地区卫生条件极差，缺医少药情况突出。一些传染病、地方病广为流行，卫生设施条件也较差。如新疆在新中国建国之初只有 54 个医疗机构、696 张病床，平均每万人只有 1.6 张病床、0.19 名医生，而且卫生机构都集中在少数城市（镇）。2001 年，已有各类卫生机构 7309 个，其中各类医院 1357 所，三级以上医院 11 所，病床位 7.1 万张，平均每万人拥有医院床位 35.1 张；专业卫生技术人员 9.75 万人，其中少数民族卫生技术人员 3.36 万人，每千人拥有的医生数、每千农业人口拥有乡镇卫生院床位数、乡镇卫生人员数均高于全国平均水平。① 青海"十五"时期卫生项目总投资 15 亿元，超过前三个五年计划完成的投资总和。疾病预防控制、医疗救治体系基本建立，各族群众主要健康指标显著提高。实施计划生育奖励扶助政策和"少生快富"试点工程，人口年均自然增长率为 11‰。2004 年婴儿死亡率、5 岁以下儿童死亡率和孕产妇死亡率分别由 2000 年的 38.58‰、45.69‰和 142.00/10 万下降到 32.17‰、38.34‰和 114.51/10 万，特别是农牧区三项死亡率均有一定下降。全省新生儿破伤风发生率控制在 1‰以下，孕产妇系统管理率达到 69.92%，比 2000 年提高了 14.43 个百分点，住院分娩率达到了 66.37%，比 2000 年提高了

① 《新疆的历史与发展》白皮书，国务院新闻办公室 2003 年 5 月 26 日发布。

28.42 个百分点。① 近年来西北少数民族地区卫生事业有了很大的发展，卫生人员和设施有了很大的提高。

五、社会保障方面

社会保障是政府公共服务中的一项非常重要的内容，它是国家通过一定的财政供给，实现社会再分配的重要手段。通过社会保障不仅保障了社会低收入人群的生活，而且缓和了社会矛盾，促进了社会相对公平。它包括以下方面：社会保险，如养老保险、失业保险、医疗保险、伤残保险；社会救济，如贫困救济、受灾救济、城市最低生活保障；社会福利，如残疾人福利、老年人福利；社会优抚，如伤残军人家属优抚。近年来西北少数民族地区在提供社会保障方面有了进一步的提高，各种养老保险、医疗保险、失业保险参加人数上升，如西北少数民族地区 2008 年参加养老保险的人数 718.2 万人，比 2006 年增加了 68.9 万人。参加失业保险的人数 467.2 万人，比 2006 年增加 29 万人。参加医疗保险人数为 780.8 万人，比 2006 年增加 111.6 万人（见表 10 - 3）。

表 10 - 3　西北少数民族地区近年来社会保障发展情况

（单位：万人）

年份	四省区养老保险参加人数	四省区失业保险参加人数	四省区医疗保险参加人数
2006	649.30	438.2	669.2
2007	678.35	450.2	725.0
2008	718.20	467.2	780.8

资料来源：根据《中国统计年鉴》，中国统计出版社 2006、2007、2008 年版，计算整理得出。

2008 年宁夏回族自治区将城市困难户基本纳入最低生活保障范围，实现了应保尽保。城镇职工养老保险参保人数 82.56 万人，比上

---

① 资料来源：课题组 2006 年青海省调研，由省卫生厅提供。

年年末增加 5.54 万人，增长 7.19%。失业保险和医疗保险统筹职工分别达 44.65 万人和 83.25 万人。实现城镇再就业职工 6.59 万人，城镇失业登记率为 4.35%。① 新疆近年来扩大了再就业、社会保障和扶贫解困的工作力度，养老保险、失业保险和城镇基本医疗保险的覆盖面进一步扩大，工伤和生育保险全面启动，城市居民最低生活保障工作不断推进。2009 年 2 月 25 日，新疆维吾尔自治区劳动和社会保障工作会议上明确指出社会保障将打破"城里人"和"农村人"的界限，让全民逐渐享有社会保障。2009 年新疆提出进一步做好基本养老、医疗、失业、工伤、生育保险扩面征缴，保证各项社会保险待遇按时足额发放，建立和完善覆盖城乡居民的社会保险制度体系。青海先后出台了《关于建立青海省城乡社会救助体系的意见》等 9 个规范性文件，并建成了以城乡低收入群众的基本生活救助为基础，专项救助为辅助，优惠政策、社会互助和慈善捐赠为补充的社会救助体系大框架。

第三节　西北少数民族地区政府公共服务存在的问题及完善建议

一、存在的问题

西北少数民族地区虽然国土面积大，但自然条件差、可利用土地少、水资源短缺、气候恶劣、经济发展和人民生活水平较低。可以说落后性和民族性是这一地区的两个显著特征，这也导致了该地区政府公共服务水平较低的现状。

（一）总量不足、质量不高

近年来西北少数民族地区政府无论在政策倾斜还是在资金投入上都加大了对公共产品的供给，公共服务水平也有了很大的提升。但由于受自然条件和经济发展水平的制约，加上先前底子薄，现阶段公共

---

① 数据来源：《2008 年度宁夏回族自治区人力资源和社会保障事业发展统计公报》。

服务的总体水平仍落后于发达地区，公众的需求也没有得到很好的满足。这主要表现为以下几个方面：

第一，基础设施方面。虽然自西部大开发以来，中央和地方政府把基础设施建设作为大开发的先导和重要内容，这一地区基础建设的投资增长速度甚至高于全国平均水平。但由于先前总量不足，基础设施仍不能完全适应国民经济和人民生活水平发展的要求，其"瓶颈"制约作用仍然很大。2008 年约占国土面积 30% 的西北少数民族地区，铁路营业里程仅占全国总里程的 9.6%，公路里程也仅占全国总里程的 8.8%，内河航线更少，仅占全国总量的 1.2%。（见表 10 - 4）青海 2003 年全省还有 94 个乡（镇）、773 个村、9.75 万户不通电；2 个乡、78 个村不通路；98 个乡，1754 个村不通邮；1524 个村、91.43 万人、674 万头（只）牲畜饮水困难。① 同时在这些极少的交通设施中仍然存在总体质量差、通行能力不足、路网密度小、连通性与网络性差、各地区城乡之间分布不平衡的问题。受基础设施投资匮乏、设计不准确、维修保养不足等方面的制约，一些项目不能按设计标准施工，许多基础设施没有资金进行经常性维修改造，其应有的作用没有充分发挥出来。

表 10 - 4　2008 年西北少数民族地区道路交通与全国的比较

项目 地区	铁路营业里程	内河船道里程	公路里程
全国总量（公里）	79687	122763	3730164
四省、区总量（公里）	7683	1306	329940
四省、区占全国比重（%）	9.6	1.2	8.8

资料来源：根据《中国统计年鉴》，中国统计出版社 2008 年版，计算整理得出。

邮政通讯方面，西北少数民族地区总体水平也较低，2008 年四省（区）邮路总长度仅为全国的总量的 6.5%，农村投递线也仅为全

---

① 陈志苠：《青海扶贫开发问题研究》，《攀登》2003 年第 1 期。

国的 5.7%，电话用户更少，四省（区）电话总数仅占全国的
4.03%（见表 10 - 5）。

表 10 - 5　2008 年西北少数民族地区邮电通讯水平与全国的比较

邮电通讯项目 总量	邮路总长度 （公里）	农村投递 线路（公里）	电话用户（万部）
			总数
全国总量	3693464	3656936	34035.9
四省、区总量	239836	209211	1372.1
四省、区占全国比重（%）	6.5	5.7	4.03

资料来源：根据《中国统计年鉴》，中国统计出版社 2008 年版，计算整理得出。

　　城市设施方面也较低。2004 年西北少数民族各省区平均人均居
住面积为 21.79 平方米，而同期全国平均水平为 24.97 平方米，四省
（区）比全国平均水平少 3.18 平方米。用水普及率四省区平均为
86.01%，全国为 88.85%，四省（区）比全国平均水平低 2.84 个百
分点。人均道路面积和人均绿地面积分别比全国平均水平少 0.55 平
方米和 1.3 平方米。燃气普及率更低，2004 年全国平均 81.53%，而
四省（区）平均仅 67.95%，比全国平均水平低 13.58 个百分点。①
在一些小城镇内部设施建设方面问题更为突出，由于资金不足，导致
总量水平远远落后于城镇建设的需要，城镇供水、排水、垃圾处理、
交通运输问题严重。

　　第二，生态环境建设方面。近年来虽然先后开展了天然林保护工
程、退耕还林工程和草原封育工程，生态环境保护取得了很大的成
就，但由于干旱少雨、沙漠戈壁面积大、生态环境十分脆弱，生态环
境问题仍十分严峻。例如，地处黄河、长江源头的青海省，据
《2008 年青海省环境状况公报》统计，截至 2008 年年底，全省中度
以上退化草地面积为 1636 万公顷，沙化土地面积为 1225.8 万公顷，

---

　　①　数据来源：根据《中国统计年鉴》，中国统计出版社 2005 年版，计算整理得
出。

沙化扩展速率为 2.5 万公顷/年，全省土壤侵蚀面积为 3543 万公顷。据数据显示，青海省坡耕地平均每年每平方公里流失表土 4500 吨，水土流失致使坝库、河道、渠道泥沙淤积严重，全省每年因泥沙淤积损失库容 200 万—300 万立方米，年平均输入河道泥沙 11495 万吨，其中黄河流域年均输沙量 8814 万吨，长江流域年均输沙量 1232 万吨。沙化土地年均扩展 2.2%。同时西北地区森林面积覆盖率也很低，四省（区）森林面积覆盖率都远远低于全国平均水平（18.21%），其中甘肃、宁夏、青海和新疆分别为 6.6%、6.28%、4.4% 和 2.94%。四省区平均水平为 5.02%，比全国平均水平低 13.19 个百分点。同时，近年来，一些经济发展快的城市，如西宁、乌鲁木齐、兰州、石嘴山、喀什等空气污染严重，虽经过一定程度的治理，污染状况有一定程度的改善，但前景仍不容乐观。

第三，教育文化方面。近年来虽然中央和西北各省区政府加大了对教育的投入和扶持，西北地区教育文化事业也取得了令人瞩目的成就，但与其他地区相比，其教育文化事业仍有很大差距，这表现在以下几个方面：

1. 公民受教育整体水平低于东部及全国平均水平

衡量公民受教育程度可以从文盲半文盲，每十万人中小学生、初中生、高中生、大学生比例，人均受教育年限来分析。在这些指标中，西北少数民族地区都较差。如 2008 年西北少数民族地区文盲、半文盲人口占 15 岁以上人口比重高达 12%，比全国平均水高 4.3 个百分点。在人均受教育年限方面，根据 2000 年全国第五次人口普查数据显示，西北地区人均受教育年限 7 年，低于全国平均 7.63 年，而甘肃、青海仅为 6.5 年和 6.1 年。同时"普九"人口覆盖率也不高。如甘肃省 2003 年虽然实现"普九"的县达 61 个，占全省总县数的 70%，但仍有 26 个县没有实现"两基"任务，占总县数的 30%，涉及 610 万人口，占总人口的 23.3%。① 而且即使在一些实现

---

① 资料来源：课题组 2005 年甘肃省调研，由省教育厅提供。

"普九"的地方，巩固"普九"成果任务仍很严重，许多地方甚至靠贷款来巩固"普九"成果。

2. 教育投入和师资力量严重不足

我国政府对教育投入占 GDP 的比重本来就低于世界平均水平，而且现行教育实行"统一领导、分级负责、以县为主"的体制，使80%以上的教育经费靠地方财政支出，其中55%以上在省级以下。但西北少数民族地区由于地方财政紧张，导致政府在教育投入上根本无法满足教育事业的资金要求。这种政府投入不足也直接导致在一些低收入家庭，因孩子上学而致贫返贫。同时这一地区办学条件和师资力量也较低。

3. 文化投入方面无法满足群众需求

在我们的调查中就反映了这方面的问题，当我们问及，当地政府近年来对群众性的体育文化活动场所和设施建设的投入情况时，有56%的群众认为当地政府近年来对群众的体育文化活动场所和设施建设投入不大，有21%的人认为没有投入。而当我们在调查中问及您所在的地区老百姓参加文化活动方便吗，有 43.6% 的人认为不方便。①

第四，医疗卫生方面。公共医疗卫生事业近年来有了突飞猛进的发展，群众的健康状况有了很大的提高，但总体讲仍有很大的问题。2000 年西北少数民族各省（区）人口平均预期寿命仅 67.77 岁，比全国平均水平 71.4 岁低了 3.63 岁，其中甘肃、新疆、青海分别为67.47 岁、67.41 岁、66.03 岁。在婴儿死亡率方面，2000 年青海为50.55‰，甘肃为 52.98‰。② 由中科院地理科学与资源研究所的李日邦研究员等人研究的中国 31 个省区人群健康指数也表明，西北少数民族地区人群健康水平在全国处于较低层次。该研究显示全国人口平均健康指数为 36.08。西北少数民族地区都处于三等以下。其中甘

---

① 参见本书所引用的问卷调查数据均系本书总体调查问卷的汇总数据。关于问卷的样本、发放数量、范围和发放方式见课题附录，以下不另作说明。

② 根据 2000 年第五次人口普查数据计算整理。

肃、宁夏处于三等区（健康指数在 30.0—35.0 之间），新疆处于四等区（健康指数在 25.0—30.0 之间），而青海则处于五等区（健康指数在 25.0 以下）。

第五，劳动就业，社会保障方面。西北少数民族地方政府在提供劳动就业方面还没有很好地满足群众的要求。当我们在调查中问及，请您对政府提高就业水平方面的工作进行评分时（5 分以上为及格），选择 8—10 分的占 2.9%，选择 5—8 分的为 46.3%，5 分以下占 50.8%，可以看出群众对政府提高就业水平方面的工作还不满意。同时西北少数民族各省区在社会保障方面发展水平也很低。2008 年西北四省区参加养老保险的人数总计 718.2 万人，仅占全国总数的 3.3%，参加失业保险的人数共计 467.2 万人，占全国总数的 3.8%，参加医疗保险的人 780.8 万人，占全国总数的 3.9%（见表 10-6）。而且在城市还没有完全建立起统一的社会保险制度，一些个体工商户、私营企业、外商投资企业职工、自由职业者和进城务工农民都没有纳入社会保险之中，拖欠社会保险费的情况也十分严重。

表 10-6　2008 年西北少数民族地区社会保险人数

（单位：万人）

项目＼地区	养老保险人数	失业保险人数	医疗保险人数
全国	21891.1	12399.8	19995.627
四省区总计	718.2	467.2	780.8
四省、区占全国比重（%）	3.3	3.8	3.9

资料来源：根据《中国统计年鉴》，中国统计出版社 2008 年版，计算整理得出。

（二）公共服务供给主体单一，难以满足日益增长的公众需求

由于公共产品的特性，所以在公共服务的供给中政府占有主导地位，但随着经济社会的发展，公众需求日益多样化，对公共服务的要求也越来越高，而传统那种政府单一的供给模式已无法适应社会要求，尤其在准公共物品领域，完全可以利用社会、市场的力量来发挥

作用，从而形成政府、市场、社会组织多元并举的供给格局。西北少数民族地区由于市场经济发育不成熟，市场运作还不规范，所以在公共服务中，政府仍然是单一的供给主体，政府在公共服务中也过多地涉及了市场发挥作用的地方，特别是在一些营利性领域，导致过分迷信政府的作用，出现公共服务中的政府垄断，出现市场挤出效应，这种模式也造成了许多危害。

第一，由于政府高度垄断公共服务的供给，导致政府机构臃肿、人员庞大、人浮于事、办事相互推诿扯皮、滋生官僚主义、政府财政也不堪重负。尤其是在缺少竞争压力下，各政府供给部门，没有明确的责、权、利划分界限，出现政府公共服务中，民众办事"门难进、人难找、脸难看、话难听、事难办"的衙门作风和一些"吃、拿、卡、要"现象的发生。而且政府公共服务完全由财政支撑，在没有经营风险的情况下，很难进行投入与产出的比较核算，公共政策也难免出现盲目性，导致大量公共资源的浪费。如2000年青海大通回族自治县筹资500万元，为常年缺水的群众解困。但工程竣工时，作为水源的4个泉眼3个已经干涸，所谓的"民心工程"也成了"伤民工程"。类似的事还有许多，同时在政府高度垄断的情况下，各供给部门在利益的驱使下，单纯追求部门利益，导致公共服务条块分割，部门之间互相封闭排斥，缺乏协调配套机制。加上缺乏有力的监督机制，在部门利益和个人利益的双重驱动下，权力也难免成为资本，出现大量权力寻租，公众利益最终受到侵害。

第二，在政府高度垄断的供给模式下，政府公共服务也难免呈现出"单边主义"的特色，很少有民众参与公众决策，民众的诉求也很难得到充分的表达和满足，尤其对一些弱势群体，很容易被排除在公共服务供给的视野之外。在这种供给模式下，提供什么供给产品、向谁提供、提供多少、怎么提供，完全由政府单方面说了算。政府成了高高在上的给予者，而民众成为一个被动的接受者。公共服务的反馈与回应机制就很难发生作用，导致公共需求与政府供给脱节。在政绩和经济利益的驱动下，政府往往也倾向于投向一些见效快、易出成绩的公共事项，而一些周期长、见效慢的事项却受到漠视，政府供给目标也难免与公众需求相背离，使本来是"民本位"的公共服务变为"官本位"。出现公共服务不足与过剩并存的现象，造成公共供给的失调和资源配给的低效率甚至浪费。最终也引起了民众对政府供给的不信任，影响了民众与政府的互动与协作。在我们的调查中也反映了这方面的问题，在调查中，当我们问及：您对本地政府提供的公共服务有何感觉？有 31.6% 的群众认为搞形象工程，华而不实，仅有 7.8% 的群众认为实实在在地为群众办事。

（三）公共服务中城乡不均衡

作为公共服务必然要求它以公平正义为内在价值，以公众的普遍幸福为最终目的。所以每个社会成员都有平等的获得公共资源和公共产品的机会和权利，政府不能因个人出身、民族、性别、财产状况等不同而存有歧视。尤为重要的是作为社会再分配重要手段的公共服务，更应该操守公平正义的价值追求。但在现阶段政府公共服务的某些领域，公共资源的城乡分配严重不公，导致其公平性的缺乏。在农村公共服务的供给主要是依靠乡村两级来提供，而乡镇财源薄弱、财力拮据的状况必然影响到其提供公共服务的能力，而 1994 年的分税制改革，加大了中央政府的财政提取份额，导致地方政府事权大于财权，一些地方政府甚至靠负债来维持其正常运作，更谈不上为农村提供好的公共产品了。尤其是中央取消农业税征收后，乡村取消"三提五统"收取，乡村财力更为紧张，而更好的财政转移制度又没有建立起来，乡村提供公共产品的能力就更为困难。在西北民族贫困地区，这一问题更为严重。

第一，教育资源配给城乡不公，城乡居民教育水平差距悬殊。我国《宪法》第四十六条规定"公民有受教育的权利和义务"。《教育法》第九条规定"公民不分民族、性别、职业、财产状况、宗教信仰等都依法享有平等的受教育的机会"，第十八条规定"各级人民政府应采取各种措施保障适龄儿童、少年就学"。所以为公民平等的提供受教育的机会和条件也是各级政府公共服务中的重要职责，农村由于先天不足，教育也成了许多农家子弟赖以改善自身境况，达到社会升迁的一个渠道和途径。而不公的教育，非但没有减轻城乡差距，改变贫困——知识的贫困——贫困的恶性循环，相反正如法国社会学家布尔迪厄在其著作《教育、文化和社会的再生产》中指出的那样成了生产社会不平等并使之合法化的方式，变成现代社会中阶级再生产的一种重要机制。

第二，医疗卫生资源配给城乡不公，城乡居民健康水平差距悬殊。据 2003 年全国第三次国家卫生服务调查显示，我国 80% 的医疗资源在城市，截至 2002 年中国农村有达一亿人口没有得到医疗服务，3100 万贫困人口得不到及时的医疗服务，近 20% 的县未达到 2000 年人人享有初等卫生保障规划目标的基本标准或基本合格标准。[①] 在西北少数民族地区医疗卫生资源配给城乡不公更为严重。"因病致贫成了中国农村地区致贫的第二位原因，占致贫原因的比例高达 22%。在有病未诊中有 37.75%，应住院未住院中有 67.3% 是因为经济困难"[②]，而且农村地区在突发公共卫生应急机制、疾病预防控制体系和公共医疗卫生救治体系方面更为严重不足。

第三，基础设施、劳动就业、社会保障等方面城乡不公。在政府进行的基础设施建设中农村并没有得到很好的重视。现阶段农村道路桥梁严重失修、人畜饮水困难、电话普及率低的问题很普遍。如 2004 年四省（区）电话用户共有 1186.5 万部，其中城市为 883.4 万部。而农村仅有 303.2 万部，占 25.5%。农村剩余劳动力的转移也更为严峻。而且在城市社会保障体系，涉及伤残、疾病、生育、养老、死亡等众多的项目，建立了包括离退休制度、医疗保障制度、粮油价格补贴制度等各种保障措施。而农村社会保障种类仍很少，无法满足农村社会的需要。

二、完善西北少数民族地区政府公共服务的建议

为了改善西北少数民族地区政府公共服务的质量和水平，满足公

---

① 卫生部：《第三次国家卫生服务调查结果》，《人民日报》2004 年 12 月 6 日。
② 北京大学卫生政策与管理研究中心高梦滔、海闻、姚洋：《"健康风险对中国农村地区家庭收入与消费的影响研究"课题报告之二》，http://www.cahp.org.cn/uploadfile/200310291440578544.doc。

众对公共产品的要求，针对以上问题，我们认为在以后西北少数民族地区政府的公共服务中可采用以下方法措施：

（一）充分利用比较优势，加快少数民族地区经济发展，明确中央与地方在公共服务中的权、责、利关系

经济基础是"一切人类生存的第一个前提，也就是一切历史的第一个前提。"[①] 作为由政府财力支撑的公共服务，其发展水平必然受制于地区经济发展的制约。为了解决西北少数民族地区公共服务不足、质量不高问题，首先也应发展经济，西北地方政府在发展经济的过程中应充分利用各自的比较优势。其次中央在政策倾斜与人力扶持的同时，要加大对西北地区资金转移的支持力度，增加建设资金，发行专项建设国债，实行更优惠的信贷政策，加大信贷投入力度。从而为西北地区公共服务建设筹集更多的资金。同时可考虑实施财政横向转移，从而达到公共支出和服务水平的地域平衡。如在生态建设资金筹集方面，中央可建立投资转移机制，对下游用水地区增加水费，使下游用水地区从上游地区生态保护治理所获得的转移性收益，再返还于生态治理地区。国家在政策方面应对西北有市场效益的产业给予政策激励，促使各种资金向西北流动。同时由于"1994 年的分税制改革，增加了中央财政收入的比重，却加剧了处在我国政权最基层的乡镇政府的困难，使乡镇政府的事权和财权出现了严重不适应"。"乡镇财权已经大大缩小，乡镇财政支出不断增加，乡镇财政收支矛盾日趋突出。"[②] 所以政府公共服务还要明确中央政府与地方政府在公共服务中各自应尽的义务与责任，使一些本该由中央提供的公共服务，由中央财政承担。

（二）利用政府、市场、社会多元力量供给公共产品

随着经济、社会的迅速发展，公共的需求变得日益丰富，对公共服务的要求也越来越高，而政府财政和能力的限制亦日益无法满足公

---

① 《马克思恩格斯选集》第 1 卷，人民出版社 1995 年版，第 78 页。
② 张秀英、刘金玲：《中国西部地区乡镇负债问题研究》，人民出版社 2004 年版，第 68—69 页。

众的需求。加上由于自身垄断而造成的各种问题，必然导致公众需求的增长与政府公共服务供给不足之间的矛盾，这也必然要求对公共服务的供给主体进行改革。而且"伴随着政治领域权力的减弱，经济领域和社会领域的权利正在逐步成长，来自那种政治控制垄断一切的'单级结构'正在向三个领域分享权力的'多极结构'转变"①。因此在公共服务中也应取消政府供给的垄断性，引入竞争机制，借助市场的力量完善供给，以达到减轻财政负担，提高服务质量的目的。政府应将一些公共服务领域，尤其是准公共产品，如电信、电力推向市场，打破垄断，形成多样协作竞争的局面。在公共服务供给中，鼓励和支持民间资本，通过公开拍卖、招标的方式，将市场的激励机制和私营部门的管理手段，引入政府的公共服务。这样既有效发挥了市场和政府的力量，又满足了公众的公共需求，提高了服务质量。

（三）加大对农村公共服务的供给力度

人们因个人天赋、运气和出身造成的起点不平等很难消除，所以社会在提高平等的机会和规则的基础上，更应关注那些处于极不利地位的公民，更应把公共资源投入到这些人身上。作为社会再分配的重要手段的公共服务，更应坚守这种信念和价值的追求。针对现有农村公共服务落后的现状，政府应以缩小城乡差距、改善农民基本生活条件和生活质量为出发点，加大对农村公共服务的投入力度。重点解决一些基础教育、公共卫生、水利灌溉、人畜饮水、自来水供给、乡村电信网络、社会保障、信息技术服务等公共产品。在公共服务中实行城乡统筹，实现城乡一体化的公共资源供给模式。实现公共资源的公平配置，促进社会正义。在全面推行农村税费改革的同时，应当完善县乡财政体制，明确各自在农村公共服务的权利与义务。并以小城镇建设为契机，完善农村各种交易市场，培育和发展农村中介组织，发挥各方力量在公共服务中的作用。

（四）完善政府公共服务的民主化、科学化、法制化

在政府公共服务中采用并完善专家咨询论证、公开听证、社会参

---

① 唐晓光：《权力的转移》，浙江人民出版社1995年版，第1—2页。

与等制度，从而提高公共服务决策的民主性与科学性。加强对公共服务的计划协调设计，完善建立决策的责任制和运行效果评议制度，跟踪公共服务落实情况，并对公众的建议做出回应，修正和完善服务。提高政府公共服务的能力，改善服务手段，提高服务质量。同时建立健全公共服务法制体系，将政府公共服务纳入法制轨道，运用法律的手段调节公共服务，保证公共服务规范性和公正有序性。进一步强化政府机构改革，引导一些事业单位通过产权改革，逐渐成为市场主体，使其参与市场竞争，从而提高服务质量水平。同时，培养和树立政府工作人员的服务意识，改变公共服务的单边主义。

本章小结

　　加强和完善政府公共服务职能始终是西北少数民族地区各级政府不断发展和前进的动力，也是进一步保障公民权的本质需要。政府公共服务水平的高低充分反映出一个国家的文明发展程度和政府履行职能的有效性和充足性。西北少数民族地区政府公共服务水平的发展程度是和我国整体经济发展水平的走向一致的，特别是改革开放30多年来，西北少数民族地区在基础设施建设、环境保护、教育医疗和社会保障方面都有了长足的发展。但是受长期经济发展的滞后性影响，西北少数民族地区公共服务还存在总量不足、结构失衡、水平不高、城乡差距大的现状，对此必须充分发挥中央和地方的积极性，加大中央支持力度，同时西北少数民族地区要发挥市场、个人和政府的三方力量，实现多元化的公共服务供给体系，实现城乡统筹，建立科学可持续发展的政府公共服务体系。

第十一章　西北少数民族地区政府绩效与公民权保障

第一节　政府绩效及其评估体系

一、政府绩效的内涵

绩效（Performance）在英文中的原意是"履行"、"执行"、"表现"、"作为"、"完成"，引申为"成就"、"成果"、"业绩"。从普遍意义上说，绩效是对组织的成就与效果的全面、系统的表征，它通常与生产力（Productivity）、质量（Quality）、效果（Outcome）和权责（Accountability）等概念密切相关。①

政府绩效，就是指政府在社会管理活动中的结果、效率及其管理工作的效率、效能，是政府在行使其功能、实现其意志的过程中体现出来的管理能力。是一个由经济绩效、政治绩效和社会绩效综合而成的复合概念。它一般包括四个基本方面的绩效指标（4E）：

1. 经济（Economic）

政府绩效管理的经济指标是指政府管理中按法定程序的投入状况，

① 卓越：《公共部门绩效评估》，中国人民大学出版社2004年版，第3页。

以最低的投入或成本，生产和提供既定数量和质量的公共产品和公共服务，是其追求的目标。经济指标衡量一个政府是否能低成本运行。

2. 效率（Efficiency）

政府绩效管理的效率指标是指政府管理中投入与产出之间的比例关系。能否以一定代价获得最大的收益是效率追求的目标。效率指标衡量一个政府是不是高效的政府。

3. 效果（Effectiveness）

政府绩效管理的效果指标关注的是，政府管理的实施后，公共服务质量是否有了改善，公共产品使用者是否满意。效果指标衡量一个政府是不是责任政府。

4. 公平（Equity）

政府绩效管理的公平指标侧重政府管理的工作过程而不是结果，评价的是工作程序的合法性和公正性。公平指标衡量一个政府是不是善治政府。

二、政府绩效评估

政府绩效评估就是根据对管理的效率、能力、服务质量、公共责任和社会公众满意程度等方面的判断，对政府公共部门管理过程中投入、产出、中期成果和最终成果所反映的绩效进行评定和划分等级。

美英两国是现代意义的政府绩效评估的先行者。在美国 1973 年尼克松政府颁布了《联邦政府生产率测定方案》。1993 年，克林顿总统成立了"国家绩效评审委员会"，由副总统戈尔主持。该委员会于1993 年 9 月发表《从繁文缛节到结果导向：创造一个花钱少、工作好的政府》的报告，成为克林顿政府改革的行动指南。报告提出了一系列的改革建议，主要贯穿如下四大改革原则：（1）简化规制的原则；（2）顾客优先原则；（3）授权与结果导向的原则；（4）节俭效益的原则。[1] 1993 年 7 月美国国会通过了《政府绩效和结果法》，

---

① 参见江岷钦、刘坤亿：《企业型政府：理念、实务、省思》，智胜文化 1999年版，第 181 页。

1993 年 9 月克林顿签署了《设立顾客服务标准》的第 12862 号行政命令，责令联邦政府部门制定顾客服务标准。1994 年，有 100 多个联邦公共服务部门制定并公布了服务标准，美国国家绩效评论出版专集《顾客至上：为美国人民服务的标准》介绍政府各部门制定服务标准的情况。① 1998 年后第 2 阶段的重塑政府运动更是将 80% 的精力放在 32 个"高影响联邦机构"，即与公民直接打交道的部门。② 政府绩效评估为改善政府与公众关系、增强公众对政府信任、实现"更有回应性、更有责任心和更富有效率"的政府改革目标提供了具体措施。布什接任总统后，联邦政府的改革持续进行，关注的重点依然是政府绩效。布什政府确立了新的政府改革的三大指导原则：以公民为中心、以结果为导向和以市场为基础。

英国的绩效管理，开始于 1979 年撒切尔夫人上台后所推行的"雷纳评审"。通过评审发现英国政府部门存在的许多问题，如官僚主义、浪费、低效率、拒绝革新等等。针对这些问题，雷纳评审提出了许多具体的改革措施和建议，对提高政府公共部门的经济和效率水平起了极大的促进作用。但是，这些举措并未引起组织追求效率的持续改进。"他们只是在花园中一小块一小块地除去杂草，却没有创建出花园中杂草无处可生的制度。"③ 由此撒切尔夫人开始意识到，政府浪费和低效率的背后是体制的问题。于是 1982 年撒切尔政府便发起了一场新的管理创新运动。政府各部门为所有的管理者设置绩效目标、明确预算，并依据目标对政府支出和进展情况进行绩效评估；各部建立一个融合目标管理、绩效评估等现代管理方法和技术的管理信息系统，以便为高层提供评估和控制所需的全面信息，以及为下面各层主管提供做好工作所需的信息；并赋予管理者更多的权力去努力实

---

① 参见宋世明：《美国行政改革研究》，国家行政学出版社 1999 年版，第 109—110 页。

② 参见张梦中、杰夫·斯特劳斯曼：《美国联邦政府改革剖析》，《中国行政管理》1999 年第 6 期。

③ 戴维·奥斯本、彼德·普拉斯特里克：《摒弃官僚制：政府再造的五项战略》，中国人民大学出版社 2002 年版，第 24 页。

现绩效。1988 年撒切尔政府接着施行下一步行动方案。下一步行动方案使政府公共部门的效率明显得到提高，服务质量得到了一定的改进，并使政府管理模式开始发生一些根本性变化：（1）从规则为本到结果为本的转变；（2）从隶属关系到契约关系的转变；（3）从过程控制到结果控制的转变；（4）分权制度化趋势。① 从梅杰政府开始，英国行政改革的重点从注重经济、效率转向关注公共服务的质量。1991 年 7 月，梅杰政府发起了"公民宪章运动"，用宪章的形式将政府公共部门服务的内容、目标、标准、程序、时限和责任等公之于众，接受公众的监督和评判，以实现提高公共服务水平和质量的目的。所有公共服务部门或机构都必须以顾客为导向，制定宪章，并采取积极的措施予以满足。"公民宪章运动"使公共服务的质量有了显著的改进，公民对政府的满意度也在不断提高。仅四个月后，梅杰政府又推行竞争以求质量运动，将市场和竞争机制引入到公共部门之中，通过"市场检验"来增加绩效后果。1997 年，布莱尔政府上台，基本上保持了梅杰政府的改革方针和基本思路，继续推进行政改革，所不同的只是布莱尔政府提出了以"合作政府"模式取代过去的"竞争政府"模式。1999 年布莱尔政府出台了《现代化政府白皮书》，提出要在 10 年内打造一个更加侧重结果导向、顾客导向、合作与有效的信息时代政府。

绩效评估作为政府改革的一项重要举措，已经在芬兰、挪威、新西兰、加拿大、澳大利亚、荷兰等国家得到广泛应用。经济全球化时代，吸收和借鉴发达国家绩效管理的先进经验是我国行政改革的必然选择。

三、政府绩效的评估体系

政府绩效评估的指标复杂多样，遵循不同的价值观念、按照不同的标准会有不同的评估体系。徐绍刚先生按照社会统计学的分类标

---

① 参见周志忍：《当代国外行政改革比较研究》，国家行政学院出版社 1999 年版，第 112—114 页。

准，根据指标的属性，将评估指标分为定量指标和定性指标两种。①

定量指标主要有：

（1）经济发展状况指标。其中包括：GDP 总量及其增长率、人均 GDP 及其增长率、物价上涨指数、一二三产业结构比、科技投入强度（R & D/GDP）及其效率、就业率与失业率、人均收入及其增长率、基尼系数等。

（2）经济环境指标。其中包括：经济案件和刑事案件发案率及侦破率、年投诉量及查处率、经济信用等级指标、市场化程度状况指标、国有经营性土地转让公开拍卖比例、国有中小企业产权交易公开招标和竞价出让比例等。

（3）社会发展状况指标。其中包括：人均可支配收入及其增长率、恩格尔系数、养老保险金、失业保险金和医疗保险金的筹集率、最低生活保障金的发放率，教育投入强度（教育经费占 GDP 或财政收入的比重）、大学教育及义务教育普及率、文盲率，居民文化消费占家庭总支出的比例等。

（4）可持续发展指标。根据我国的实际情况，可持续发展的关键在于人口、资源与环境，主要应当包括计划生育达标率、环境综合指数、污染企业分布状况、植被覆盖率、水土流失面积和速度、耕地面积及年减少率、水资源利用率等。

（5）政府施政成本指标。主要由审计部门提供，即政府绩效的投入来源、投入量以及投入与产出比、财政赤字等。

政府绩效评价体系中定性指标主要应该包括：（1）对本地思想舆论文化氛围的评价指标；（2）对政府政策的认同度指标；（3）对政府管理能力的评价指标；（4）对政府服务质量和水平的评价指标；（5）政府制度创新指标。②

国家人事部《中国政府绩效评估研究》课题组在总结国内外相

---

① 参见徐绍刚：《建立健全政府绩效评价体系的构想》，《政治学研究》2004 年第 3 期。

② 参见徐绍刚：《建立健全政府绩效评价体系的构想》，《政治学研究》2004 年第 3 期。

关指标体系设计思想和方法技术的基础上，经过深入调查，并组织有关专家论证分析，提出了一套适用于我国地方政府的绩效评估指标体系。该体系共分三层，由职能指标、影响指标和潜力指标 3 个一级指标，11 个二级指标以及 33 个三级指标构成，适用于全面系统地评估我国地方各级政府，特别是市县级政府的绩效和业绩状况（见表 11－1）。

表 11－1　政府绩效评估指标体系①

一级指标		二级指标	三级指标
政府绩效	影响指标	经济	人均 GDP；劳动生产率；外来投资占 GDP 比重
		社会	人均预期寿命；恩格尔系数；平均受教育程度
		人口与环境	环境与生态；非农业人口比重；人口自然增长率
	职能指标	经济调节	GDP 增长率；城镇登记失业率；财政收支状况
		市场监管	法规的完善程度；执法状况；企业满意度
		社会管理	贫困人口占总人口比例；刑事案件发案率；生产和交通事故死亡率
		公共服务	基础设施建设；信息公开程度；公民满意度
		国有资产管理	国有企业资产保值增值率；其他国有资产占 GDP 的比重国有企业实现利润增长率
	潜力指标	人力资源状况	行政人员中本科以上学历者所占比例；领导班子团队建设人力资源开发战略规划
		廉洁状况	腐败案件涉案人数占行政人员比率；机关工作作风；公民评议状况
		行政效率	行政经费占财政支出的比重；行政人员占总人口的比重；信息管理水平

其中，职能指标所检验的是政府管理的基本职能，它是绩效指标

----

① 参见桑助来、张平平：《政府绩效评估体系浮出水面》，《瞭望新闻周刊》2004 年 7 月 19 日第 29 期。

体系的主体。一般来说，一级政府基本完成了其职能指标的任务，应算合格。影响指标，是用来测量政府管理活动对整个社会经济发展成效的影响和贡献，它应包括经济、社会和人口与环境等内容。潜力指标，反映的是政府内部的管理水平，它是履行职能的基础，也是政府绩效持续发展的保证，同时也体现政府管理廉洁公正高效的政治要求，该指标目的在于测量政府在自身建设和内部管理方面的工作效果。

由于篇幅所限，我们不再对政府绩效的理论问题进行更加深入的探讨。本书所涉及的政府绩效的评估指标主要参考国家人事部《中国政府绩效评估研究》课题组提出的我国地方政府绩效评估指标体系，同时，也参考借鉴上述学者提出的政府绩效评估的指标。

四、西北少数民族地区政府绩效评估中的特殊性

由于西北少数民族地区具有与东中部地区不同的特点，在政府绩效评估过程中就必须对一些评估指标格外重视，增加其权重值，同时，还需要增加一些特殊的评估指标。这样，才能客观、准确、科学地对西北少数民族地区政府绩效进行评估。结合西北少数民族地区的特点，我们认为，下列指标应该在西北少数民族地区政府绩效评估中予以充分重视。

（一）民族关系应成为西北少数民族地区政府绩效评估的特殊指标

民族关系作为与民族存在同始终的一种社会关系和社会现象，既是历史条件的产物和积淀，又是现实环境和条件的反映和折射，因而具有长期性、复杂性和敏感性。在我国西北少数民族地区，这种关系因其构成主体的多元性和地理分布的广泛性而体现得尤为显著，往往被视为反映我国民族关系状况的晴雨表。中外历史和现实证明，民族关系是与国家安全密切相关的变量，在众多少数民族聚居、杂居共处的西北少数民族地区，民族关系对本地区乃至全国的安全与稳定都具有重大的影响。因而，在政府绩效的评估指标中民族关系应该成为一个重要的指标，西北少数民族地区各级政府的一项重要职责就是通过

有效的行政管理和服务维护各民族之间的团结与和谐。一个地区民族关系的好坏，主要是从涉及民族问题的各种矛盾和纠纷的数量和规模，特别是一些涉及民族问题的群体性事件的数量、规模和影响上来衡量。同时，公民对本地区民族关系的满意程度也是衡量该地区民族关系的重要内容。

　　总体上看，西北少数民族地区的民族关系始终处于既统一又矛盾的状态，"它是平等的，又因历史的原因而存在着各民族之间事实上的不平等；它是团结的，又因民族差别、经济差别、文化差别等存在一些不协调；它是互助的，又因利益关系而存在竞争以至矛盾"。这种既统一又矛盾的状况，乃是现阶段西北少数民族地区民族关系的基本特征。①

　　随着社会主义市场经济体制的建立和发展，我们的民族关系也出现了新的变化和新的问题。政治上，民族关系中的互助关系进一步增强，平等、团结、互助的新型民族关系不断向深度拓展。但西北少数民族地区地域辽阔、民族发展不平衡，各民族地区各具特色，使得民族关系面临复杂的情况，并产生了一些矛盾和问题。在西北少数民族地区，各级政府除了要发展地方经济、保护公民和社会组织各项合法权益以外，维护各民族平等、团结、互助的民族关系应该成为其重要职责。西北少数民族地区各级政府要始终把"三个离不开"的思想（即汉族离不开少数民族、少数民族离不开汉族、各少数民族之间也相互离不开）、"四个互相"的思想（即互相尊重、互相学习、互相合作、互相帮助）、"三个和"的思想（即和睦相处、和衷共济、和谐发展）落实到民族工作中，促进西北少数民族地区物质文明、政治文明、精神文明的发展与和谐社会的构建。因而，正确合理地处理影响民族关系的纠纷和事件，防范这些纠纷和事件的发生，创造有利于民族团结的环境和条件，是评估西北少数民族地区政府绩效的重要指标，也是一项区别于其他地方政府的特殊指标。

----

　　① 参见王宗礼等：《中国西北民族地区政治稳定研究》，甘肃人民出版社1998年版，第186页。

值得一提的是，在西北少数民族地区加强民族团结和国家认同的教育具有深远的意义，这方面教育开展的情况也应该成为考察民族地区政府绩效的重要内容。西北少数民族地区各级政府的教育部门对各类学校的民族团结和国家认同教育都比较重视，但是，这方面的工作缺乏考评的标准，少数民族地区的政府绩效评估中可以进行这方面的探索。比如，新疆在民族团结和国家认同方面做了不少工作，可以总结这方面的经验。长期以来，自治区始终坚持在各族干部群众中深入开展以马克思主义民族理论和党的民族政策为中心内容的民族团结宣传教育，不断增强各族人民群众对祖国的认同、对中华民族的认同、对中华文化的认同、对中国特色社会主义道路的认同。从1983年起，自治区连续23年把每年的5月作为民族团结教育月，以月促年，常抓不懈，做到每年有重点，年年有新内容，年年有新发展，以生动活泼的形式和富于时代特点的教育内容，广泛地宣传教育各族干部群众。

（二）生态环境应成为西北少数民族地区政府绩效评估的强化指标

甘肃、宁夏、青海、新疆少数民族地区生态环境恶化的趋势并没有完全扭转。如甘肃临夏回族自治州许多东乡族群众因缺水而无法生存，临夏回族自治州东乡族自治县有3.8万户农户，有2.7万眼水窖，平均每3家农民有2家靠水窖供人畜常年饮用，如果秋季少雨，则水窖见底。青海果洛藏族自治州的达日县莫坝乡，这里方圆百里寸草不生，一片荒野，而历史上这里却是水草丰美的天然牧场。因此联合国的官员在考察完果洛藏族自治州达日县草场退化的状况之后说，20年后，牲畜在这里将无法生存，更谈不上人的生存。① 目前，新疆的草场以每年29万公顷的速率向退化方向发展。据统计，新疆的风蚀土地面积为79万平方公里，其中沙漠面积为43万平方公里，戈壁面积约36万平方公里，水土流失面积达11万平方公里，三者合计为

---

① 参见果洛藏族自治州社会状况调查报告《雪山的呼唤》，青海教育厅、青海民族学院赴果洛调查组，1994年6月3日。

90 万平方公里，占全国荒漠化面积的 27% 。而新疆土壤盐碱化面积也达到 11 万平方公里，草地退化面积，因标准不同还难以确定，但严重退化面积超过了 5 万平方公里。①

西北少数民族地区恶劣的自然环境使得生态环境的保护比中东部地区具有更强的紧迫性，对于西北少数民族地区来说，脆弱的生态环境破坏后的恢复和治理成本远远高出中东部地区，甚至有些地方是永远不可能通过治理来恢复的。因此，西北少数民族地区各级政府绩效评估中应该强化生态环境保护的意识，增加生态环境指标权重，使各级政府在生态环境保护方面投入更多的人力、物力、财力和精力。

（三）对公民宗教权利保障和宗教活动的管理应成为西北少数民族地区政府绩效评估的重要指标

西北少数民族地区全民信教的多，宗教具有极强的群众基础。信仰伊斯兰教、藏传佛教的民族和人口占有绝对优势。藏、蒙古、土、裕固等民族信仰藏传佛教，回、维吾尔、哈萨克、东乡、撒拉、柯尔克孜、塔吉克、乌兹别克、塔塔尔、保安等民族则几乎全民族信仰伊斯兰教。从地域上看，信仰人数及比例，西北诸省区高于其他省份，民族聚居区高于民族散居区，农牧区高于城镇区，这一特点也符合我国整个少数民族宗教信仰的基本状况。②

宗教信仰往往成为西北少数民族地区社会稳定的晴雨表。无论是信仰伊斯兰教的各民族的群众，还是信仰藏传佛教的各民族群众，都对维护宗教的利益有特殊的要求。宗教信仰对社会稳定具有双重作用：一方面，宗教通过价值整合、规范整合和结构整合，引导信教群众的宗教行为与社会发展协调一致，在这种情况下，宗教对民族地区的社会稳定起到明显的促进作用；另一方面，宗教作为一种文化现象，还是科学与非科学、理性与非理性、道德与非道德相对而言的复

---

① 参见胡文康主编：《中国西部——新疆手册》，新疆人民出版社 2000 年版，第 55 页。

② 参见邓文科等：《当代少数民族大学生宗教信仰状况与思考——西北民族学院大学生宗教信仰调查》，《民族研究》2002 年第 2 期。

杂统一体，因此，它具有滞后性、敏感性、触发性，当它成为引发社会不稳定的互动源时，宗教会对社会稳定起到负面的制约作用。①

在西北少数民族地区，宗教在社会政治生活中的地位和作用十分突出。一方面，由于宗教与民族在历史与现实上的密切联系，大部分少数民族的宗教信仰、宗教意识以及宗教感情都很浓烈，宗教往往成为人们社会生活的总汇，人生价值、道德观念、风俗人情甚至一些生产活动都无不受到宗教的影响，加之这一地区文化、教育相对落后，群众对宗教的依赖性更强，而其他文化生活比较贫乏，宗教生活成为各民族生活中极其重要的组成部分。另一方面，宗教组织和宗教制度比较严密，对信教群众具有较强的控制性。同时，西北少数民族地区影响最大、分布最广、教徒最多的两大宗教，周边国家的许多民族也都以此作为自己的宗教信仰，加之这一地区的不少少数民族本身与国外一些民族之间有这样或那样的历史渊源关系，从而使得西北地区一些少数民族在共同性宗教的影响下，与周边国家的民族形成了一种特殊的联系。这种特殊的联系，使得一些国外宗教势力常常借助共同性宗教的特点，对西北少数民族地区宗教界和信教群众施加影响。

《中华人民共和国民族区域自治法》规定："任何国家机关、社会团体和个人不得强制公民信仰或者不信仰宗教，不得歧视信仰宗教的公民和不信仰宗教的公民。国家保护正常的宗教活动。"因此，西北少数民族地区各级政府必须重视对宗教活动的合理指导和管理，切实保障各民族宗教信仰的权利。要深刻认识到宗教对于西北少数民族的特殊作用，充分发挥宗教所具有的积极作用，比如，在教育、规范人们的行为等方面的积极作用；充分利用和引导其社会工作功能。社会工作功能就是宗教的诸多现实社会功能中的一个，它是指由宗教寺院、宗教职业人士以及其他与宗教有关的机构和人员承担的面向信徒为主、兼及公众的社会福利职能，包括社会救助、精神和心理调适、

---

① 参见高永久：《宗教对民族地区社会稳定的双重作用》，《甘肃社会科学》2003 年第 4 期。

老年人服务、家庭服务等等。① 同时，又要深刻认识到，宗教活动的负面影响，防止宗教活动极端化，使宗教信仰失去了民族理性。西北少数民族地区各级政府在绩效评估中处理宗教问题的情况理应成为一项重要指标。

（四）少数民族人才培养应成为西北少数民族地区政府绩效评估的指标

党和国家一贯重视民族干部工作和少数民族各类人才的培养。社会主义制度和党的民族政策的优越性，为民族干部和人才事业发展注入了无限生机和活力。经过几十年的努力，我国民族干部和各类人才队伍建设已初具规模，整体实力不断增强，专业知识结构基本趋于合理，基本上满足了经济建设和社会发展的需要。但是，西北少数民族地区少数民族人才培养和使用的状况与西部大开发战略的实施仍显得十分不适应，与西北各族人民加快发展的愿望仍有很大距离。西北少数民族地区少数民族人才资源的现状主要表现为：第一，总量不足。西北五省区少数民族人才总数不过 65 万人左右，只占西北少数民族总人口的 3.7%。② 第二，科技人才奇缺。2002 年，全国从事高技术产业的科技活动人员共 273960 人，广东省达到 42333 人，居全国第一，甘肃、青海、宁夏、新疆四省区分别只有 5374 人、41 人、714人、55 人。从事高技术科技活动的科学家和工程师的数量，广东省仍居全国之冠，达 34631 人，甘肃 2614 人，青海 34 人，宁夏 429人，新疆 45 人。③ 第三，结构失衡。西北少数民族地区人才主要从事管理工作（少数民族干部），而且主要集中在中心城市。第四，整体素质偏低。

西北少数民族地区幅员辽阔、资源丰富，但经济、文化、教育各

---

① 参见段继业：《宗教在西北少数民族地区的社会工作功能》，《青海社会科学》2005 年第 6 期。

② 参见杨思信：《西北少数民族人才队伍建设的问题、成因与对策》，《西部人口》2005 年第 4 期。

③ 参见国家统计局、科学技术部：《中国高技术产业统计年鉴——2003》，中国统计出版社 2003 年版，第 46、239 页。

项事业的发展却远远落后于东中部地区，如何加快民族地区各项事业的发展，是我们今后的奋斗目标。解决这个问题的关键在于大力加强西北少数民族地区人力资源开发，而人才建设又成为其中最关键的环节，人才建设中少数民族干部的培养和使用又是其重要内容。胡锦涛同志在 2005 年民族工作会议暨全国民族团结进步表彰大会上强调指出："做好培养、选拔、使用少数民族干部的工作，建设一支政治坚定、业务精通、善于领导改革开放和社会主义现代化建设、深受各族群众拥护的高素质的少数民族干部队伍，对于加快少数民族和民族地区经济社会发展、推进我国民族团结进步事业、维护祖国统一和社会稳定，具有决定性意义。"因此，西北少数民族地区各级政府要转变观念，加快人事制度改革、建立有效的激励机制，用市场化的观念指导制定人才开发和人才吸引的政策和措施，同时加强对少数民族干部和科技人才的培养教育，以适应西北少数民族地区跨越式发展的需要。西北少数民族地区政府绩效评估体系中应该增加这一指标。

第二节 政府绩效与公民权保障的关系

政府绩效是评判政府治理水平和运作效率的重要依据，是政府的工作成就或管理活动所产生的积极效果，提高政府绩效的最终目的是让人生活得更加幸福，而公民权利的保障水平是其生活幸福程度的直接体现。因而，研究政府绩效与公民权保障的内在关系无论在理论上还是实践上都有着十分重要的意义。

一、保障公民权利是民主国家政府绩效的根本价值追求

1. 保障公民权利是现代政府合法性的基础

现代民主社会，一切公共权力及其运作必须建立在以民主理论为指导的合法性基础之上。否则，它将失去存在的依据和理由。按照现代民主理论，政府存在的唯一的合理性、合法性就是使人民生活得更加幸福，充分保障人民的各项权利。

国家天然具有保障公民权利和侵犯公民权利的两面性。现代政府

的目的，就是要充分发挥国家对公民权利的保障功能，避免公共权力对公民权利的侵犯，使公民不断获得各种权利，实现人的自由全面发展，使社会全面进步。如果违背了保障公民权的目的，政府就谈不上代表人民的利益，人们对政府的合法性就会产生怀疑。

2. 保障公民权利是政府绩效的最终体现

西方国家政府绩效管理的制度安排主要包括以下 6 个方面：分权化、责任机制、公民（顾客）导向、结果为本、竞争机制和激励机制、电子化政府。[1] 但是，公民（顾客）满意度是政府绩效管理的出发点和落脚点。

目前，按照国家人事部《中国政府绩效评估研究》课题组提出的我国地方政府绩效评估指标体系（见表 11 - 1）。我们可以看出每一项指标都涉及公民的权利，经济指标中涉及公民的财产权、劳动权等权利；社会指标中涉及公民财产权、平等权、社会保障权等权利；人口与环境指标涉及公民环境权、生存权等权利；而潜力指标中的人力资源状况、廉洁状况、行政效率等指标都与公民权利的保障和实现程度密切相关。由此可见，政府绩效评估指标体系中的各项内容最终都可以表现为对某种公民权利的保障或者为保障公民权利创造条件。

3. 保障公民权利是政府绩效的终极目的

现代政府应该是为公民服务、满足公民需求的政府。离开了这一点，政府必然失去合法性、权威性与可信任性。因此，重塑政府使之以公民、社会为顾客，是提高政府绩效的重要途径之一。[2]

现代政府绩效管理的一个重要特点就是强调公民导向，这一点是由政府组织目标的公共性所规定的。"金杯、银杯，不如老百姓的口碑"，只有公众对政府提供的公共产品和公共服务满意时，政府管理才产生真正的绩效。因此，提高政府绩效的最终目的是切实保障公民权利，使公众满意。这一目标也与我党关于群众路线的一贯主张相符

---

[1] 参见褚添有：《从英美经验看政府成功绩效管理的制度安排》，《广东行政学院学报》2005 年第 1 期。

[2] 参见杨冠琼：《政府治理体系创新》，经济管理出版社 2000 年版，第 66 页。

合的，也是与邓小平同志的"三个有利于"理论以及"三个代表"重要思想精神相符合的。更是贯彻以人为本的科学发展观，树立正确政绩观的根本要求。

二、政府绩效的高低影响公民权利的实现

衡量政府绩效高低的标准主要体现在价值取向、评估体系、评估主体构成、后果四个方面。相对于公民权保障而言，政府绩效的价值取向是公民权保障的观念要素，它不仅决定政府的工作方向而且直接关乎公民权利保障在政府行为中的地位；政府绩效的评估体系是公民权保障的内容要素，评估体系中公民权利保障指标的比重影响着公民权保障的深度和广度；政府绩效的评估主体构成是公民权保障的程序公正要素，评估主体构成是否公正客观与公民权保障能否落到实处息息相关；政府绩效的后果（包括法律后果、行政后果和舆论后果）是公民权保障的责任要素，它直接对公务人员保障公民权的动力产生影响。

1. 政府绩效的价值取向——公民权保障的观念要素

"价值取向有一股无形的力量，影响和制约着地方政府绩效评估，构成地方政府绩效评估体系和绩效评估行为的深层结构，是地方政府绩效评估之魂。"[①] 价值取向影响着政府管理的目的、方式和行为标准等，价值取向的变化将会使政府管理发生相应的变化，从而在动态中实现政府管理的变革。现阶段，政府价值取向正在由"政府本位"向"公民本位"转变。"公民本位"的价值取向要求政府在明确自身定位的前提下，在管理活动中，以保障公民权利为核心，确立公共服务供给的内容、方式、标准、制度等，从而保障公共服务的质量，提高公共服务的效益，达到保障公民权利和满足社会公众需要的目的。

---

① 彭国甫：《价值取向是地方政府绩效评估的深层结构》，《中国行政管理》2004 年第 7 期。

2. 政府绩效的评估体系——公民权保障的内容要素

政府实行公共管理的根本目的是增加人民的福利，促进人本身的发展。因此政府绩效的评估体系要强化以人为本的理念，在考评经济发展总体水平和速度的基础上，进一步突出亲民、安民、富民的内容，纳入关于居民收入水平、就业率、社会保障覆盖率、教育投入、治安案件破案率等与公民权保障相关的指标，以此引导政府更好地实现社会公平，让更多的公民实现宪法和法律规定的权利。

一段时间以来，我国政府绩效评估体系片面注重 GDP 增长，而增强公共服务、保障公民权利的内容未得到充分体现。然而，片面追求 GDP 增长在一定程度上忽视了人的尊严与价值，这种做法既不符合科学发展观的要求，又与人的全面发展和政府的合法性基础背道而驰。因此，政府绩效评估体系必须淡化对 GDP 增长数量和增长速度的单一追求，其整体绩效指标体系要突出反映人民生活水平的变化和政府公共服务能力的高低，要充分体现与人的幸福感相关的许多领域的进步，并以此引导政府工作向提高人民生活质量、增强公共服务能力、保障公民权利的方向发展。

3. 政府绩效的评估主体构成——公民权保障的程序公正要素

程序公正的第一原则就是"任何人不能成为自己案件的法官"，为了保证政府绩效评估的公正性，就不能让政府在绩效评估中既当运动员又当裁判员，因此，政府绩效评估主体构成的多元化是保证结果真实公正的程序要素。

目前我国地方政府的绩效评估基本上还是上级对下级的层层评估，形成一种压力型体制。这种绩效评估不能直接有效地反馈公民的需求，不利于政府实现保障公民权利的根本目的。因为，这种体制相对封闭，公开性、透明度不够，缺乏外界监督，往往带有上级政府的主观性、随意性，难免受到考核者私人利益的左右和歪曲，不能充分反映地方政府的服务对象和利益相关群体的愿望和要求，其客观性、可靠性和科学性也就难以保证。

因此，在政府绩效评估体制方面，应引入多元评估主体，不仅包括政府机关的自我评估、上级评估、党的组织和权力机关（人大）

的评估，更重要的是引进政府管理和服务的对象即社会公众的评估，还应当包括相关专业的专家评估，逐步实现官方评估与民间评估并重的评估方式。①

4. 政府绩效的结果——公民权保障的责任要素

良好政府责任机制的建立对于保持政府有效和正确地行动至关重要，对于保证政府取得良好的政府绩效至关重要，必须建立有效的政府责任机制，以保障公民权利的实现。首先，要权责同授，政府机关及其公职人员要履行社会所赋予的保障公民权利的责任，它是包括政治责任、法律责任和道德责任在内的一个责任体系，在追究责任时，这些责任是不准相互替代的；其次，对于政府公务人员侵害公民权利的行为和失职行为，必须给予相应的惩罚，并依照行政救济制度对公民权利进行救济。只有这样才能督促政府不断改进服务和管理，提高绩效，使政府公务人员增强为公众服务的观念，促使他们更好地为保障公民权而工作。

三、公民权的保障促进政府绩效的提高

1. 公民权利至上的理念有助于政府绩效的定位

传统的宪政理论认为，国家权力的合法性或其存在目的乃是服务于公民权利，公民权利既是宪政理论的出发点也是其终极目标的指向和衡量器。公民的权利独立于国家的权力，具有至上性，国家权力不得超越于公民权利之上，公民权利为国家权力的行使划出了边界。因此，西方国家的政府绩效评估强调顾客导向，将社会公众视为政府公共服务的消费者，社会公众的满意度成为政府绩效的一个基本评价标准，反过来又成为绩效评估所追求的一种价值目标。

马克思主义认为，社会主义国家的本质就是为人民服务，为人民谋福利，我国政府的价值观念一向也把人民满意不满意作为施政水平的一个衡量标准。随着社会主义市场经济的逐步建立及社会主义民主的日益

---

① 2005 年 3 月，由兰州大学"中国地方政府绩效评价中心"对"甘肃省非公有制企业评议政府"进行的政府绩效评估是由第三方非政府中介机构对政府绩效做出的评估，在全国范围内尚属首次，在社会上得到了非常好的评价。

进步，提高社会公众的满意度已经越来越成为政府绩效的一个主要衡量标准，并成为政府绩效评估必须树立的一种基本价值。我国政府的本质是政治职能与社会职能的有机统一，"它的政治职能是为了人民当家做主，社会职能是为人民服务，提高人民的物质文化生活水平"①。政府的公民本位决定了政府绩效的基本定位在于实现并增进社会的公共利益，保障公民权利。因而，这一理念对于政府绩效的合理定位，对于政府职能的转变，对于建立服务型、责任型、法治型政府都有重要的意义。

2. 公民权利的实现有助于增强公民服从政府管理的自觉性，减少行政成本

政府权力的运用和公民对政府权力的认可，本质上体现着一种特殊的社会交换关系。在这一交换关系中，政府对公民的期望是服从，公民对政府的期望是政府官员的行为符合公认的社会准则和在与政府的交往中能够满足自己的利益要求，其权利得到政府的有效保障。服从是公民对政府的一种"投入"，其程度与政府的"产出"给公民所带来的期望满足程度一般呈正相关关系。如果公民认为他们从政府的行为中得到的利益大于或等于他们因服从政府而给自己带来的损失，就会认可政府的某种行为，从而强化政府的控制能力，强化政府的权威力量。但是，如果人们感到政府的行为不公正，他们的投入没有得到相应的回报，便会产生一种剥夺感，进而对政府行为产生抵触，从而增加政府行为的成本。

因而，作为政府行为当事人的公民，其满意度不仅是决定政府绩效的最终尺度，同时，也有助于增强公民对政府的信任并强化政府的合法性，也使得政府的管理和服务活动更加顺畅和低成本。"从而在政治上加强与维护了现有的基本社会秩序，建立和发展了社会公众对政府公共部门的信任，缓和了社会危机，增强了政府公共部门的号召力和社会公众的凝聚力。"②

---

① 王惠岩：《当代政治学基本理论》，高等教育出版社 2001 年版，第 17 页。
② 蔡立辉：《政府绩效评估的理念与方法分析》，《中国人民大学学报》2002 年第 5 期。

3. 公民监督权的行使有助于政府行为的公开化和公正化

公民的监督权是宪法规定的一项基本权利，《宪法》第四十一条规定："中华人民共和国公民对于任何国家机关和国家机关工作人员，有提出批评和建议的权利；对于任何国家机关和国家机关工作人员的违法失职行为，有向有关国家机关提出申诉、控告或者检举的权利。"公民行使监督权的方式和途径很多，对于政府绩效评估而言，公民评议政府绩效实际上是公民行使监督权利的体现，公民评议政府绩效是对政府部门和公务员提供公共服务和公共产品满足公民需要程度的调查和审视，它能对政府及其公务员的工作作风、工作效率、工作效益起到一种监督的作用。①

4. 公民维权行动有助于政府建立行为的纠错机制和激励机制

美国学者曾引用许多实践案例，对绩效评估的纠错和激励功能做了这样的说明：若不测定效果，就不能辨别成功还是失败；看不到成功，就不能给予奖励；不奖励成功，就可能是在鼓励失败，鼓励失败的坏结果是产生荒谬的刺激，导致组织绩效每况愈下。② 绩效评估一般都与一系列以绩效为本的管理措施相配套，来完成其纠错和激励功能。

公民权利的实现不仅在于政府对于公民权的保障，而且还在于公民维权意识的提高和维权行动的有效。一方面，公民的维权行动使得政府行为中的侵权现象得以暴露，也促使政府采取行之有效的行为纠错机制使得公民受损的权利得到救济，并对政府工作人员的违法和失职行为进行惩罚，对政府工作人员起到警示的作用。另一方面，公民的维权行动又使得政府在绩效评估方面更多地考虑到公民权保障的内容，并采取行之有效的激励机制促进政府绩效的提高和公民权保障水平的提高。例如，将公民的满意度（公民的满意度一定程度上说明

---

① 1998 年至今，全国已有十多个地方人民政府举办了"公民评议政府"活动，并将公民对政府绩效的评价结果作为考核各部门及其领导干部政绩的重要依据。

② 参见中国行政管理学会课题组：《关于政府机关工作效率标准的研究报告》，《中国行政管理》2003 年第 3 期。

了公民权的保障水平）和公民针对政府某部门维权行动的频率（如信访的次数）作为奖惩的依据。通过加强财务控制，完善以绩效为基础的预算制度，实行绩效与财政预算拨款挂钩，打破公务员统一的薪酬体系，实行业绩奖励制和绩效工资制。将绩效等级与政府部门支配财政的能力与政府、公务员的个人利益直接联系起来，建立政府内部的一种激励机制，为提高政府公共服务的效率与活力提供保障机制，从而更加有效地保障公民权利的实现。

第三节　公民权保障视野下的西北少数民族地区政府绩效分析

本节将从公民权保障的视角，对西北少数民族地区政府绩效评估指标中直接涉及公民权利的问题进行初步总结和探讨。本节主要的数据来自于国家的正式统计资料，由于课题跨度较长（从 2004 年到 2009 年），同时由于数据更新的速度不一致，所以我们重点选择了 2004 年到 2008 年的《中国统计年鉴》中的相关数据，进行对比分析。同时，将课题组在甘、宁、青、新四省区的调研资料及分析作为补充材料。为了使西北少数民族地区政府绩效评估有一个参照，我们选择了东部发达的省市广州和上海，中部省份则选择了湖南、河南，以便我们看到西北少数民族地区政府绩效与东中部地区的差别。我们主要参照国家人事部专家组提出的政府绩效评估指标体系，挑选与公民权利的保障密切相关的一些指标进行分析。

一、与公民经济权利相关的指标

1. 人均 GDP

人均 GDP 是政府绩效评估的一项重要内容。它不仅反映出一级政府所辖行政区域内经济发展规模与水平，同时，也可以反映出该行政区域内公民经济权利得以实现和保障的物质基础是否雄厚。人均 GDP 的高低直接影响公民社会保障权利、财产权利保障的程度。从人均 GDP 来看，全国发展很不平衡，地处东南沿海发达地区的上海和广东的人均 GDP 都远高于全国平均水平，2008 年上海更是高于全国平均水平的 3.22 倍。而西北少数民族地区的四省区中，除甘肃的人均 GDP 最低外，为全国平均数的 53.35%；其余三省区基本同湖南的平均水平相当，尤其是新疆人均 GDP 为全国平均数的 87.64%。这可以从一个侧面看出西北少数民族地区政府在克服种种不利因素坚持发展经济、提高人均 GDP 方面是比较有成效的（见表 11-2）。

表 11-2　2006—2008 年全国及部分地区人均 GDP 及其增长情况

地区	人均 GDP（元/人）			
	2006 年	2007 年	2008 年	年均增长率（%）
全国	16165	19524	22698	17.4
上海	57695	66367	73124	12.4
广东	28332	33151	37589	14.7
河南	13313	16012	19593	16.3
湖南	11950	14492	17521	18.9
甘肃	8757	10346	12110	17.4
青海	11762	14257	17389	16.7
宁夏	11847	14649	17892	20.5
新疆	15000	16999	19893	14.9

资料来源：本表根据 2006 年、2007 年、2008 年《中国统计年鉴》提供的数据整理、计算得出。

西北少数民族地区的人均 GDP 与发达地区存在一定的差距，是不容忽视的事实，但是，西北少数民族地区经济发展的速度还是比较快的。各地区在发展经济方面都根据各自的实际，采取了有效的思路和方法，取得了显著的成就。比如，在"十五"时期，甘肃省政府坚持以邓小平理论、"三个代表"重要思想和科学发展观为指导，不断深化对省情的认识，提出了发展抓项目、改革抓企业和实施工业强省战略、走新型工业化道路的发展思路。[①]　全面完成了"十五"计划

---

① 资料来源：《2006 年甘肃省政府工作报告》。

主要预期目标任务，经济社会发展迈上了新的台阶，人民生活水平逐年提高，使甘肃经济社会发展进入了一个新的历史时期。甘肃省的临夏回族自治州提出了"打民族牌，走民营路，谋富民策"的总体思路和"抓项目、强产业、兴教育、解难题、促发展"的具体措施，较好地完成了"十五"期间的各项任务。① 青海省树立和落实科学发展观，抓住机遇，开拓进取，全力推进"消除贫困、富民强省"和"深化改革、创新体制"两大历史任务，胜利完成了"十五"计划的主要指标，取得了令人鼓舞的成就。②

西北少数民族地区经济建设方面取得的成就是和我国经济持续快速稳定的发展相一致的，经济上的成就尤其是人均 GDP 的快速增加，为西北地区各族人民物质文化生活水平的提高创造了有利的条件，为各族人民平等地享有各项公民权利提供了有力的保障，也为西北少数民族地区政府行为文明程度的不断提高奠定了坚实可靠的基础。

2. 城乡居民人均收入和消费支出

城乡居民收入和消费支出的水平是直接反映人民生活水平的经济指标，也是公民财产权利得以实现的物质基础。通过对城乡居民收入和消费支出的分析，可以看出一级政府的发展理念，是以片面追求 GDP 为目标，还是坚持以人为本的科学发展观，不断提高人民群众的生活水平，切实保障公民权为目标。

从表 11-3 的统计数字看，城乡居民的人均全年收入相差较大，仅以 2006 年为例，最高的上海人均可支配收入为 20667.9 元，最低的新疆仅为 8871.3 元，新疆的城乡居民人均全年收入仅为上海的 42.92%。同时，西北少数民族四省区的城市居民人均全年收入都与全国平均数有较大差距。其中，2006 年宁夏城市居民人均全年收入为全国平均数的 78.04%，甘肃为 75.86%，青海为 76.54%，新疆为 75.44%。同时西北少数民族四省区城市居民人

---

① 资料来源：《2006 年甘肃省临夏回族自治州政府工作报告》。
② 资料来源：《2006 年青海省政府工作报告》。

均年收入与东部发达地区、中部地区差距明显。与此相适应，拿城市居民全年人均支出做比较，西北少数民族四省区与全国和发达地区的差距也很大。其中 2006 年，消费水平最低的青海为 6530.11元，与最高的上海相比，仅为上海的 44.24%。西北少数民族四省区的城市居民全年消费支出与全国水平也有明显差距，以 2006 年为例，青海为全国水平的 75.09%，新疆为 77.34%，宁夏为82.86%，甘肃为 80.2%。

表 11-3　城乡居民平均每人全年收入及平均每人全年消费支出

地区	可支配收入（元）				消费性支出（元）			
	2004 年	2005 年	2006 年	年均增长率（%）	2004 年	2005 年	2006 年	年均增长率（%）
全国	9421.6	10493.00	11759.45	9.94	7182.10	7942.88	8696.55	8.70
上海	16682.8	18645.03	20667.90	9.60	12631.03	13773.41	14761.75	7.20
广东	13627.7	14769.94	16015.60	7.50	10694.79	11809.87	12432.22	6.98
河南	7704.9	8667.97	9810.30	10.70	5294.19	6038.02	6685.18	10.40
湖南	7617.5	9523.97	10504.70	13.74	6884.61	7504.99	8169.30	7.86
甘肃	7376.7	8086.82	8920.60	8.70	5937.30	6529.20	6974.21	7.90
青海	7319.7	8057.85	9000.40	9.30	5758.95	6245.26	6530.11	5.90
宁夏	7217.9	8093.64	9177.30	10.68	5821.38	6404.31	7205.57	9.60
新疆	7503.4	7990.15	8871.30	7.70	5773.62	6207.52	6730.01	7.20

资料来源：本表根据 2004 年、2005 年、2006 年《中国统计年鉴》提供的数据整理、计算得出。

分析以上数据，结合人均 GDP 和 GDP 的增长速度，我们可以看出，西北少数民族四省区政府，对城乡居民生活水平的提高和改善方面的工作力度是比较大的。但由于面临的发展条件恶劣，基础薄弱，因而与全国，尤其东部发达地区相比，居民收入增长的总量较慢。这样造成的结果是，西北少数民族四省区城市居民收入增长越缓慢，居民预期的消费水平就越低，消费增长就越缓慢，收入增长的缓慢使得人们以减少消费来降低生活的风险，新疆就是一个典型的例证。

西北少数民族地区在城乡居民增收方面面临非常多的困难，由于历史原因以及西北少数民族地区经济发展的不利环境，特别是国有企业活力不足，也成为影响当地经济发展的不利因素。西北少数民族地区城乡居民收入与发达地区相比存在较大的差距。但是，西北少数民族地区的各级政府在增加城乡居民收入方面采取了一些非常有效的措施，对于增加居民收入起到了积极作用。例如，甘肃省把劳务输出作为省上的重点项目来抓，加大了劳务输出的培训组织力度，仅 2004 年就培训农民工 5.5 万人次，输出 324 万人次。[1] 甘肃省甘南藏族自治州实施"农牧互补"战略，积极调整产业结构，加快产业升级，通过肉牛羊和奶牛养殖、草产业开发、牲畜良种化工程等"基地"的建立和试点、示范，畜产品加工龙头企业的规模不断扩大、技术水平不断提升，农牧民专业合作经济组织等开始出现，促进了传统农牧业开始向现代农牧业转变，为农牧民增收开辟了新的渠道。[2] 宁夏回族自治区实施了著名的"吊庄"工程，南部山区扶贫开发取得新成效，山区未解决温饱的贫困人口由 2001 年的 52.7 万人减少到 2004 年的 15.2 万人，累计搬迁安置异地移民 11.8 万人。开展了大规模的劳务输出。[3]

3. 城镇登记失业人员及失业率

城镇失业率是反映城镇居民就业情况的一项重要指标，通过失业率的高低也可以反映出当地政府在扩大就业方面的绩效，更重要的是这项指标的高低关系居民的经济收入，影响着公民财产权利的实现。

通过对比西北少数民族四省区与东部上海、广东和中部河南、湖南的失业率。我们可以看出，2006 年、2007 年和 2008 年三年中，除宁夏失业率有逐年上升的态势（见表 11-4），其他省区失业率均呈现稳中有降的趋势，这表明西北民族地区各级政府在促进就业方面措

---

①　资料来源:《2005 年甘肃省政府工作报告》。

②　资料来源:《2006 年甘肃省甘南藏族自治州政府工作报告》。

③　资料来源:《2006 年宁夏回族自治区政府工作报告》。

施得力,城镇居民的就业率没有受到太大的影响。但西北少数民族四省区城镇失业率总体还较高,值得当地政府警惕。

表 11－4　城镇登记失业人员及失业率

地区	失业率（%）		
	2006 年	2007 年	2008 年
上海	4.4	4.22	4.20
广东	2.6	2.51	2.56
河南	3.5	3.41	3.40
湖南	4.3	4.25	4.20
甘肃	3.6	3.34	3.23
青海	3.9	3.75	3.80
宁夏	4.3	4.28	4.35
新疆	3.9	3.88	3.70

资料来源:本表根据 2006 年、2007 年、2008 年《中国统计年鉴》提供的数据整理、计算得出。

　　将失业率控制在安全范围内是保证社会稳定的重要措施,同时也反映出人民群众的生活水平,因而,如何扩大就业率就成为当地政府工作中的重要任务。甘肃省在"十五"期间累计新增城镇就业 60 万人,2005 年将城镇登记失业率控制在 3.3%。① 青海省"十五"期间城镇新增就业 15.2 万人,减少农牧区贫困人口 77 万人。五年来,"改变贫穷落后面貌的伟大实践,激励着全省各族人民谋发展、盼富裕、思和谐的热情和斗志,解放思想、振奋精神、干事创业、加快发展日益成为经济社会生活的主旋律。"② 宁夏回族自治区认为"就业是民生之本"。采取政策引导、资金支持、技能培训、目标考核等多项措施,努力扩大就业和再就业,仅 2005 年实现城镇新增就业 4.1万人,城镇登记失业率控制在 4.5% 以内。农村劳务输出 72.4 万人,

---

① 资料来源:《甘肃省国民经济和社会发展第十一个五年规划纲要》。
② 资料来源:《关于青海省国民经济和社会发展第十一个五年规划纲要的报告》。

实现劳务收入 30 亿元。① 新疆在"十五"期间累计新增城镇就业再就业 165 万人，城镇登记失业率控制在 4% 以内。② 总体来看，西北少数民族地区政府在扩大就业率方面成绩是比较显著的，这项工作有力地支持了当地经济的持续发展，为西北少数民族地区各族人民充分实现自己的经济权利提供了有力的保障。

二、与公民教育文化权利相关的指标

1. 15 岁及 15 岁以上文盲半文盲人口的比重

15 岁以上文盲和半文盲占总人口的比例是反映公民受教育水平最重要的一个指标。同时，这一指标也反映出公民受教育的基本权利实现的程度，更反映出政府保障公民受教育权的绩效。众所周知，由于历史原因，西北地区乃至整个西部地区的教育文化水平与东中部地区有较大的差距。这种差距目前仍然存在。

通过 2002—2004 年的统计数据（见表 11 - 5），我们可以看出，西北少数民族四省区公民的受教育权问题不容乐观。除新疆外，其余 3 省区的 15 岁以上文盲半文盲人口的比重远远高于全国平均水平，更高于东中部地区。以 2004 年为例，15 岁以上文盲半文盲人口的比重最高的青海高出全国平均水平 11.76 个百分点，高出上海 15.54 个百分点；甘肃高出全国平均水平 9.1 个百分点，高出上海 12.88 个百分点；宁夏高出全国平均水平 5.33 个百分点，高出上海 9.11 个百分点。其中，女性文盲比重更高于全国和东中部地区，青海的女性文盲率高出全国平均水平 16 个百分点，高于上海 20.23 个百分点；甘肃高出全国平均水平 11.1 个百分点，高出上海 15.33 个百分点；宁夏则高出全国平均水平 6.93 个百分点，高出上海 11.16 个百分点。这说明，西北少数民族四省区的受教育水平尤其是女性受教育水平与发达的东部和发展中的中部地区有很大的差距，教育的落后已成为欠发达的西北少数民族地区发展的重要制约因素。

---

① 资料来源：《2006 年宁夏回族自治区政府工作报告》。
② 资料来源：《新疆维吾尔自治区国民经济和社会发展第十一个五年规划纲要》。

表 11－5　按性别分 15 岁及 15 岁以上文盲半文盲人口的比重

地区	2002 年			2003 年			2004 年		
	合计	男	女	合计	男	女	合计	男	女
全国	11.63	6.43	16.92	10.95	6.12	15.85	10.32	5.79	14.86
上海	8.18	3.56	12.62	5.88	2.14	9.60	6.54	2.28	10.63
广东	7.01	2.74	11.37	7.55	3.06	12.00	6.92	2.84	11.02
河南	9.14	4.96	13.30	9.21	5.13	13.37	8.08	4.67	11.50
湖南	8.35	4.47	12.41	8.47	4.51	12.67	7.44	4.09	40.89
甘肃	21.11	14.42	28.01	20.33	14.20	26.71	19.42	13.12	25.96
青海	24.77	14.77	35.25	23.45	14.15	32.88	22.08	13.55	30.86
宁夏	17.49	10.64	24.68	17.57	10.52	24.69	15.65	9.54	21.79
新疆	8.21	6.48	9.98	6.94	5.32	8.62	7.05	5.63	8.53

资料来源：本表根据 2003 年、2004 年、2005 年《中国统计年鉴》抽样调查样本计算整理。

通过统计数据，我们对比 2002 年以来三年的文盲率降低的水平，还可以直接看出各地政府在发展基础教育中的绩效，而文盲率降低的水平更能说明各地居民在受教育权的实现方面的发展趋势。2002—2004 年，全国的文盲率降低了 1.31 个百分点（其中女性降低了 2.06 个百分点），上海降低了 1.64 个百分点（其中女性降低了 1.99 个百分点），广东降低了 0.72 个百分点（其中女性降低了 0.35 个百分点），河南降低了 1.06 个百分点（其中女性降低了 1.8 个百分点），湖南降低了 0.91 个百分点（其中女性降低了 1.52 个百分点），甘肃降低了 1.69 个百分点（其中女性降低了 2.05 个百分点），青海降低了 2.69 个百分点（其中女性降低了 4.39 个百分点），宁夏降低了 1.84 个百分点（其中女性降低了 2.89 个百分点），新疆降低了 1.16 个百分点（其中女性降低了 1.45 个百分点）。西北少数民族四省区中文盲率高的甘肃、青海、宁夏的文盲率降低的水平都超过全国平均水平，更超过广东、河南、湖南等东中部地区，尤其可喜的是青海、宁夏女性文盲率降低的水平远超于全国平均水平和东中部地区。西北少数民族地区政府在保障公民受教育权方面的绩效较高可见一斑。

　　"十五"期间西北少数民族地区政府在发展基础教育，扫除文盲的工作中成效巨大。甘肃省在 68 个县区市整体实现了"两基"目标，青壮年文盲率降低了 1.9 个百分点，高中阶段教育规模进一步扩大。普通高校发展到 33 所，在校生达到 38 万人。职业教育、成人教育和现代远程教育快速发展。城乡文化设施建设步伐加快，广播、电视覆盖率均达到 90% 以上，群众体育和竞技体育健康发展。① 青海省组织实施了一批教育基础设施项目，城乡办学条件明显改善。全省"普九"人口覆盖率由 2000 年的 70.7% 提高到 86.8%，高等学校在校生规模由 1.3 万人提高到 4.9 万人，青壮年非文盲率由 82% 提高到 93%。② 宁夏回族自治区在"十五"期间全面完成了南部山区普及初等义务教育的历史性任务，全区普及九年义务教育人口覆盖率（以县为单位）达到 70%，比 2000 年提高 15 个百分点。大规模实施了"中小学危房改造"、"农村寄宿制学校建设"等工程，农村中小学办学条件得到显著改善。建成银川一中、吴忠高级中学、石嘴山三中、六盘山高中等一批优质高中学校。高等教育实现了跨越式发展，普通高等教育本专科在校生达到 4.1 万人，比 2000 年增加 2.6 万人，高等教育毛入学率达到 19.2%，迈进了高等教育大众化阶段，各级普通教育学校少数民族在校生占在校生总数的 35.7%。③ 新疆维吾尔自治区仅在 2005 年就安排财政资金 2.76 亿元，把义务教育"两免一补"范围扩大到 84 个县、228 万人。扩大了内地新疆高中班、区内初中班规模，招生人数分别达 3075 人和 3000 人。④

　　2. 教育经费

　　教育经费的投入直接关系到公民受教育权利的保障，反映出政府对教育的重视程度。实践证明，西部地区人口的受教育程度和反贫困的成效是呈正相关关系的。减少文盲、降低文盲率直接影响西北地区

---

① 资料来源：《2006 年甘肃省政府工作报告》。
② 资料来源：《青海省国民经济和社会发展第十一个五年规划纲要》。
③ 资料来源：《宁夏回族自治区国民经济和社会发展第十一个五年规划纲要》。
④ 资料来源：《2006 年新疆维吾尔自治区政府工作报告》。

未来的全面发展。学者们认为，农村教育投资在经济发展中的作用显著。农村教育投资、技术投资、基础设施投资并列为农村三大公共投资。樊胜根等通过分析公共投资对各地区农村社会发展、生产率和改善贫困状况的边际回报率，计算出每增加 1 万元的教育投资，就可使 9 个人脱贫；他们还提出，教育投资可以提供贫困农村居民需要的技能，增强城镇非农就业者的能力，从而提高他们的农业生产效率以及利用市场的能力。在农业科技推广、水利、道路交通、教育、电力、通讯 6 项投资中，教育投资的减贫影响排名第一位，影响远远大于其他各项投资；教育投资对农业增加值的回报率排名第二位，仅次于农业科技推广。[①] 2005 年财政部完善农村义务教育财政保障机制课题组研究结果认为，通过国家教育财政支出来提高农村义务教育普及程度对农村居民具有显著的正收益结果。一方面，教育财政支出体现了"以人为本"的经济发展战略思想，农村义务教育的普及会形成一条把主要人口积聚在农村的压力转变为人力资源优势的有效途径；另一方面，从测算的农村义务教育普及率对农村居民收入的回报率的数字来看，财政教育支出是可行的，它不仅仅体现了公共财政的职能，而且农民增收之后必然会提高储蓄率、增加投资，积累国民经济增长的后劲，最终会回报财政支出。[②] 在各种公共投资中，在欠发达地区（西部地区）增加教育投资对缩小地区差距的作用最大。增大农村教育投资，改善农村教育，尤其是加强对农户户主的教育，不仅会提高农业生产率，而且还增加了农民的非农就业和进城打工的机会。

中央政府非常重视对贫困地区教育经费的投入。2001 年和 2002 年，中央财政每年在补助中西部地区加强农村贫困地区义务教育、农村中小学教师工资补助、消除中小学危房、信息化建设、资助困难学生等方面的专项经费投入都达到了 80 亿元以上。据测算，2002 年，

---

① 参见樊胜根、张林秀、张晓波：《中国农村公共投资在农村经济增长和反贫困中的作用》，《华南农业大学学报》（社会科学版）2002 年第 1 期。

② 参见财政部完善农村义务教育财政保障机制课题组：《普及农村义务教育对农民增收的实证分析》，《中国农村经济》2005 年第 9 期。

中央财政的投入占全国农村义务教育经费总量的28%以上，占中西部地区农村义务教育经费总量的43.2%和财政预算内支出的56%，占中西部地区农村义务教育教职工基本工资支出的72%。在中央财政的拉动下，西北少数民族地区加大了省级财政支援农村教育的力度。2005年，全国各地在农村学校的"二免一补"基本得到实现。

表11-6　教育经费

地区	2005 年			2006 年		
	教育经费（万元）	总人口数（万人）	人均教育经费（元/人）	教育经费（万元）	总人口数（万人）	人均教育经费（元/人）
全国	84188390.5	130756	643.90	98153086.5	131448	746.7
上海	4229481.5	1778	2378.80	3707275.4	1815	2042.6
广东	8066357.2	9194	877.40	8654359.1	9304	930.2
河南	3579528.4	9380	381.61	4179474.8	9392	445.0
湖南	3234353.0	6326	511.30	3338525.3	6342	526.4
甘肃	1195073.8	2594	460.70	1321480.1	2606	507.1
青海	287258.9	543	529.00	373987.9	548	682.5
宁夏	363459.4	596	609.80	398717.5	604	660.1
新疆	1527225.3	2010	759.80	1532702.9	2050	747.7

资料来源：本表根据2005年、2006年《中国统计年鉴》提供的选样地区教育经费和总人口数整理计算。

通过表11-6的数据我们可以看出，西北少数民族四省区的人均教育经费除新疆外都低于全国平均水平，但却高于河南与湖南（甘肃除外）。

三、与公民生命健康权相关的指标

1. 人口平均预期寿命

人口平均预期寿命是一个综合反映居民生活水平、医疗卫生条件、幸福程度乃至饮食结构等多方面因素的指标，通过人口平均预期寿命可以直接反映出公民生命健康权保障的程度。

表 11-7　全国及部分地区人口平均预期寿命

地区	1990 年预期寿命（岁）			2000 年预期寿命（岁）		
	平均寿命	男	女	平均寿命	男	女
全国	68.55	66.84	70.47	71.40	69.63	73.33
上海	74.90	72.77	77.02	78.14	76.22	80.04
广东	72.52	69.71	75.43	73.27	70.79	75.93
河南	70.15	67.96	72.55	71.54	69.67	73.41
湖南	66.93	65.41	68.70	70.66	69.05	72.47
甘肃	67.24	66.35	68.25	67.47	66.77	68.26
青海	60.57	59.29	61.96	66.03	64.55	67.70
宁夏	66.94	65.95	68.05	70.17	68.71	71.84
新疆	62.59	61.95	63.26	67.41	65.98	69.14

资料来源：2000 年各省人口平均预期寿命是根据各省 1990 年以来人口变动调查公布的死亡率对 2000 年人口普查死亡数据修正后计算出来的。

通过表 11-7，我们可以发现，西北少数民族四省区的人口平均预期寿命都低于全国平均水平，造成这一现象的原因除了西北地区生活环境恶劣，生活水平低下外，与医疗卫生条件有直接关系，而上述原因无一不与政府的治理水平和政府对公民权利的关注程度有关。但是，与 1990 年统计数据相比，西北少数民族四省区的人口平均预期寿命到 2000 年有了较大的上升，全国人口平均预期寿命 2000 年比 1990 年增加了 2.85 岁，上海增加了 3.24 岁，广东增加了 0.75 岁，河南增加了 1.39 岁，湖南增加了 3.73 岁，甘肃增加了 0.23 岁，青海增加了 5.46 岁，宁夏增加了 3.23 岁，新疆增加了 4.82 岁。

西北少数民族地区人口平均预期寿命在 10 年内较大幅度的增加，体现了西北少数民族地区居民生活水平、医疗卫生条件、生存环境的不断改善，这些有利于人口长寿因素的创造和当地政府的不懈努力是有着直接关系的。

2. 基本养老保险情况

养老保险是公民社会保障的重要手段，既反映出政府社会保障工作的绩效水平，也是公民社会经济权利实现的基本指标。我们选项取了 2006 年、2007 年和 2008 年选样地区的有关统计数据进行分析（见表 11 - 8）。

表 11 - 8　全国及部分地区基本养老保险情况

地区	基本养老保险参保人数比例		
	2006 年	2007 年	2008 年
全国	14. 28	15. 24	16.48
上海	49. 13	50. 18	51. 26
广东	21. 20	23. 57	25. 61
河南	9. 20	9. 75	10. 31
湖南	11. 85	12. 34	12. 99
甘肃	7. 72	7. 97	8. 41
青海	11. 41	11. 81	12. 33
宁夏	11. 97	12. 62	13. 41
新疆	15. 28	15. 72	16. 25

资料来源：本表根据 2006 年、2007 年、2008 年《中国统计年鉴》提供的选样地区基本养老保险人数与当年总人口数整理计算。

对 2006—2008 年选样省区基本养老保险参保人数占当年本地区总人口数的比例进行比对分析。可以看出，西北少数民族四省区除新疆外，其余三省区基本养老保险参保比例都低于全国平均水平，2008 年甘肃基本养老保险参保比例低于全国平均数 8.07 个百分点；青海则低于全国 4.15 个百分点；宁夏则低于全国 3.07 个百分点。

广东、上海基本养老保险参保率较高，这虽然与其城市化发展程度有直接的关系，但也反映出当地政府社会保障工作的水平较高。

3. 工业废水排放及处理情况

工业废水排放达标率直接反映出一个地区工业污染及其防范情况，也反映出政府的治理能力和发展观念。由于工业废水的排放和处理与环境保护息息相关，环境保护又直接关系到人们的身心健康，因而，通过对政府治理工业废水的绩效也能反映出公民健康权保障的程度。

表 11-9 工业废水排放及处理情况

地区	2007 年			2008 年		
	工业废水排放总量（万吨）	工业废水排放达标量（万吨）	达标比例（%）	工业废水排放总量（万吨）	工业废水排放达标量（万吨）	达标比例（%）
全国	2466493.3	2260719.0	91.65	2416511	2233986	92.45
上海	47569.5	46491.5	97.73	41871	41364	98.79
广东	246331.0	211958.5	86.05	213314	191413	89.73
河南	134344.3	126324.3	94.03	133144	126308	94.87
湖南	100112.7	89934.0	89.83	92340	85057	92.11
甘肃	15856.3	12837.7	80.96	16405	9670	58.70
青海	7318.0	3677.2	50.25	7098	3767	53.07
宁夏	21089.0	14698.3	69.70	20448	17884	87.46
新疆	20959.5	13629.4	65.03	22875	15078	65.91

资料来源：本表根据 2007 年、2008 年《中国统计年鉴》提供的数据计算得出。

通过统计数据（见表 11-9），可以发现，西北少数民族四省区工业废水达标率均低于全国平均水平，更远远低于治污水平高的上海和河南，西北少数民族地区环境污染的问题不容忽视。以 2008 年为例，工业废水达标率最高的宁夏仍低于全国 4.99 个百分点；工业废水达标率最低的青海竟然低于全国 39.38 个百分点，而且甘肃的工业废水达标率变化非常不稳定，由 2007 年的 80.96% 下降为 2008 年的58.7%。西北地区的生态环境十分脆弱，如果不提高污染的防范能力，随着经济的发展，会对自然环境造成巨大的破坏，而西北地区生态环境的治理和恢复成本要远远高于东中部地区。因而，必须提高工业废水达标率，绝不能走先污染后治理的发展道路。同时，由于西北地区的工业企业集中的地区是人口密集的地区，工业废水对环境的污染必将影响居民的生活，对公民的健康权造成损害。

第四节 以科学的绩效评估提升西北少数民族地区政府保障公民权的水平

一、贯彻落实科学发展观，树立正确的政绩观

政绩观是对政绩总的看法，包括对什么是政绩，为谁创造政绩，如何创造政绩和怎样衡量政绩等问题的认识和态度。政府的政绩观根源于一定时期党和政府的发展观，有什么样的发展观，就有什么样的政绩观，就会有什么样的工作追求和施政行为，同时也会在很大程度上决定着能取得什么样的政绩，创造多大的政绩。在发展观上出现盲区，就会在政绩观上陷入误区。在政绩观上出现偏差，发展观就会与科学产生偏离。因此，树立正确的政绩观，必然要求树立科学的发展观。党的十六届三中全会明确提出了"坚持以人为本，树立全面、协调、可持续的发展观，促进经济、社会和人的全面发展"的目标。对党和政府的各级领导干部来说，落实科学发展观与树立正确政绩观紧密相关。科学的发展观有助于指导我们树立正确的政绩观。同时，只有树立正确的政绩观才能真正落实科学的发展观。科学发展观所要求的政绩，就是坚持以人为本，创造出全面、协调、可持续发展所需要的政绩。

首先，要树立经济社会全面发展进步的政绩观。转变以往政绩考核中以集中追求 GDP 增长为目标的现象，因为，片面追求 GDP 忽略了由此付出的资源成本、社会成本、生态成本，忽略了经济的微观效益与宏观经济效益是否一致，忽略了经济效益与社会效益、生态效益的关系，也忽略了经济效益与人的发展水平与发展质量的关系。要把经济增长、经济发展纳入社会全面发展进步的范畴中考虑，纳入人的全面发展与自然生态环境和谐共存、良性互动的过程中去考虑。以全面发展的政绩观为指导，就要善于以经济发展带动其他各方面的发展，以经济发展支持其他各方面的发展；同时经济发展也可以在其他各方面的发展中获得非常必要的支持和新的发展空间，实现经济与社会、生态的发展良性互动。

其次，要树立协调发展的政绩观。近年来，不少地方政府行为中出现了政绩观的偏差。比如，只顾及本地区的发展而忽视更大区域范

围或区域之间的协调发展，严重者甚至以邻为壑，形成行政壁垒；只顾及某些高经济效益的部门或其所偏好的部门的发展而忽视了与其他部门之间的配套发展，严重者形成了产业结构的畸形；只顾及城市的发展而忽视农村的发展，严重者使城乡之间无论在"硬件"建设还是"软件"建设上的差距进一步拉大，城市居民与农民之间的发展条件悬殊，等等。一般而言，这种政绩观所关注的往往是强势产业、强势地区、强势群体，以为它们最体现政绩；但恰恰相反，在政府与市场的分工中，强势产业、强势地区、强势群体一般能够通过市场在资源配置中获得优先的位置，扶优是市场的功能，政府则应该为市场所不能为、不可为、不必为之所为。政府宏观经济管理职能的行使应放在对市场及其环境的协调、优化上，放在为一切地区、一切群体提供发展机会上。

最后，要树立可持续发展的政绩观。近年来，在错位的政绩观指导下，一些地方违背发展规律，热衷于上大项目，上"标志性"工程，不考虑实际条件而滥建开发区，以及较严重者搞什么形象工程，甚至"编造数字"、营造增长的"泡沫"等等。从反面看，这些都是相互攀比、急于求成、好大喜功的浮躁心态的表现，是一种短视的政绩观；从正面观察，这也往往是对"为官一任，造福一方"的片面理解；但不排除某些短视心态的背后不仅仅是一般的行政观念与水平的欠缺，而可能是一种偏重官本位的政绩观，过多考虑任期内的可迅速见效的"政绩"。树立可持续发展的政绩观，从本质上说就是要从广大人民群众的整体利益和长远利益出发，按照经济社会发展的客观规律，全面推进物质文明、政治文明和精神文明建设，努力追求经济发展、社会进步、生态环境优良、人民群众安居乐业的政绩。

随着科学发展观的深入落实，政府政绩观的转变，西北少数民族地区各级政府的绩效评估将会更加以人为本，关心人民群众的利益，维护公民的权利。从而不断提高公民权保障的水平，使西北少数民族地区各族人民生活更加幸福，社会更加和谐。

二、以保障公民权为价值取向进行政府绩效评估

在民主社会，作为一种特殊组织机构的政府，它的意志应该同公

民的意志一致，应以公民的价值目标作为唯一的价值选择，支配其决策行为，以回应或满足公民的合理合法的需要与期望。也就是说，政府在制定政策确定价值目标的时候要以公共利益为重，尽可能满足群众的需要和期望。在现代文明社会，这一价值取向也是衡量政府治理能力和行为文明的最终标准。这就要求政府在制定各项指标时，要综合反映社会发展的全面性与协调性，而不能只侧重某一方面。

我国正处在社会主义初级阶段，发展经济是政府工作的中心。因而，在政府绩效评估指标中经济指标成为衡量政府绩效的主要方面，综合来看，这种评价是符合我国国情的，也是对公民权实施保障的重要手段。但对经济指标的过分强调，也会导致 GDP 至上的局面，反过来会使政府忽视对人民群众生活的关心，忽视对公民权利保障的职责，最终导致社会的不和谐。西北少数民族地区发展经济的任务繁重，经济发展水平低下，发展经济的冲动往往会导致政府在实际工作中更加忽视对公民权的保护，因而，西北少数民族地区的政府绩效评估更有注重保障公民权利指标的必要。

政府绩效评估是对政府和公务人员实行监督的有效手段。在不同的时期、不同的条件下，其绩效评估的内容和方式都有所不同，但其宗旨必须与政府行为的价值取向相一致。我国各级政府都以"为人民服务"为宗旨，不能满足民众需求的政府必然失去合法性、权威性与可信任性。政府的价值目标要以公众需要或公共利益为标准进行选择确定，这一价值选择是与我党关于群众路线的一贯主张相符合的，也是与邓小平同志的"三个有利于"理论以及"三个代表"重要思想精神相符合的，更是贯彻以人为本的科学发展观的体现。因为，发展观与政府绩效密切相关，发展观规定着政府绩效评估的内容和方式，政府绩效实践着发展观的理论思想。科学发展观作为发展观认识的新阶段，为科学认识政府绩效提供了新的视角。①

---

① 参见楚德江、黄昕：《科学发展观：政府绩效研究的新视角》，《长百学刊》2005 年第 2 期。

三、促进评估主体的多元化

政府绩效评估的主体可以分为外部评估主体和内部评估主体。外部评估主体是指政府机关以外的评估主体，包括政党评估、国家权力机关评估和社会评估等。内部评估主体，是指政府机关自身作为评估主体，主要包括政府机关内部的自我评估和专门评估两部分。当前我国政府绩效评估的主体还比较单一，以评估对象的上级领导为主。对此为了获取有利的评估结果，各级政府及公务员更为重视上级领导的意见及其提出的评估指标。比如，为了追求"政绩"，有的政府部门大搞"献礼工程"、"民心工程"，不顾当地具体情况盲目上项目，建工程，结果给当地财政带来沉重的负担，也严重地阻碍了当地经济的发展与人民生活水平的提高，但是，负责此类项目与工程的公务员可能因为达到或超过上级领导的评估指标而得到提升或奖励，其结果是为继任者起了一个坏的诱导作用。而多元的评估主体则不仅包括评估对象的上级领导，而且包括评估对象的同级部门及组成人员，更为重要的是包括接受公共服务的社会公众。以社会公众作为评估主体，对于增加评估的真实性、科学性，促进政府管理的民主化，监督政府管理活动，提升公共服务质量具有重要意义。

促进政府绩效评估主体的多元性，客观要求建立健全政府绩效评估机制，协调各绩效评估子系统的功能和作用的发挥，减少和避免各评估主体之间的摩擦与冲突，使各绩效评估主体相互配合、相互制约，形成结构合理、功能互补、和谐统一的政府绩效评估体系。为此，要建立以社会公众为本位的政府绩效评估体系，运动员不能同时兼裁判员，异体评估更符合客观、公正、准确评估的本质要求。同时，要建立和健全自上而下、平行制约和自下而上的有机统一的评估体制。在政府绩效评估体系的整合中，必须把内部评估与外部评估结合起来，将政府内部绩效评估与党组织的评估、人大的评估及社会评估结合起来，对政府绩效实施多角度、全方位的评估，以弥补政府内部评估的不足。①

----

① 参见彭国甫：《对政府绩效评估几个基本问题的反思》，《湘潭大学学报》（哲学社会科学版）2004 年第 3 期。

四、促进政府绩效评估与转变政府职能两个方面的有机结合

有效的政府绩效评估离不开合理界定政府职能，而政府绩效评估则通过调查划分评估项目、厘清评估范围来促进政府职能的合理定位。因此，必须将政府绩效评估与转变政府职能有机结合起来，以政府绩效评估来重塑政府角色和界定其职能内容，并以合理定位的政府职能来提升政府绩效管理的水平。

从理论上看，市场机制的优势主要是能高效率地配置资源，易于激发经济主体的进取精神和创新精神，易于达成社会个别性目标，易于实现经济的结构性平衡。然而，即使是在成熟的市场经济条件下，市场机制也有其自身固有的缺陷，即所谓的"市场失灵"。无论是发达的市场经济，还是不发达的市场经济，市场失灵的大量存在，决定了政府干预的必要性。政府干预的优势主要是有利于社会进行自觉的有组织的调节，较容易达成社会公共性目标，易于使资源配置向优先目标倾斜。政府干预的这些优势构成了对市场机制的一种补充。从而使通过政府干预来弥补市场缺陷具有了可能性。

西北少数民族地区要实现经济社会的全面可持续的发展，其动力来自何处？从根本上说，这种动力只能来自西北众多的市场主体（企业和个人），而这种动力的产生又主要依靠市场机制来激发。但是，西北的市场化水平较低，市场机制相当不完善，而这恰恰说明在西北少数民族地区，政府职能既要弥补市场机制（包括成熟的市场机制）所共有的缺陷，又要弥补因市场自身发育不良而造成的特有缺陷。从某种意义上说，后者应是重点。这对政府提出了更高的要求。

实践证明，适合市场经济的精干、廉洁、高效率的政府会推动地区经济的发展；相反，低效、臃肿和腐败的政府则严重阻碍经济增长。为了更多地引进地区外、国外的资金、技术和人才，在改善投资硬环境的同时，必须完善投资软环境，而政府的廉洁高效、地方法制的完备，执法、司法的公正恰恰是软环境的核心内容。

本章小结

　　政府绩效概念的提出及其指标体系的建立为我们研究西北少数民族地区政府行为文明与公民权保障的关系提供了新的思路和方法：即政府在履行管理、服务职能中发生的投入与产出关系是可以评价、衡量和检验的。由于西北少数民族地区具有与东中部地区不同的特点，在政府绩效评估过程中就必须对民族关系、环境保护等评估指标格外重视，增加其权重值。通过比较研究，我们认为西部少数民族地区政府绩效在涉及公民权保障方面取得了巨大的成就和发展。随着我国科学发展观理论的深入贯彻和落实，西北少数民族地区各级政府绩效评估也正在发生重大变化，其基本方向就是要树立正确的政绩观，以保障公民权为价值取向进行政府绩效评估，促进评估主体的多元化，促进政府绩效评估与转变政府职能两个方面的有机结合。

第十二章　提高西北少数民族地区政府公民权保障水平的对策建议

　　提出有效和切实可行的保障西北少数民族地区公民权的对策建议是本书研究的最终归宿。虽然第五、六、七、八、九、十、十一章都涉及了公民权保障的具体制度构建和完善，但是这些内容主要是从微观层面，针对政府行为文明与公民权保障的具体指标去探讨的。本章的对策建议将从宏观层面和全局角度，以问题的共性作为研究维度，为提高西北少数民族地区政府保障公民权水平提出对策建议。

第一节　西北少数民族地区公民权保障的发展趋势

　　课题组通过问卷调查、召开座谈会、个别访谈等实地调查方法对新疆、宁夏、甘肃、青海四省区的基本状况进行了专题调查，根据我们取得的资料分析，西北少数民族地区公民权保障呈现出新的发展趋势：

　　第一，平等权上升为主要的权利需求。我国由于市场经济体制的发展和利益关系的重新调整，原有的社会平衡结构被打破，社会各阶层出现了较大分化，形成了社会优势阶层与弱势阶层之间、体制内与体制外群体之间、少数民族与汉族之间、权力阶层与非权力阶层之间的权利与义务、能力与需求之间的极大不平衡，使各群体在公民权的保障中出现明显的差异，存在严重的机会不平等，随着群体之间、行业之间、地区之间差距的过分扩大，西北少数民族地区各群体的不平等感普遍上升。有的对东西差距的制度安排提出质疑，有的对权力阶层的利益合法性提出质疑，有的对暴利阶层的利益合理性提出质疑，弱势群体利益被边缘化的情况比较严重，各社会群体站在各自的视角对平等权的实现提出了不同的诉求。

第二，公民的权利意识普遍增强。与10年前学者们的研究相比，西北少数民族地区各社会群体的权利主体意识普遍增强，维护自身公民权的主动性、积极性都较高，制度参与、非制度参与的程度都很高。从西北少数民族地区各级政府提供的公民权利诉求资料看，通过司法、政府执法渠道维权的公民占多数，同时，也有相当多的公民通过非制度的无序参与提出诉求，争取和维护自己的公民权利。与传统的公民权利意识相比，近几年来，公民对政府维护社会公平的认同感明显下降，尤其是对基层政府的信任度较低。公民对政府的归属感、依存度弱化，公民在维权中多倾向于向上诉求、向制度诉求、向法律诉求，这既是党和政府长期法制建设的结果，是西北少数民族地区政治文明发展的体现，同时也对政府的传统权威和政府本位、权力本位观念提出了挑战。这就要求政府必须加快职能改革，从政府本位转向公民本位，以实现公民权利充分保障为价值目标，引导公民权利诉求的理性表达。

第三，公民的政治权利要求普遍增强。市场经济条件下效率激励机制的确立，使利益分配呈多元化发展格局，社会各利益主体对自身权利的维护从基本生存权的保障向发展权的保障发展，从传统的自然条件的依存向制度变迁的博弈发展，从政府的权力安排向公民的主体需求发展。随着中央政府一系列保障公民权利的制度、政策的出台和实施，公民所受到的激励越来越大，公民对地方政府利益安排的现状不满，对地方政府人事安排、政务信息、政府审批、资源分配中的知情权越加重视，对政府决策的合法性、政府执法的权威性不再盲从，通过制度参与和非制度参与对公民享有的批评权、建议权、申诉权、控告权、选举权和取得国家赔偿权等的维护日渐强烈。从民族成分看，西北少数民族中回族、维吾尔族公民表现得较为突出；从社会阶层看，是各民族中新生代农牧民、农民工、退伍军人、工人等的诉求更为强烈；由于公务员、事业单位的公民多体制安排内享有较为充分的政治权利，其权利诉求处于应然的状态，但贫困地区基层政府的公务员、事业单位的公民则处于一种矛盾之中，一方面，作为体制内的成员，其权利的保障要比非体制内的农牧民、农民工好得多；另一方面，限于基层政府的经济和政治能力，其自身的权利保障在现实性上也是不充分的，对由此带来的权利不平等也并不满意。从总体来看，西北少数民族地区各族干部群众对改革以来价格双轨制与市场机制造成的东西部差距提出改变的诉求，要求中央调整分配格局、增加公共物品供给体制的要求越加强烈，要求优化西部生态建设和资源补偿机制的呼声较高。

第四，公民的权利需求呈现多层次性。长期以来，西北少数民族地区受经济资源紧约束的影响，公民权利的保障多倾向于经济方面的权利，以生存权保障为主导。改革开放以来，在国家和各级政府、公民的努力下，生存权保障问题已得到较好解决，尤其是西部大开发政策实施以来，中央不断加大对西北少数民族地区反贫困支持的力度，各级政府也组织了卓有成效的反贫困工作。各级政府逐渐认识到劳动力资源开发和劳务经济的重要性，组织了有效的劳动力转移培训，使西北少数民族地区贫困人口获取社会经济资源的能力增强。中央近年实施的以工补农、城市支援农村的各项政策，较好地解决了农牧民的负担问题，生存权保障达到了历史的最好时期。但随着经济社会的发展和公民主体意识的增强，接受了较高文化教育的新生代公民在公民权保障中主流性趋势日益显现，经济方式的多元化使得公民的层次性分化加剧，不同层次的公民对权利的保障需求不同，公民的权利需求呈现多层次性。各种权利需求之间虽然有一定的交叉性，但各社会阶层的关注焦点差异性较大。总的情况是，与公民的政治、经济地位相一致，公民的权利需求分为四个层次：（1）领导干部、高级知识分子、企业主更加关注社会稳定与政治安全，其政治、经济权利的保障水平高，但他们对东西部地区发展差距有更深刻的感受，迫切要求地区间的发展平衡。（2）普通公务员、宗教界人士、一般事业单位人员更关注平等权的实现，不同的是，宗教界人士更关注宗教活动的自由和教权的行使。普通公务员、一般事业单位人员主要是对劳动报酬和政务参与的低水平不满，当他们的权利受到损害较多的时候，便向社会寻求利益补偿。（3）农民、工人、个体工商户中除少数借助社会资源各方面权利保障较好外，大部分的生存权、发展权、平等权、受教育权、卫生保障权都处于基本保障状态，是政府需要提高保障的主要对象，他们的人数最多，维护公民权利的呼声最高。（4）各类特困群体，长期受政府和社会救助，是生存权、受教育权、劳动权等基本保障水平较低的群体。在四种群体中，有较大差异的是，前两个群体的公民责任感强，比较关注公民权保障的社会环境、政策条件，关注集体权利的维护，在分享政策资源中有优势。后两个群体在维护公民权中个体性比较突出，集体维权一般发生在信教群众和群体利益受损严重的时候。

第五，弱势群体的权利保障成为关注的热点。与全国相比，目前，西北少数民族地区聚集着国家的主要农业贫困人口。随着我国城市化进程的不断加快，大量的失地农民并没有很快融入城市社会，其中的大部分沦为城市的贫困群体。同时由于城市经济的转轨，国有企业大幅度裁员，以县域为基本活动半径的集体企业破产转型，使城市贫困群体迅速扩大，他们与残、孤、无业等人口构成城乡弱势群体。由于西北少数民族地区的经济基础薄弱，政府和社会救助能力严重不足，各项公民权利的保障都显不足，除了基本生存权有一定保障外，其他各项权利被严重边缘化，其对政府和社会发展的认同度较低，是社会不稳定因素的主要来源。这一点可以从各地提供的社会治安案件、财产性犯罪、贩毒犯罪等案件资料中得到证实。我们认为，近年来西北少数民族地区快速增长的各种犯罪活动与弱势群体的权利保障边缘化有极大关系。因此，无论从政治文明的角度还是维护社会稳定的角度，都有必要提高弱势群体的权利保障水平，尤其是对少数民族弱势群体的救助渠道要拓宽，避免其民族心理被"三种势力"所引导。

第六，现实权利的享有更受重视。西北少数民族地区的公民意识与传统的家族认同、民族认同、宗教认同、国家认同相比，国家认同已处于主导地位。但同时少数民族群众对以民族自治权为代表的民族权利高度关注，要求切实落实宪法和民族区域自治法等法律制度赋予少数民族地区的各项权利。从公民个人来说，由于政府对公民权利保障能力不足，加上制度、体制的限制，公民的法定权利与现实权利保障有较大差距，诸多法律、政策规定的公民权利在现实中并不能得以保障。我们在与县乡公务员、宗教人士、工人、农民的访谈和问卷中发现，他们对国家法律、政策中保障公民权的内容了解的比较多，满意度也很高，但对现实权利的享有不满意。我们认为，这固然与西北少数民族地区政府行为能力有关，而公民权救济渠道不畅，救济效率不高也是重要原因。

西北少数民族地区公民权发展的变化趋势从自身来看体现了西北民族社会的现代化转型，但就我国整个社会发展来看其依然无法摆脱公民权保障的"差序格局"，而这一问题恰恰是西北少数民族地区公民权保障所要解决的根本问题。我们认为，西北少数民族地区公民权保障的"差序格局"既有国家政治、经济、文化发展的梯度背景，也与民族地区发展过程的历史条件和自然生态条件紧密相关，在这种"差序格局"中，公民权保障存在着极大的条件差异和发展结构的不平衡，存在着公民应然权利与实然权利、法定权利与现实权利的冲突。要解决西北少数民族地区公民应然权利与实然权利、法定权利与现实权利的冲突，根本途径在于经济的极大发展和社会结构的现代转型。一部人权史告诉我们，每一次权利理论的重大冲突，每一次权利实现质的飞跃，无一不是经济的巨大进步所致。"国库空虚以及软弱无力的行政只能是对纸面上权利的反讽"。[①] 这可以说是通过考察西

---

① ［美］史蒂芬·霍尔姆斯、凯斯·R. 桑斯坦：《权利的成本——为什么自由依赖于税》，北京大学出版社 2004 年版，第 154 页。

北少数民族地区公民权利发展与保护历史所得出的一个基本结论。权利实现的"差序格局"的确是一个历史"铁律"。然而，我们又不能轻易地接受这一结论，进而对现实无所作为，抑或推卸政府的责任。我们的理想是实现权利保障与经济发展和社会稳定的动态平衡。

目前，我国公民权利实现的城乡差距和地区差距已经影响到国家的政治稳定和社会安全。这种错综复杂的、新型的贫富二元结构已经达到了严重的程度。数据显示，2003年城乡差距达到了新高，城市人均收入是农村人均收入的约3.5倍。如果再把城市的福利加上，把农村用于再生产的部分减去，城乡差距可能达到6—7倍。20世纪80年代到90年代初，就有人提出了所谓"梯度开发"的理论：先让沿海地区发展起来，下一个梯子到中部地区，最后到西部地区。这种理论尽管符合权利实现的"差序格局"这一历史"铁律"。然而，这种想法，第一不考虑公平问题，第二不从政治上看问题。从政治上看问题是什么意思？就是一个国家如果地区差距非常大的话，国家很容易被分裂掉，南斯拉夫就是一个例子，1990年分裂前它的地区差距达到8倍。中央在1999年做出开发西部的决定，也是基于这种宏观的政治战略上的考虑。另外两个方面是城市内部和农村内部的差距，在全国各地都十分明显，而且正急剧扩大。可见，要消除这种城乡差距，在经济层面上，"调整国民收入分配格局"、"以工业反哺农业、以城市支持农村"固然非常重要，但从公民权利层面着手，弥合经济发展和消费差距背后的权利差距，更为根本，也更为关键。生存权、发展权和受教育权等相关权利乃是现代国家公民的基本人权，在西北少数民族地区公民权利实现的当代语境中，这些权利的实现往往需要政府的积极作为，它更多对应的是政府的义务和责任。

第二节　改善公民权保障的社会经济条件

西北少数民族地区的公民权利保障，最根本的制约因素是社会经济条件的落后性，而这种受制约的状况又通过具体的社会问题展现出来。因此，要提高政府行为文明，进一步提高西北少数民族地区的公民权利保障水平，首先就要改善公民权利保障的社会经济条件。

一、加强生态环境建设

我国西北生态问题，历来已久，自然的和社会的因素交织在一起，在当代显得越加突出。干旱、风沙、盐碱、雪灾、荒漠、"三废"增多、草原退化、水资源短缺，人居环境的恶化构成了生态危机的总特征，导致西北少数民族地区自然资源开发与生态环境保护的矛盾日益突出，如何走出一条人与自然和谐的可持续发展之路，就成了衡量西北少数民族地区政府决策与政府行为文明的重要标志。需要提醒的是，西北生态问题的表现形式是自然的，而其根源则是社会的。西北少数民族地区的生态问题与不科学的开发政策、过度开发利用自然资源密切相关。西部大开发战略实施以来，国家对西北少数民族地区投入巨资进行生态重建，有效地改善了西北少数民族地区的生存环境，为整个国家的生存环境的改善做出了贡献。但客观的讲，尽管中央和西北少数民族地区各级政府做出了巨大努力，但生态危机问题依然是严重的，生态建设的任务异常繁重。目前，也出现了生态建设与当地农牧民收入减少的矛盾，青海、宁夏表现的较为突出，生态效益的长期性、间接性、全局性与经济效益的当期性、直接性、局部性不完全协调的矛盾显现。针对这种情况，我们认为当地政府要正确认识生态与公民生存权、环境权的关系，摆正公民权利局部保障与全局保障的关系，引导公民摆正权利个体保障与集体保障的关系，目前利益与长远利益的关系，通过改变生计方式、增加政府投入、提高社会保障水平逐步消除生态建设与经济建设的矛盾，实现生态效益与经济效益的同步增长，从根本上改善公民的环境权、生存权。

二、消除贫困

人类贫困主要包括收入贫困、权利贫困、人力贫困和知识贫困。收入贫困是指收入水平和支出水平低下，难以度日；权利贫困是指公民缺少基本的生存权、发展权以及各种基本权利的保障；人力贫困是指公民缺乏基本的生活能力，包括文化科普、基本营养、疾病预防的保证；知识贫困是指获取、交流、创造知识和信息能力的匮乏。贫困地区扶危济困的重点从根本上讲应是提供最必需的生存权、发展权和获得教育的权利。西北少数民族地区属欠发达地区，经济的自然依附性强，贫困问题长期困扰人们的生存与发展。西北少数民族地区的反贫困工作，工作量大，覆盖面广，制约因素多，保障能力差，工作易反复。应该说，西北少数民族地区各级政府在中央政府和社会各界的大力支持下，自20世纪80年代以来，在反贫困方面进行了卓有成效的工作，我们的问卷调查显示，西北少数民族地区的反贫困得到了社会的普遍认可。但由于西北少数民族地区成灾率高，群众脱贫的水平较低，稳定性较差，返贫率高，是中国最贫困的地区，对各级政府来说，反贫困的任务依然很重。以新疆为例，现有低收入农村牧区贫困人口约329万人，占全区农牧区人口的36.5%，主要分布在以南疆三地州为重点的塔克拉玛干沙漠干旱贫困区和以北疆天山、阿尔泰山为重点的高寒农牧贫困区。低收入人口呈集中连片的区域性分布，且多为碘缺乏病、包虫病、甲乙型肝炎等地方病、传染病多发区、高发区，严重影响人口的生活质量和健康状况。地域边远，信息闭塞，以及受不同文化背景和世俗观念的影响，这些低收入人口劳动技能和经营发展能力较弱，成为参与市场经济的弱势群体。就西北少数民族地区整体而言，目前，政府基本解决了生存权保障，绝对贫困人口已大为减少，但相对贫困人口数量庞大，反复性较强，已经脱贫的人口极易因病、因灾等重新贫困。由于历史的惯性作用，西北少数民族地区的权利贫困、人力贫困和知识贫困问题非常突出。贫困人口获取、吸收、交流知识的基本条件往往没有或很少，加之获得知识信息的能力有限，处于信息边缘状态。因此，各级政府对于反贫困的认识，不宜局限于公民温饱生活的实现，更多的关注权利贫困、人力贫困和知识贫困的解决，实现公民权利由生存权保障向发展权保障的跨越。

三、努力实现充分就业

随着经济体制的转轨和社会转型，西北少数民族地区经济发展模式和经济运行中存在的问题逐渐暴露，农村经济受自然条件和经营方式限制增收空间缩小，农牧民增收困难，农村剩余劳动力转移的压力增大，传统的以资源开发为主的工业效益下滑，企业破产增多，下岗、分流、再就业的任务重、困难多，行政、事业单位的就业容纳非常有限，私营、个体就业不稳定、待遇低，缺乏吸引力，加之城市化中农民失地失业比较突出，大学扩招后的学生就业压力加大，导致西北少数民族地区就业问题异常突出，成为影响社会稳定的主要因素之一。在新疆，就业困难已经影响到民族关系；在青海，就业困难已经影响到地方与中央企业的关系；在宁夏，社会治安中比较突出的就是流动人口和无业人员的财产性犯罪。就业是民生之本，是维护和实现社会公平，消除社会成员收入差距的根本措施。因此，政府需要加强就业技能培训，大力发展第三产业、重点扶持中小企业和鼓励自主创业，以创造更多的就业岗位，同时要建立完备的失业救济保障制度，实现对公民权利的有效保障。

四、重视城市化过程中的社会公平

　　城市化问题是伴随着现代化产生的新社会问题，在世界各地都不同程度的存在。西北少数民族地区的城市化问题，较之于东中部地区既有共性，也具有相对的特殊性。随着城市化的推进，农民失地失业问题、少数民族传统生计方式转型问题、劳动力素质问题、城市民族关系问题、工业化与环境保护问题、传统的利益格局调整问题、流动人口管理问题等，都日益尖锐的提到各级政府面前。在城市化过程中，西北少数民族地区政府要特别重视公民权利的保障，现在片面强调经济指标的比较多，忽视对利益分配关系的调整，忽视政府服务水平的提高，强调公民服从，忽视公民权利保障，使城市化的利益向少数人倾斜情况较为严重。从社会学的角度看，城市化不仅是农村人口的城市化，更重要的是农村人口社会心理的城市化，生活方式的城市化。不仅是人口数量的增加，更重要的是人口质量的提升，是社会的重大转型。我国《宪法》规定："国家保护公民的合法的收入、储蓄、房屋和其他合法财产的所有权。""中华人民共和国公民的住宅不受侵犯。"政府在城市化过程中要切实防止压低补偿标准、强制拆迁等侵犯公民权利事件的发生，保障弱势群体的利益不被边缘化。积极解决涉及社会公平的收入分配、利益调节、公民权利保障问题，努力维护和实现社会公平。

五、加强人口管理

与传统的人口问题相比，在市场经济条件下，西北少数民族地区的人口问题，主要表现在：一是劳动力转移。包括少数民族的劳动力转移，汉族劳动力迁移到少数民族地区，内地劳动力迁移到少数民族地区，以及少数民族劳动力迁移到内地。其中农村劳动力的城市化转移是西北少数民族地区劳动力流动的主要方式。伴随人口迁移的社会问题如民族关系、农民工工资和子女教育、资源分配、就业竞争等问题不断增多。二是人口数量。西北少数民族地区享受国家计划生育的优惠政策以及受传统的早婚、早育、多育观念的影响，人口增长较快，与自然、社会条件所允许的人口承载力之间形成矛盾。加上近年内地人口随劳动力转移大量进入西北少数民族地区，推动了该地区人口的增长，加剧了就业压力，弱化了政府保障能力。新疆"九五"以来每年净增人口在 30 万以上，相当于每年新增一个大县人口。由于人口的快速增长和大规模迁移，人口与经济、社会、资源、环境的矛盾依然十分突出。[1] 从人口经济密度的角度看，青海省的人口相对于承载的基本条件已属超载。[2] 三是人口质量。西北少数民族地区受自然、历史条件和经济水平的制约，人口的发展质量与内地相比有较大差距，尤其在农村和牧区。受其影响，政府实行的诸多有利于社会、经济发展的政策效益偏低，也大大增加了政府在教育、卫生等方面的投入成本。四是人口老龄化。新疆 1982—2003 年的 21 年间，60岁以上老年人口每年以 3.86% 的速度增长。有近 2/3 的老年人生活在农村，近年来大量农村青壮年流向城市，致使农村老年人口占新疆

---

[1] 参见阿不都热扎克·铁木尔：《2004—2005 新疆经济社会形势分析与预测》，新疆人民出版社 2004 年版，第 192 页。

[2] 参见严维青：《青海人口与可持续发展研究》，《西北人口》2003 年第 2 期。

农村人口的比重不断上升。由于家庭规模出现小型化的趋势，使得家庭养老功能逐步退化，农村养老问题日益突出。[1]

六、逐步缩小社会差距

西北少数民族地区的社会差距问题，一方面是历史上形成的事实上的民族差距的反映；另一方面是市场经济条件下地区差距和民族竞争力差距扩大的反映。就西北少数民族地区而言，目前存在的社会差距主要有：（1）民族差距。即西北少数民族地区的经济社会发展大大落后于东部的汉族地区，在西北地区内部，自改革开放以来，少数民族与汉族的发展差距也在拉大。如青海省汉族聚居区的经济发展水平普遍高于藏族聚居区，汉族人均收入比藏族人均收入高约 10 个百分点。[2] 这就强化了一些少数民族成员的不平衡感。（2）地区差距。主要是与东部、中部相比较存在的经济发展水平、人文指数、健康指标、发展机会等方面的差距。现在，地区差距已经引起西北地区各阶层的强烈反映。（3）城乡差距。城乡差距是世界各国现代化过程中的共同问题，但在我国城乡差距的形成与扩大，与长期推行的城乡二元化体制密切相关，这在西北少数民族地区表现尤为突出。（4）群体差距。主要包括社会结构变动中形成的城市各阶层和农村各阶层之间的差距。[3] 在西北少数民族地区，还有男性与女性的差距，这主要存在于信仰伊斯兰教和藏传佛教的少数民族当中，尤其体现在受教育权利的不平等方面。如青海是一个由汉、回、藏、土、撒拉、蒙古族等民族构成的多民族、多元文化地区，其女童教育的形势非常严峻，少数民族女童的受教育机会很少，而且这种现状又是导致新的文盲群

---

[1]　参见阿不都热扎克·铁木尔：《2004—2005 新疆经济社会形势分析与预测》，新疆人民出版社 2004 年版，第 194 页。

[2]　参见王宗礼等：《中国西北民族地区政治稳定研究》，甘肃人民出版社 1998 年版，第 12 页。

[3]　社会分层的研究，国内学者著述甚多，目前将全国分为十个阶层的观点较为流行。代表性的有马健行、顾海良的《中国市场经济体制与经济社会政治结构变化》，中共中央党校出版社 1996 年版；于建嵘的《岳村政治》，商务印书馆 2001 年版。

体产生的根源。① 这种差距对本民族发展的制约是深远的。

社会差距的扩大导致弱势群体人口急剧增加，其生活质量下降，有的威胁到生存权的保障。近年来，由分配差距引起的群体事件不断增多，在有些地区，不仅少数民族群众，而且汉族群众都有强烈反映。目前人们关注的利益关系主要集中在五个方面：（1）权力阶层与普通职工的利益关系。（2）优势阶层与一般群众的利益关系。（3）内地移民（包括投资者）与少数民族群众的利益关系。（4）垄断行业群体与一般竞争性产业群体的利益关系。（5）城市居民与农村居民（包括农民工）的利益关系。应坚持鼓励一部分地区、一部分人通过诚实劳动和合法经营先富起来，并推动先富带后富、先富帮后富。同时又要按照社会主义制度的本质要求，维护社会公平，在经济发展的基础上，通过增加公共支出、加大转移支付力度、完善社会保障制度等措施，防止收入差距过分扩大，促进收入分配相对合理，使各族群众都能享受改革开放和现代化建设的成果。

七、大力发展教育

西北少数民族地区的教育一直落后于内地汉族地区的教育，成为制约地区经济与社会发展的瓶颈，受历史上民族教育传统和习惯、经济条件等的影响，西北少数民族多不重视现代学校教育，政府也限于财力和投资效益，对少数民族地区的教育难以实现完全保障，尤其是农村、牧区的基础教育和职业教育长时期处于滞后状态，以甘青藏族地区、宁夏回族南部地区、新疆维吾尔族和田地区较为典型。② 西北少数民族多数农牧民对现代教育与其生产、生活的变化之间的关系缺乏理解，导致其在教育成本与收益的计算上，只计算了最直接的成本与收益，对教育带来的社会收益和发展能力没有计算。一般的农牧民对从小学、初中、高中、高等教育投入递增与由教育产生的机会收益

---

① 参见张海育：《青海农村基础教育现状与发展对策》，《青海民族研究》2002年第4期。

② 参见姚万禄：《西北民族农牧区教育滞后形态分析》，《科学经济社会》2006年第2期。

越大的规律缺乏了解，教育收益预期非常低。对劳动力的需求仍以体力型为主，相对于自然承载力，家庭人口抚养指数过高，人口受教育程度指数偏低，劳动力在低素质条件下过剩，其直接后果是限制了西北少数民族群众分享社会进步成果的能力。农牧民的经营模式与增收渠道是传统的种、养业，技术水平低，农牧民普遍缺乏成本意识、品质意识、效率意识和寻求发展的社会环境意识，对技术在其增收中的地位认识不够，对利用国家产业政策和市场机制增收基本处于盲目的状态。现在，西北少数民族地区政府都认识到要解决贫困问题，必须实施科技反贫困战略，而科技反贫困战略的有效实施，必须以教育的发展为基础。另外，受教育权是公民的一项基本权利，公民能否享受这项权利与政府提供的公共教育资源和教育收益机会有密切关系。随着 2005 年国家农村义务教育新体制的建立，西北少数民族地区的义务教育基本纳入公共财政体制，教育滞后的问题将会得到逐步解决。但西北少数民族地区政府、公民对教育的认识和投入仍有待提高，因为教育发展的成果，是西北少数民族地区经济跨越式发展、社会可持续发展的关键。这里强调一点，教育问题的解决，不仅是文化教育和技术教育，还要包括法律、政策教育和政治思想教育，这是发展西北少数民族地区政治权利的基础。

八、维护社会稳定

西北少数民族地区的社会稳定涉及以下方面：

1. 政治稳定

影响西北少数民族地区政治稳定的因素较多，目前来说，主要因素有民族差距、宗教问题、就业问题、分配不公、官民关系、"三股势力"干扰和地缘政治影响等。虽然因企业改革、拖欠工资、征地拆迁、执法违法等引起的群体上访事件不断发生，如宁夏 2004 年 1 月至 10 月，反映农村土地征用问题的集体上访 464 批 13687 人次。① 但这些事

---

① 资料来源：课题组 2005 年宁夏调研，由区信访办提供。

件基本属于个案处理的范围，不足以影响全局，当然，如果长期处理不好，也可能转化为政治问题。由于国家对宗教问题、"三股势力"干扰和地缘政治影响高度重视，各地方政府也做了大量工作，总体情况比较好，但就业困难，分配不公，官民关系较差对西北少数民族地区的政治不稳定有催化作用，这些社会问题的长期存在，造成少数民族地区群众对政府的认同危机，降低了政府行政管理的效率。

2. 文化安全

（1）民族分裂主义和宗教极端势力活动频繁。境内外民族分裂主义和宗教极端势力为了达到积蓄力量与我国进行长期较量的目的，始终把学校作为进行分裂破坏活动的重点，利用民族、宗教等问题向学校渗透，宗教极端组织"伊扎布特"向学校渗透情况比较严重，学校稳定工作面临的形势严峻。同时，部分地区社会和家庭宗教氛围浓厚，教职工信教和学生学经、封斋的问题依然存在。青海、新疆一些宗教管理薄弱的地方强迫信教，宗教封建特权死灰复燃。宁夏的非法宗教问题也没有得到很好的解决，少数地方仍有快速发展之势，呈现出种类派别增多、组织趋于紧密、活动转入地下等特点，入教人员也由普通百姓发展到学生、教师，甚至是党员干部。对公民宗教信仰自由权利的保障造成消极影响。（2）基层政权对社会的掌控能力有所降低。宗教快速发展，填补了农村改革开放后社会生活留下的"真空"。星罗棋布的清真寺和寺院成为群众每天礼拜、见面、交流信息、联络感情的汇集点，基层社会的宗教氛围、基层群众的宗教意识迅速增强。一些非法宗教活动和分裂主义势力乘机"借船搭车"，误导社会和群众。农村一些党的组织软弱涣散，起不到对群众行为的正确领导，一些村干部对非法宗教活动的危害性认识不到位，有畏难情绪。个别党员信念动摇竟加入了宗教。① 出现了村社党组织不敢领导、村委会不要领导的现象。（3）文化队伍理论素质偏低、政治敏锐性不强，文化分离主义倾向有所抬头。一些文化工作者在对民族文

---

① 参见阿不都热扎克·铁木尔：《2004—2005新疆经济社会形势分析与预测》，新疆人民出版社2004年版，第220、235、247页。

化的理解认识上，看个性多、看共性少，看传统多、看发展少，看继承多、看创新少，看差异多、看融合少。他们保持民族特色的愿望比较强烈，但相互学习的能力和愿望显得不足。有时，为了强调民族文化的所谓纯粹性，甚至陷入文化上的排他主义、分离主义。被民族分裂主义分子所利用。

3. 生产安全

生产安全监管不力，如 2003 年 1—11 月，宁夏共发生道路交通事故、工业企业事故、煤矿事故、火灾事故，各类伤亡事故 7636 起，死亡 956 人，受伤 4007 人，直接经济损失 2798.9 万元。① 安全生产工作"落实不下去，严不起来"。县（区）、乡（镇）、村对党中央、国务院有关安全生产的指标和文件贯彻执行不力，一些地区和单位不能正确处理安全生产与发展地方经济的关系，安全生产责任制流于形式，对非公有制小企业监管不到位，专项治理工作存在死角，对不具备安全生产条件，存在重大隐患的企业和生产经营单位该整顿的没有整顿，该关闭的没有关闭。非法开采，违法违规生产经营现象严重。小企业特别是非公有制小企业安全生产条件差，是造成生产事故多发的主要因素。各类伤亡事故，78% 集中在中小企业。有的小企业甚至"要钱不要命"，根本不进行安全投入，事故隐患大量存在。安全监管力量"层层衰减"的状况没有彻底改变。

4. 社会治安

刑事犯罪呈现出职业化、智能化、低龄化的趋势。绑架犯罪、黑恶势力犯罪和毒品犯罪等有组织的职业化犯罪不断发生，如 2004 年 1—9 月，新疆维吾尔自治区共立刑事案件 8.1 万余件，同比上升了 41.2%，其中杀人、伤害、绑架、抢劫、强奸等恶性刑事犯罪呈不断上升趋势。② 青海化隆县制贩枪支犯罪，宁夏同心地区的贩毒犯罪、银川的财产性犯罪，都有典型性。近年西北少数民族地区各级政府加大了建设平安西北的力度，保障公民的生命权、财产权不受侵害，但

---

① 资料来源：课题组 2005 年宁夏调研，由区政府办公室提供。
② 资料来源：课题组 2005 年宁夏调研，由区政府办公室提供。

面临的形势依然严峻。

第三节　健全公民权保障的制度体系

一、强化社会保障功能

　　社会保障体系不健全，没有建立起覆盖所有公民的社会保障机制，是当前西北少数民族地区公民权保障方面的一个突出问题。比如，按制度规定，养老保险范围应包括城镇所有各类型企业职工。而实际上除国有企业基本参保外，集体企业、外商投资企业、私营企业和乡镇企业等，绝大部分仍未纳入失业保险范围。西北少数民族地区的失业保险参保推广难，工作进展缓慢。一是部分国有企业在改制过程中，陆续中断缴费或直接退出参保行列，而国有农林水牧渔等企业受其生产的特殊性影响至今不愿参加失业保险；二是集体企业经济效益普遍较差，无力参保缴费；三是外商投资企业和私营企业在认识上有较大差距，不愿参保，加之其从业人员流动性较大，劳动合同不规范，制约了私营企业的参保。为确保养老金按时足额发放，只能挤用个人账户基金平衡收支缺口，养老保险个人账户被迫空账运行。[①] 而非公有制企业职工的失业率远远高于国有企业，这种有风险无保障的现象严重制约着非公有制经济发展。另外，现行的社会保险基金制度缺乏法律上的强制征缴手段，出现随意减免和协议缴费等不规范做法。企业对社会保险有片面认识，采取抵触情绪，少报、瞒报缴费基数和虚报参保职工年龄等，造成逃费、避费行为屡禁不止。鉴于上述情况，我们建议：

　　1. 改变社会保障中强单位、弱社会的格局

　　建立起覆盖所有企业职工的保障机制，即不分所有制形式把企业职工都纳入公共社会保障体系。对在城市有稳定工作的农民工及时改变身份，使农民工从经济意义上的城市居民转变为社会和法律意义上的城市居民。把农民工纳入城市社会保障体系。

---

　　① 参见张万寿等：《2003—2004 年宁夏经济社会形势分析与预测》，宁夏人民出版社 2004 年版，第 316、323 页。

2. 完全废除户籍制度中限制劳动力流动的规定

在改革户籍制度的同时，要尽快剥离附着在户籍制度上的城乡不平等，给城乡居民以同等的社会地位和平等的发展机会。破除在二元结构下对农民的各种不平等待遇，使农村居民和农村各类经济主体都能拥有平等的权利义务和发展机会。

二、强化弱势群体保障

社会结构变动是西北少数民族地区弱势群体形成的主要原因。社会结构变动，包括城市和农村两个方面，弱势群体的形成与城乡改革是同步的。

一是加强城市经济体制的改革。由于城市经济体制改革的不断深化，我国的产业结构、所有制结构都发生了很大变化，国有企业通过产权改革大多实行了公司制，企业自主权、经营机制都不同于传统的全民所有制企业，这些都使得工人阶级内部以及附于工人阶级的各阶层发生了分化。铁饭碗变为合同制，一些人由在职工人转变为失业工人；随着城市人口的老龄化，一些人又成为退休人员；随着新的经济形式的出现，一些人由企业的主人变为雇佣工人，一些却成为企业主，还有一些人成为个体经营者和服务性工作人员。企业主阶层、退休人员、失业者阶层逐步形成，国有企业、集体企业在经营机制转换和企业制度创新的过程中，出现了大量的富余职工。其中，失业者多成了弱势群体。如青海在国有企业改制中，部分下岗职工被"一次性安置"，与企业解除了劳动关系，其中有40%的人员并没有真正实现就业。中小企业发展缓慢，无法吸纳更多的劳动力就业，使大量的劳动力涌到社会上。

二是推进行政机构改革。行政管理者分化出来的人员去向有三个：一个是开发第三产业，从事服务性工作；二是有一技之长的科技人员到企业发挥专长；三是自寻出路。其社会地位变化较大，大部分社会地位下降。西北少数民族地区不同于东部发达地区，从行政管理者分化出来的人员随着原有政治、社会资源的失去，经济收入减少，社会地位下降。

三是个体户、私营企业发展。长期以来，西北少数民族地区的个体户、私营企业发育迟、发展慢，数量少。随着西部大开发政策的实施和各地政府观念的转变，投资环境的改善，东部经济结构的调整，西北少数民族地区的私营企业发展较快，对当地的社会结构变动影响极大。从经济学的角度看，个体和私营企业的社会效益是显著的，首先是为社会创造了大量物质财富，有些县市，个体私营企业的纳税已成为财政收入的主要来源。其次个体私营企业的存在与发展提高了生产诸要素的利用率。就业机会的增加大大减少了社会的不安定因素。个体私营企业也提高了社会上闲散资金的利用率。加速了第三产业的发展，改善了西北少数民族地区的产业结构，如餐饮业、建筑业、各类服务业。从政治发展的角度看，个体和私营企业在为政治发展提供物质基础的同时，亦可能对政治生活产生消极影响。例如，有些经营行为不规范，企业主不理会国家的有关法律、法规，损害国家法律权威；为图暴利拉拢腐蚀政府官员，助长了政治腐败，损害了政府形象。从公民权利保障的角度看，一方面，个体户、私营企业的发展，带动了西北少数民族地区的经济增长，为当地政府提供了税收，增强了财政保障能力，也提供了就业机会，对当地群众改善生存状况、提高生活质量有较大帮助；另一方面，由于其内部完全是以营利为目的经营，存在着工资待遇低，劳动纠纷较多。劳动时间长，无限制地加班加点，福利待遇极低甚至没有，侵害公民劳动权利和健康权利的现象严重。相对于企业主，雇工阶层处于明显的弱势地位。

四是农村分化的结果。农村经营体制的改革，解放和发展了农业生产力，为农民的流动和分化提供了机遇和条件，使大批的农民能够从土地上解放出来，开始从事工商业、采矿业、建筑业、运输业以及其他非农职业，农民的职业由单一性变为多样化。农民由单一的乡村集体劳动者阶层转变为产业工人、个体劳动者、私营企业主等多种阶层。① 以职业划分为标准，目前农民形成了四大分化趋势：（1）基本上从事农业劳动的纯农者；（2）以农为主的兼业农民；（3）以非农

---

① 参见马健行、顾海良：《中国市场经济体制与经济社会政治结构变化》，中共中央党校出版社1996年版，第215页。

业为主的兼业农民；（4）基本上不从事农业劳动的农民。农业劳动者阶层又可分为四个层次：一是贫困型农业劳动者；二是温饱型农业劳动者；三是富裕型农业劳动者；四是小康型农业劳动者。前两个阶层人数多，但事实上又基本属于弱势阶层。在西北少数民族地区，四个阶层的农民具有很强的地域性。如新疆，沿天山一线，以北疆为主，各主要农业区多为富裕型和小康型农业劳动者；宁夏平原和郊区农民也多为小康型农业劳动者；而在自然条件恶劣的新疆南疆三州，以和田地区为最，多为贫困型和温饱型农业劳动者。宁夏南部山区、青海海西、甘肃南部地区也大体如此。所以对农民权利的保障重点是不同的，对富裕型、小康型农业劳动者来说，主要是发展权和平等权的维护，对贫困型和温饱型农业劳动者来说，基本的仍是生存权的维护。

按照政府行为文明的指标体系，强化弱势群体的公民权利保障是西北少数民族地区各级政府的重要职责。目前，就西北少数民族地区来说，弱势群体中，有三类是必须高度关注的：

一是老、弱、病、残的体质型、功能型弱势群体。这些人多集中在农村地区，亟须政府的大力投入，把他们由家庭生存保障变为社会生存保障，提高社会救济的水平，改善其生存的条件。地方政府应将他们纳入国家最低生活保障和农村新型合作医疗体系建设中。现在从中央、省、自治区政府的决策层面上，已经有了救助政策，关键是基层政府的落实环节多未进入实质性工作。老、弱、病、残的体质型、功能型弱势群体的特点是就业能力差或丧失就业能力，因此，政府对这些群体的救助应以经济救助为主。

二是农民工流动群体。从政策层面上，其权利的保障是有法可依的，但在执行层面，各级政府对其权利的保障是不充分的。一方面是政府对其权利保障的监管力度不够，既存在监管意识不强的问题，也存在监管能力不足的问题。农民工的流动性增加了政府的监管难度，但政府工作人员对农民工维权重视程度不够，倾向于重视企业主、单位、社会其他优势群体的利益诉求，无论从政府利益还是个人利益来讲，企业主、单位、社会其他优势群体与政府易于达成一致目标，政府的支出成本较少。而维护农民工利益，政府的支出成本非常高，政府往往为了降低成本放弃对农民工权利的维护。另一方面是政府对其权利保障的执法力度不够。目前，侵害农民工权益的主要群体是各类企业，政府往往迫于财税收入压力，对企业和企业主的侵权行为缺乏约束。另外，政府对其权利保障的服务力度不够。由于农民工群体的权利损害主要是在劳动过程和社会事务的参与过程中，所以，政府对其权利保障的重点应放在劳动权利和社会参与、受教育权等方面。

三是城市的失业者、最低生活保障群体。这些弱势群体，在公民权利的保障方面极不稳定，地区差异性很大。西北少数民族地区财政收入较好的市、县对国家的相关政策落实较好，而财政收入较差的市、县对国家的相关政策落实时好时差，上级政府重视抓一下，下级政府就落实一下，在一些地方存在减扣和挪用。由于西北少数民族地区贫困面大，大部分县、乡基层政府正常运转非常困难，加之县乡基层社区建设和管理落后，政策信息不对称，政府救助渠道不畅，政府对这些弱势群体的救助缺乏长效机制。因此，西北少数民族地区政府应多渠道筹集资金，多种方式展开救助，建立对弱势群体救助的长效机制，从就业、生活、医疗、教育等多方面展开救助。更重要的是坚决实施最低工资保障制度，优化弱势群体就业环境，提高弱势群体就业水平，增强自我保障能力。

三、完善农村医疗体系

公共卫生是人们生存和发展的基本要求，也是现代公民应当享有的最基本的公共物品。农村卫生资源偏少，医疗体系不健全，是一个全国性的问题，集中体现在农村医疗卫生设施相当落后，医疗水平较低；现有医疗机构的医疗价格和医药价格收费过高，远远超过了广大农民的承受能力。在西北少数民族地区，问题更为突出。由于农村的合作医疗体系依赖于乡镇、村等集体经济，而西北地区乡镇财政能力较弱，使得合作医疗体系基本名存实亡，90%的农牧民没有公共医疗体系保障。由于西北少数民族农牧区贫困面大，贫困人数多，返贫人口中因病致贫的又有较高比例，建设好农村医疗体系，为公民的健康权保障提供最基本的资源供给，意义十分重大。

目前，西北少数民族地区的卫生资源分布极不平衡。以新疆为例，全区卫生资源主要集中在北疆的各大城市，南疆偏远的农村卫生资源极其缺乏。农村的医疗保障覆盖面非常低，目前农民自付医疗费在90%上下，许多农民因付不起医疗费而有病不敢求医，身体和劳动能力状况更加恶化，成为制约农民脱贫致富的重要因素。

西北少数民族地区普遍存在农村医疗卫生机构房屋建设资金不足，医疗设备短缺的情况。以新疆为例，全区乡镇卫生院中39个无医疗业务用房，危房面积大约为10万多平方米；2/3以上的村卫生室没有房屋。农村卫生技术人员队伍质量偏低，乡镇卫生院初级医师（士）占73.8%，无职称人员占26.2%。村级绝大多数卫生技术人员未获得执业助理医师或职业医师资格。妇幼保健水平低，孕产妇死亡率居全国第二，新生儿破伤风至今没有消除。传染病防治形势依然十分严峻，艾滋病、鼠疫、霍乱、结核病、肝炎、碘缺乏病等重大传染病疫情威胁严重。在对付突发公共卫生事件上表现为应对能力比较差，没有应急预案和灵敏的监测网络，缺乏公开透明的报告、预警机制，资源的条块分割没有形成合力，缺乏应急医疗队伍。[①] 宁夏农村也是因贫致病，因病返贫现象日益突出。宁夏南部山区19.5%的贫困家庭是因为家中有人长期患重病。农村缺乏医疗保障，65%的农村患者有病住不起医院，33%的患者应就诊而未就诊。农村贫困人口中，有50%左右是因病致贫或因病返贫。[②] 青海由于自然地理条件在西北少数民族地区中最差，医疗卫生情况还不及新疆和宁夏。

针对这些情况，应以农村为重点，将农牧民纳入公共卫生保障体系，切实保障农牧民的健康权。由于历史上在农村公共卫生基础设施建设方面投入少，欠账多，导致农村居民享有的卫生资源太少，现在，应在公共财政体制框架下，加大对农村公共卫生建设的投入。以

---

① 参见阿不都热扎克·铁木尔：《2004—2005新疆经济社会形势分析与预测》，新疆人民出版社2004年版，第46页。

② 参见张万寿等：《2003—2004年宁夏经济社会形势分析与预测》，宁夏人民出版社2004年版，第336页。

农村防疫、妇女儿童保健、重大疾病救治为突破口，增加中央和地方财政投入。政府应加大卫生、计划生育等"软件"的投资，以尽快解决少数民族群众获取基本卫生健康知识困难的局面。在政策中更多地体现他们的基本权利。实行以"生育保健、医疗卫生、生活基础设施"为基本内容的关怀政策。要增加生育保健和计划生育投入，帮助建立生育保健服务网络，集中解决婴幼儿、产妇和优生优育等方面的突出问题。加大农牧区人畜饮水工程建设力度，提高农牧民生活和畜禽饮用水的质量标准，维护健康水平。加大生态环境的治理力度，以改善西北民族地区公民的生存环境。改善牧区群众的饮食结构。引导牧民群众摄入富含维生素、植物性蛋白、人体必需的微量元素的谷类、蔬菜、瓜果等食物，保证身体对各类营养物质的均衡需要。强化卫生意识，减少各种传染病和人畜共患病的发生。[①]

四、创新农村保障体系

1. 农村社会保障建设中的补贴资金应采取多元化方式

除个人缴纳外，可建立稳定的农村社会保险经费，其来源包括地方政府划拨的专项经费、上级财政对经济欠发达地区给予的适当补贴、设立专项公益金、筹措一定的社会捐助资金等。

2. 建立农村最低生活保障制度，满足农民需求中最基本的公共物品，维护农民生存权利

最低生活保障制度也是目前世界大多数市场经济国家普遍实行的以保障全体公民基本生存权利为目的的社会救助制度，从而使"低保金制度"成为整个社会保障体系中一道"兜底"的保障项目，成为整个社会保障体系中的最后一道防线和安全网。

3. 完善农村养老制度

由于城市化加快，农村人口流向城市，农村人口老龄化的进程也明显加快，农村原来以集体经济为基础的养老保障体系，已不适应发

---

① 参见李宗植：《民族地区贫困的地缘经济思考》，《中央民族大学学报》（哲学社会科学版）2002 年第 6 期。

展需要，这一点在新疆非常明显。因此，要坚持"农民自我保障为主，集体补助为辅，国家予以扶持"的保障原则。解决好农村养老问题，可以采取以个人账户为主的储蓄积累保险方法，坚持自愿参加与政策鼓励相结合的政策措施，坚持社会养老保险与家庭养老保障相结合的制度。

4. 完善农村基本的救济制度

我国农村救济体制的基本框架是在计划经济时期形成的，主要存在以下问题：一是救济标准偏低，无法满足当前的生活需要；二是救济款项不能按时发放；三是界定救济对象很困难，新的优抚对象很难进入救济范围。因此，要通过创新，形成个人、政府、社会多方面的救济款筹集渠道，满足农村贫困群体多层次的救济需求。从我国的实际情况出发，农村社会救济重点是要对遭受严重自然灾害后的农村灾民进行生活救济，对农村贫困人口的生活救济。中央和地方各级政府应该增加对农村贫困群体的社会救助投入，使农村贫困群体的基本生活得到保障。

五、充分运用民族区域自治制度赋予的权力

民族区域自治制度是我国的一项基本政治制度，它对促进西北少数民族地区政治、经济和社会文化发展有着重要的制度保障作用。但我们在调查中发现，西北少数民族地区各级政府在运用自治权方面等靠思想严重，运用政策不活，制度创新不够。消除西北少数民族地区差序性发展格局的一个重要方面就是西北各级政府要进一步贯彻落实民族区域自治制度，保障民族自治地方的自治权利，要把自治权用好用活，按照邓小平讲的，只要符合"三个有利于"，就要大胆地闯，大胆地试。作为上级国家机关要把保障民族自治地方充分行使自治权当成自己应尽的法律义务。西北少数民族地区政府要在以下三个方面充分运用自治权：

1. 充分运用经济发展的自治权，促进西北少数民族地区经济的跨越式发展

根据自治法的有关规定，自治地方应特别注意以下四点：一是根据本地经济发展的特点和资源优势，合理调整生产关系和经济结构。

特别要注意支持发展特色优势产业，比如畜牧业、草产业、畜产品加工业、旅游业、民族医药业和各种服务业等，努力实现优势产品的多次转化增值，提高商品率，促进区域经济加快发展。二是大力鼓励、积极引导非公有制经济健康发展。西北民族自治地方应当把发展非公有制经济作为加快本地区经济发展的一项基本措施，制定一定的优惠政策，放手发展非公有制经济，不限比例、规模、形式，使非公有制经济成分迅速成为少数民族地区重要的经济支柱。三是合理利用各种资源，切实抓好生态环境的保护和建设。现在，西北地区生态系统已十分脆弱，逐渐难以承受人口膨胀和经济快速发展的压力。因此，必须把合理利用资源，加强生态环境的保护和建设视为与加快经济发展同等重要的事情来抓。一方面，要依法管理和保护本地的自然资源，合理开发利用，加大环境保护的执法力度；另一方面，要拓宽融资渠道，加大环境保护的投入。四是积极开展对外贸易。西北少数民族地区独特的区位优势，为开展对外贸易提供了得天独厚的良好条件。现在，我国与周边国家的关系是历史上最好的时期之一，要抓住这个难得的历史机遇，大力发展包括边境贸易在内的对外经济交往与合作。要把开发西部和复兴丝绸之路，与开拓整个中亚的国际资源和市场结合起来，真正做到用好两个资源、开拓两个市场。

2. 充分运用培养和吸引人才的自治权，为西北少数民族地区的可持续发展奠定人才基础

当今世界，国家间综合国力的较量与竞争日趋激烈。这种竞争，说到底是人才数量和质量的竞争，也是人才成长和发挥作用机制的竞争。人才是一个国家和民族经济社会发展最重要的战略资源。现在，许多大国都在制定和实施 21 世纪的人才战略，谁能培养和吸引适应发展需要的人才，谁就能在竞争中立于不败之地。实施西部大开发战略，关键在于继续大力培养一支高素质的人才队伍。现在的突出问题是，西北少数民族地区人才拥有量比较少，队伍的专业结构和知识结构以及思想观念与实施西部大开发战略的需要都还有很大的差距；西北地区的人才留不住，进不来，"孔雀东南飞"的现象没有改变。

存在这些问题，根本原因在于民族地区经济发展还比较缓慢，培

养和吸引人才的投入不足，但是，知识分子政策落实不够好、待遇低、使用不当、外部的经济利益牵动等也是不可忽视的因素。这些问题得不到解决，将会影响西部开发的进程。民族区域自治法规定，民族自治地方自治机关"采取各种措施从当地民族中大量培养各级干部、各种科学技术、经营管理等专业人才和技术工人"，"可以采取特殊措施，优待、鼓励各种专业人员参加自治地方各项建设工作"。在西部大开发中，中央应当制定统一的人才政策，鼓励东部地区和中部地区的各类人才到西部工作，同时，西北少数民族地区，特别是民族自治地方更应该依照自治法的规定，制定相应的政策措施，大力培养本地人才，积极吸引外地人才。特别是要大力培养和选拔少数民族干部和专业技术人才。西北民族人才政策中，体现"事业留人、感情留人、待遇留人"的精神尤为重要。尽管西北少数民族地区没有像东部那样的优厚待遇，但是积极创造一种有利于人才成长、充分发挥才干的机制和环境还是可以做到的。

3. 充分运用发展科技教育事业的自治权，促进西北少数民族地区科技教育的发展，推动科技创新

少数民族和民族地区经济发展滞后，除了历史的、自然的原因外，根本原因是教育事业发展较慢、劳动力素质不高、科技贡献率不足。实施科教兴国战略是加快民族自治地方发展的必由之路。西北少数民族地区必须摒弃低水平的重复和模仿，依靠先进的科技和发达的教育，使经济活动由主要依靠粗放型的生产方式，转到主要依靠科技进步和提高劳动者素质上来，转到以提高效益为中心的轨道上来。科技进步和经济振兴的基础在教育。民族区域自治法对发展自治地方的科学技术和教育事业做了明确而具体的规定。当前首先需要解决的突出问题，是加速普及九年义务教育，要让各民族的孩子都能有学上，都能上得起学，否则，提高全民族素质只能是一句空话。现在很多地方连"普六"都很难实现，这里面的重要原因是教育经费严重不足。鉴于西北民族自治地方教育落后和财政困难的实际情况，根据民族区域自治法的规定，国家应加大对民族自治地方的教育投入。同时，西北民族自治地方要积极探索适应本地实际的办学机制和办学模式，优

化配置和充分利用民族地区现有教育资源，鼓励和提倡多种方式的联合办学，逐步形成政府办学为主与社会各界参与办学相结合的新体制。

第四节　提高西北少数民族地区基层政府公共服务能力

从西北少数民族地区政府行为过程和行为选择看，政府对公民权利的保障，往往因政府财政能力的不足而有名无实。这种情况主要集中反映在基层政府的行为中，因此，要加强基层政府提高对公民权利保障的水平，关键是提高政府的公共财政支付能力。目前，西北少数民族基层政府能力建设中，服务能力、利益综合能力、协调能力、分配能力明显跟不上时代需要，在由管理型政府向服务型政府转型的过程中，面对市场经济形势下利益群体的不同要求，调控能力严重不足。如宁夏南部地区的一些县社会治安的恶化，与政府的消极作为和财政能力不足有极大关系。法治政府变成了罚款政府，以罚代法。另一个比较突出的问题是，西北少数民族地区资源相对丰裕的县区、乡镇，其政府财力被部门利益、官员利益分割的情况较多，很多部门、官员与民争利，造成群体事件，弱化了政府统筹能力建设。就西北少数民族地区整体而言，由于其内生资源生长的不足和社会资源输入的短缺，使得这些地区的基层政府以维持政府正常运转为最高目标，社会所需要的公共服务因财政能力的不足而很少提供。因此，改善财政结构，提高基层政府公共服务能力是西北少数民族地区基层政府能力建设的当务之急。

一、建立统筹的县、乡公共财政体制，提高政府对公共产品的供给能力

在现行的分税制体制下，基层政府缺少与实行自身职能相匹配的财政收入。收入来源稳定、税源集中、增收潜力较大的税种，都列为中央固定收入或中央与地方共享收入，而留给地方的几乎都是收入不稳、税源分散、征管难度大、征收成本高的中小税种，导致地方财政收入下降，尤其是经济不发达地区的乡镇财政，基本上不具备为本辖

区提供公共物品和公共服务的能力。财政困难在西北少数民族地区具有普遍性，多数基层政府面临巨大财政压力，各级政府把财力培育作为政府经济行为的头等大事，通常情况下，这是完全可以理解的，财力培育的状况决定了政府运行的能力和提供公共物品的水平。但西北少数民族地区基层政府的财力培育面临诸多困难。第一，财源一般都不丰富，增财渠道比较少，国家进行农村税费改革后，一些地方的财源基本宣告枯竭。新疆绝大多数市县财政不能自给，青海一些县乡无法运转，宁夏南部地区在转移支付的情况下，财政依然困难。新疆"和田地方财政收入 1.66 亿元，地方财政支出 16.18 亿元，财政自给率 10%"。新疆喀什地区 8 个贫困县的平均财政自给率仅为 13%，其中塔什库尔干县最为困难，只有 5%。喀什地区仍有 219 个行政村不通公路，134 个村不通电，132 个村不通电话。新疆 2000 年全区 9227 个行政村中，没有集体经营收益的村 2661 个，占 28.9%，入不敷出的村 1579 个，占 17.1%。①

　　第二，财源建设与经济发展的矛盾较多，费多税少，财政资源流失严重，财政资源被部门所分割。财政支出的"越位"和"缺位"并存，财政短缺与浪费并存。一方面，表现在财政支出上的大包大揽，财政支出的增长速度大大超过财政收入的增长速度；另一方面，财政支出却远远不能满足日益增长的公共需求。集中表现在：行政机关经费支出膨胀，大量挤占了急需的公共支出项目；科技、教育、社保等法定支出虽有增加，但无法保证需要；经济建设支出居高不下，但基础性建设投资严重不足，基层财政负债运行和纳税人负担沉重并存。非正常开支庞大，车辆费、会议费、招待费挤占教育投入、职工工资的情况突出。专款不专用，资金使用中被截留、挪用、挤占等问题时有发生，有些贫困地区将上级拨付的专款用于消费性支出，如公职人员的工资发放，甚至用于盖办公大楼或购买高级轿车；专项资金多头管理，使用效率低下的现象非常普遍。在转移支付构成中，为保

---

　　① 参见新疆维吾尔自治区发展改革委员会：《2004 年新疆以工代赈资料汇编》，第 108、115、41 页。

持地方既得利益的税收返还及补助的数额偏大,真正用于缩小地区经济发展差距的数额又偏小,对于缩小地区差距没有实际意义。由于政府间的事权划分不清、职能交叉和职能滞后现象突出,相当一部分转移支付是通过专项补助的形式进行的,而补助量的多少并没有以明确和严格的事权为依据,不可避免地造成拨款的随意性。在现行的分税制体制下,各级政府为了确保本级财政,采取了上级政府层层集中财力的做法,导致乡镇财政成为最弱的一级财政。以致财政特别困难的县乡之间的财政关系最为紧张。由于县、乡财政极度困难,出现了县与乡争利、乡与村争利、政府与民争利的普遍化。由于西北少数民族地区地域广阔,城乡经济、区域经济发展极不平衡;在长期的二元社会结构下,农村贫困,农业落后,靠自身的能力很难走出财政贫困,县乡两级财政尤其是乡镇财政贫困非常严重,迫切需要国家财政予以扶持。对此,我们认为应该建立县乡统筹的财政体制,通过国家和地方财政的利益分配,加大中央财政支持力度,使西北少数民族地区县乡财政基本到达全国平均水平,一方面缩小与东部地区县乡财政水平的差距;另一方面满足西北少数民族地区县乡财政的公共支出需要,提高政府公共服务能力。

二、化解乡镇债务,保障对贫困乡镇的公共物品输入

根据我们的调查,西北少数民族地区的乡镇负债情况非常严重:

——新疆维吾尔自治区乡镇负债状况。截至2004年年底,新疆维吾尔自治区乡镇负债20亿元,乡均负债240万元。其乡镇负债的特点:一是教育负债越来越多。根据我们对其乡镇负债的调查,有些乡镇负债的构成中,教育负债占了20%以上。二是拖欠和挪用资金日益严重。主要有拖欠工程队的款项、拖欠公务人员的工资,特别是教师的工资,挪用上级政府的专项资金等。三是拖欠企业和个人的资金越来越多,利息负担越来越重。[1]

①　参见新疆维吾尔自治区发展改革委员会:《2004年新疆以工代赈资料汇编》,第108、115页。

　　——青海省乡镇负债状况。青海省共有 439 个乡镇，2000 年建立了乡镇财政所的有 272 个，占全省乡镇总数的 62%。其中有 131 个出现赤字，当年账面赤字总额达 1072 万元。这还没有涵盖这些乡镇的全部赤字，因为一方面许多乡镇与县的财政分配体制并没有划分明确，有些赤字没有在乡镇本级体现，而是反映在县级财政中。截至 2000 年年底，乡镇财政形成的缺口累计达 1.6 亿元，平均每个乡镇达 58.8 万元。①

　　——宁夏回族自治区乡镇负债状况。据新华网宁夏频道 2004 年 9 月 29 日报道，宁夏农牧厅统计，截至 2002 年年底，宁夏全区乡村两级债务总额达 75124.9 元，乡均 137.2 万元。2003 年以来，宁夏在全区范围内开展了一场大规模的乡镇行政区划调整，将原来的 312 个乡镇撤减 185 个，撤减比例高达 40% 以上。撤乡并镇后，原来的两三个乡镇合并为一个乡镇，债务也随之合并，现在有的乡镇债务高达一千多万元，五六百万元的非常普遍，该省的中宁县乡均负债高达 617.1 万元。2004 年《宁夏农村基层政权建设情况报告》称"全区 188 个乡镇负债的占 80% 以上，负债的村占 60% 以上。由于乡村负债累累，无力帮助村上兴办公益事业，无力支持村民从事经济活动和丰富文化生活"。

　　西北少数民族地区乡镇负债的特点是，"负债面广，几乎乡乡负债"。"乡镇教育等社会性债务比较严重。""乡镇政权作为最基层的一级政府，其承担的任务和其所能支配的财力相差悬殊，乡镇政府在基础教育和基础设施方面支出较多，一般占乡镇财政支出的 80% 左右。""乡镇财政捉襟见肘，只好借贷、集资，致使债务越背越重。""乡镇政府必保支出欠款逐年增加，拖欠工资的问题仍然严重。"② 乡镇负债较多的情况表明，公共物品提供能力不足主要在乡镇一级，因此，把乡镇公共物品的提供建立在公共财政的基础上，是提高基层政府行为能

---

　　① 参见中国西部地区乡镇负债问题研究课题组：《乡镇财政赤字与债务研究报告》，《经济研究资料》2002 年第 78 期。
　　② 张秀英、刘金玲：《中国西部地区乡镇负债问题研究》，人民出版社 2004 年版，第 65 页。

力的关键。根据我们的调查，公共物品短缺，主要是在乡村社会，就是说从需求和供给两方面看，解决问题的重点都应该在乡镇政府一级。

乡镇债务的问题在乡镇，但也与中央政府及地方各级政府制定的不适当的政策与体制有关。因此，中央政府和省（区）、市政府也必须承担一定的责任。对此应该建立国家债务清偿机制，对体制问题导致的乡镇债务通过国家债务清偿机制给予解决，特别是乡镇政府在提供公共服务时所欠的债务，其主要是基本农田水利建设、县乡村道路改造、草场建设、人畜饮水工程、小流域治理及移民搬迁试点工程等几个方面。在化解乡镇债务矛盾的同时，更重要的是按照统筹城乡经济社会发展的战略与思路，给农业平等的发展机会，以推动农业产业化、农村工业化和城市化的发展。只有这样，才能从根本上改变乡村资源不足，政府对公民权利保障不力的局面。

三、转变政府职能，强化县乡基层政府公共服务职能

现代政府理论认为，政府职能转变的内容主要包括三个方面：一是政府权力结构的转移。随着市场的完善和社会自主性的加强，政府应该将一些具体的、专业性的、微观的社会管理权力转移给市场、企业、中介机构等社会组织来行使，中央政府也要将有关地方事务的具体管理权力转移给地方政府行使；二是政府职能行使方式的转变。政府要逐渐地从微观监督和控制向宏观管理转变，从直接管理向间接管理转变，从通过行政手段向综合运用法律、经济以及必要的行政手段转变；三是强化政府的社会保障职能和公共服务职能。从目前的情况看，西北少数民族地区政府职能转变在不同程度地进行，其中政府的社会保障职能和公共服务职能受各方面的制约，不能很好的发挥。尤其是县乡政府社会保障和公共服务职能非常弱，而这与公民权利的保障最为直接，涉及人数又最多，因此，强化县乡基层政府公共服务职能，提高县乡基层政府公共服务水平，是西北少数民族地区政府的工作重心之一。

由于我国实行非均衡农村公共物品供给制度，城市与农村公共物品供给不平等。城市居民享受着优越的市政设施条件、发达的交通、

整洁的环境、完备的基础教育，而国家对于农村的基础设施建设、教育、医疗卫生等方面的供给却大大低于城市，多数农民享受不到诸如供水、供气、路灯、公共汽车、公共卫生防疫、污水处理、美化环境等公共物品的消费。即使是低水平的公共物品供给，其成本还主要是由包括乡镇政府在内的农村基层政府承担。农村各地区之间公共物品供给也呈现非均衡性。经济繁荣、市场发达、地方财源丰裕或乡镇集体企业效益较好的一些地区，地方政府或村集体组织有财力提供较多的公共物品；而其他资源条件落后、交通不便、底子较差的地区，公共物品的供给则呈现明显短缺的态势。西北少数民族大部分地区，地方政府财政赤字严重，谈不上提供其他公共物品。乡镇政府取得的转移支付数额很少，加之制度外供给占主要地位，县乡政府都在制度外"另辟财源"、自谋财务。在现行公共物品供给体制下，公共资源的筹集采取一事一议收费的形式，收费都有特定的专门用途，相当于默许了基层政府为一项新的公共物品供给向农民取得费用的合理性。现阶段农村公共物品供给，并不完全根据农村社区的真正需求决定，而是在相当大的程度上由地方政府部门的"政绩"和"利益"动机决定，由此导致公共物品供给结构严重失衡。急需的公共物品供给严重不足，如大型水利浇灌设施、良种的培育、政府给农民提供全国性的市场供求信息服务、农村义务教育、医疗卫生、环境保护等对提高农民素质和农村可持续发展具有重大意义的公共物品严重短缺。

鉴于上述情况，我们认为，西北少数民族地区的公共物品供给结构应做如下调整：

1. 公共物品供给向乡村倾斜，创新农村公共物品的财政保障机制

应该在国家和省、区财政预算中明确乡村的公共物品提供比例。对于贫困地区乡镇的公共物品，应进一步加大扶持力度，充分发挥国家、乡镇和农民以及市场的整合作用。

2. 政府应保证水、电、路、教育、文化设施、卫生等公共物品供给的充分性

西部大开发战略实施以来，国家和地方政府在这些方面投入是很

大的，但我们在社会调查中也发现，有一部分公共物品的提供在乡村主要还是通过农民集资和劳务完成的。

3. 加大对乡镇的财政转移支付，建立长效机制

在这方面，新疆将公共投资和保工资、保运转的资金下沉的做法值得推广。新疆自1998年开始增加国债资金集中投向贫困地区农田水利、基本农田整治、县乡道路、人畜饮水、草场建设、林业防风治沙、经济林、邮电通信等基础设施建设。2004年达到了历年投资量的最高，贫困地区的生产、生活基础设施建设产生了巨大的改变，为发展创造了良好的外部环境。新疆加大对村级财政转移支付力度。"2005年把给乡镇的财政转移支付资金的50%转移到村，确保村级组织的正常运转，确保村干部工资不低于取消'三提五统'前的水平。由此造成的乡镇经费缺口，和田地区、喀什地区、克州各县市和其他地区的国定贫困县由自治区财政转移支付弥补，其他县（市）由当地财政弥补。乡村取消'三提五统'后，财政转移支付资金要向村一级倾斜，力争村级拿大头，乡镇拿小头，乡镇拿的钱要争取拿出一半来补助到村一级。乡镇经费缺口，南疆西部地区和贫困县由自治区财政负责。""机关事业单位，坚持向艰苦边远地区倾斜，向基层一线倾斜的原则，在困难的情况下，优先保证基层一线，把困难和缺口留在上边，留给领导，这个精神努力贯彻到每一件事、每一个决策之中。"① 新疆的做法，我们认为在西北少数民族地区具有推广的价值。

第五节　促进西北少数民族地区传统文化转型

一、西北少数民族地区传统文化转型的目标

文化转型，系指由一种文化类型或形态向另一种文化类型或形态的转变。因此它不是同一种文化类型的自我演进，而是不同文化类型

---

① 新疆维吾尔自治区发展改革委员会：《2004年新疆以工代赈资料汇编》，第28—31页。

之间的过渡转换。① 西北少数民族地区传统文化的表现形式是多样化的，在与现代法治的关系上，既有相适应的地方，也有相冲突的地方，甚至在一定范围和程度上对民族地区法治进程起阻碍作用。

传统文化作为深层次的社会现象，可以说是一个民族和个体行为的灵魂。先进的文化能推动社会稳定和进步，落后的文化则会阻碍其发展。"一定的文化（当作观念形态的文化）是一定社会的政治和经济的反映，又给予伟大影响和作用于一定社会的政治和经济。"② 积极推进西北少数民族地区传统文化的现代转型，对于构建社会主义和谐社会、实现民族地区的现代化发展都具有重要意义。历史上不同时代国家与社会的关系既取决于一个民族特定的历史文化传统，也取决于各个时代每一个社会面临的具体环境，还取决于它未来的发展方向。因而对西北民族地区传统文化的转型而言，首先就是要在坚持我国民族区域自治制度不动摇的前提下加以探索和研究，对此应结合西北的实际，加强国家的权威性，同时增强社会的自主性，构建一个适合中国国情和有利于传统文化转型的国家与社会良性互动关系。

法治是一个社会文明的重要组成部分、基本标志和有力保障。一般认为，建设高度的社会文明必以法治特别是行政法治的真正实现为条件和标志。一方面，法治是社会文明的标志，法治文化成为社会文化的基石之一；另一方面，社会文明又推动法治精神的根植和法治行为的拓展。因此推动西北少数民族地区的传统文化与社会主义法治相适应，是西北民族地区传统文化转型的目标。实现西北少数民族地区的传统文化转型，中心是构建以马克思列宁主义、毛泽东思想和邓小平理论为核心的社会主义先进文化。要使民主的、法治的社会主义文化占主导地位；在社会政治生活中体现公平与效率的统一，合理与合法的统一，民族与国家的统一，公权与私权的统一。

---

① 参见汪平：《浅论我国的文化转型》，《理论与实践（理论月刊）》2009 年第 3 期。

② 《毛泽东选集》第二卷，人民出版社 1991 年版，第 624 页。

同时，我们注意到，在学术界，目前对法治实现的政治条件注意较多，对法治实现的经济与社会、文化条件注意不够。就西北少数民族地区的法治建设而言，有三种倾向值得纠正：第一种倾向认为，西北少数民族地区的法治建设就是强调政治，将政治等同于法治。这种倾向导致部分地方政府不重视日常法治建设，政府行为随意性较大。特别是在处理一些突发事件时，为了息事宁人、保持所谓"政治稳定"，一些地方政府随意让渡国家权力，这样反而造成了更大的矛盾和不公平。第二种倾向，就是对西北少数民族地区法治进程的困难认识不足，把民族地区的社会差异性看得过轻，限制了对西北民族社会现代化发展中传统文化的认同。第三种倾向，就是对民族社会的差异性和宗教性看得过重，只强调地方性和个性，否认全局性和共性，忽视了对西北民族社会公民意识的培养，不利于人们形成正确法治观念和法律信仰。上述三种倾向的共同问题是，把法治与西北民族社会的特殊性人为割裂开来，只强调其差异和矛盾，而否认了它们之间的适应性、互补性和共同发展性。有鉴于此，我们认为，政府应下大力气促进西北少数民族地区的文化转型，发展有利于少数民族公民权保障的法治文化，为社会主义法制建设创造良好的文化条件。

二、促进西北少数民族地区的传统文化转型的具体措施

（一）加速西北少数民族地区的生态经济转型

在社会调查中，我们发现生态经济与法治关系密切，尤其在制约法治发展方面，西北民族地区表现突出。生态经济类型理论认为，各民族的经济发展方向、发展程度是和一个民族所处的生态环境相适应的，生态环境在很大程度上决定了一个民族的经济和文化生活特点。因此西北民族地区传统的文化是与其赖以生存的经济、物质条件相适应的。西北少数民族地区的生态经济类型包括草原生态经济、农耕生态经济、森林生态经济和河湖生态经济等，这些构成了西北传统的农牧业经济的生态基础。这些反映在政治、经济行为中，就是经济分散、政治隔离、思想保守，社会缺乏整合与互动，人们的活动遵循习

惯法，造就了西北民族地区政治人格中的"草民性格"①，现代法治观念淡薄，缺乏社会互动与政治参与的主体意识。因此，要推动现代法治在西北民族地区的发展，必须推动西北民族地区生态经济的转型。

如甘肃、青海的草原生态经济实际是该地区民族传统文化转型缓慢的基础。草原生态系统的过度利用，导致草畜矛盾激化，草地不堪重负，由于草地建设落后，饲草料匮乏，牲畜补饲水平很低，成为藏区部落制度、习惯法存续的经济文化条件。2005 年甘南藏族自治州草原超载94.7%，畜均补饲青干草不足 5 公斤。与此相关的是甘南牧区教育落后，卫生医疗条件简陋，"村村通工程"覆盖人群较少，牧民居住过于分散，牧民子女就学、求医看病、水电设施服务、社会治安、社会商品消费、商业信息化服务等方面困难重重。现代法治缺乏根植的经济基础，因此有学者建议，只有实现移民定居，牧民相对集中起来，建设集镇，实现生态经济的转变，才能解决上述难题。②从 2004 年甘肃进行的甘南反贫困实践看，移民定居和寄宿制教育的发展，已经对自然生态转型产生作用。再如青海省从 1996 年开始实施东部干旱山区综合治理、青南牧区牲畜温饱、异地开发扶贫三大扶贫工程，到 2001 年年底，累计完成坡改梯 93 万亩，造林 111.6 万亩，建成水窖 12.28 万眼，建成了多处大型人畜饮水工程。建成围栏草场3384.37 万亩，人工饲草基地245.44 万亩，完成了 4.06 万户的"四配套"建设，71.4% 的牧户实现定居，异地移民 2.84 万多户。群众的生产、生活条件大为改善。尤其游牧向住牧的转变，促进了农村牧区的教育、科技、卫生、法制等社会文化事业的发展。推动了农牧区自然性生态文化向技术性生态文化的转型，市场文化、技术文

---

① 王宗礼：《中国西北农牧民政治行为研究》，甘肃人民出版社 1995 年版，第 38 页。
② 参见师守祥、周兴福、张志良：《牧区移民定居的动力机制、效益分析与政策建议——甘南藏族自治州案例分析》，《统计研究》2005 年第 3 期。

化、工业文化改变着传统生计观念。① 从政治文明的视角看，这些造就了民族地区新型的政治关系，部落制度、习惯法、宗教在政治生活、民族意识中的消极影响开始弱化，而在定居点随着各民族间交流、沟通的增加和较为集中的商贸经济的发展，少数民族的现代法治观念也逐步确立起来。

（二）加强西北少数民族地区农牧民的政治参与意识

平等有序的政治参与是社会主义法治的基本要求和重要表现。西北少数民族地区的法治必须与各族人民合法的政治参与相伴而行，互为条件。因此培养合法的政治参与意识在西北少数民族地区就显得尤为重要。特别是与城市相比，西北少数民族农民的政治参与意识和民主意识远未成熟。② 在政治参与的合法性、民主性、制度性、开放性、社会性方面仍然有很大差距，同时，由于缺乏政治参与的正常渠道和信息参考，往往不能合法有效或难以实现平等参与。而农牧民缺乏政治参与的直接后果就是其在维护权益方面困难重重，对此必须重视对农牧民政治参与意识的引导和提高。具体而言可以从两个方面入手，一是加强农牧地区的党组织建设，使党组织成为联系党员、加强群众思想建设的有力堡垒，特别是让农牧民群众看到党员、党组织在解决民生问题、维护农民利益的核心作用，使他们感受到社会主义民主政治的切实利益。二是完善西北少数民族地区的村民自治制度。村民自治是西北少数民族地区农牧民政治参与的一种基本方式，是在乡村基层管理中行使"民主选举、民主决策、民主管理、民主监督"四项权利的基本方式，因此用好、做实这一制度，对少数民族农牧民形成良好的政治参与意识具有"启蒙式"的重要意义。

（三）大力发展西北少数民族地区的现代教育

西北少数民族地区法治环境建设的关键是农牧民获得新的文化营

---

① 参见寻兴才：《加快扶贫攻坚是青海全面建设小康社会的紧迫任务》，《青海学刊》2003 年第 3 期。

② 参见周晓涛：《西北少数民族地区新农村建设中村民自治的法律保障——以甘肃省天祝藏族自治县为例》，《甘肃政法学院学报》2009 年第 5 期。

养，具有现代政治人格，有能力获得政治参与的机会，能有序参与政治活动，理性对待各种社会政治关系。列宁曾经讲过，文盲是远离政治之外的。① 同样，我们认为，在文盲社会是不能实现社会主义法治发展的，这也与我们对西北少数民族地区政治无序参与、农牧民犯罪问题的调查结果相一致。如果执行和运用这些现代法律制度的人自身没有从心理思想态度和行为方式上经历一个向现代化的转变，失败和畸形的发展是很难避免的。② 因此，要在民族地区发展法治，必须发展现代教育，引导民族群众提高文化、技术、法律的知识水平，跟上社会变革步伐，从民族的政治隔离、社会隔离、文化隔离中走出来，获得更加丰富的社会资源。

从现代教育促进西北少数民族心理的沟通，依法获取更多社会资源的角度看，西北地区少数民族农牧民基础文化教育程度普遍较低，受教育年限与汉族相比较少，与本民族城市群众比也少，这样，就限制了其对技术、法律、政策的掌握，也就限制了其生产、生活方式的转变，难以获得更丰富的社会资源。同时其民族心理的封闭性就强，缺乏同其他民族、社会各阶层成员的沟通与接触。如新疆的伊斯兰民族在经济社会交往中，缺乏谈判心理，急于求成，往往适得其反。说明其对汉族文化缺乏理解，对现代经济社会环境缺乏了解。如牧民和山区农民，对国家"还草还林"政策理解不够；藏区群众对自然灾害的防治缺乏科学观念，对内地支援存在的排拒心理，这些都限制了本民族的发展，不利于民族沟通。与此相反，受过良好现代教育的民族精英阶层对本民族的认识比较全面，他们能很快融入社会、与社会各阶层沟通，获取社会资源的能力强，推动了本民族的发展。

从现代教育促进西北地区少数民族农牧民依法保障自身权利，塑造现代政治人格的角度看，现实中，农牧民权利受损害情况比较多。究其实质，这与农牧民受现代教育水平低，维权能力差有关。由于农

---

① 参见《列宁全集》第 42 卷，人民出版社 1987 年版，第 200 页。
② 参见林孝文：《瑶族法律文化研究——以广西金秀瑶族为例》，《甘肃政法学院学报》2008 年第 1 期。

牧民文化素质不高，很难对政策信息、法律规定有明晰的掌握和价值判断，在公民权利的维护上习惯于对政府工作人员、宗教人士和社会精英的依赖，盲从和麻木的思想都比较突出，远离现代政治人格。如在宁夏一个回民村庄，我们随机请来30人，其中10个妇女9人为文盲，问及维护自身权利，对政策法律皆茫然不知，或看阿訇态度，或从他人行为。与此相对照，随着受教育水平的提高，农村有文化的青年一代对宿命论思想开始淡化，农牧区青年人对体制性不公正和对农牧民的各种伤害有明显的不满，法治观念增强，体现出其维护权利的意识和行为。在新疆的调查中，我们发现，少数民族受现代教育的程度越高，其利用国家政策和依法维护合法权利的意识和能力就越强。由于西北少数民族地区现代教育的发展，各少数民族的国家、民族、文化、社会"四个认同"的观念逐渐巩固，构成了西北政治稳定发展的民族心理基础。再如，新疆哈萨克族、蒙古族近年来教育的发展，大大提高了其政治社会化和社会法治化的程度。

在西北少数民族地区实现法治化，关键是大力发展现代教育，提高少数民族群众的文化素养，把他们从传统的政治文化中解放出来。在形成现代独立政治人格的基础上，提高依法进行政治参与的能力，形成保护公民权利的意识，为法治提供发展的文化条件，从而改善法治环境，拓展法治空间。

本章小结

西北少数民族地区有其落后的一面，但也有着追求权利保障、促进社会经济发展的强烈愿望。作为西北少数民族地区的各级政府一定要顺应历史发展的潮流，紧紧围绕公民权保障这一主线来提升政府文明，完善制度构建，加强制度创新。在所有纷繁复杂的问题中，西北少数民族地区各级政府要分清问题的主要矛盾和矛盾的主要方面，切实以改善公民权利保障的社会经济条件为工作重点，努力消除阻碍西北少数民族地区发展的体制政策障碍，为公民权保障提供良好的经济、制度条件，同时要注意内部调整，改善财政结构，提高西北少数民族地区基层政府公共服务能力。最后要促进西北少数民族地区文化转型，在发扬和继承优秀传统文化的基础上，以社会主义先进文化为指导，加强社会主义民主法制建设，牢固树立社会主义公民意识，形成政府与公民的互动发展、和谐共处。

附录 《西北少数民族地区政府行为文明与公民权保障》课题调查表

亲爱的朋友：

您好！有机会访问您，我们十分高兴。

举办这次调查，目的是为了以问卷调查的方式掌握西北少数民族地区政府行为的基本情况，了解民族地区行政工作的基本特点与存在的问题，特别是想听听大家对自身权利保障的一些认识和期望。这次调查采取不记名的方式，希望填上您的实际情况和真实的想法，以便为我们分析研究提供科学依据。

请您在填表时，注意下列事项：

1. 请您在选项后的（　　）内打上"√"或填上相应的内容。

2. 凡要求开放式回答的问题，请您写明自己的真实想法和实际情况。

谢谢您的合作！

调查表

1. 您的性别：

①男 （   ）   ②女 （   ）

选项	频次	比例
未填写	38	3.6
男	612	57.8
女	408	38.6

2. 您的民族：

①汉族 （   ）   ②回族 （   ）   ③维吾尔族 （   ）

④藏族 （   ）   ⑤蒙古族 （   ）   ⑥哈萨克族 （   ）

⑦其他（请注明）_____

选项	频次	比例
未填写	86	8.1
汉族	446	42.2
回族	240	22.7
维吾尔族	62	5.9
藏族	154	14.6
蒙古族	10	0.9
哈萨克族	12	1.1
其他	48	4.5

3. 您的年龄：

①18—25 岁 （   ） ②26—39 岁 （   ） ③40—60 岁 （   ）

④60 岁以上 （   ）

选项	频次	比例
未填写	42	4.0
18—25 岁	314	29.7
26—39 岁	376	35.5
40—59 岁	276	26.1
60 岁以上	50	4.7

4. 您的政治面貌：

①中共党员（　　　）　　②民主党派（　　　）　　③无党派（　　　）

选项	频次	比例
未填写	120	11.3
中国共产党	228	21.6
民主党派	18	1.7
无党派	692	65.4

5. 您是否是干部：

①是（　　　）　　　　②否（　　　）

选项	频次	比例
未填写	92	8.7
是	216	20.4
否	750	70.9

6. 您的文化程度：

①大专以上（　　　）②高中（　　　）　　③初中（　　　）

④小学及以下（　　　）

选项	频次	比例
未填写	40	3.8
大专以上	430	40.6
高中	270	25.5
初中	230	21.7
小学及以下	88	8.3

7. 您的个人月收入：

①400 元以下 （　　　）　　　②400—800 元 （　　　）

③800—1500 元 （　　　）　　　④1500 元以上 （　　　）

选项	频次	比例
未填写	122	11.5
400 元以下	334	31.6
400—800 元	234	22.1
800—1500 元	292	27.6
1500 元以上	76	7.2

8. 您的职业：

①工人 （　　　）　　　②农民 （　　　）　　　③机关干部 （　　　）

④教师 （　　　）　　　⑤企业负责人 （　　　）⑥技术人员 （　　　）

⑦个体经营户 （　　　）⑧学生 （　　　）　　　⑨无业人员 （　　　）

⑩其他_____

选项	频次	比例
未填写	62	5.9
工人	126	11.9
农民	226	21.4
机关干部	128	12.1
教师	76	7.2
企业负责人	16	1.5

续表

选项	频次	比例
技术人员	60	5.7
个体经营户	78	7.4
学生	174	16.4
无业人员	28	2.6
其他	84	7.9

9. 您的宗教信仰：

①无宗教信仰（　　）②信仰伊斯兰教（　　）③信仰佛教（　　）

④信仰藏传佛教（　　）　⑤信仰道教（　　）

选项	频次	比例
未填写	100	10.0
无宗教信仰	434	41.0
伊斯兰教	234	22.0
佛教	106	10.6
藏传佛教	138	13.4
道教	46	3.0

10. 您所在的省份：

①新疆（　　）　　②青海（　　）　　③宁夏（　　）

④甘肃（　　）

选项	频次	比例
新疆	260	24.6
青海	186	17.6
宁夏	404	38.2
甘肃	208	19.6

11. 您知道我国《宪法》中关于公民权保护的内容吗？

①知道（　　） 　　②大概了解一点（　　） 　③不知道（　　）

选项	频次	比例
未填写	10	0.9
选择①	288	27.2
选择②	604	57.1
选择③	156	14.7

12. 目前您最需要得到保护的公民权是：

①生存权（　　）

选项	频次	比例
未选择	890	84.1
选择	168	15.9

②自由权（　　）

选项	频次	比例
未选择	772	73.0
选择	286	27.0

③财产权（　　）

选项	频次	比例
未选择	822	77.7
选择	236	22.3

④平等权（　　）

选项	频次	比例
未选择	496	46.9

续表

选项	频次	比例
选择	562	53.1

⑤知情权 （　　　）

选项	频次	比例
未选择	780	73.7
选择	278	26.3

⑥受教育权 （　　　）

选项	频次	比例
未选择	820	77.5
选择	238	22.5

13. 您认为我国在公民权保障方面采取的好的具体措施：
①"国家尊重和保障人权"写进《宪法》（　　　）

选项	频次	比例
未选择	704	66.5
选择	354	33.5

②废除《城市流浪乞讨人员收容遣送办法》（　　　）

选项	频次	比例
未选择	928	87.7
选择	130	12.3

③国家取消农业税（　　　）

选项	频次	比例
未选择	610	57.7
选择	448	42.3

④出台新的《婚姻登记条例》（　　　）

选项	频次	比例
未选择	890	84.1
选择	168	15.9

⑤《法律援助条例》出台，政府为弱势群体提供法律援助（　　　）

选项	频次	比例
未选择	668	63.1
选择	390	36.9

⑥公安部公布便民利民措施（　　　）

选项	频次	比例
未选择	888	83.9
选择	170	16.1

14. 您认为政府对以下哪些群体的公民权利保护得好：
①领导干部（　　　）

选项	频次	比例
未选择	328	31.0
选择	730	69.0

②普通公务员（　　）

选项	频次	比例
未选择	890	84.1
选择	168	15.9

③高级知识分子（　　　）

选项	频次	比例
未选择	640	60.5
选择	418	39.5

④一般事业单位人员（　　）

选项	频次	比例
未选择	994	94.0
选择	64	6.0

⑤企业主（　　）

选项	频次	比例
未选择	868	82.0
选择	190	18.0

⑥个体工商户（　　）

选项	频次	比例
未选择	996	94.1
选择	62	5.9

⑦宗教界人士（　　）

选项	频次	比例
未选择	892	84.3
选择	166	15.7

⑧工人（　　）

选项	频次	比例
未选择	990	93.6
选择	68	6.4

⑨农民（　　）

选项	频次	比例
未选择	940	88.8
选择	118	11.2

⑩失业者（　　）

选项	频次	比例
未选择	972	91.9
选择	86	8.1

15. 如果您的合法权益受到政府部门的侵害，您认为最有效的解决途径是：

①向政府信访部门反映（　　）

选项	频次	比例
未选择	714	67.5
选择	344	32.5

②找领导告状（　　）

选项	频次	比例
未选择	954	90.2
选择	104	9.8

③向人民法院起诉（　　）

选项	频次	比例
未选择	590	55.8
选择	468	44.2

④托关系解决（　　）

选项	频次	比例
未选择	898	84.9
选择	160	15.1

⑤找宗教人士帮助（　　）

选项	频次	比例
未选择	1028	97.2
选择	30	2.8

⑥向新闻媒体反映（　　）

选项	频次	比例
未选择	612	57.8
选择	446	42.2

⑦采取过激行为（　　）

选项	频次	比例
未选择	1012	95.7
选择	46	4.3

16. 您对以下社会问题最不满意的是：

①社会治安（　　）

选项	频次	比例
未选择	852	80.5
选择	206	19.5

②政府官员的"吃、拿、卡、要"（　　）

选项	频次	比例
未选择	588	55.6
选择	470	44.4

③个人收入差距过大（　　）

选项	频次	比例
未选择	694	65.6
选择	364	34.4

④环境保护不力（　　）

选项	频次	比例
未选择	872	82.4
选择	186	17.6

⑤社会保障力度不够（　　）

选项	频次	比例
未选择	880	83.2
选择	178	16.8

⑥子女教育费用问题（　　）

选项	频次	比例
未选择	754	71.3
选择	304	28.7

⑦下岗就业（　　）

选项	频次	比例
未选择	864	81.7
选择	194	18.3

⑧经济发展水平（　　）

选项	频次	比例
未选择	884	83.6
选择	174	16.4

17. 您所在地区政府对以下农民问题解决最不好的是：

①村组财务公开（　　）

选项	频次	比例
未选择	858	81.1
选择	200	18.9

②农村社会治安（　　　）

选项	频次	比例
未选择	958	90.5
选择	100	9.5

③农民负担（　　　）

选项	频次	比例
未选择	820	77.5
选择	238	22.5

④计划生育（　　　）

选项	频次	比例
未选择	962	90.9
选择	96	9.1

⑤换届选举（　　　）

选项	频次	比例
未选择	876	82.8
选择	182	17.2

⑥宅基地（　　　）

选项	频次	比例
未选择	1014	95.8
选择	44	4.2

⑦土地征用（　　）

选项	频次	比例
未选择	840	79.4
选择	218	20.6

18. 您参加过政府组织的以下活动吗？
①开座谈会、论证会、听证会（　　）

选项	频次	比例
未选择	932	88.1
选择	126	11.9

②通过信件、电子邮件、走访征求意见、建议（　　）

选项	频次	比例
未选择	950	89.8
选择	108	10.2

③没参加过（　　）

选项	频次	比例
未选择	360	34.0
选择	698	66.0

19. 您参与选举投票时所持的态度是：
①了解候选人的情况，按自己的意志亲自投票（　　）

选项	频次	比例
未选择	558	52.7
选择	500	47.3

②委托别人按自己的意见投票（　　）

选项	频次	比例
未选择	968	91.5
选择	90	8.5

③亲自投票，但主要是为了完成任务（　　）

选项	频次	比例
未选择	764	72.2
选择	294	27.8

④请人代投，选谁无所谓（　　）

选项	频次	比例
未选择	852	80.5
选择	206	19.5

20. 当地政府在征地拆迁、水电价格、公共汽车票价调整或者在处理其他涉及公共利益问题的时候，是否广泛征求意见：
①每次都征求（　　）　　　　　　　　②有时候征求（　　　）
③大部分情况下不征求（　　　）　　　④从不征求（　　　）

选项	频次	比例
未填写	30	2.8
选择①	54	5.1
选择②	250	23.6
选择③	374	35.5
选择④	350	33.1

21. 请您对下列本地政府部门的服务水平打分（1—10 分，注：5 分以上为合格）：

①计划生育部门_____;

选项	频次	比例
未填写	54	5.1
4 分以下	130	12.3
5—7 分	410	38.8
8—10 分	464	43.9

②城建部门_____;

选项	频次	比例
未填写	72	6.8
4 分以下	292	27.2
5—7 分	518	49.0
8—10 分	176	16.6

③教育部门_____;

选项	频次	比例
未填写	58	5.5
4 分以下	210	19.8
5—7 分	490	46.3
8—10 分	300	28.4

④工商部门_____;

选项	频次	比例
未填写	70	6.6
4 分以下	296	28.0
5—7 分	524	49.5
8—10 分	168	15.9

⑤土地部门_____；

选项	频次	比例
未填写	74	7.0
4 分以下	338	31.9
5—7 分	504	47.6
8—10 分	142	13.4

⑥公安部门_____；

选项	频次	比例
未填写	62	5.9
4 分以下	272	25.7
5—7 分	482	45.6
8—10 分	242	22.9

⑦司法部门_____；

选项	频次	比例
未填写	86	8.1
4 分以下	296	28.0
5—7 分	496	46.9
8—10 分	180	17.0

⑧民政部门_____；

选项	频次	比例
未填写	78	7.4
4 分以下	276	26.1
5—7 分	466	44.0
8—10 分	238	22.5

⑨交通管理部门_____；

选项	频次	比例
未填写	74	7.0
4分以下	292	27.6
5—7分	466	44.0
8—10分	226	21.4

⑩电力管理部门_____；

选项	频次	比例
未填写	64	6.0
4分以下	200	18.9
5—7分	416	39.3
8—10分	378	35.7

⑪劳动保障部门_____；

选项	频次	比例
未填写	74	7.0
4分以下	370	35.0
5—7分	476	45.0
8—10分	138	13.0

⑫医疗卫生部门_____。

选项	频次	比例
未填写	64	6.0
4分以下	326	30.8
5—7分	464	43.9
8—10分	204	19.3

22. 您认为当地政府对下列国家哪些政策执行得好？

①扶贫开发政策（　　　）

选项	频次	比例
未选择	792	74.9
选择	266	25.1

②促进就业政策（　　　）

选项	频次	比例
未选择	946	89.4
选择	112	10.6

③人口控制政策（　　　）

选项	频次	比例
未选择	522	49.3
选择	536	50.7

④村村通工程政策（　　　）

选项	频次	比例
未选择	802	75.8
选择	256	24.2

⑤义务教育政策（　　　）

选项	频次	比例
未选择	628	59.4
选择	430	40.6

⑥民族宗教政策（　　）

选项	频次	比例
未选择	744	70.3
选择	314	29.7

⑦征地补偿政策（　　）

选项	频次	比例
未选择	956	90.4
选择	102	9.6

⑧环境保护政策（　　）

选项	频次	比例
未选择	910	86.0
选择	148	14.0

⑨保护农民利益政策（　　）

选项	频次	比例
未选择	932	88.1
选择	126	11.9

23. 您主要是通过何种渠道获取政府机关公开的政策信息（限选四项）：

①向知情人打听（　　）

选项	频次	比例
未选择	682	64.5
选择	376	35.5

②偶尔从同事、邻居处听到（ ）

选项	频次	比例
未选择	562	53.1
选择	496	46.9

③查阅政府公报（ ）

选项	频次	比例
未选择	912	86.2
选择	146	13.8

④浏览政府网站（ ）

选项	频次	比例
未选择	952	90.0
选择	106	10.0

⑤参加新闻发布会（ ）

选项	频次	比例
未选择	1036	97.9
选择	22	2.1

⑥阅读报纸杂志（ ）

选项	频次	比例
未选择	428	40.5
选择	630	59.5

⑦通过广播电视（　　）

选项	频次	比例
未选择	278	26.3
选择	780	73.7

⑧询问政府职能部门（　　）

选项	频次	比例
未选择	928	87.7
选择	130	12.3

⑨查阅市区县档案馆（　　）

选项	频次	比例
未选择	1046	98.9
选择	12	1.1

24. 当地政府有没有设政策宣讲员向村民宣讲有关农村、农民的政策法规?
①有（　　）　　　②没有（　　）

选项	频次	比例
未填写	22	2.1
选择①	360	34.0
选择②	676	63.9

25. 您所知道的对政府监督的方式有：
①人大可以监督政府（　　）

选项	频次	比例
未选择	490	46.3
选择	568	53.7

②司法机关可以监督政府（　　）

选项	频次	比例
未选择	756	71.5
选择	302	28.5

③舆论和新闻媒体可以监督政府（　　）

选项	频次	比例
未选择	580	54.8
选择	478	45.2

④党的组织可以监督政府（　　）

选项	频次	比例
未选择	776	73.3
选择	282	26.7

⑤人民群众可以监督（　　）

选项	频次	比例
未选择	492	46.5
选择	566	53.5

26. 您认为国家干部手中的权力是谁给的：
①党（　　）

选项	频次	比例
未选择	784	74.1
选择	274	25.9

②人民（　　）

选项	频次	比例
未选择	466	44.0
选择	592	56.0

③国家机关（　　）

选项	频次	比例
未选择	856	80.9
选择	202	19.1

④靠钱得来的（　　）

选项	频次	比例
未选择	888	83.9
选择	170	16.1

⑤领导（　　）

选项	频次	比例
未选择	1026	97.0
选择	32	3.0

⑥不清楚（　　）

选项	频次	比例
未选择	1006	95.1
选择	52	4.9

27. 当执法人员执法时未出示证件，您会：

①配合其工作，认为这是公民应该做的（　　）

②虽不情愿，但也无可奈何（　　）

③拒绝其盘查，坚持要求其出示证件（　　）

④检举揭发（　　）

⑤无所谓（　　）

选项	频次	比例
未填写	92	8.7
选择①	152	14.4
选择②	328	31.0
选择③	394	37.2
选择④	32	3.0
选择⑤	60	5.7

28. 当地政府在执法过程中是否存在以下现象：

①靠钱办事（　　）

选项	频次	比例
未选择	506	47.8
选择	552	52.2

②依照当事人权力大小办事（　　）

选项	频次	比例
未选择	490	46.3
选择	568	53.7

③依照办事人势力大小办事（　　）

选项	频次	比例
未选择	662	62.6
选择	396	37.4

④靠人情关系办事（　　）

选项	频次	比例
未选择	444	42.0
选择	614	58.0

29. 本地政府对下岗职工的生活保障费用（只限城市居民填写）：
①能及时落实（　　）
②能落实，但不及时（　　）
③能部分落实（　　）
④不能落实（　　）

选项	频次	比例
未填写	330	31.2
选择①	84	7.9
选择②	284	26.8
选择③	282	26.7
选择④	78	7.4

30. 本村贫困户的生活主要依靠（只限农村居民填写）：
①政府救济（　　）

选项	频次	比例
未选择	742	70.1
选择	316	29.9

②村组织救济（　　）

选项	频次	比例
未选择	928	87.7
选择	130	12.3

③村民帮助（   ）

选项	频次	比例
未选择	926	87.5
选择	132	12.5

④家族和亲属互济（   ）

选项	频次	比例
未选择	778	73.5
选择	280	26.5

⑤其他（如社会团体、慈善组织等的帮助）（   ）

选项	频次	比例
未选择	990	93.6
选择	68	6.4

31. 当地政府在社会保障政策方面落实较好的是：
①医疗（   ）

选项	频次	比例
未选择	860	81.3
选择	198	18.7

②失业（   ）

选项	频次	比例
未选择	980	92.6
选择	78	7.4

③养老（　　）

选项	频次	比例
未选择	778	73.5
选择	280	26.5

④贫困救济（　　）

选项	频次	比例
未选择	664	62.8
选择	394	37.2

32. 您所居住的城市政府机关是否公开享受最低生活保障待遇的条件及家庭名单？
①一直公开（　　）　②偶尔公开（　　）　③从未公开（　　）
④不清楚（　　）

选项	频次	比例
未填写	28	2.6
选择①	140	13.2
选择②	194	18.3
选择③	212	20.0
选择④	484	45.7

33. 当地政府近年来对群众性的体育文化活动场所和设施建设：
①投入很大（　　）　②投入不大（　　）　③没有投入（　　）

选项	频次	比例
未填写	26	2.5
选择①	228	21.6
选择②	584	55.2
选择③	220	20.8

34. 您认为当地哪个领域的腐败程度最严重？
①建筑工程领域（　　）

选项	频次	比例
未选择	772	73.0
选择	286	27.0

②公检法领域（　　）

选项	频次	比例
未选择	642	60.7
选择	416	39.3

③医疗领域（　　）

选项	频次	比例
未选择	796	75.2
选择	262	24.8

④教育领域（　　）

选项	频次	比例
未选择	852	80.5
选择	206	19.5

⑤组织人事领域（　　）

选项	频次	比例
未选择	666	62.9
选择	392	37.1

35. 您对当地政府官员的廉洁程度评价是：
①都很廉洁（　　）　②权大的廉洁（　　）③权小的廉洁（　　）

④大部分不廉洁（   ）   ⑤都不廉洁（   ）

选项	频次	比例
未填写	58	5.5
选择①	54	5.1
选择②	88	8.3
选择③	126	11.9
选择④	606	57.3
选择⑤	126	11.9

36. 您认为政府在廉政建设方面：

①决心大，力度大（   ）

②决心很大，力度不够（   ）

③决心、力度均不够（   ）

选项	频次	比例
未填写	26	2.5
选择①	90	8.5
选择②	556	52.6
选择③	386	36.5

37. 当地民政部门是否采取过一些新的方式（例如通过采集离退休等人员的指纹数据等方式）来防止冒领救济金、养老金、退休金？

①采取过（   ）   ②没有（   ）

选项	频次	比例
未填写	50	4.7
选择①	260	24.6
选择②	748	70.7

38. 您找职能部门解决一件符合政策的事，一般情况：

①随时解决（   ）   ②跑几次解决（   ）

③托关系求人解决（　　）　　④很难解决（　　）

选项	频次	比例
未填写	98	9.3
选择①	80	7.6
选择②	348	32.9
选择③	300	28.4
选择④	232	21.9

39. 您在与政府职能部门的公务员交往中，是否遇到以下情况？
①办事拖拉，推诿扯皮（　　）

选项	频次	比例
未选择	432	40.8
选择	626	59.2

②执法态度生硬粗暴（　　）

选项	频次	比例
未选择	678	64.1
选择	380	35.9

③吃、拿、卡要（　　）

选项	频次	比例
未选择	808	76.4
选择	250	23.6

④指定消费产品（　　）

选项	频次	比例
未选择	982	92.8

续表

选项	频次	比例
选择	76	7.2

40. 群众对当地政府提供的公共设施的评价是：

①搞形象工程不切合实际（　　）

选项	频次	比例
未选择	688	65.0
选择	370	35.0

②加重群众负担（　　）

选项	频次	比例
未选择	830	78.4
选择	228	21.6

③方便了群众生活（　　）

选项	频次	比例
未选择	678	64.1
选择	380	35.9

④改善了投资环境（　　）

选项	频次	比例
未选择	826	78.1
选择	232	21.9

41. 当地政府搞得好的培训项目有：
①卫生知识培训（　　）

选项	频次	比例
未选择	828	78.3
选择	230	21.7

②职业技术培训（　　）

选项	频次	比例
未选择	492	46.5
选择	566	53.5

③政策法规培训（　　）

选项	频次	比例
未选择	808	76.4
选择	250	23.6

42. 政府在保障农民工的利益方面采取了哪些措施？
①讨要工资（　　）

选项	频次	比例
未选择	832	78.6
选择	226	21.4

②司法援助（　　）

选项	频次	比例
未选择	836	79.0
选择	222	21.0

③提供信息（　　　）

选项	频次	比例
未选择	626	59.2
选择	432	40.8

④技能培训（　　　）

选项	频次	比例
未选择	760	71.8
选择	298	28.2

43. 当地政府在农民工入城问题上采取的政策是：
①支持农民工入城（　　　）

选项	频次	比例
未选择	752	71.1
选择	306	28.9

②保护农民工权益（　　　）

选项	频次	比例
未选择	678	64.1
选择	380	35.9

③限制农民工（　　　）

选项	频次	比例
未选择	990	93.6
选择	68	6.4

④放任自流（　　　）

选项	频次	比例
未选择	696	65.8
选择	362	34.2

44. 您感觉，本地政府在工作中：

①实实在在为群众办实事（　　　）

选项	频次	比例
未选择	976	92.2
选择	82	7.8

②搞形象工程，华而不实（　　　）

选项	频次	比例
未选择	724	68.4
选择	334	31.6

③既搞了一些形象工程，但也为群众办了一些实事（　　　）

选项	频次	比例
未选择	506	47.8
选择	552	52.2

④只重视搞形象工程，不考虑为群众办实事（　　　）

选项	频次	比例
未选择	856	80.9
选择	202	19.1

45. 您认为当地政府执法队伍的整体素质和形象怎样?

①很好（　　　）　　　②一般（　　　）　　　③不好（　　　）

选项	频次	比例
未填写	34	3.2
选择①	90	8.5
选择②	762	72.0
选择③	172	16.3

46. 您所在地区老百姓参加文化活动方便吗?

①方便（　　　）　　　②较方便（　　　）　　　③不方便（　　　）

选项	频次	比例
未填写	54	5.1
选择①	154	14.6
选择②	412	38.9
选择③	438	41.4

47. 您对本地政府近几年在促进公民道德建设方面的成绩评价为:

①很满意（　　　）　　　②基本满意（　　　）　　　③不满意（　　　）

④不了解（　　　）

选项	频次	比例
未填写	10	0.9
选择①	20	1.9
选择②	464	43.9
选择③	270	25.5
选择④	294	27.8

48. 您觉得男女不平等突出表现在以下哪些方面？

①劳动就业（　　　）

选项	频次	比例
未选择	662	62.6
选择	396	37.4

②同工不同酬（　　　）

选项	频次	比例
未选择	854	80.7
选择	204	19.3

③土地分配不均（　　　）

选项	频次	比例
未选择	976	92.2
选择	82	7.8

④接受教育、发展机会不平等（　　　）

选项	频次	比例
未选择	704	66.5
选择	354	33.5

⑤男女退休年龄不同（　　　）

选项	频次	比例
未选择	922	87.1
选择	136	12.9

⑥"男尊女卑"、"男强女弱"的社会偏见根深蒂固（　　）

选项	频次	比例
未选择	624	59.0
选择	434	41.0

49. 女性就业比男性更困难，最主要原因是：
①女性自身素质和能力不如男性（　　）

选项	频次	比例
未选择	868	82.0
选择	190	18.0

②女性存在孕、产、哺问题，影响工作（　　）

选项	频次	比例
未选择	546	51.6
选择	512	48.4

③传统重男轻女观念的影响（　　）

选项	频次	比例
未选择	656	62.0
选择	402	38.0

④保障妇女就业权的政策、法规不落实（　　）

选项	频次	比例
未选择	802	75.8
选择	256	24.2

50. 您在当地出门办事时感觉：

①很安全（   ）   ②基本安全（   ）   ③不安全（   ）

选项	频次	比例
未填写	26	2.5
选择①	192	18.1
选择②	710	67.1
选择③	130	12.3

51. 您对目前的居住环境满意吗？

①满意（   ）   ②较满意（   ）   ③不满意（   ）

选项	频次	比例
未填写	18	1.7
选择①	144	13.6
选择②	618	58.4
选择③	278	26.3

52. 您对当前未成年人的成长环境满意吗？

①满意（   ）   ②较满意（   ）   ③不满意（   ）

选项	频次	比例
未填写	36	3.4
选择①	76	7.2
选择②	434	41.0
选择③	512	48.4

53. 政府决定拆迁房屋前是否会把拆迁理由和目的都告诉了您？

①是（   ）   ②否（   ）

选项	频次	比例
未填写	40	3.8

续表

选项	频次	比例
选择①	636	60.1
选择②	382	36.1

54. 拆迁房屋前，您与拆迁人是否有正式的书面拆迁协议？

①有（　　） 　　②没有（　　）

选项	频次	比例
未填写	90	8.5
选择①	500	47.3
选择②	468	44.2

55. 在确定拆迁补偿时，您的房屋是否经由正式估价部门估价？

①是（　　） 　　②否（　　）

选项	频次	比例
未填写	96	9.1
选择①	400	37.8
选择②	562	53.1

56. 政府人员在解决带宗教性的群众矛盾时，通常结果是：

①依法公平解决（　　　）

②宗教人士协助解决（　　　）

③压制信教方（　　　）

④压制不信教方（　　　）

⑤矛盾交给上级（　　　）

选项	频次	比例
未填写	194	18.3
选择①	282	26.7

续表

选项	频次	比例
选择②	396	37.4
选择③	50	4.7
选择④	34	3.2
选择⑤	102	9.6

57. 人民法院和人民检察院是否使用当地通用的语言办理案件？
①是（　　　）　　　②否（　　　）

选项	频次	比例
未填写	172	16.3
选择①	746	70.5
选择②	140	13.2

58. 为帮助杂散居少数民族发展经济，当地人民政府在以下哪些方面给予过支持和提供过优惠条件：
①资金（　　　）

选项	频次	比例
未选择	620	58.6
选择	438	41.4

②物资（　　　）

选项	频次	比例
未选择	586	55.4
选择	472	44.6

413

③技术（　　）

选项	频次	比例
未选择	626	59.2
选择	632	40.8

④信息（　　）

选项	频次	比例
未选择	630	59.5
选择	428	40.5

⑤人才（　　）

选项	频次	比例
未选择	788	74.5
选择	270	25.5

说明：本次调查共发放问卷1500份，收回1265份，收回率84.3%，其中有效问卷1058份，有效率83.6%，无效207份，占16.4%。

参考文献

一、著作类

1. 《马克思恩格斯全集》第1卷，人民出版社1995年版。

2. 《马克思恩格斯全集》第2卷，人民出版社1995年版。

3. 《马克思恩格斯全集》第3卷，人民出版社1977年版。

4. 《马克思恩格斯全集》第4卷，人民出版社1958年版。

5. 《马克思恩格斯选集》第3卷，人民出版社1972年版。

6. 《马克思恩格斯选集》第4卷，人民出版社1995年版。

7. 《列宁选集》第3卷，人民出版社1995年版。

8. 《列宁选集》第1卷，人民出版社1960年版。

9. 《毛泽东选集》第三卷，人民出版社1991年版。

10. 《毛泽东选集》第四卷，人民出版社1991年版。

11. 《邓小平文选》第一卷，人民出版社1994年版。

12. 《邓小平文选》第二卷，人民出版社1994年版。

13. 《江泽民论有中国特色社会主义（专题摘编)》，中央文献出版社2002年版。

14. 阿不都热扎克·铁木尔、董兆武、刘仲康：《2004—2005年：新疆经济社会形势分析与预测》，新疆人民出版社2004年版。

15. 把多勋、平惠敏：《制度变迁与东西部农村发展比较研究》，甘肃人民出版社 2002 年版。

16. 曹红：《维吾尔族生活方式——由传统到现代的转型》，中央民族大学出版社 1999 年版。

17. 曹业松：《新农论》，新华出版社 2004 年版。

18. 陈浙闽：《村民自治的理论与实践》，天津人民出版社 2000年版。

19. 邓正来：《中国法学向何处去——建构"中国法律思想图景"时代的论纲》，商务印书馆 2006 年版。

20. 樊纲：《市场逻辑与国家观念》，三联书店 1995 年版。

21. 葛志华：《为中国"三农"求解：转型中的农村社会》，江苏人民出版社 2004 年版。

22. 龚向和：《受教育权论》，中国人民大学出版社 2004 年版。

23. 国家教育发展研究中心：《2001 年中国教育绿皮书——中国教育政策年度分析报告》，教育科学出版社 2001 年版。

24. 国家统计局、科学技术部：《中国高技术产业统计年鉴——2003》，中国统计出版社 2003 年版。

25. 胡宁生：《现代公共政策研究》，中国社会科学出版社 2000年版。

26. 胡文康：《中国西部——新疆手册》，新疆人民出版社 2000年版。

27. 贾春增：《民族社会学概论》，中央民族大学出版社 1996年版。

28. 江岷钦、刘坤亿：《企业型政府：理念、实务、省思》，台北：智胜文化 1999 年版。

29. 江泽民：《论"三个代表"》，中央文献出版社 2001 年版。

30. 江泽民：《论党的建设》，中央文献出版社 2001 年版。

31. 金炳镐、龚学增：《民族理论民族政策学习纲要》，民族出版社 2004 年版。

32. 金炳镐：《中国民族理论研究二十年（1978.12—1998.12）》，中央民族大学出版社 2000 年版。

33. 康耀坤、马洪雨、梁亚民：《中国民族自治地方立法研究》，民族出版社 2007 年版。

34. 李昌来：《农业、农村、农民问题研究》，中央编译出版社 2005 年版。

35. 李德洙：《中央第三代领导与少数民族》，中央民族大学出版社 1999 年版。

36. 李娟：《行政法控权理论研究》，北京大学出版社 2000 年版。

37. 李君如：《社会主义和谐社会论》，人民出版社 2005 年版。

38. 李宁：《宁夏吊庄移民》，民族出版社 2003 年版。

39. 李强：《转型时期中国社会分层》，辽宁教育出版社 2004 年版。

40. 李文良：《中国政府职能转变问题报告》，中国发展出版社 2003 年版。

41. 李文录、张万寿：《闽宁对口帮扶的理论与实践》，新时代出版社 2004 年版。

42. 李小云、左停、叶敬忠：《中国农村情况报告》，社会科学文献出版社 2004 年版。

43. 李周为、陆宗义：《农民增收要有新思路——新疆农民增收问题研究》，新疆人民出版社 2003 年版。

44. 连玉明：《中国数字报告 2004》，中国时代经济出版社 2004 年版。

45. 林耀华：《民族学通论》，中央民族大学出版社 1997 年版。

46. 刘锷、何润：《民族理论和民族政策纲要》，中央民族大学出版社 1993 年版。

47. 刘建军：《单位中国——社会调控体系重构中的个人、组织与国家》，天津人民出版社 2000 年版。

48. 刘建兰、王宗礼：《中国西北少数民族地区乡镇政权建设研究》，甘肃人民出版社 1998 年版。

49. 刘精明：《转型时期中国社会教育》，辽宁教育出版社 2004 年版。

50. 刘天明：《伊斯兰经济思想与中国穆斯林社会经济实践》，宁夏人民出版社 2004 年版。

51. 卢少年、徐万珉：《权力社会学》，黑龙江人民出版社 1989 年版。

52. 陆学艺：《"三农"新论——当前中国农业、农村、农民问题研究》，社会科学文献出版社 2005 年版。

53. 马健行、顾海良：《中国市场经济体制与经济社会政治结构变化》，中共中央党校出版社 1996 年版。

54. 马戎、刘世定、邱泽奇：《中国乡镇组织变迁研究》，华夏出版社 2000 年版。

55. 娜拉：《新疆游牧民族社会分析》，民族出版社 2004 年版。

56. 牛若峰、李成贵、郑有贵：《中国的"三农"问题回顾与展望》，中国社会科学出版社 2004 年版。

57. 潘志平：《中亚的地缘政治文化》，新疆人民出版社 2003 年版。

58. 强宗恕、邓兆明：《毛泽东邓小平廉政思想研究》，甘肃人民出版社 1993 年版。

59. 丘远尧：《世纪之交的中国人口》（新疆卷），中国统计出版社 2005 年版。

60. 汝信、陆学艺、李培林：《中国社会形势分析与预测》，社会科学文献出版社 2004 年版。

61. 沈林、李志荣：《散杂居民族工作政策法规选编》，民族出版社 2000 年版。

62. 沈荣华：《政府机制》，国家行政学院出版社 2003 年版。

63. 史志显、孙梅、续西发：《新疆多民族聚居地区城市社区建设研究》，新疆人民出版社 2004 年版。

64. 束锡红、刘天明、刘光宁：《西北回族社区现代化实践的新探索》，商务印书馆 2004 年版。

65. 宋才发：《民族区域自治法通论》，民族出版社 2003 年版。

66. 宋功德：《行政法哲学》，法律出版社 2000 年版。

67. 宋世明：《美国行政改革研究》，国家行政学出版社 1999

年版。

68. 宋蜀华、陈克进：《中国民族概论》，中央民族大学出版社2001年版。

69. 孙立平：《博弈：断裂社会的利益冲突与和谐》，社会科学文献出版社2006年版。

70. 孙立平：《转型与断裂：改革以来中国社会结构的变迁》，清华大学出版社2004年版。

71. 孙祥智：《中国三农前景报告》，中国时代经济出版社2005年版。

72. 唐晓光：《权力的转移》，浙江人民出版社1995年版。

73. 滕星、王军：《20世纪中国少数民族与教育》，民族出版社2002年版。

74. 王炳煜、王力：《马克思主义民族思想史》，中央民族大学出版社1998年版。

75. 王沪宁：《比较政治分析》，上海人民出版社1988年版。

76. 王惠岩：《当代政治学基本理论》，高等教育出版社2001年版。

77. 王乐理：《政治文化导论》，中国人民大学出版社2000年版。

78. 王名扬：《美国行政法》，中国法制出版社2005年版。

79. 王浦劬、谢庆奎：《政治改革与政府创新》，中信出版社2003年版。

80. 王肃元：《当代中国农村教育发展研究》，兰州大学出版社2006年版。

81. 王肃元：《中国西部民族地区恐怖犯罪问题研究》，兰州大学出版社2006年版。

82. 王希恩：《民族过程与国家》，甘肃人民出版社1998年版。

83. 王旭东、周亚成：《哈萨克族新疆吉木乃县巴扎尔湖村调查》，云南大学出版社2004年版。

84. 王智明：《当前中国农民犯罪研究》，中国人民公安大学出版社2001年版。

85. 王宗礼、刘建兰、贾应生：《中国西北农牧民政治行为研究》，甘肃人民出版社 1995 年版。

86. 王宗礼、谈振好、刘建兰：《中国西北少数民族地区政治稳定研究》，甘肃人民出版社 1998 年版。

87. 卫生部国家卫生服务研究中心：《1998 年第二次国家卫生服务调查分析报告》，人民卫生出版社 1999 年版。

88. 魏娜、吴爱明：《当代中国政府与行政》，中国人民大学出版社 2002 年版。

89. 温铁军：《三农问题与世纪反思》，生活·读书·新知三联书店 2005 年版。

90. 吴大华：《民族法学讲座》，民族出版社 1997 年版。

91. 吴建国、马勇、肖琼：《西部大开发与兴边富民行动》，民族出版社 2001 年版。

92. 吴宗金：《民族法制的理论与实践》，中国民主法制出版社 1998 年版。

93. 夏勇：《中国民权哲学》，北京三联书店 2004 年版。

94. 夏勇：《走向权利的时代——中国公民权利发展研究》，中国政法大学出版社 2000 年版。

95. 肖迎、拜合提亚尔·吐尔逊：《维吾尔族新疆疏附县木苏玛村调查》，云南大学出版社 2004 年版。

96. 徐黎丽：《甘宁青地区民族关系发展趋势》，兰州大学出版社 2001 年版。

97. 徐万邦、祁庆富：《中国少数民族文化通论》，中央民族大学出版社 1996 年版。

98. 徐显明：《国际人权法》，法律出版社 2004 年版。

99. 续西发：《新疆世居民族概览》，民族出版社 2001 年版。

100. 燕继荣：《政治学十五讲》，北京大学出版社 2004 年版。

101. 杨冠琼：《政府治理体系创新》，经济管理出版社 2000 年版。

102. 杨光斌：《政治学导论》，中国人民大学出版社 2000 年版。

103. 杨光斌：《中国政府与政治导论》，中国人民大学出版社2003年版。

104. 杨弘、刘彤：《现代政治学分析基础》，人民出版社2004年版。

105. 杨宏山：《当代中国政治关系》，经济日报出版社2002年版。

106. 杨侯第、王平：《平等自治发展——中国少数民族人权保障模式》，新华出版社1998年版。

107. 杨侯第：《中国少数民族人权述要》，北京大学出版社1997年版。

108. 杨建新：《中国西北少数民族史》，民族出版社2003年版。

109. 杨明前、范鹏：《甘肃民族与宗教》，甘肃人民出版社1996年版。

110. 杨森：《西北少数民族地区社会形态跨越实践》，兰州大学出版社2000年版。

111. 于建嵘：《岳村政治转型时期中国乡村政治结构的变迁》，商务印书馆2001年版。

112. ［法］莫里斯·迪韦尔热：《政治社会学》，华夏出版社1987年版。

113. 余振贵：《中国历代政权与伊斯兰教》，宁夏人民出版社1996年版。

114. 张胜荣、张虹、梁景禹：《欠发达地区政府行为、投融资理论与实证研究》，中国经济出版社2007年版。

115. 张万寿、吴海鹰：《2003—2004年宁夏经济社会形势分析与预测》，宁夏人民出版社2004年版。

116. 张万寿、吴海鹰：《2004—2005年宁夏经济社会形势分析与预测》，宁夏人民出版社2005年版。

117. 张文显：《法学基本范畴研究》，中国政法大学出版社2001年版。

118. 张秀英、刘金玲：《中国西部地区乡镇负债问题研究》，人民出版社2004年版。

119. 中国社会科学院民族研究所:《中国少数民族现状与发展调查研究丛书》(回族卷),民族出版社 1999 年版。

120. 周平:《民族政治学》,高等教育出版社 2003 年版。

121. 周志忍:《当代国外行政改革比较研究》,国家行政学院出版社 1999 年版。

122. 朱培民、陈宏、杨红:《中国共产党与新疆民族问题》,新疆人民出版社 2004 年版。

123. 卓越:《公共部门绩效评估》,中国人民大学出版社 2004 年版。

124. 《新疆维吾尔自治区概况》,新疆人民出版社 2005 年版。

125. 《中共中央关于完善社会主义市场经济体制若干问题的决定》,人民出版社 2003 年版。

126. 《2004 中国农村贫困检测报告》,中国统计出版社 2004 年版。

127. [德] 马克斯·韦伯:《经济与社会》,商务印书馆 1997 年版。

128. [法] 卢梭:《社会契约论》,商务印书馆 1982 年版。

129. [美] 托马斯·潘恩:《潘恩选集》,商务印书馆 1982 年版。

130. [美] B. 盖伊·彼得斯:《政府未来的治理模式》,中国人民大学出版社 2001 年版。

131. [美] D. 盖尔·约翰逊:《经济发展中的农业、农村、农民问题》,商务印书馆 2004 年版。

132. [美] 埃里克·A. 波斯纳:《法律与社会规范》,中国政法大学出版社 2004 年版。

133. [美] 彼得·布劳:《社会生活中的交换和权力》,华夏出版社 1988 年版。

134. [美] 戴维·奥斯本、彼德·普拉斯特里克:《摒弃官僚制:政府再造的五项战略》,中国人民大学出版社 2002 年版。

135. [美] 戴维·奥斯本、特德·盖布勒:《改革政府——企业精神如何改革着公营部门》,上海译文出版社 1996 年版。

136. 〔美〕格罗斯：《公民与国家：民族、部族和族属身份》，新华出版社 2003 年版。

137. 〔美〕汉密尔顿、迈迪逊：《联邦党人文集》，商务印书馆 1980 年版。

138. 〔美〕亨廷顿：《第三波——20 世纪后期民主化浪潮》，上海三联书店 1998 年版。

139. 〔美〕加布里埃尔·A. 阿尔蒙德、西德尼·维伯：《公民文化》，华夏出版社 1989 年版。

140. 〔美〕罗伯特·B. 丹哈特、珍妮特·V. 丹哈特：《新公共服务：服务而非掌舵》，中国人民大学出版社 2004 年版。

141. 〔美〕罗伯特·达尔：《论民主》，商务印书馆 1999 年版。

142. 〔美〕罗伯特·达尔：《现代政治分析》，上海译文出版社 1987 年版。

143. 〔美〕欧文·E. 休斯：《公共管理导论》，中国人民大学出版社 2001 年版。

144. 〔美〕塞缪尔·亨廷顿、琼·纳尔逊：《难以抉择》，华夏出版社 1988 年版。

145. 〔美〕史蒂芬·霍尔姆斯、凯斯·R. 桑斯坦：《权利的成本——为什么自由依赖于税》，北京大学出版社 2004 年版。

146. 〔美〕托马斯·维诺斯基：《公民与文明社会》，辽宁教育出版社 2000 年版。

147. 〔美〕詹姆斯·W. 费斯勒、唐纳德·F. 凯特尔：《行政过程的政治——公共行政学新论》（第二版），中国人民大学出版社 2002 年版。

148. 〔挪〕艾德：《经济、社会和文化的权利》，中国社会科学出版社 2003 年版。

149. 〔英〕罗素：《西方哲学史》（上），商务印书馆 2004 年版。

150. 〔英〕洛克：《政府论》，商务印书馆 1986 年版。

151. 〔英〕米尔恩：《人的权利与人的多样性——人权哲学》，大百科全书出版社 1995 年版。

152. ［英］斯坦、香德：《西方社会的法律价值》，中国人民公安大学1990年版。

二、论文、报告类

1. 财政部完善农村义务教育财政保障机制课题组：《普及农村义务教育对农民增收的实证分析》，《中国农村经济》2005年第9期。

2. 蔡立辉：《政府绩效评估的理念与方法分析》，《中国人民大学学报》2002年第5期。

3. 楚德江、黄昕：《科学发展观：政府绩效研究的新视角》，《长百学刊》2005年第2期。

4. 褚添有：《从英美经验看政府成功绩效管理的制度安排》，《广东行政学院学报》2005年第1期。

5. 邓文科等：《当代少数民族大学生宗教信仰状况与思考——西北民族学院大学生宗教信仰调查》，《民族研究》2002年第2期。

6. 丁建伟：《转型时期社会结构变动对西北少数民族地区政治稳定的影响》，《青海民族学院学报（社会科学版)》2003年第10期。

7. 丁志刚、韩作珍：《我国西北少数民族现代化进程中的政治文化转型》，《西北师大学报（社会科学版)》2003年第6期。

8. 段继业：《宗教在西北少数民族地区的社会工作功能》，《青海社会科学》2005年第6期。

9. 段庆林：《不发达地区农民负担问题研究——以宁夏为例》，《管理世界》2002年第7期。

10. 高永久：《宗教对民族地区社会稳定的双重作用》，《甘肃社会科学》2003年第4期。

11. 郭道晖：《公民权与公民社会》，《法学研究》2006年第1期。

12. 郭小聪：《中国地方政府制度创新的理论、作用与地位》，《政治学研究》2000年第1期。

13. 果洛藏族自治州社会状况调查报告《雪山的呼唤》，青海教育厅、青海民族学院赴果洛调查组，1994年6月3日。

14. 郝铁川：《权利实现的差序格局》，《中国社会科学》2002年第 5 期。

15. 何海宁、程昭国：《农民工养老无保障，2.5 亿农民工养老保险应立法》，《南方周末》2005 年 2 月 24 日。

16. 和萍：《关于宁夏投资环境改善绩效的实证分析与对策研究》，《市场经济研究》2003 年第 4 期。

17. 贺雪峰：《什么农村？什么问题？——农村政策基础研究的对象与步骤》，《浙江学刊》2005 年第 1 期。

18. 胡鞍钢：《欠发达地区如何加快发展与协调发展：以甘肃为例》，《开发研究》2004 年第 4 期。

19. 华热·多杰：《试论地域观念及其对藏族社会发展的影响》，《青海民族研究（社会科学版）》1994 年第 2 期。

20. 姜明安：《中国行政法治发展进程回顾——经验与教训》，《政法论坛》2005 年第 5 期。

21. 结古乃·桑杰：《甘肃藏族人口婚姻家庭状况》，《中国藏学》1994 年第 3 期。

22. 康耀坤：《民族自治地方立法权问题研究》，《民族研究》2005 年第 2 期。

23. 拉灿：《关于我国西部民族地区"三牧"问题的思考》，《西南民族大学学报》2005 年第 5 期。

24. 李澜：《西部民族地区城镇化与农村妇女发展关系论析》，《农业经济问题》2005 年第 10 期。

25. 李敏、宗卫国：《新时期如何团结培养新一代宗教界代表人士》，《青海省情研究》2003 年第 4 期。

26. 柳建文：《少数民族公民有效政治参与影响因素及其实现途径——西部民族地区的一项实证分析》，《宁夏社会科学》2005 年第 1 期。

27. 鲁顺元：《论青海高原牧区的社会变迁》，《攀登》2004 年第 1 期。

28. 罗康隆、朱兴文：《中国多民族"杂居"自治区域权利样态研究》，《广西民族研究》2005 年第 2 期。

29. 洛桑：《关于我省农牧民弱势状况的几点思考》，《青海学刊》2003 年第 3 期。

30. 马庆钰：《公共服务的几个基本理论问题》，《中共中央党校学报》2005 年第 1 期。

31. 满珂、马红艳：《东乡族女童教育现状及对策思考》，《西北民族研究》2004 年第 2 期。

32. 倪星、余凯：《试论中国政府绩效评估制度的创新》，《政治学研究》2004 年第 3 期。

33. 宁夏公安厅：《宁夏公安机关 2002 年度执法质量考核评议工作情况》。

34. 彭国甫：《地方政府公共事业管理绩效评价指标体系研究》，《湘潭大学学报》2005 年第 3 期。

35. 邱霈恩：《公共行政权力的基础、渊源和构成》，《国家行政学院学报》2003 年第 6 期。

36. 桑助来、张平平：《政府绩效评估体系浮出水面》，《瞭望新闻周刊》2004 年第 29 期。

37. 司马义·铁力瓦尔地：《2006 年新疆自治区政府工作报告》，2006 年 1 月 17 日自治区第十届人民代表大会第四次会议通过。

38. 苏发祥：《论藏族传统寺院教育及其对现代教育的影响》，《民族教育研究》2000 年第 4 期。

39. 孙立平等：《改革开放以来中国社会结构变迁》，《中国社会科学》1994 年第 2 期。

40. 王绍光：《有效的政府与民主》，《战略与管理》2002 年第 6 期。

41. 王寿林：《权力与权力制约论纲》，《天津社会科学》1997 年第 6 期。

42. 王肃元：《当代西北少数民族地区公民权利保障的变动趋势》，《甘肃政法学院学报》2006 年第 6 期。

43. 王肃元：《甘肃农村社会医疗保障的现状及法律制度创新》，《兰州大学学报（社会科学版）》2004 年第 5 期。

44. 王延中、张湛彬：《基础设施建设与西部大开发》，《经济研究参考》2002 年第 3 期。

45. 王勇、李玉璧：《中国西部法律文化的基本型态与现实表征》，《西北师大学报》2001 年第 6 期。

46. 王勇：《国家法和民间法的现实互动与历史变迁——中国西部司法个案的透视》，《西北师大学报》2002 年第 4 期。

47. 王勇：《西北少数民族地区公民权利保障的动态平衡结构》，《人大研究》2006 年第 5 期。

48. 王玉明：《论政府制度创新——从新制度经济学的视角分析》，《国家行政学院学报》2000 年第 6 期。

49. 魏众：《中国居民医疗支出不公平性分析》，《经济研究》2005 年第 12 期。

50. 温家宝在国家行政学院省部级干部研究班上的讲话：《深化行政管理体制改革　加快实现政府职能转变》，《人民日报》2003 年9 月 16 日第 1 版。

51. 肖金明：《论政府执法方式及其变革》，《行政法学研究》2004 年第 4 期。

52. 谢晖：《民间规范与习惯权利》，《现代法学》2005 年第3 期。

53. 徐绍刚：《建立健全政府绩效评价体系的构想》，《政治学研究》2004 年第 3 期。

54. 徐显明：《应当用宪法固定的十项权利》，《南方周末》2002年 3 月 14 日。

55. 徐勇：《民主化进程中的政府主动性》，《战略与管理》1997年第 3 期。

56. 严志亮、廖君湘、严志钦：《习惯法与民族社会控制》，《兰州学刊》2005 年第 1 期。

57. 杨海蛟：《政治文明的层面》，《学习时报》2002 年第 149 期。

58. 杨思信：《西北少数民族人才队伍建设的问题、成因与对策》，《西部人口》2005 年第 4 期。

59. 杨维军、杨毅：《加入 WTO 后中国西部民族地区经济发展战略研究》，《兰州大学学报（社会科学版）》2002 年第 6 期。

60. 洋龙、韩旭：《重构政治学理论体系的设想》，《政治学研究》1999 年第 3 期。

61. 于建福：《教育均衡发展：一种有待普遍确立的教育观念》，《教育学研究》2002 年第 2 期。

62. 张富良：《完善人民代表大会制度保障农民民主政治权利》，《人大研究》2004 年第 10 期。

63. 张贵峰：《消费差距背后的权利差距》，《中国经济时报》2005 年 9 月 8 日。

64. 张积良：《甘肃省少数民族地区农民收入问题研究》，《西北民族大学学报》2004 年第 2 期。

65. 张建魁：《国家公务员走过十年》，《时代潮》2003 年第 17 期。

66. 张劲松：《民族自治地方政府的属性分析》，《云南社会科学》2004 年第 1 期。

67. 张梦中、杰夫·斯特劳斯曼：《美国联邦政府改革剖析》，《中国行政管理》1999 年第 6 期。

68. 张千帆：《流浪乞讨人员的迁徙自由及其宪法学意义》，《法学》2004 年第 7 期。

69. 张千帆：《流浪乞讨与管制——从贫困救助看中央与地方权限的界定》，《法学研究》2004 年第 3 期。

70. 张晓辉、王启梁：《少数民族地区农村的社会控制与法治建设》，《思想战线》2005 年第 3 期。

71. 赵新居：《新疆和田地区民族教育成就及问题分析》，《新疆社科论坛》2003 年第 5 期。

72. 郑慧：《政治文明：涵义、特征与战略目标》，《政治学研究》2002 年第 3 期。

73. 中国行政管理学会课题组：《关于政府机关工作效率标准的研究报告》，《中国行政管理》2003 年第 3 期。

74. 周毓华：《寺院教育与藏族文化及藏区现代教育》，《青海民族研究（社科版）》2000 年第 5 期。

75. 《2005 年甘肃省政府工作报告》。

76. 《2006 年甘肃省甘南藏族自治州政府工作报告》。

77. 《2006 年甘肃省临夏回族自治州政府工作报告》。

78. 《2006 年甘肃省政府工作报告》。

79. 《2006 年宁夏回族自治区政府工作报告》。

80. 《2006 年青海省政府工作报告》。

81. 《甘南藏族自治州人民政府关于印发〈甘南州人民政府机关政务公开实施方案〉（试行）的通知》（州政发［2004］79 号）。

82. 《甘肃省国民经济和社会发展第十一个五年规划纲要》。

83. 《关于 2003 年国民经济和社会发展计划执行情况与 2004 年国民经济和社会发展草案的报告》，宁夏回族自治区 2004 年 2 月 6 日第九届人民代表大会第二次会议通过。

84. 《关于青海省国民经济和社会发展第十一个五年规划纲要的报告》。

85. 《聚焦青海土地生态六大问题》，《中国国土资源报》2006 年 2 月 28 日。

86. 《宁夏回族自治区国民经济和社会发展第十一个五年规划纲要》，2006 年 2 月 12 日自治区九届人大四次会议通过。

87. 《新疆维吾尔自治区国民经济和社会发展第十一个五年规划纲要》。

三、网络类

1. 《一个村支书关于新农村建设的冷思考》，《中国农村研究网》2006 年 4 月 24 日。

2. 赵海林：《中国农民的生存状况和人权状况及其出路》，http：//www. dajun. com. cn/nongminsczk. htm，2006 年 6 月 28 日。

3. 胡星斗、李方平：《关于消除城乡差别对待的公民建议书》，http：//club. cat898. com/newbbs/printpage. asp？BoardID ＝

1&ID=1024893。

4. 陈昌文、李丹:《西部宗教的行为及其社会样态》,http://www. sociology. cass. net. cn/shxw/zxwz/t20040429_ 2083. htm。

5.《自然保护区使青海三江源区生态恶化趋势减缓》,新华网 2005 年 7 月 24 日。

6.《三项死亡率下降我省妇儿保健网更加完善》,http://www. qh. gov. cn,2005 年 12 月 29 日。

7. 高梦滔、海闻、姚洋:《"健康风险对中国农村地区家庭收入与消费的影响研究"(2)》,http://www. cahp. org. cn/upload-file/200310291440578544. doc。

8. 中国海南改革发展研究院农村转型发展研究所:《中国农村妇女土地权利调研报告》,http://www. nfcmag. com/ReadNews. asp? News Id=2495&page=1。

9. 夏学銮:《中国共产党党内监督条例(试行)解读》,http:// pkunews. pku. edu. cn/。

10. 于泽远:《向三起重大事故的失职官员开刀,中国要建立领导问责制》,http://www. jzhe. com/Article _ Show. asp. ArticleID=2229。

策划编辑:郑海燕
封面设计:周文辉
版式设计:东昌文化
责任校对:张杰利

图书在版编目(CIP)数据

西北少数民族地区政府行为文明与公民权保障研究/王肃元 等著.
　-北京:人民出版社,2011.7
ISBN 978 - 7 - 01 - 009859 - 3

Ⅰ.①西…　Ⅱ.①王…　Ⅲ.①少数民族-民族地区-政府行为-研究-
西北地区②少数民族-民族地区-公民权-保障-研究-西北地区
Ⅳ.①D674②D921.04

中国版本图书馆 CIP 数据核字(2011)第 074725 号

西北少数民族地区政府行为文明与公民权保障研究

XIBEI SHAOSHU MINZU DIQU ZHENGFU XINGWEI
WENMING YU GONGMINQUAN BAOZHANG YANJIU

王肃元　等著

人 民 出 版 社 出版发行
(100706　北京朝阳门内大街 166 号)

北京新魏印刷厂印刷　　新华书店经销

2011 年 7 月第 1 版　2011 年 7 月北京第 1 次印刷
开本:710 毫米×1000 毫米 1/16　　印张:27.25
字数:390 千字　印数:0,001-2,500 册

ISBN 978 - 7 - 01 - 009859 - 3　定价:56.00 元

邮购地址 100706　北京朝阳门内大街 166 号
人民东方图书销售中心　电话 (010)65250042　65289539